U0448318

中大哲学文库

# 元代四书学研究（修订本）
## 附　元代四书类著述考

周春健　著

商务印书馆
The Commercial Press

图书在版编目(CIP)数据

元代四书学研究 / 周春健著. —修订本. —北京：商务印书馆，2022
（中大哲学文库）
ISBN 978-7-100-21427-8

Ⅰ.①元… Ⅱ.①周… Ⅲ.①四书－研究－中国－元代 Ⅳ.①B222.15

中国版本图书馆CIP数据核字（2022）第118720号

权利保留，侵权必究。

中大哲学文库

**元代四书学研究（修订本）**

周春健　著

商务印书馆出版
（北京王府井大街36号　邮政编码 100710）
商务印书馆发行
三河市尚艺印装有限公司印刷
ISBN 978 - 7 - 100 - 21427 - 8

2022年10月第1版　　　开本 680×960　1/16
2022年10月第1次印刷　印张 30

定价：150.00元

# 中大哲学文库编委会

主　编　张　伟
编　委（按姓氏笔画排序）
　　　　马天俊　方向红　冯达文　朱　刚　吴重庆
　　　　陈少明　陈立胜　赵希顺　倪梁康　徐长福
　　　　龚　隽　鞠实儿

# 总　序

中山大学哲学系创办于 1924 年，是中山大学创建之初最早培植的学系之一。1952 年全国高校院系调整撤销建制，1960 年复系，办学至今。先后由黄希声、冯友兰、杨荣国、刘嵘、李锦全、胡景钊、林铭钧、章海山、黎红雷、鞠实儿、张伟教授等担任系主任。

早期的中山大学哲学系名家云集，奠立了极为深厚的学术根基。其中，冯友兰先生的中国哲学研究、吴康先生的西方哲学研究、朱谦之先生的比较哲学研究、李达与何思敬先生的马克思主义哲学研究、陈荣捷先生的朱子学研究、马采先生的美学研究等，均在学界产生了重要影响，也奠定了中大哲学系在全国的领先地位。

复系五十多年来，中大哲学系同仁勠力同心，继往开来，各项事业蓬勃发展，取得了长足的进步。目前，我系是教育部确定的全国哲学研究与人才培养基地之一，具有一级学科博士学位授予权，拥有"国家重点学科" 2 个、"全国高校人文社会科学重点研究基地" 2 个。2002 年教育部实行学科评估以来，我系稳居全国高校前列。2017 年 9 月，中大哲学学科成功入选国家"双一流"建设名单，我系迎来了难得的发展良机。

近几年来，在中山大学努力建设世界一流大学的号召和指引下，中大哲学学科的人才队伍也不断壮大，而且越来越呈现出年轻化、国际化的特色。哲学系各位同仁研精覃思，深造自得，在各自的研究领域均取得了丰硕的成果，不少著述还产生了国际性的影响，中大哲学系已逐渐发展成为哲学研究的重镇。

"旧学商量加邃密，新知涵养转深沉。"为了向学界集中展示中大哲学学科的学术成果，我们正式推出这套中大哲学文库。中大哲学文库主要收录哲学系现任教师的代表性学术著作，亦适量收录本系退休前辈的学术论著，目的是为了更好地向学界请益，共同推进哲学研究走向深入。

承蒙百年名社商务印书馆的大力支持，中大哲学文库即将由商务印书馆陆续推出。"一元乍转，万汇初新"，我们愿秉承中山先生手订"博学、审问、慎思、明辨、笃行"的校训和哲学系"尊德问学"的系风，与商务印书馆联手打造一批学术精品，展现"中大气象"，并谨以此向2020年中大哲学系复办60周年献礼，向2024年中山大学百年校庆献礼！

中山大学哲学系<br>2018年1月6日

# 初版序言

　　一个历史悠久的伟大民族，必然产生与其地位相称的伟大经典。这种伟大的经典，诚如美国学者阿德勒所言："每一部书都以独特的方式提出人所必须面对而且经常发生的基本问题，因为这些问题从不曾完全解决，这些书便成为知性代代相传的来源与不朽名作。"当然，这些经典虽然以最清晰、最简单的方式描写人类心灵所面对的最困难的主题，却并不容易读。伟大书籍含有多层深意，自然便显示它的富丽，它们引出了各种注解，"其他书我们只要读一遍就能洞悉无遗，但是伟大的书籍，却让人钻研不尽。它们是启发智慧的源泉，永不枯竭"。宋代理学家极为推崇的《四书》，就是这样的经典，这样经得起不断诠释的伟大的书籍。

　　《四书》是由《论语》、《孟子》和《礼记》中的《大学》、《中庸》聚合而成，这四部书成为儒学核心典籍，是历史选择的结果。《论语》、《孟子》不用说，二书反映了孔子、孟子的基本思想和政治主张，历来为统治者和士人所重视，尤其是《论语》，汉唐千百年间被视为士人务必精熟之书。《大学》、《中庸》相传分别为孔子的弟子曾参、孔子之孙子思所作，内容涉及安邦定国的根本理念和深奥的心性哲学，自汉代起，也逐渐为人所重。《汉书·艺文志》中，有《中庸说》两篇；《隋书·经籍志》中，有刘宋散骑常侍戴颙《礼记中庸传》二卷、梁武帝萧衍《中庸讲疏》二卷、《私记制旨中庸义》五卷。至唐代，文起八代之衰的韩愈为了对抗佛教，给自己的"道统"说寻找经典依据，特地挑出《大学》，着力加以宣扬。而其弟子李翱，则尤为尊信《中庸》。至宋代，学者致力于理学的建构，以上几部书继续受到推崇，为《孟子》一书还出现了所谓"孟子升格运动"。其间，程颢、程颐兄弟二人的努力起了重大作用。当然，"四书学"的正式确立，还得以朱熹《四书章句集注》的完成为标志。

在理学家眼中，晚于《五经》（或《六经》）的《四书》体现了《五经》修身齐家、治国安邦的基本精神，而更为简明扼要，易于为广大士人理解。朱熹在讲到《四书》与《五经》的关系时，曾打了一个比方，说前者是"熟饭"，而后者是"禾"（打禾为饭）。"若理会得此四书，何书不可读，何理不可究，何事不可处？"经过理学家的努力，儒家典籍诠释的重点，从"经"转变为"传记"，经学形态也由训诂转变为义理。对于这种历史性转变，学术界的讨论是相当充分的，成果堪称丰硕。

四书学之兴起，在思想家看来不外乎抉发"国家化民成俗之意，学者修己治人之方"，但社会尤其是最高统治者对它的接受却不是同步的。朱熹在世之时，并未因作《四书章句集注》而获荣宠，反倒因党禁受贬抑，其学术被诋为"伪学"而遭禁锢。直到死后二十多年，朱熹的政治、学术地位才获得追认。说来真是有点不可想象，真正使"四书学"大显于天下的，是在蒙元时期。元仁宗皇庆、延祐年间的科举考试，正式规定第一场即从《四书》内出题，并只能依据朱熹的《章句集注》加以发挥，这就首次在国家制度层面确立了四书学的官学地位。对于尊崇四书学的人来说，真该山呼"大哉乾元"了。目前，学术界关于元代四书学方面的研究还不多见，尤其是缺乏专精的研究成果。于是乎，有了周春健君《元代四书学研究》的问世。

为了这部书的写作，作者在搜集材料上花了相当大的工夫。在掌握第一手资料，吸收前儒时贤研究成果的基础上，他对元代四书类著作全面排查，对书名、撰者、内容、佚文、流传、价值等加以简要考证，撰为《元代四书类著述考》，作为全书立论的基础。全书首先对金元之际四书学北传及元初蒙古统治者"以儒治国"的文化政策加以系统论述，以把握元代四书学兴起的历史文化背景。然后对四书学官学地位制度化的过程加以梳理，显现出元代四书学明显的科举化特征。接下来的几部分中，对元代四书学的地域与学术师承，对北方和南方的传承谱系详加考索，展示了元代四书学真实而具体的成就和面貌。这对元代四书学的研究来说，是个不小的推进。书中认为，元代四书学的总体成就虽然不算高，却在学术史上占有独特地位，尤其是学术与权力的有效链接，使四书学得到了自上而下的最大程度的普及，以至影响中国社会数百年。这对思想史研究，对社会史研究，都具有启迪作用。

周春健君是山东滨州人，现为湖北大学文学院教师。他从志学阶段即受齐鲁传统文化熏陶，企盼在中国古代文史研究领域有所作为。2004年考取华中师范大学历史文献学专业博士生，旨趣在中国经学史。不久，即选定四书学为研究对象，时间断限几经变换，最后确定为蒙元时期。他天资聪颖，勤奋上进，在学风普遍较为浮躁的环境中平心静气，坐得下来，因而能在不太充裕的时间内写出合格的博士论文。作为导师，我是相当满意的。现在摆在读者面前的这部书，就是他在博士论文基础上修改而成的。

当这部书被确定列入中山大学哲学系"经典与解释丛书"后，他嘱我为之作序，在我自然是义不容辞。经典与解释是极有价值的研究方向，丛书组织单位学者说得好："重拾中西方古典学问坠绪，不仅因为现代性问题迫使学问回味古典智慧，更因古典学问关乎亘古不移的人生问题。古学经典需要解释，解释是涵养精神的活动，也是思想取向的抉择。"既为学人，就要有所追求，追求有思想的学术和有学术的思想，将古今学问与社会人生贯通起来。春健君好学深思，心知其意，初涉斯域，即有所获。惟愿今后认定方向，孜孜不已，沉潜数载，必将卓有成效，达到新的境界。君其勖哉，君其勖哉！

周国林<br/>二〇〇八年五月于武昌桂子山

# 目 录

导 言 ................................................................... 1

第一章 元代四书学兴起的历史文化背景 ................................ 14
    第一节 赵复与四书学北传 ........................................ 14
    第二节 元初"以儒治国"的文化政策 .............................. 29

第二章 元代四书学官学地位的制度化 .................................. 44
    第一节 南宋至元四书学的历史命运 ................................ 44
    第二节 "延祐科举"与四书学官学地位的制度化 .................... 57
    第三节 官学地位制度化与元代四书学的嬗变 ........................ 69

第三章 元代四书学的地域分布与学术师承 .............................. 88
    第一节 元代四书学的地域分布及其特点 ............................ 88
    第二节 元代四书学者学术师承考略 ................................ 90
    第三节 元代四书学分布格局探析 ................................. 114

第四章 元代四书学北方诸学派 ....................................... 121
    第一节 元代北方四书学的传承谱系 ............................... 122
    第二节 许衡与鲁斋学派的四书学 ................................. 124
    第三节 刘因与静修学派的四书学 ................................. 146
    第四节 陈天祥与《四书辨疑》 ................................... 167

## 第五章　元代四书学南方诸学派 ..................188

第一节　元代南方四书学的传承谱系 ..................188

第二节　金履祥、许谦与北山学派的四书学 ..................195

第三节　吴澄与草庐学派的四书学 ..................237

第四节　陈栎、胡炳文、倪士毅与新安学派的四书学 ..................266

## 结　语 ..................285

## 主要参考文献 ..................292

## 附　元代四书类著述考 ..................300

例　言 ..................300

一、《四书》合刻总义之属 ..................301

二、《大学》之属 ..................417

三、《论语》之属 ..................434

四、《孟子》之属 ..................445

五、《中庸》之属 ..................451

## 初版后记 ..................461

## 修订版后记 ..................465

# 导　言

## 一、《四书》与"四书学"

中国学术史上的"四书"是一个特定称谓，专指《大学》、《论语》、《孟子》、《中庸》四部儒家典籍。《四书》的并行与结集经历了一个长期的过程，"四书"之名，起于朱熹[①]。

所谓"四书学"，是指以《大学》、《论语》、《孟子》、《中庸》四部典籍及其注疏著作为研究对象的一种学术活动或学术体系。这一活动或体系，以视四部书为一有机整体、认定四书之间有着规定的次序和关联为学术前提。从属性上讲，四书学是中国思想史、中国学术史的一个方面的重要内容。

对于中国封建社会后期八百余年的历史而言，四书学是一门显学。它的"显"，不仅表现在学术领域，而且表现在政治领域、教育领域以及广大民众的社会生活领域。清代汉学家惠士奇曾手书其"红豆山斋"

---

[①] 《四库全书总目》卷三十五《四书类小序》云："《论语》、《孟子》旧各为帙，《大学》、《中庸》，旧《礼记》之二篇，其编为《四书》，自宋淳熙始；其悬为令甲，则自元延祐复科举始。古来无是名也。"（〔清〕永瑢等：《四库全书总目》，中华书局1965年版，第289页）束景南先生称："淳熙四年他（案：朱熹）还没有把四书合刻，到淳熙九年他在浙东提举任上把四书并为一集刻于婺州，经学史上的'四书'之名第一次出现了。"（束景南：《朱子大传》，商务印书馆2003年版，第十章，第410页）

之楹帖云："六经尊服郑，百行法程朱"①，准确地道出了程朱之学对清代社会的深刻影响，而此处所言程朱之学为人无行不法的部分中，四书学正是一个极为重要的方面。

其实不惟清代如此，就大致趋势来说，南宋、元、明、清，四朝皆然。②兹于四朝各举诗作一例，由之可窥四书学于社会各层面影响之一斑：

> 为学须知次第功，四书为本要精通。
> 不须妄起功名想，立得身时禄在中。③

> 曾捋虎须非苟合，得伸骥足更奚量。
> 四书尽有工夫在，仕学从兹道愈光。④

> 五经四子非无道，二帝三王总是儒。

---

① 语见江藩《国朝宋学渊源记》卷上。清人皮锡瑞《经学历史·经学复盛时代》云："而惠氏红豆山斋楹帖云：'六经宗孔孟，百行法程朱'，是惠氏之学未尝薄宋儒也。"（〔清〕皮锡瑞：《经学历史》，周予同注释，中华书局 2004 年版，第 227 页）以"服郑"为"孔孟"，然二字之差，一崇汉学，一崇理学，旨趣大异。参见牟宗三主编：《宋明儒学的问题与发展·宋明儒学综述》，华东师范大学出版社 2004 年版，第 27 页；又，侯外庐：《中国思想通史》第五卷，人民出版社 1956 年版，第十六章，第 629 页。

② 这里涉及一个四书学的起点问题，有学者认为起于北宋，比如朱汉民、肖永明二先生主持的国家社科基金项目"宋代四书学与理学"，便讨论了濂学、关学、洛学、新学、蜀学等许多北宋学者的四书学思想；龚杰先生亦有文章《张载的"四书学"》[载《西北大学学报（哲学社会科学版）》1994 年第 3 期]。然"四书"称"学"，必要以视四书为一有机整体及存在内在关联为前提，而不能仅衡以是否以四部书或其中一两部书为研究对象，否则便失之于泛。南宋朱子最早合并四书，定"四书"之名，规定"《学》、《论》、《孟》、《庸》"的治学次第，自此，研究《四书》及朱子四书学著作群者蔚然成风，遂绵延而成《四书》之"学"。因此我们认为，若为学术追本溯源固然可以及于北宋，但讲"四书学"还应当以南宋为起点。参见刘泽亮：《从〈五经〉到〈四书〉：儒学典据嬗变及其意义——兼论朱子对禅佛思想挑战的回应》，《东南学术》2002 年第 6 期。

③ 〔南宋〕陈著：《本堂集》卷二《泌生日二首》之一。

④ 〔元〕蒲道源：《闲居丛稿》卷四《贺杨世英治中新除》。

不必拘拘泥章句,帝王学与众人殊。①

天回邹鲁生人命,地转江河造化机。
道在六经先四子,焚膏还欲继余晖。②

仅就上述诗作粗略概括,便可见四书学的影响涉及修身、为学、科举、治国等诸多方面,既关乎一己,又关乎社稷。进一步讲,在很大程度上,《四书》不仅是学术要籍,也是治国宝典;四书学不仅是一种显赫的学术形态,也在政治生活中发挥了重要效用。由于《四书》在传播过程中很好地实现了学术经典与国家制度——如科举、学校——的有效链接,宋元以来的四书学具有同时代其他学术形态无可比拟的强烈政治属性。正因为此,以四书学为对象展开深入探讨,既有学术史上的重要意义,又有政治史上的认识价值。

然而,四朝的政治、学术形势毕竟不同,四书学在历朝的传播与命运也有所差别。在南宋,尽管朱子合《四书》,撰《集注》,作《或问》,在四书学史上有奠基之功,但由于他卷入了当时那场以韩侂胄为代表的"官僚集团"和以赵汝愚为代表的"理学集团"的激烈斗争中,晚年遭遇"庆元党禁",不但其本人饱受贬抑,并最终在凄然中逝去,而且其学也因之被诋为"伪学"而遭禁锢,这可算作四书学史上的一大厄运。③直到二十多年后的理宗即位,称"朕观朱熹集注《大学》、《论语》、《孟子》、《中庸》,发挥圣贤蕴奥,有补治道"④,并特赠朱熹

---

① 〔明〕丘濬:《重编琼台稿》卷五《青宫勉学五首》之二。这里的"四子",与"四书"同义。
② 〔清〕陈廷敬:《午亭文编》卷二十《夜读四书有作》。
③ 参见[美]余英时:《朱熹的历史世界:宋代士大夫政治文化的研究》(下),生活·读书·新知三联书店2004年版,第十一章;束景南:《朱子大传》第二十二章;沈松勤:《南宋文人与党争》,人民出版社2005年版,第三章;等文。
④ 《宋史·理宗纪一》。

"太师"，追封朱熹为"信国公"，旋改"徽国公"，情况才逐渐好转起来。之后，四书学在帝王、宰辅层面得到了广泛传播，并带来了士风的转变。尽管史称理宗"中年嗜欲既多，怠于政事，权移奸臣，经筵性命之讲，徒资虚谈"①，但自"宋嘉定以来，正邪贸乱，国是靡定，自帝继统，首黜王安石孔庙从祀，升濂、洛九儒，表章朱熹《四书》，丕变士习，视前朝奸党之碑、伪学之禁，岂不大有径庭也哉"②。

一个有意思的现象是，南宋后期与之并列的蒙古政权在四书学传播方面，几乎与理宗推尊朱子及其《四书》同步。端平二年（1235），蒙古军攻破德安府，儒者赵复被俘，在奉诏于军中寻求儒、道、释、医、卜之士的姚枢的劝说下随之北上，讲学太极书院，宣扬程朱之学，正式开启了四书学在北地的传播。1260年，忽必烈建元中统，定都开平；至元八年（1271），又取《周易》"大哉乾元"之义，改国号为"大元"，这就是中国历史上的元朝③。元朝前期四书学的发展，大致在一种为统治者"将信将疑"的态势中进行，帝王及权臣既看到了四书学对于其政权稳固的重要作用，又担心这种为汉族儒士极度推崇的学术形态对其政权造成威胁而有所顾忌。元仁宗即位后，发生了四书学史上的一个标志性事件，那就是于皇庆、延祐年间恢复科举，并明确规定第一场考试的"经问"、"经疑"都从《大学》、《论语》、《孟子》、《中庸》当中出题，而且规定答题依据只能是朱子的《四书章句集注》（又称《四书集注》）。④尽管元代通过科举考试选拔任用的人材有限，元代科考也存在着较为浓重的民族歧视色彩，但四书学却因有了"官方学术"的制度化保证而获得了前所未有的传播与发展。并且，以朱

---

① 《宋史·理宗纪五》。
② 《宋史·理宗纪五》。
③ "元朝"或"元代"与"蒙元"的概念不同：若讲"蒙元"，当始于1206年成吉思汗于漠北建立大蒙古国；若讲"元朝"，则始于1271年忽必烈改国号为"大元"。
④ 参见《元史·选举志》。

注《四书》作为科考主要科目从此形成一种定制，延至明、清。

　　明成祖永乐十三年（1415），翰林学士胡广等奉敕编纂《四书大全》、《五经大全》和《性理大全》。《四书大全》的编成意义非同寻常，一方面，它是学术史上的一个关节点，虽然最初《四书大全》与《五经大全》并颁，但由于当时科举考试以《四书》义为重，因此士子倾力研读的大都是《四书》，支撑汉学系统的经典《五经》被支撑宋学系统的经典《四书》所替换，学风发生了极大的转变；另一方面，《四书大全》给明清四书学的发展带来了严重的消极影响，正如四库馆臣所言："《大全》出而捷径开，八比盛而俗学炽。科举之文，名为发挥经义，实则发挥注意，不问经义何如也。且所谓注意者，又不甚究其理，而惟揣测其虚字语气以备临文之摹拟，并不问注意何如也。盖自高头讲章一行，非惟孔、曾、思、孟之本旨亡，并朱子之《四书》亦亡矣。"① 四书学因而在一定程度上丧失了它的学术活力。②

## 二、研究缘起与文献综述

　　在四书学史上，元代百年是一个值得特别关注的历史时期。此一时期，至少有如下几个问题能够引发我们的学术兴味：首先，元朝是我国历史上第一个真正实现了南北统一的少数民族政权，在这种政治形势下，蒙古统治者对于传统儒家经典《四书》持一种怎样的态度？南北统一对于四书学的传播起到了怎样的作用？其次，元仁宗皇庆、延祐年间从制度层面确立了四书学的官学地位，那么这一"官学制度

---

　　① 〔清〕永瑢等：《四库全书总目》卷三十六《四书类案语》，第307页。
　　② 四库馆臣主要谈的是明清四书学的消极一面，成绩一面当然也不能泯灭，比如明代中后期，大儒王阳明即创造了心学体系下的"新四书学"，在知行观和道统论方面对朱熹学说均有所批判和发展。清代学者著述繁盛，成绩更为突出，文献整理之作如焦循的《孟子正义》、刘宝楠的《论语正义》等；名物史实考辨之作如王夫之的《四书考异》、阎若璩的《四书释地》、毛奇龄的《四书改错》等；义理阐发之作如戴震的《孟子字义疏证》、阮元的《大学格物说》等。

化"的实际进程如何?对当朝及明清两代四书学的发展产生了怎样的影响?再次,从时段上讲,元代是南宋与明清的过渡时期,就四书学而言,这种过渡性特征表现在什么地方?与南宋及明、清的四书学有哪些异同?复次,四书学既然具有强烈的政治属性,它是否影响到了国家制度的调整,是否影响到了士人心态的波折?尽管上述问题尚不能涵盖元代四书学的全部,但倘若能对之作出较为合理的回答,便可对元代四书学有一个基本的把握,进而也可晓知整个元代学术史之概貌。而且,这也是窥察当时文化政策、教育状况、学术风气、士人心态等社会问题的一个很好的窗口。

就元代四书学研究的文献来讲,首先应当列举的是分别成书于清代康熙、雍正、乾隆三朝的三部重要文献:一是朱彝尊的《经义考》,一是《古今图书集成》,一是《四库全书总目》。《经义考》与《四库全书总目》都是目录书,《古今图书集成》则是中国古代最大的类书。三部文献均非元代四书学的专门研究著作,但其中包含的元代四书学内容却具有重要的文献价值。

《经义考》广搜历代说经之书,并加考证,其中收录元代《四书》类著述一百七八十种。每书之下,著录撰者、卷数、存佚、序跋、评论,间加案语,是古代最齐备的元代《四书》著述目录,具有重要的文献学价值。

《四库全书总目》是中国古代学术的渊薮,属于元代的四书学著述,"四书类"正目收录十三部一百六十一卷,存目收录一部二十卷。从收录数量看尽管十分有限,但为每部书所撰提要却极具学术价值。其中既有撰者的考证[①],又有内容的辨析[②];既有学术地位的评价[③],又有收录理

---

① 如考《四书辨疑》的撰者为赵郡陈天祥。
② 如辨张存中《四书通证》"与楚将昭阳战亡其七邑"一条"失于考核"。
③ 如称许谦《读四书丛说》"有足补《章句》所未备,于朱子一家之学,可谓有所发明矣"。

由的交待①，这便给了每部著作一个大致准确的学术定位。再参以"四书类小序"、"四书类案语"及"四书类存目案语"，便可得到一部极为简明的元代四书学史。从四书学研究的实际状况看，《四库全书总目》所奠立的元代四书学评价格局，一直为其后至于今天的学者所沿遵。

《古今图书集成·理学汇编·经籍典》有"论语部"、"大学部"、"中庸部"、"孟子部"、"四书部"，每部都分门别类地汇编相关文献。以"四书部"为例，包含五大方面的内容：一为"四书部汇考"，其中汇考一以时代为序拈出四书学史上的重要历史事件；汇考二至三举列历代主要四书学著述，并于每书下择录序跋文字；汇考四列《宋史·艺文志》、王圻《续文献通考》、焦竑《国史经籍志》及《东山经籍考》四种目录书中的《四书》类著述部分；汇考五先列《大学》、《中庸》、《论语》、《孟子》每书之流传简况，后考《四书》异文。二为"四书部总论"，录历代儒者总论《四书》语。三为"四书部艺文"，列历代文人以《四书》中文句为题所成之诗文。四为"四书部纪事"，列历代儒者推尊《四书》事迹及《四书》著述。五为"四书部杂录"，收录其他论述《四书》言论或考证相关史实。据上述材料，我们不但可以较为清晰地理导出四书学发展的史脉，而且可以使我们从多侧面审视，从而得出对四书学的立体认识。由此足见，像这种大型专题资料汇编的价值与意义，决不仅仅在于省却学者诸多翻检之劳，更有宝贵的史料价值和学术价值在里面。

其次，明代修《元史》，未立《艺文志》，清代学者对之进行补撰，广搜一代典籍，其中的《四书》研究著作专立"四书类"或"经解类"等，为我们今天了解元代四书类著述情况提供了基本的依据。补撰之作中，著名的有以下几家：黄虞稷（1629—1691）的《千顷

---

① 如于元人袁俊翁《四书疑节》、元人王充耘《四书经疑贯通》曰："录此二书，犹可以见宋元以来明经取士之旧制也。"

堂书目》、金门诏（1672—1751）的《补三史艺文志》、倪灿（约1626—1687）、卢文弨（1717—1796）的《补辽金元艺文志》、钱大昕（1728—1804）的《补元史艺文志》。

关于现当代的元代四书学研究，兹以研究角度为标准，简述如下：

第一，元代四书学综合研究及专题研究。综合研究主要有两种，一种是台湾黄孝光先生于1978年发表的专著《元代的四书学》①，全书分五章，分别为"元初四书学的形成"、"元儒与四书学"、"元儒四书学的师承与特色"、"学校、科举与四书学"及"元代君臣与四书学"，文后附录"元人有关四书研究著作目录"，计有著者159人，著作248种。这是迄今最早也是唯一一部元代四书学研究专著。另一种是复旦大学2004年硕士论文，题目亦为"元代的四书学"，作者洪峥。该论文的特点是以元代四书类著述研究为重点，比如首章对相关著作进行了概述、分类，并介绍了部分代表著作及作者。同时，对元代初期《四书》的"接受和传播"、元代中后期《四书》的"确立和尊崇"进行了一定的探讨。文后附录"元代的四书类典籍"，计有著作两百种。专题研究主要有台湾廖云仙先生的《元代论语学考述》②，是书在梳列有元一代《论语》类著述的基础上，对元儒《论语》研究的特点有系统的总结。

第二，元代四书学史研究。台湾学者傅武光先生早在1973年撰《四书学考》③，综论历代《四书》。日本学者佐野公治的专著《四书学史の研究》④以明代四书学研究为主体，部分章节对元代四书学的发展

---

① 黄孝光：《元代的四书学》，台北西南书局股份有限公司1978年版。
② 廖云仙：《元代论语学考述》，台湾新文丰出版股份有限公司2005年版。
③ 文载台湾师范大学《"国研所"集刊》第18集。是书笔者未能寓目，陈逢源《四书研究》言："傅武光《四书学考》搜罗广泛，针对历代《四书》论著加以分别归类，整理考论，有助于了解前代传习的概况，是唯一综论历代《四书》的论著，弥足珍贵。"文载林庆彰主编：《五十年来的经学研究》，台北学生书局2006年版。
④ 佐野公治：《四书学史の研究》，东京创文社，昭和六三年（1988）二月发行，南京大学"日本研究中心"资料室藏。

有所涉及，比如第二章探讨了四书学在元代思想界的位置，第四章交待了元代以《四书集注》为对象的注释书的概况，并择胡炳文《四书通》、倪士毅《四书辑释》作专节讨论。董洪利先生在《孟子研究》①第十章"元明两代的孟子研究"中，讨论了《孟子》在元代地位的极大提高，金履祥、许谦的《孟子》研究，陈天祥《四书辨疑》对朱子的批评，并重点介绍了赵惪《四书笺义》、张存中《四书通证》、袁俊翁《四书疑节》、史伯璇《四书管窥》几部宗朱著作的《孟子》部分。论文方面，陈荣捷先生《元代之朱子学》②一文中有四书学史方面的内容，金春峰先生《朱熹至元儒对〈大学〉的解释及所谓"朱陆合流"问题》③一文可算一部简要的"宋元《大学》阐释史纲"，孙建平《元代理学官学化初探》④一文，也包含了部分四书学官学化进程及影响的内容。此外，顾歆艺在其博士论文《四书章句集注研究》⑤第十章"四书章句集注的影响"中，讨论了《四书集注》在元代地位的提高过程。朱修春在其博士论文《四书学史研究》⑥首章"宋元四书学的建立"中，梳理了"关于宋元四书学的三个问题"，探讨了四书学在宋元理学步向正统意识形态过程中功能的发挥，探讨了四书学对宋元民众的影响，同时对宋元时期的四书学著作作出了分类⑦。

第三，元代四书学思想研究。这方面的专著或文章甚少，《元代经学国际研讨会论文集》收录的日本学者神林裕子《黄震的〈四书〉学

---

① 董洪利:《孟子研究》，江苏古籍出版社1997年版。
② [美]陈荣捷:《元代之朱子学》，载[美]陈荣捷:《朱学论集》，台北学生书局1982年版。
③ 金春峰:《朱熹至元儒对〈大学〉的解释及所谓"朱陆合流"问题》，载杨晋龙主编:《元代经学国际研讨会论文集》，台北"中国文哲研究所"筹备处2000年版。
④ 湖南大学2003年硕士论文。
⑤ 北京大学1999年博士论文。
⑥ 中国人民大学2003年博士论文。
⑦ 分为三类：一、以宗主朱熹学说为主的四书汇编和疏解之作，属于元代的如赵惪的《四书笺义》、胡炳文的《四书通》、倪士毅的《四书辑释》等；二、少量对朱熹著作持批评态度的著作，如龚霆松的《四书朱陆会同注释》、陈天祥的《四书辨疑》等；三、少量质量较高的独立的四书研究之作，如金履祥的《论孟集注考证》、许谦的《读四书丛说》等。

研究》一文可算一篇专论，其他则主要是在一些理学史或学术史著作中有所反映，如侯外庐先生等的《宋明理学史》（上）[①]、蒙培元先生的《理学的演变：从朱熹到王夫之戴震》[②]、徐远和先生的《理学与元代社会》[③]、朱汉民先生等的《中国学术史·宋元卷》[④]等。

第四，元代四书学学派研究。除黄孝光先生专门讨论了元代四书学学派的师承与特色外，尚未见到其他成果。徐远和先生《理学与元代社会》尽管也以学派为纲，但讨论的是学派的理学特点而非四书学特点。

第五，元代四书学著作研究。杨昶先生《元代"四书类"典籍述略》[⑤]一文，对元代四书类典籍进行总说，并对今存代表著作作简要评述。《元代经学国际研讨会论文集》收录两篇文章，一篇是林庆彰先生的《元儒陈天祥对〈四书集注〉的批评》，对陈著《四书辨疑》进行了较细致的剖断；另一篇是廖云仙先生的《许谦〈读论语丛说〉序说》。顾永新先生《从〈四书辑释〉的编刻看〈四书〉学学术史》[⑥]一文，通过对《四书辑释》成书、重订及刊刻的考察，认为倪氏此书荟萃陈、胡二家之说，集众家之长，是对南宋以来四书学的很好总结，并修正了《四库全书总目》以该书属"为经义而设"[⑦]的帖括之学的传统观点，是近年来较有深度的一篇四书学专题论文。

第六，元代四书学与元代社会研究。这方面内容在专题综合研究及四书学史研究的相关成果中有所涉及，另需提及的是美国学者艾尔

---

[①] 侯外庐等主编：《宋明理学史》（上），人民出版社1997年版。
[②] 蒙培元：《理学的演变：从朱熹到王夫之戴震》，福建人民出版社1984年版。
[③] 徐远和：《理学与元代社会》，人民出版社1992年版。
[④] 朱汉民等：《中国学术史·宋元卷》，江西教育出版社2001年版。
[⑤] 杨昶：《元代"四书类"典籍述略》，《文献》1996年第1期。
[⑥] 顾永新：《从〈四书辑释〉的编刻看〈四书〉学学术史》，《北京大学学报（哲学社会科学版）》2006年第2期。
[⑦] 〔清〕永瑢等：《四库全书总目》卷三十六《四书大全》，第302页。

曼《南宋至明初科举科目之变迁及元朝在经学历史的角色》<sup>①</sup>一文，对于认识元代四书学与元代科举的关系颇具参考价值。

第七，元代四书学文献学研究，主要是元代四书类著述书目及著者的整理考证成果。台湾地区成果尤为突出，傅武光先生的《四书总义著述考》、《论语著述考》<sup>②</sup>，台湾编译馆的《新集四书注解群书提要》<sup>③</sup>（附"古今四书总目"），均包括元代书目。大陆方面，除洪峥论文"附录"之外，尚有雒竹筠遗稿、李新乾编补的《元史艺文志辑本》<sup>④</sup>一书，包括"四书类"一百四十四部、"礼类·礼记之属"的"大学中庸类"四十九部，共计一百九十三部。

纵观元代四书学研究历史，虽然取得了一定成绩，解决了一些问题，但还存在着一定的欠缺和不足：

第一，专题研究力度不够，专著或论文数量十分有限，相关著作及学人、学派的挖掘有待深入。即如黄孝光先生专著《元代的四书学》，原为1978年3月台湾中国文化学院中文研究所庆祝"高邮高仲华先生七秩华诞论文集"论文，仅三四万字，相关内容十分简略，许多问题仅仅是点到即止。

第二，部分观点有待修正，比如黄孝光先生称："吴澄虽是元初大儒，但在四书学上并没留下任何著作"，而实际上《吴文正集》卷一有《中庸纲领》一篇，卷三《答海南海北道廉访副使田君泽问》中，也保留了较集中地论述《大学》的文字，由之可以窥见吴澄的四书学主张。又如有学者认为许衡对朱子《小学》与《四书》"敬信如神明"表明了他学术上的"浅薄"和"毫无建树"，而实际上许衡从朱子四书学完整

---

① ［美］艾尔曼：《南宋至明初科举科目之变迁及元朝在经学历史的角色》，载杨晋龙主编：《元代经学国际研讨会论文集》，第21—70页。
② 傅武光：《论语著述考》，台湾编译馆2003年版。
③ 台湾编译馆：《新集四书注解群书提要》，台北华泰文化事业股份有限公司2000年版。
④ 雒竹筠遗稿，李新乾编补：《元史艺文志辑本》，北京燕山出版社1999年版。

体系的高度认识到了《小学》与《四书》的学术关联，是元代一种新型的"四书观"。

第三，研究领域有待拓展，比如对元代四书学社会功能发挥等方面的研究还十分薄弱。

第四，以往研究未能将元代四书学研究从包容在元代理学研究的状态下剥离出来，而理学研究与四书学研究有着很大的差别，元代四书学的总体面貌及学术特征仍较模糊。

第五，资料建设亟须加强，一方面古代已有成果未能得到很好的整理，另一方面现代最新成果未有实质进展反而舛误徒增，比如黄孝光《元代的四书学》"附录"及《元史艺文志辑本》中四书类著作即出现了许多人名、书名、引文错误，而洪峥《元代的四书学》"附录"亦不辨而沿袭之。而且，迄今也未见一个类似元代四书学"年表"或"学术编年"之类的研究成果。从总体上看，在资料建设方面，大陆远不及台湾。

## 三、写作构想与研究方法

鉴于元代四书学研究的历史与现状，本书试图在前人研究的基础上，对有元一代四书学作系统考察，并拟重点解决以下问题：

1. 对元代四书类著述作一全面排查，并对书名、撰者、内容、佚文、流传、价值等作简要考证，撰成《元代四书类著述考》，作为全书立论的基础。

2. 对金元之际四书学北传及元初蒙古统治者"以儒治国"的文化政策作系统论述，使对元代四书学兴起的历史文化背景有概括的把握。

3. 在《元代四书类著述考》的基础上，以元代四书学的地域分布为经，以元代四书学者的师承授受为纬，梳理出元代南方、北方四书学的学派谱系，并对代表人物及代表作品作重点剖析，总结代表学者及主要流派的四书学特征。这是全书的主体内容。

4. 探讨元代四书学在经筵讲义、学校书院教育、学术风气等方面的社会影响，并对元代四书学承先启后的过渡作用及在学术史上的实际地位作出评价。

本书采用历史学的研究方法，从基本文献资料入手，在文本分析的基础上展开历史的考察，对四书学发展的历史脉络和思想特征进行梳理总结。另外，在写作过程中还将运用图表分析和数据统计等方法，作为以上方法的适当补充。

# 第一章　元代四书学兴起的历史文化背景

朱子学术活动频繁的福建、江西、浙江、安徽等江南之地，是四书学的兴盛之所。由于宋、金长期对峙，导致"南北道绝，载籍不相通"①，北方学者对程朱之学了解甚少②。北方学术保留汉唐遗风，主要是一种章句训诂之学。随着赵复被俘北上，理学及四书学传播到了北地，并逐渐占据学术主流。而这一学术旧格局的打破与新格局的建立，与蒙古统治者"以儒治国"的文化政策又有着直接的关联。

## 第一节　赵复与四书学北传

### 一、赵复北上传学始末考略

赵复，字仁甫，湖广德安（今湖北安陆）人，约生于南宋嘉定八年（1215），卒于元大德十年（1306）。学者称"江汉先生"。关于赵复的学术渊源，学界有不同的说法。元人郝经谓："及朱子之门而得其传，裒然传道于北方之人，则亦韩子、周子之徒。"③《宋元学案·伊川

---

① 《元史·赵复传》。
② 一般认为，程朱之学北传始于赵复，此前于之懵懂无知，姚大力、徐远和诸先生则认为1235年以前实际已有朱熹之学的零星北传。参见姚大力：《金末元初理学在北方的传播》，载元史研究会编：《元史论丛》第二辑，中华书局1983年版；徐远和：《理学与元代社会·绪论》。
③ 〔元〕郝经：《陵川集》卷二十四《与汉上赵先生论性书》。

学案下》将其列为"伊川续传",《晦翁学案下》列之为"朱学续传",《鲁斋学案》列之为"程朱续传",但未指明明确的师承关系,大概属于私淑之类,故《宋明理学史》谓:"看来,赵复很可能是自学自得,而后人因其学旨,遂列于朱门系统。"①《宋元学案·武夷学案》又列为"茅堂续传",理由是茅堂先生胡宁曾著《春秋通旨》,而"是书在元初赵仁甫最传之"②。此外,台湾学者罗光在其《中国哲学思想史》中认为赵复是真德秀门生,魏崇武先生著文辨之,以为无据。③然而赵氏系程朱一派理学人物当属无疑,在北上讲学过程中,他也竭力将包括四书学在内的程朱之学传衍到北方地区④。

赵复北上传学并不是一个自觉而顺利的过程,而是经历了一场生与死的激烈思想斗争。德安之战及赵复被俘的情形,《元史·赵复传》有一段形象的描述:

> 太宗乙未岁,命太子阔出帅师伐宋,德安以尝逆战,其民数十万,皆俘戮无遗。时杨惟中行中书省军前,姚枢奉诏即军中求儒、道、释、医、卜士,凡儒生挂俘籍者,辄脱之以归,复在其中。枢与之言,信奇士,以九族俱残,不欲北,因与枢诀。枢恐其自裁,留帐中共宿。既觉,月色皓然,惟寝衣在,遽驰马周号积尸间,无有也,行及水际,则见复已被发徒跣,仰天而号,欲投水而未入。枢晓以徒死无益:"汝存,则子孙或可以传绪百世;随吾而北,必可无他。"复强从之。

---

① 侯外庐等主编:《宋明理学史》第三编,第二十四章,第684页。
② 〔清〕黄宗羲原著,〔清〕全祖望补修:《宋元学案》,陈金生、梁运华点校,中华书局1986年版,卷三十四《武夷学案》,第1182页。
③ 魏崇武:《赵复理学活动考述》,《信阳师范学院学报(哲学社会科学版)》1995年第1期。
④ 《湖广通志》卷五十一言其传播程朱之学之功云:"周、程之学,集成于朱子。宋元间有赵复者,默识于兵燹之余,始传及许鲁斋诸人。复盖德安郡人也,道学之传于楚,固有厚幸云。"

这里面有三处地方值得注意：一是赵复初不欲北上的原因是"九族俱残"，二是后又应允的缘由是听从了姚枢的劝说，三是应允的态度是"强从之"。问题的关键在于，姚枢的劝辞及赵复受劝后的表现历史上有不同的版本，而这又关系到对赵复北上动机的理解。关于姚枢的劝辞，大概有三种说法：

第一种是姚枢从子姚燧在《序江汉先生死生》一文中所载：

> 公曰："果天不君与？众已同祸，爱其全之，则上承千百年之统，而下垂千百世之洪绪者，将不在是身耶？徒死无义，可除君而北，无他也。"①

第二种同样出自姚燧之手，他在《中书左丞姚文献公神道碑》中称："公晓以徒死无益，汝存则子孙或可传绪百世，吾保而北，无他也。"这一说法也为元人苏天爵②、明人冯从吾③及明修《元史》等所采，并成为后世通行的版本。

第三种出自清人魏源，称当时姚枢"晓以布衣未仕，徒死无益，不如随吾而北，可以传学教化"④。

关于赵复受劝后的表现，也有两种版本，第一种是姚燧《中书左丞姚文献公神道碑》所云"遂还，尽出程朱二子性理之书付公"，《元名臣事略》与之同。第二种是《元史》所载"强从之"，《元儒考略》、清人朱轼《史传三编》、魏源《元史新编》等皆采其说。

姚枢劝辞的三种版本，可以分别用"传道"、"传宗"和"求仕"来概括，就当时赵复"九族俱残"的实际状况和北上以后的学术活动

---

① 〔元〕姚燧：《牧庵集》卷四《序江汉先生死生》。
② 〔元〕苏天爵：《元名臣事略》卷八《左丞姚文献公》。
③ 〔明〕冯从吾：《元儒考略》卷一。
④ 〔清〕魏源：《元史新编》卷四十六《儒林一》，台北文海出版社1988年影印慎微堂刊本。

来看,"传道"和"传宗"之说都在情理之中。受劝后的两种表现尽管有接受程度上的深浅,却没有本质的差别。至于魏氏"求仕"一说,未知所据,恐怕未必合于赵复本意。①

怀着"传道"或"传宗"的信念,赵复在一种前途未卜的忐忑心境中于1236年被送达燕京。②来到燕京的赵复,"名益大著,北方经学,实赖鸣之。游其门者将百人,多达材"③。其中既包括杨惟中、姚枢两位名臣,也包括后来成为元朝高官或大儒的郝经、许衡、窦默、刘因等人。值得一提是杨惟中,同姚枢一样,他也是一个为赵复传播四书学创造条件的关键人物。杨惟中,字彦诚,弘州人,元兵攻德安时"于军前行中书省事"④。从现有史料记载来看,赵复被俘时,杨惟中大概未曾与之谋面,后于燕京"闻复论议,始嗜其学",时居相位的杨惟中于是很自然地"与枢谋建太极书院,立周子祠,以二程、张、杨、游、朱六君子配食。选取遗书八千余卷,请复讲授其中"⑤。太极书院的创建⑥,是元代四书学史上的一个重要事件,它为理学传播搭建了一个很好的平台,成为赵复传播四书学最主要的阵地。

赵复在太极书院的学术活动,包括讲学与著述,而所著书也正是他讲学的主要依据。《元史·赵复传》载:

复以周、程而后,其书广博,学者未能贯通,乃原羲、农、

---

① 参见魏崇武:《赵复理学活动考述》;又参见洪峥:《元代的四书学》第二章。
② 元人鲜于枢《困学斋杂录》云:"仁甫赵先生复初被房时,有《寄皇甫庭》诗:'寄语江南皇甫庭,此行无虑隔平生。眼前漫有千行泪,水自东流月自明。'又诗:'乘云曾到玉皇家,彩笔云笺赋落霞。老去空山春寂寞,自锄明月种梅花。'"
③〔元〕姚燧:《牧庵集》卷四《序江汉先生死生》。
④《元史·杨惟中传》。
⑤《元史·赵复传》。
⑥ 太极书院的创建年代,《宋明理学史》据明人孙承泽《元朝典故编年考》认为在太宗八年(1236),周良霄先生据郝经《太极书院记》认为有误,以为当在窝阔台十二、十三年(1240、1241)间。参见周良霄:《赵复小考》,载蔡美彪主编:《元史论丛》第五辑,中国社会科学出版社1993年版。

尧、舜所以继天立极，孔子、颜、孟所以垂世立教，周、程、张、朱氏所以发明绍续者，作《传道图》，而以书目条列于后。别著《伊洛发挥》，以标其宗旨。朱子门人散在四方，则以见诸登载与得诸传闻者共五十有三人，作《师友图》，以寓私淑之志。又取伊尹、颜渊言行，作《希贤录》，使学者知所向慕，然后求端用力之方备矣。

赵复所著四种书今天均已亡佚，当时讲学的具体情形也无多少史料可稽，但"赵复在太极书院所讲的，是关于孔孟以来的道统、程朱理学的宗旨、书目之类"[①]则当属事实。问题是，程朱之学的范围很广，我们如何知晓赵复的讲学有四书学的内容？我们如何确定条列于《传道图》后的那个"书目"中有诸如《四书章句集注》之类的书？这里，我们找到了古代的两则记述，可以作为此一问题的证明：一则是元人虞集在《跋济宁李璋所刻九经四书》中所云：

若夫《四书》者，实道统之传，入德之要。学者由是而学焉，则诸经可得而治矣。昔在世祖皇帝时，先正许文正公得朱子《四书》之说于江汉先生赵氏，深潜玩味，而得其旨，以之致君泽民，以之私淑诸人。[②]

另一则是明人张绅在《送殷先生（奎）叙》中所云：

初年，南北未通，考亭之学无闻焉。及从雪斋姚公得南士赵复所传朱子《小学书》、《语孟集注》、《大学中庸章句》、《或问》

---

① 侯外庐等主编：《宋明理学史》第三编，第二十四章，第 685 页。
② 〔元〕虞集：《道园学古录》卷三十九《跋济宁李璋所刻九经四书》。

及伊川《易传》，而后深有默契于中，皆手自抄录，以授学者。①

据此，我们不难判断，赵复讲学所据之书必有《四书》，所传之学必有四书学。这两则材料同时还可证明，赵复当初听从了姚枢的劝导后"以所记程朱所著诸经传注，尽录以付枢"②，其中的"诸经传注"中也应当有当时流传于南方的《四书集注》、《四书或问》等书。

太极书院讲学大约六七年后，赵复曾经有一段离京南游的经历。历保定、赵州、魏县、东平、济南等地，与郝经、解飞卿、杨弘道等人广泛交往，并以所著《伊洛发挥》诸书馈赠，使四书学及程朱之学在一个更广泛的范围内传播。大概于1250年返京，1252年后则行历无可考③，这可能跟他志不仕元的气节有关④。

## 二、四书学北传与北方学风

明人冯从吾云："先是，南北道绝，载籍不相通。洛闽之学惟行于南，北方之士惟崇眉山苏氏之学。"⑤这大概可以说明宋末元初的南北学术风气。北方崇尚苏轼父子之学，重词赋，重训诂，呈现出与南方义理之学不同的特征。赵复北上对理学及四书学的传播，很大程度上改变了北儒的治学方向，为北方学界吹进了一股新风。

1. 许衡、刘因的四书学转向

许衡与刘因是北方的两位大儒，尤其是许衡，更被后世推为元代理学的宗师。他们较早接受了赵复传播的四书学，从他们的接受过程，

---

① 〔明〕殷奎：《强斋集》卷十《送殷先生叙》。
② 《元史·赵复传》。关于"尽录以付枢"的时间，清人魏源《元史新编》、清人毕沅《续资治通鉴》等皆以为在北上之后，《元史》、《元名臣事略》等则以为在北上之前。
③ 可能回到过德安老家，并有讲学活动，《湖广通志》卷二十二云："江汉书院，在府城南文笔峰下，元儒赵复讲学于此。"
④ 《元史·赵复传》载："世祖在潜邸，尝召见问曰：'我欲取宋，卿可导之乎？'对曰：'宋，吾父母国也，未有引他人以伐吾父母者！'世祖悦，因不强之仕。"
⑤ 〔明〕冯从吾：《元儒考略》卷一。

可以明显看出四书学带给北方学人的强烈影响。

先看许衡（1209—1281）。衡字仲平，覃怀河内（今河南焦作一带①）人，学者称鲁斋先生。自幼勤学好问，有大志，但他早年所读之书，多《尚书疏义》、王弼《易注》之类，未曾接触到理学典籍。兵乱隐居于魏时，与窦默相知，"每相遇，危坐终日，出入经传，泛滥释老，下至医药、卜筮、诸子、百家、兵刑、货殖、水利、算数之类，靡不研精"②。但在结识了与赵复有密切交往的姚枢后，鲁斋之学发生了重大转变。关于鲁斋由章句学向义理学的转变过程，《考岁略》有一段较为详尽的记载：

> 雪斋姚枢公茂，方以道学自任，闻先生苦学力行，因过魏相与聚居，剖微穷深，忘寝与食。壬寅，雪斋隐苏门，传伊洛之学于南士赵仁甫，先生即诣苏门访求之，得伊川《易传》、晦庵《论孟集注》、《中庸大学章句》、《或问》、《小学》等书。读之，深有默契于中，遂一一手写以还。聚学者，谓之曰："昔者授受，殊孟浪也，今始闻进学之序。若必欲相从，当悉弃前日所学章句之习，从事于《小学》洒扫应对，以为进德之基。不然，当求他师。"众皆曰："唯。"遂悉取向来简帙焚之，使无大小，皆自《小学》入。先生亦旦夕讲诵不辍，笃志力行，以身先之，虽隆冬盛暑不废也。③

《考岁略》还记述了许衡研习程朱之学而有所得时无比快乐的心情：

> 己酉，先生年四十一。自得伊洛之学，冰释理顺，美如刍豢。

---

① 据陈正夫先生考证："许衡的籍贯，应在元代覃怀河内的李封村，即现在河南省焦作市中站区王村乡李封村。"（陈正夫、何植靖：《许衡评传》，南京大学出版社1995年版，第一章，第15页）

② 〔元〕许衡：《鲁斋遗书》卷十三《考岁略》。

③ 〔元〕许衡：《鲁斋遗书》卷十三《考岁略》。

尝谓终夜以思，不知手之舞之，足之蹈之。

由以上记述，我们至少可以得出以下几点结论：首先，许衡在他不到四十岁的时候通过姚枢学得由赵复传来的朱子《四书》之学，并产生了极为浓厚的兴趣。其次，许衡在得睹朱子《四书》之后，迅即否定了以前所学，完成了他由章句之学向伊洛义理学的转变，且终其一生谨遵此道。① 再次，许衡当时即已广收门徒，他也为其弟子扭转治学方向②，使理学与四书学的传播迅即扩大了范围，并且使理学与四书学不止成为一个人的学术偏好，而是成为一批学者的共同追求。当然，许衡在忽必烈朝任集贤殿大学士兼国子祭酒兼管太学时，通过规定教材及亲自著述在教育层面推广《四书》，从四书学传播的力度及效果讲，来得就更大更持久了。

再看刘因（1249—1293）。因字梦吉，保定容城人，学者称静修先生。从刘因的问学经历看，他对四书学的接受则显得更为顺理成章。《元史·刘因传》载：

> 国子司业砚弥坚教授真定，因从之游，同舍生皆莫能及。初为经学，究训诂疏释之说，辄叹曰："圣人精义，殆不止此！"及得周、程、张、邵、朱、吕之书，一见能发其微，曰："我固谓当有是也。"及评其学之所长，而曰："邵至大也，周至精也，程至正也，朱子极其大、尽其精而贯之以正也。"

---

① 许衡一生致力于四书学研究，撰四书学著作数种，如《大学要略直说》一卷、《大学直解》一卷、《鲁斋大学诗解》一卷、《孟子标题》、《中庸说》、《中庸直解》一卷等。

② 元人欧阳玄为许衡所撰《神道碑》云："凡伊洛性理之书及程子《易传》，朱子《论孟集注》、《中庸大学章句》、《或问》、《小学》等书，言与心会。召向所从游，教以进德之基，慨然思复三代庠序之法。"（参见〔元〕欧阳玄：《圭斋文集》卷九）

可见，刘因对义理之学有着一贯的信念，而后来获睹程朱之书又使这种信念得到进一步印证，并从此发生了一个治学方向上的重大转变，周、程、张、朱之书从此成了他用功的主要对象。但毕竟是这些理学著作及其理学思想的传入，为其学术转向提供了基本条件。

当然，这里还有一个关节需要打通，因为《元史》的这段记述既未指明刘因得书之中即有《四书》，又未指明《四书》之传来自江汉赵复。我们试图从古人的记述中探寻到一些线索，一则记述来自虞集《安敬仲文集序》：

> 《默庵集》者，诗文凡若干篇，藁城安君敬仲之所作，其门人赵郡苏天爵之所缉录者也。既缮写，乃来告曰："昔容城刘静修先生得朱子之书于江南，因以之溯乎周、程、吕、张之传，以求达夫《论语》、《大学》、《中庸》、《孟子》之说。古所谓闻而知之者，此其人与？"

由此我们可以推断：其一，刘因此时开始自觉探求的，正是四书学；其二，朱子之书得于"江南"，而未言得于赵复。

另一则记述来自《宋元学案》，书中将刘因列为"江汉别传"，并明确称刘因"于赵江汉复得周、程、张、邵、朱、吕之书"①。在没有其他材料作为证明的情况下，我们无法判断刘因得书来自"江南"与"赵复"孰是孰非。② 不过从刘因的年龄、行历结合赵复晚年行踪考察，刘氏直接从赵复那里接受《四书》之学的可能性不大。然而这并不影响我们对此一问题的认识和结论，因为即便刘因没有直接得《四书》

---

① 〔清〕黄宗羲原著，〔清〕全祖望补修：《宋元学案》卷九十一《静修学案》，第3020页。
② 或《宋元学案》以为此处"江南"即指"江南之儒赵复"，此说为《宋明理学史》所采。单从《元史》的这段记述推断，刘因获睹理学之书，也可能来自他的问学之师、同样是江南之儒的砚弥坚。

于赵复，赵复北传四书学的事实及影响却是确定不移的，刘因获闻《四书》之学也应当在这样一种学术大背景下，说刘因间接受四书学于赵复也未尝不可。在传播四书学方面，刘因不但自己撰著了《四书集义精要》三十卷，讲学过程中的散论《四书》之语，还由门人辑录而成《四书语录》。与许衡略有不同，由于刘因在政治上的"儒家隐逸主义"倾向①，他主要是通过讲学授徒的途径实现了对四书学的传播②。

2．"传正脉于异俗，衍正学于异域"

之所以选取许衡、刘因作为北儒四书学转向的代表，是因为二人在北儒中影响最巨。以二人为中心建立起来的"鲁斋学派"和"静修学派"是北方两个最大的学术派别，影响所及，于北方学风之变举足轻重。其实，不惟鲁斋弟子和静修弟子受到了四书学的直接熏染，北方其他儒生也开始对四书学产生兴趣，四书学正渐渐占据主流，北方学风悄悄发生着改变。比如南阳穰县人成遵，"二十能文章。时郡中先辈无治进士业者，遵欲为，以不合程式为患。一日，愤然曰：'《四书》、《五经》，吾师也。文无逾于《史》、《汉》、韩、柳。区区科举之作，何难哉！'"③以《四书》与《五经》并举且置《四书》于前，在一定程度上表明了"四书"观念已经深入一些学者之心。再如奉元人杨恭懿，起初"暇则就学，书无不读，尤深于《易》、《礼》、《春秋》，后得朱熹集注《四书》，叹曰：'人伦日用之常，天道性命之妙，皆萃此书矣！'"④这表明，杨氏治学不但也发生了四书学的转向，而且把握住了四书学的要义。至此，我们便可以说，经历了赵复的首倡之功，《四书》之学最终打破了南北阻隔，在北方大地逐渐兴起，并且"在元

---

① 参见［美］杜维明：《刘因儒家隐逸主义解》，载［美］杜维明：《道、学、政：论儒家知识分子》，钱文忠、盛勤译，上海人民出版社 2000 年版，第 57—93 页。
② "静修门人"中，林起宗撰有《志学指南图》、《心学渊源图》、《中庸大学论语孟子诸图》、《论语图》；"静修私淑"中，安熙撰有《四书精要考异》，均属四书学著作。
③ 《元史·成遵传》。
④ 《元史·杨恭懿传》。

初诸儒的众口交誉下,终于奠定它在学术上南面而王的地位"①。

再回过头来审视一下赵复的北上传学,于四书学乃至整个北方理学的发展实在至关重要。虞集即云:

> 群经、《四书》之说,自朱子折衷论定,学者传之,我国家尊信其学,而讲诵授受,必以是为则,而天下之学,皆朱子之书。②

黄百家亦称:

> 自石晋燕云十六州之割,北方之为异域也久矣,虽有宋诸儒叠出,声教不通。自赵江汉以南冠之囚,吾道入北,而姚枢、窦默、许衡、刘因之徒,得闻程朱之学以广其传,由是北方之学郁起,如吴澄之经学,姚燧之文学,指不胜屈,皆彬彬郁郁矣。③

赵复当年离开太极书院载经南游,第一站就到了保定郝经家,告别郝经继续南游时,郝氏曾作《送汉上赵先生序》,对赵复北上传学的全过程及其意义作了全面而崇高的评价:

> 穷先生者此行也,达先生者亦此行也。汉淮亡,累俘北首,仵异俗而茌异声,茹腥衣毳而不获安土敦化,振书闾阎,矢谟廊庙,致君乎三五,赫耀文明之光贲冒草木,树正大之业,宏徽衍之号,则此行也,穷先生者也。虽然,穷乎此而达乎彼,果穷也耶?先生尝蹈夫常矣,而未蹈乎变也;尝行夫一国矣,而未行乎天下也。天其或者欲由常以达变,由一国以达天下欤?昔之所睹者,江汉荆衡

---

① 黄孝光:《元初四书学的形成》,载黄孝光:《元代的四书学》,第11页。
② 〔元〕虞集:《道园学古录》卷三十六《考亭书院重建文公祠堂记》。
③ 〔清〕黄宗羲原著,〔清〕全祖望补修:《宋元学案》卷九十《鲁斋学案》,第2995页。

而已；今也仰嵩高，瞻太华，涉大河之惊流，视中原之雄浸。太行恒碣，脊横天下。昔之所游者，荆吴闽越而已。今也历汴洛，睨关陕，越晋卫，观华夏之故墟，睹山川之形势，见唐虞三代建邦立极之制，齐鲁圣人礼义之风。接恒岱之旷直，激燕赵之雄劲。昔之所学者，富一身而已。今也传正脉于异俗，衍正学于异域。指吾民心术之迂，开吾民耳目之蔽。削芜漫，断邪枉，破昏塞，俾《六经》之义，圣人之道，焕如日星，沛如河海，巍如泰华，充溢旁魄，大放于北方。如是则先生之道非穷也，达也。①

"异俗"、"异域"的称谓虽然略带有一定的民族歧视成分，但对赵复传学之功的肯定还是较为符合历史实际的。

这里，有三点还需要作特别说明：第一，若没有宋金对立所造成的南北阻隔，四书学本应在北方地区也有传播。至宋末元初，历史为四书学北传提供了机遇，赵复牢牢把握，恢复了四书学的正常传衍。②第二，赵复北传四书学虽然对北方学风造成了强烈冲击，并使许多学人发生转向，但在最初并未被士人普遍接受，宋金以来的旧学风仍然有很强的势力。比如王旭在《上许鲁斋先生书》中即云：

国家自有天下六十余年，文风不振，士气卑陋，学者不过踵雕虫之旧尔。间有一二留心于伊洛之学，立志于高远之地者，众且群咻而聚笑之，以为狂为怪为妄，而且以为背时枯槁无能之人也。呜呼！儒学岂真无用具耶？正道不明，士习诞僻，以至于斯，可喟叹已！③

---

① 〔元〕郝经：《陵川集》卷三十《送汉上赵先生序》。
② 参见魏崇武：《赵复在北方传播理学的意义和贡献》，《殷都学刊》1995年第2期。
③ 〔元〕苏天爵：《元文类》卷三十七《上许鲁斋先生书》。

第三，四书学得以北传，并非赵复一人之功，而是一批学人甚至几代学人共同努力的结果，赵复不过在其中发挥了关键作用。

### 三、杨惟中、姚枢与四书学传播

四书学北传属集体之功，其实可以分这样几种身份来分别考察：

一种身份是被俘的南儒，他们把四书学的书籍和四书学思想带到了北方，使四书学北传成为可能。赵复自不必言，他是这当中的最大功臣。同时被俘北上的还有应城人砚弥坚、云梦人朱万龄等，砚、朱二人尽管也倡导道学，反对章句，但从文献记载上看不出他们对四书学的传播有何显著作为。①这里需要特别指出的是金儒窦默（1196—1280）。默字子声，广平肥乡（今属河北）人，自幼嗜学。元兵伐金，默被俘，险遭杀，后避乱而南下至德安，"孝感令谢宪子以伊洛性理之书授之，默自以为昔未尝学，而学自此始。适中书杨惟中奉旨招集儒、道、释之士，默乃北归，隐于大名，与姚枢、许衡朝暮讲习，至忘寝食。继还肥乡，以经术教授，由是知名"②。这段文字一方面可以证明，窦默虽非如赵复一样是作为战俘被捉，却在同时与赵复一起北上，于理学及四书学的北传有功③；同时又进一步印证了窦默原来所持北方之

---

① 元人苏天爵《滋溪文稿》卷七《元故国子司业砚公墓碑》载："国初，岁在乙未，王师徇北汉上，公与江汉先生赵公复，俱以名士为大将招致而北。久之，周流河朔，不获宁居。岁戊戌，诏试儒士，公试西京，中选。岁壬子，诏实户口，公家直定，著儒籍，自是端以授徒为业。公通诸经，善讲说，士执经从而问疑者日盛。公告以圣贤之旨，谆切明白，不缴绕于章句。中原硕儒，若容城刘公因、中山滕公安上，亦皆从公授经。"从砚氏讲学"不缴绕于章句"看，刘因得《四书》于砚氏并非没有可能。又，元人王恽《秋涧集》卷五十九载："朱万龄，字寿之，云梦人。生平以道学自负，星历占筮乃其所长。"

② 《元史·窦默传》。

③ 周良霄、顾菊英《元代史》第十三章认为，这里的"伊洛性理之书"即为《四书》，并称："避兵南亡走宋之孝感，从县令谢宪子学习《四书》，亦在是役后北返，隐居大名。也就从这个时候开始，南方的儒士与书籍开始广泛北流。"（周良霄、顾菊英：《元代史》，上海人民出版社·1993年版，第698页）又，《元史·窦默传》载忽必烈曾诏窦默问以治国之道，默答以"帝王之道，在诚意正心。心既正，则朝廷远近莫敢不一于正"，可见其学确为《四书》之学。

学确与南方理学有所不同，他在许衡等人之前就发生了一个四书学的转向。

另一种身份是最初受学的北儒，以许衡、刘因、郝经等为代表，他们对四书学的接受与传播已见前述。此外还有两个人有必要特为表彰，他们都是此次四书学大规模北传不可或缺的关键人物：一为杨惟中，一为姚枢。

关于赵复被俘的经过，前文所引《元史·赵复传》已有叙说，但还有一些细节尚未提及。清代《御批历代通鉴辑览》卷九十二载：

> （理宗端平三年）秋八月，蒙古破枣阳军、德安府。初，蒙古破许州，获金军资库使姚枢，杨惟中见之，以兄事枢。时北庭无汉人士大夫，太祖见枢至，甚喜，特加重焉。及库腾南侵，俾枢从惟中即军中求儒、释、道、医、卜之人，枢招致稍众。至是破枣阳，特穆德克欲坑士人，枢力与辩，得脱死者数十人。继拔德安，得赵复。

从中我们可以获得这样两点信息：一是姚枢曾有与赵复相似的经历，而蒙恩于杨惟中；二是姚枢得赵复等数十士人，曾经与蒙古主将据理力争。①由此说来，赵复最终能北上传学，杨惟中、姚枢之功②着实皆不可没。

除去重视人才，杨惟中与姚枢还十分重视图书的收集和刊刻。杨

---

① 《元史·姚枢传》载之更详："岁乙未，南伐，诏枢从惟中即军中求儒、道、释、医、卜者。会破枣阳，主将将尽坑之，枢力辩非诏书意，他日何以复命，乃蹙数人逃入篁竹中脱死。拔德安，得名儒赵复，始得程颐、朱熹之书。"

② 关于姚枢倡鸣四书学之功，元人许有壬《圭塘小稿》卷六《雪斋书院记》有云："宇宙破裂，南北不通，中原学者不知有所谓《四书》也。宋行人有箧至燕者，时有馆伴使得之，乃不以公于世。时出一论，闻者辣异，讶其有得也。皇元启运，道复隆古，倡而鸣者，则有雪斋姚公焉。"

惟中率军征战宋地,"凡得名士数十人,收伊洛诸书送燕都"①,而且这极有可能就是太极书院所藏、赵复据以讲学的那八千余卷"遗书"的主要来源。淳祐二年(1242)夏四月,姚枢辞官,隐居辉县苏门山,

> 垦荒粪田,诛茅为堂,置私庙,奉祠四世。中堂凭鲁司寇容,傍垂周、程、张、邵、司马六君子象。读书其间,衣冠庄肃,以道学自鸣,汲汲以化民成俗为心。板《小学》、《论孟或问》、《家礼》。俾杨中书板《四书》、田尚书板《诗》,折衷《易》程传、《书》蔡传、《春秋》胡传。又以《小学》流布未广,教弟子杨古为沈氏活板,与《近思录》、《东莱经史论说》诸书,散之四方。②

这些工作都进一步推进了四书学在北方的传播。

在四书学北传上,杨、姚二人的最大贡献还应当是太极书院的创建,它为四书学北传创设了一个基地。明人湛若水曾以元初太极书院的创建为由,拿当时南宋与蒙古政权对待"道学"的态度作一比较,得出态度不同而致人心、风俗迥异的结论,颇能启人:

> 元自太祖至世祖,用兵百四十年,至灭宋而始一天下。其战胜攻取,古所未有之盛。及观史,至杨惟中与姚枢,奋然兴起道学,而叹其有以也,岂非知守天下者乎?夫蒙古,北俗也,乃能兴道学之教,而当时南宋乃禁锢道学,指为伪学,使天理民彝之在人心,澌灭殆尽,以归于败亡之辙而不悟,为能保天下者耶?欲其不亡难矣。元儒刘因诗云:"王纲一紊国风沈,人道方乖鬼境侵。生理本直宜细玩,蓍龟千古在人心。"盖叹宋也。《书》曰:

---

① 《元史·杨惟中》。
② 〔元〕许有壬:《圭塘小稿》卷六《雪斋书院记》。

"商俗靡靡,利口惟贤。"余风未殄,后之主教化之责者,可不独观而深省之,以救流俗之弊乎?①

## 第二节 元初"以儒治国"的文化政策

马克思指出:"野蛮的征服者总是被那些他们所征服的民族的较高文明所征服,这是一条永恒的历史规律。"②元朝的建立与统治,对这一规律作出了形象的证明。从成吉思汗到忽必烈,在与汉人、汉文化的历次碰撞中,蒙古统治者最终无可避免地选择了"以儒治国"的文化政策,从某种意义上实现了"征服者的被征服"。在这一文化政策推行的过程中,四书学的内容逐渐凸显。元代的四书学,正是在这一历史背景下展开的。

### 一、元世祖前蒙古可汗与儒士儒学

元太祖成吉思汗起于漠北,对汉文化无所了解,在征伐西夏和金的过程中才开始有所接触。成吉思汗身边文臣③中,以耶律楚材于儒学最为熟知。耶律楚材(1190—1244),契丹人,字晋卿,号湛然居士。精通儒术,旁通天文、地理、律历、术数及释老、医卜之说。1218年,为成吉思汗召至漠北,追随多年。耶律楚材自幼接受儒家思想教育④,较早意识到儒术于国家治理的重要意义,并提出了"以儒治国,

---

① 〔明〕湛若水:《格物通》卷四十七《立教兴化(中)》。
② 〔德〕马克思:《不列颠在印度统治的未来结果》,《马克思恩格斯选集》第二卷,人民出版社1972年版,第70页。
③ 据赵琦考证,有粘合重山、耶律楚材、耶律史酾巴尔、刘仲禄、王檝、郑景贤等。参见赵琦:《金元之际的儒士与汉文化》,人民出版社2004年版,第二章。
④ 元人耶律楚材《湛然居士集》卷二《用前韵感事二首》有句云:"昔年学道宗夫子,盈科后进如流水。"

以佛治心"①的著名观点。遗憾的是,当时的大蒙古国更关心的是领土的扩张和财富的掠夺,尽管成吉思汗也曾对耶律楚材提出的"为天下当用治天下匠"的观点表示赞同②,但总体说来,"以儒治国"的儒术观对成吉思汗造成的影响微乎其微③。甚至耶律楚材之所以被重用,恰恰不是因为他在儒学上的见解和主张,而是因为他擅长卜筮④,儒者的社会地位此时尚远没有被认可⑤。而且,成吉思汗还曾一度对道教产生了浓厚兴趣,并诚邀当时的全真教领袖丘处机来朝。⑥"以儒治国"思想逐渐为蒙古最高统治者重视和采用,是从窝阔台朝开始的。

窝阔台(1186—1241),是成吉思汗正妻孛儿台所生第三子,于1229年即大汗位。此时的蒙古国,对中原的统治越来越扩大和深入,亟须熟悉中原事务人才的协助,窝阔台听从父亲的教导⑦,重用耶律楚材,"以儒治国"的方略也逐渐得以实施。耶律楚材向窝阔台"时时进说周孔之教,且谓天下虽得之马上,不可以马上治。上深以为然,国朝之用文臣,盖自公发之"⑧。窝阔台的态度,表明了新形势下蒙古可汗

---

① 〔元〕耶律楚材:《湛然居士集》卷十三《寄万松老人书》。刘晓先生认为:"耶律楚材所宣扬的'以儒治国',实际上是以早期儒家思想的治世准则为标准的。"(刘晓:《耶律楚材评传》,南京大学出版社2001年版,第九章,第228页)

② 《元史·耶律楚材传》载:"楚材曰:'治弓尚须用弓匠,为天下者岂可不用治天下匠耶?'帝闻之甚喜,日见亲用。"

③ 姚大力先生称:"蒙古统治者虽然看重个别儒生文字算学、方技术数的本领,但没有材料可以证明儒学本身已成了他们从某种观念去加以认识的客体对象。"(姚大力:《蒙古人最初怎样看待儒学》,载南京大学历史系元史研究室编:《元史及北方民族史集刊》第七辑,1983年5月,第64页)

④ 耶律楚材亦曾自称:"钦承皇旨,待罪清台,五载有奇,徒旷蓍龟之任。"(〔元〕耶律楚材:《湛然居士集》卷八《进征西庚午元历表》)

⑤ 《元史·耶律楚材传》载:"夏人常八斤,以善造弓见知于帝,因每自矜曰:'国家方用武,耶律儒者何用?'"

⑥ 关于成吉思汗与丘处机的交往,《元史·丘处机传》载:"既见,太祖大悦,赐食、设庐帐甚饬。太祖时方西征,日事攻战,处机每言欲一天下者,必在乎不嗜杀人。及问为治之方,则对以敬天爱民为本。问长生久视之道,则告以清心寡欲为要。太祖深契其言,曰:'天锡仙翁,以寤朕志。'命左右书之,且以训诸子焉。于是锡之虎符,副以玺书,不斥其名,惟曰'神仙'。"

⑦ 《元史·耶律楚材传》载:"(成吉思汗)指楚材谓太宗曰:'此人天赐我家,尔后军国庶政,当悉委之。'"

⑧ 〔元〕宋子贞:《中书令耶律公神道碑》,参见〔元〕苏天爵:《元文类》卷五十七。

对儒学逐步开始认可与接纳。今从四个方面略加论说：

第一，保护和搜求儒士。金哀宗天兴元年（1232），蒙古军包围汴京，耶律楚材"书索翰林学士赵秉文、衍圣公孔元措等二十七家"①，著名诗人元好问当时也处围城之中，他寄书耶律楚材，希望能对城中儒士加以保护，楚材尽其所能为之②。这些儒士中，有的后来就有专门的四书学著作问世，如河南东明人王鹗即著有《论语集义》一卷。另外，杨惟中、姚枢奉诏于军前求儒而得四书学北传之关键人物赵复，也正是发生在这个时候。

第二，袭封衍圣公，恢复礼乐制度。北宋以来，封孔子的后裔为"衍圣公"，金朝继之。耶律楚材于汴京城中求得孔子第五十一世孙孔元措后，建议窝阔台封之为衍圣公，并给以优厚待遇和一定特权，使儒家的象征性形象在元代得以维护和扩大。③礼乐制度是儒学的重要内容之一，太宗十年（1238），"孔元措荐府君于朝，摄大乐丞，乘传遍历四方，搜访前代礼官、乐师、祭器、图集，备预制作"④，久废的礼乐制度因而得以恢复。

第三，进讲东宫，设置编修所、经籍所。《元史·耶律楚材传》云："命收太常礼乐生及召名儒梁陟、王万庆、赵著等使直释《九经》，进讲东宫。又率大臣子孙执经解义，俾知圣人之道。置编修所于燕京，经籍所于平阳，由是文治兴焉。"进讲东宫，使儒学思想在蒙古高层得以传播。编修所、经籍所的主要任务是编集刊刻经史书籍⑤，一定程度

---

① 《金史·哀宗纪上》。
② 元人宋子贞《中书令耶律公神道碑》云："时避兵在汴者，户一百四十七万，仍奏选工匠、儒、释、道、医、卜之流，散居河北，官为给赡。"
③ 参陈高华：《金元二代衍圣公》，载陈高华：《元史研究论稿》，中华书局1991年版，第328—345页。
④ 〔元〕王恽：《秋涧集》卷四十八《卢龙赵氏家传》。
⑤ 今知所编刻的书籍有《双溪醉隐集》、《湛然居士文集》、《尚书注疏》、《毛诗注疏》、《道藏》等，参见赵琦：《金元之际的儒士与汉文化》，第二章。

上促进了文治的兴盛。

第四,"戊戌选试",确立儒籍。儒者在当时不受重视,地位很低,以致有"九儒十丐"①之说。在高智耀②、耶律楚材③等人的建言推动下,蒙古政权终于在1238年举行考试,选拔人才,史称"戊戌选试"。此次考试,中选士人达四千零三十人,其中就包括后来成为北方理学宗师的大儒许衡。此次选试,许多儒士户籍得以确立,并被免除徭役,促进了儒学的传播。尽管如此,窝阔台对待儒术在态度上依然有所保留,比如《元史·耶律楚材传》载:

> 太原路转运使吕振、副使刘子振,以赃抵罪,帝责楚材曰:"卿言孔子之教可行,儒者为好人,何故乃有此辈?"对曰:"君父教臣子,亦不欲令陷不义。三纲五常,圣人之名教,有国家者莫不由之,如天之有日月也,岂得缘一夫之失,使万世常行之道独见废于我朝乎?"帝意乃解。

窝阔台死后,大蒙古国经历了一个由乃马真皇后摄政、贵由汗短暂统治和斡兀立·海迷失后摄政的时期。这一时期,蒙古政权重用善于经商理财的西域回回人,在推行汉法和对待儒士上出现了历史的倒

---

① 南宋郑所南《心史·大义略叙》云:"鞑法:一官、二吏、三僧、四道、五医、六工、七猎、八民、九儒、十丐。"又,同时的谢枋得《叠山集》卷二云:"后十六年,而验滑稽之雄以儒为戏者曰:我大元制典,人有十等,一官、二吏,先之者,贵之也,贵之者,谓有益于国也。七匠、八娼、九儒、十丐,后之者,贱之也,贱之者,谓无益于国也。嗟乎,卑哉!介乎娼之下丐之上者,今之儒也。"

② 陈垣《元西域人华化考》卷二云:"元初不重儒术,故南宋人有'九儒十丐'之谣。然其后능知尊孔子,用儒生,卒以文致太平,西域诸儒,实与有力。其最先以儒术说当世者,为高智耀。"[陈垣:《励耘书屋丛刻》(上),北京师范大学出版社1982年版,第28页]

③ 《元史·耶律楚材传》曰:"丁酉,楚材奏曰:'制器者必用良工,守成者必用儒臣。儒臣之事业,非积数十年,殆未易成也。'帝曰:'果尔,可官其人。'楚材曰:'请校试之。'乃命宣德州宣课使刘中随郡考试,以经义、词赋论分为三科。儒人被俘为奴者,亦令就试,其主匿弗遣者死,得士凡四千三十人,免为奴者四之一。"

退。耶律楚材,这位为大蒙古国的发展呕心沥血、居功至伟的臣僚,正是在这个时候遭受奥都剌合蛮等改革反对派的排挤攻讦,最终"愤悒以死"①。四书学北传的重要人物姚枢,也因此时不满牙鲁瓦赤"惟事货赂"②而愤然辞职,举家隐居辉州苏门山。1251年夏,蒙哥汗即位。即位后的政治动作,首先是清除贵由朝异己诸臣,其次是对中央和地方统治机构进行整顿,并向吐蕃、大理、南宋诸地大力用兵。然而,虽然蒙哥汗"自谓遵祖宗之法,不蹈袭他国所为"③,但他对于儒术的认识依然比较肤浅,没有表现出对待儒术的明显的尊崇与推进。而且最初在宪宗眼里,儒、释、道三者之中,儒难以与释、道并列,佛教更受到他的推崇。④《元史·高智耀传》载:

> 宪宗即位,智耀入见,言儒者所学,尧、舜、禹、汤、文、武之道,自古有国家者,用之则治,不用则否。养成其材,将以资其用也,宜蠲免徭役以教育之。帝问:"儒家何如巫、医?"对曰:"儒以纲常治天下,岂方技所得比?"帝曰:"善。前此未有以是告朕者。"诏复海内儒士徭役,无有所与。

综观元世祖前的蒙古诸可汗,"对儒学和儒士的接受程度极其有限,蒙古大汗对中原制度是一种排斥、摈弃的态度"⑤。对儒学真正有较深入的认识,并自觉地在全国范围内广泛推行崇儒措施的,始于元世祖忽必烈。

---

① 〔元〕郝经:《陵川集》卷三十二《立政议》。
② 《元史·姚枢传》。
③ 《元史·宪宗纪》。
④ 《元史·宪宗纪》载:"(宪宗)酷信巫觋卜筮之术,凡行事必谨叩之,殆无虚日,终不自厌也。"又,释祥迈《大元至元辨伪录》卷二载:"自今已后,三教图像不得与佛齐列。"(《北京图书馆古籍珍本丛刊》第77册,北京图书馆出版社1992年版,第502页)
⑤ 赵琦:《金元之际的儒士与汉文化》,第二章,第47—48页。

## 二、忽必烈"儒治观"的形成及其反复

忽必烈是拖雷之子、蒙哥之弟,是成吉思汗后蒙古可汗中又一位英明之主,是元王朝的缔造者。在与汉人、儒生的不断交往中,他较早意识到儒术的重要性,逐渐形成"以儒治国"的儒治观。然而此一过程有所反复,他对儒学及四书学的重视依然有限。

1. "我今虽未能即行……,安知它日不能行之耶"

受家庭影响,忽必烈早在为亲王时即与许国祯、赵璧等金末儒士有所接触,并对儒学表现出浓厚兴趣。《元史·赵璧传》载:

> 赵璧,字宝臣,云中怀仁人。世祖为亲王,闻其名,召见。呼秀才而不名,赐三僮,给薪水。命后亲制衣赐之,视其试服不称,辄为损益,宠遇无与为比。命驰驿四方,聘名士王鹗等。又令蒙古生十人,从璧授儒书。敕璧习国语,译《大学衍义》,时从马上听璧陈说,辞旨明贯,世祖嘉之。

忽必烈为藩王时,"思大有为于天下,延藩府旧臣及四方文学之士,问以治道"①。1244年冬,世祖在藩邸,访求遗逸之士,遣使聘(王)鹗。及至,使者数辈迎劳,召对。进讲《孝经》、《书》、《易》及齐家治国之道、古今事物之变,每夜分,乃罢。世祖曰:"我虽未能即行汝言,安知异日不能行之耶!"岁余乞还,赐以马,仍命近侍阔阔、柴祯等五人从之学。②

由此我们可以得出两条结论:其一,世祖在此时已对《大学》中

---

① 《元史·世祖纪一》。
② 《元史·王鹗传》。

"修齐治平"的儒家观念有所接触并表示接受①;其二,"我虽未能即行汝言,安知异日不能行之耶"的誓言,既表明了世祖胸怀大志的政治抱负,又表明了他主动学习儒学的态度及"以儒治国"的基本立场和决心。

1251年,兄长蒙哥即位,忽必烈以皇弟之亲,受任总理漠南汉地军国庶事,与中原地区有广泛的接触,也为进一步了解儒学创造了条件。在此期间,忽必烈在事业上得到了儒士们的极力辅助,对儒士与儒学也表现出相当程度的信任和支持。比如在治理邢州、河南、京兆、怀孟等地过程中,赵良弼、杨惟中、赵璧、廉希宪、杨奂、谭澄等儒士就发挥了重要作用;在营建后来成为上都的开平过程中,赵炳、贾居贞、谢仲温等人同样兢兢业业;在宪宗二年(1252)的大理之役中,许国桢、董文用兄弟、赵秉温等人随军前往,或出谋划策,或治理当地;在宪宗七年(1257)的鄂州之役中,张文谦、郝经、赵良弼等人也竭尽所能,鼎力相助。②在众多儒士的帮助下,忽必烈为其政治统治打下了坚实的基础,并最终于1260年建元中统,开平称帝。

在这一过程中,忽必烈深切体会到了儒士与儒学的重要,并采取了一些相应措施:首先,继续征召任用儒士。比如宪宗二年大理之役前,忽必烈征召时任东平幕僚的徐世隆领太常礼乐北上,因问以此行如何,徐世隆以《孟子·梁惠王》之语告之,晓以"夫君人者不嗜杀人,天下可定"③之理;再如宪宗四年(1254),征召时在苏门讲学的姚枢、许衡二儒,各任以职,民受教化④;又如宪宗五年(1255),两

---

① 除赵璧、王鹗外,忽必烈还从金儒窦默那里得到了"三纲五常"、"诚意正心"的治道之教。《元史·窦默传》载:"既至,问以治道,默首以三纲五常为对。世祖曰:'入道之端,孰大于此?失此,则无以立于世矣。'默又言:'帝王之道,在诚意正心,心既正,则朝廷远近莫敢不一于正。'"
② 参赵琦:《金元之际的儒士与汉文化》,第五章。
③〔元〕苏天爵:《元名臣事略》卷十二《太常徐公》。
④《元史·许衡传》载:"甲寅(1254),世祖出王秦中,以姚枢为劝农使,教民耕植。又思所以化秦人,乃召衡为京兆提学。秦人新脱于兵,欲学无师,闻衡来,人人莫不喜幸来学。郡县皆建学校,民大化之。"

召郝经，问以治道①；等等。其次，重视文教、礼乐。张德辉在1248年就曾向忽必烈灌输"崇儒重道"的观念②，为世祖所欣赏。1250年，刘秉忠、姚枢二人又根据当时中原实际向忽必烈上书数千言，从国家统治的角度建言推行文教、恢复礼乐③，忽必烈均表示欣然接受。1252年，忽必烈任命张德辉"提调真定学校"④，1254年征召许衡为京兆提学讲学关中，以及1253年以来对于东平礼乐事宜的关心指示⑤，均可见其对于学校教育及礼乐制度的重视。由于忽必烈对于儒学与儒士较为自觉的偏向与接近，他本人也得到了儒士们的极度推崇，并于宪宗二年被尊为"儒教大宗师"⑥。可以明显看出，抱负满怀的忽必烈此时虽尚未登基，却早已开始推行他"以儒治国"的大政了。

---

① 元人荀宗道《翰林侍读学士国信使郝公行状》云："乙卯秋九月，上遣使召公，不起。十月，召使复至，公乃叹曰：'读书为学，本以致用也，今王好贤思治如此，吾学其有用矣。'岁丙辰正月，见于沙陀。上问以帝王当行之事，公援引二帝三王治道以对，且告以'亲亲而仁民，仁民而爱物'之义。自朝至晡，上喜溢不倦。自后连日引对论事，甚器重之。"（《山西通志》卷一八九《艺文八》）

② 《元史·张德辉传》载："戊申（1248）春，释奠，致胙于世祖。世祖曰：'孔子庙食之礼何如？'对曰：'孔子为万代王者师，有国者尊之，则严其庙貌，修其时祀。其崇与否，于圣人无所损益，但以此见时君崇儒重道之意何如耳。'世祖曰：'今而后，此礼勿废。'"

③ 明人杨士奇等《历代名臣奏议》卷六十六《治道》载刘秉忠之上书曰："古者庠序学校未尝废，今郡县虽有学，并非官置，宜从旧制，修建三学，设教授，开选择才，以经义为上，词赋论策次之。兼科举之设，已奉合罕皇帝圣旨，因而言之，易行也。开设学校，宜择开国功臣子孙受教，选达才任用之。"又云："孔子为百王师，立万世法，今庙堂虽废，存者尚多，宜令州郡祭祀释奠如旧仪。近代礼乐器具靡散，宜令刷会，征太常旧人教训后学，使器备人存，渐以修之，实太平之基，王道之本。"又，元人苏天爵《元名臣事略》卷八《左丞姚文献公》曰："上在潜邸，遣故平章赵璧来征。既至，上大喜，自客过之，时召与语，随问而言。久之，询及治道，公见上聪明神圣，才不世出，虚己受言，可大有为，乃尽其平生所学为书数千百言，首以二帝三王为学之本，为治之叙，与治国平天下之大经，汇为八目：修身，力学，尊贤，亲亲，畏天，爱民，好善，远佞；次及救时之弊，为条三十。"

④ 《元史·张德辉传》。

⑤ 《元史·礼乐二》曰："（宪宗）三年时，世祖居潜邸，命勾当东平府事宋周臣兼领大乐礼官、乐工人等，常令肄习，仍用万户严мм忠济依已降旨存恤。六年夏五月，世祖以潜邸次滦州，下教命严忠济督宋周臣以所得礼乐旧人肄习，宜如故事勉行之，毋忽。冬十有一月，敕乐工老不堪任事者，以子孙代之；不足者，以他户补之。"

⑥ 《元史·张德辉传》曰："壬子，德辉与元裕北觐，请世祖为'儒教大宗师'，世祖悦而受之。因启：'累朝有旨蠲儒户兵赋，乞令有司遵行。'从之。"

2. "士不治经,究心孔孟之道,而为词赋,何关修身,何益治国"

中统元年(1260)三月,众望所归的忽必烈终于在诸王的推戴下登基了。皇位的确立,使他有更大的权力和更充分的条件向更广阔的范围内推行他"以儒治国"的政治主张。鉴于蒙古前代诸汗"武功迭兴,文治多缺"①,忽必烈在即位诏书中明确提出:

> 爰当临御之始,宜新弘远之规。祖述变通,正在今日。务施实德,不尚虚文。虽承平未易遽臻,而饥渴所当先务。②

这里所谓"弘远之规",其中一项重要内容正是"以儒治国"的"文治"政策。具体措施主要有如下方面:

第一,大力起用儒士。忽必烈对其兄宪宗皇帝"忧国爱民之心虽切于己,尊贤使能之道未得其人"③深表遗憾,于是即位甫始,便"修坠典籍,整肃朝纲,征召故老名儒,班布朝廷,参错郡县,不可胜数,此其崇奉护持之意,可谓深切著明"④。比如即位后一个月,忽必烈在开平立中书省,首任平章政事为益都人王文统,首任左丞为邢州沙河人张文谦,二人皆为汉族儒士,名儒姚枢、许衡也分别于中统四年(1263)和至元三年(1266)就任中书左丞之职。地方职官中,也有东平人宋子贞曾任益都、济南等路宣抚使,真定人史天泽曾任河南宣抚使,交城人张德辉曾任平阳太原路宣抚使等。据么书仪先生统计,忽必烈即位之初所任命的十路正副宣抚使中,除两名回回人和已相当汉化的女真人、畏吾儿人各一名外,百分之八十都是汉族儒生,僚佐百

---

① 《元史·世祖纪一》。
② 《元史·世祖纪一》。
③ 《元史·世祖纪一》。
④ 〔元〕王磐:《重修赞皇县学记》,明嘉靖《真定府志》卷十五,《四库全书存目丛书》史部一九二。

余人中，百分之九十也都是汉儒。①

第二，提高儒士社会地位。尽管忽必烈较早意识到儒士的重要，但就整个儒士群体来讲，社会地位并未得到实质性的改善，战争中俘获的儒士也往往被没为奴。于是，高智耀向世祖建言免儒为奴并确立儒籍②，世祖终采纳之，儒士处境一定程度上得以改善③。

第三，创办国子学与兴建庙学。国子学是"封建国家"的最高教育机构，以贵胄子弟为教育对象，《唐六典》卷二十一《国子监》云："国子祭酒司业之职，掌邦国儒学训导之政令。"可见国子学自古以来的儒学教育性质。此时，世祖对儒学的接受已有一定的基础，在宋子贞④、许衡⑤等人的进谏下，于至元八年（1271），"命设国子学，增置司业、博士、助教各一员，选随朝百官近侍蒙古、汉人子孙及俊秀者充生徒"⑥，并除许衡为集贤大学士兼国子祭酒。这样一来，便在制度上保证了儒学在贵胄子弟间的传播。所谓庙学，是指依附于孔庙所建的学校，是地方上传播儒学的重要场所。元世祖前的几代可汗，由于忙

---

① 么书仪：《梦想的破灭——忽必烈在治国问题上的变化》，《文史知识》1998年第5期。又，赵琦认为，1238年戊戌选试的中选人士中，"中统建元后出任元朝廷或地方官员者，共有19人。在中央任官者有许衡、张文谦、赵良弼、孟攀鳞、刘德渊、砚弥坚、于伯仪、雷膺。在地方任官者有宋规、赵椿龄、王天挺、兀林答儓、石璧、张蔡轩、张延、张著、赵友、刘景石、张昂霄"（赵琦：《金元之际的儒士与汉文化》，第68页）。

② 《元史·高智耀传》载："世祖在潜邸已闻其贤，及即位，召见，又力言儒术有补治道，反复辩论，辞累千百。帝异其言，铸印授之，命凡免役儒户皆从之，给公文为左验。时淮、蜀士遭俘虏者，皆没为奴，智耀奏言：'以儒为驱，古无有也。陛下方以古道为治，宜除之，以风厉天下。'帝然之。即拜翰林学士，命循行郡县区别之，得数千人。"又，元人陶宗仪《辍耕录》卷二《送方伯载归三山序》云："国朝儒者，自戊戌选试后，所在不务存恤，往往混为编氓。至于奉一札十行之书，崇学校，奖秀艺，正户籍，免徭役，皆翰林学士高公智耀奏陈之力也。"

③ 参见萧启庆：《元代的儒户：儒士地位演进史上的一章》，载萧启庆：《元代史新探》，台北新文丰出版公司1983年版。

④ 《元史·宋子贞传》曰："上书陈便宜十事，……又请建国学，教胄子。"

⑤ 许衡于至元三年（1266）向世祖上书《时务五事》，其中"农桑学校"条中有言："自上都、中都下及司县，皆设学校，使皇子以下至于庶人之子弟，皆从事于学，日明父子君臣之大伦，自洒扫应对至于平天下之要道。"（〔元〕许衡：《鲁斋遗书》卷七《时务五事》）

⑥ 《元史·世祖纪四》。

于战争和对儒学的漠视，五十四年间未曾新建一所庙学，原有庙学重新修葺的也只有九所①。世祖初即位时，尚有地方庙学被强占干扰的情形，于是世祖于中统二年（1261）六月下诏严令禁止②，以维护庙学的正常运行。并且，在"中统、至元年间，共始建庙学77所，重修庙学263所（次）"③。

这里，有两点需要特别注意：其一，此时距赵复北上传学已有三十余年，程朱理学已经较为普及，四书学的内容逐渐凸显。论据之一是时任国子祭酒的大儒许衡撰著《大学要略》、《大学直讲》、《中庸直讲》等重要四书学著作，以备教学，使四书学的内容渗透到国子学教育中去。④论据之二是无论帝王还是臣属，此时谈及儒学已非泛言，而是称作"孔孟"、"孔孟之道"或"孔孟言"，并且在很大意义上是当作"四书"的代名词来使用的。比如《元史·赵良弼传》载：

> （至元）十一年十二月，以良弼同金书枢密院事。……帝尝从容问曰："高丽，小国也，匠工奕技皆胜汉人。至于儒人，皆通经书，学孔孟。汉人惟务课赋吟诗，将何用焉？"

又，姚燧《金书枢密院事董公神道碑》云：

> （至元）八年，侍讲徒单公履欲行贡举，知上于释崇教抑禅，乘是隙言儒亦有是科，书生类教，道学类禅。上怒，已召先少师

---

① 胡务：《元代庙学——无法割舍的儒学教育链》，巴蜀书社2005年版，第二章，第50页。
② 《庙学典礼》卷一《先圣庙岁时祭祀禁约搔扰安下》曰："钦奉圣旨节该先圣庙，国家岁时致祭，诸儒月朔释奠，宜恒令洒扫修洁，今后禁约：诸官员使臣军马，毋得于庙宇内安下，或聚集理问词讼及亵渎饮宴，管工匠官不得于其中营造，违者治罪。管内凡有书院，亦不得令诸人搔扰使臣安下。"又见《大元圣政国朝典章》卷三十一《礼部》卷之四。
③ 胡务：《元代庙学——无法割舍的儒学教育链》，第二章，第53页。
④ 参见陈正夫、何植靖：《许衡评传》，第一章，第31页。

文献公、司徒许文正公与一左相廷辨。公（董文忠）自外入，上曰："汝日诵《四书》，亦道学者。"公曰："陛下每言，士不治经，究心孔孟之道，而为赋诗，何关修身，何益为国？由是海内之士稍知从事实学。臣今所诵，皆孔孟言，乌知所谓道学哉？而俗儒守亡国余习，求售已能，欲锢其说，恐非陛下上建皇极下修人纪之赖也。"事为之止。①

其二，由上则材料董文忠的话中还可以推断，忽必烈言"士不治经，究心孔孟之道，而为赋诗，何关修身，何益为国"是一贯主张，表明他此时"以儒治国"的观念已经比较成熟，较诸早年"我虽未能即行汝言，安知异日不能行之耶"之说，有了较大程度的推进。②

3. "彼无所用，不足以有为也"

随着忽必烈汗位的逐渐稳固和立国规模制度的初步奠定，原先执行起来较为坚决的"以儒治国"的文化政策，如今开始打起了折扣。无论是推行汉法，还是对待儒士，一切以维护蒙古贵族特权及利益为前提。比如忽必烈自潜邸时期即重视儒学，却直到至元八年（1271）才设置国子学，并且首先创办的是"蒙古国子学"，又在其后与汉族儒臣发生了几次国子监创办之争，这就表明："忽必烈首办蒙古国子学，也就不再体现为单纯的教育意义，而是作为维护蒙古文化正统地位的象征，作为元朝国家教育正统的象征昭然于世。"③在这当中，大儒许衡的遭际浮沉最具代表性。

至元初，许衡入中书省议事，辅佐中书右丞相安童处理政事，在忽必烈采行汉法、"以儒治国"的过程中发挥了重要作用，并曾受到忽

---

① 〔元〕苏天爵：《元文类》卷六十一《金书枢密院事董公神道碑》。
② 元人王结《文忠集》卷四《书松厅事稿略》云："自中统之初，稽古建官，庸正百度，一时硕儒元老，屹然立朝，文献彬彬，莫可及也。"
③ 王建军：《教育与政治：元朝国子监创办之争》，《河北学刊》2005 年第 1 期。

必烈的重用与信任。①他不但于至元三年（1266）向元世祖进呈著名的《时务五事》，从"立国规摹"、"中书大要"、"为君难"、"农桑学校"、"慎微"五个方面论述了行汉法的重要性，还提出了诸多具体方略②；而且是元代国子学的创始人，他所创立的国子学制度成为有元一代教育制度的成法，影响深远。然而，在忽必烈的扶持下，一个以回回人阿合马为代表的"理财权臣派"势力迅速崛起，并对以许衡为代表的儒臣集团进行严厉的排挤打击。至元十年（1273），许衡与阿合马之间发生了一次激烈的正面冲突，阿合马倚仗忽必烈的支持，质问许衡，态度非常嚣张。③继而，阿合马又利用职权，破坏许衡主持的国子学，使"诸生廪食或不继"④，导致许衡"请还怀"⑤。值得关注的是忽必烈的态度，尽管考虑到许衡在儒士中的极大影响，就许衡辞职一事征求了翰林学士王磐等人的意见⑥，但最终还是"乃听衡还"⑦。正如有学者所言：

> 对于许衡所以要辞职返乡的原由，忽必烈不会不清楚，真欲挽留住许衡，只需颁发一纸诏书，解决了国子学的廪饩问题，便

---

① 元人许衡《鲁斋遗书》卷十三《考岁略》载："三年春二月，召至檀州后山，面奉德音：'……今召汝无他，省中事前虽命汝，汝意犹未悉，今面命汝。人皆誉汝，想有其实，汝之名分，其斟酌在我。国家所以无失，百姓所以得安，其谋谟在汝。谓汝年老，未为老；谓汝年少，不为少，正当黾勉从事，毋负汝平生所学。安童尚幼，若未更事，汝谨辅导。汝有嘉谟，先告安童，以达于我，我将择焉。'"

② 参见〔元〕许衡：《鲁斋遗书》卷七《时务五事》。

③ 元人许衡《鲁斋遗书》卷十三《考岁略》："阿合马欲以其子典兵柄，先生以为不可，谓国家事权，兵、民、财三者而已，父位尚书省，典民与财，而子又典兵，太重。上曰：'卿应阿合马特反侧邪？'先生曰：'此反侧之道也，古者奸邪未有不由如此者。'上以此语语西相，相诘先生曰：'公何以言吾反？'先生曰：'吾言前世之反者皆由权重，君诚不反，何为由其道？'相复之曰：'公实反耳。人所嗜好者，势力、爵禄、声色，公一切不好，欲得人心，非反而何？'先生曰：'果以君言得罪，亦无所辞。'"

④ 《元史·许衡传》。

⑤ 《元史·许衡传》。

⑥ 《元史·许衡传》曰："帝以问翰林学士王磐，磐对曰：'衡教人有法，诸生行可从政，此国之大体，宜勿听其去。'帝命诸老臣议其去留。"

⑦ 《元史·许衡传》。

可达到目的,根本无需要廷臣反复讨论此事。但事情的结局则是"诸生多引去"和"乃听衡还",可见忽必烈权衡再三后,是宁肯损害许衡也不愿纠罚阿合马,究竟孰轻孰重,忽必烈对人对事的态度昭然若揭。①

对于忽必烈在对待儒士儒学态度上的反复,元人王恽曾颇有感慨:

> 国朝自中统元年以来,鸿儒硕德,跻之为用者多矣,如张、赵、姚、商、杨、许、三王之伦,盖尝忝处朝端,谋王体而断国论矣。固虽文武圣神广运于上,至于弼谐赞翼,俾之休明贞一诸人,不无效焉。今则曰"彼无所用,不足以有为也",是岂智于中统之初,愚于至元之后哉!予故曰:"士之贵贱,特系夫国之重轻、用与不用之间耳!"②

究其因,应该与当时的政治情势有关:一方面,由于元朝连年用兵,又值征伐南宋之际,费用浩繁,国库空虚,以理财见长的阿合马③诸人受到重用便在情理之中了,于是出现了"奚当国者急于功利,儒者之言弗获进用"④的状况;另一方面,中统三年(1262),山东益都行省李璮发动叛乱⑤,曾经受到忽必烈信任的时任中书省平章政事的王

---

① 罗贤佑:《许衡、阿合马与元初汉法、回回法之争》,《民族研究》2005年第5期。
② 〔元〕王恽:《秋涧集》卷四十六《儒用说》。
③ 阿合马主要采取兴铁冶、铸农器官卖、增盐课、括户口、推行钞法、籍括药材等措施,使财政支出得以应付。参见《元史·奸臣传》。
④ 〔元〕苏天爵:《滋溪文稿》卷八《静修先生刘公墓表》。又,陈高华《金元二代衍圣公》一文认为:"忽必烈真正赏识并加以重用的汉族士大夫,主要是刘秉忠、王文统一类'尚霸术,要近利'的人物。对于只讲道德性命、圣贤之道的儒生,他虽然也加以收留,给予一定荣誉,但一般都安插在闲散的位置上,并不重视。"(陈高华:《金元二代衍圣公》,载陈高华:《元史研究论稿》,第337页)
⑤ 《元史·世祖纪二》载:"己丑,李璮反,以涟、海三城献于宋,尽杀蒙古戍军,引麾下趋益都。"

文统也参与其事。尽管叛乱很快被平息，却引起了忽必烈对汉人的极大不满和疑惧，对待儒者的态度也发生了明显改变，许衡就是一个典型例子。

综上所述，元代四书学从一开始就在这种为最高统治者所利用和限制的尴尬处境中艰难地前行。即使到了元仁宗时恢复科举，从制度上确立了四书学的官学地位，四书学的发展依然是建立在一种"知识与利益的交换"的基础之上的（参见第二章第二节）。

# 第二章　元代四书学官学地位的制度化

就整个四书学的发展来说，朱子结集《四书》并撰著一系列四书学著述（以《四书章句集注》为代表），既标志着四书学的正式确立，又代表着四书学的最高成就。然而，由于政治因素的羼入，四书学非但没有在朱子时代进入官学领域，反而随着朱子遭遇政治压迫而受重创。尽管自南宋理宗以来，封建帝王们逐渐"发现了朱熹的著作与学说中正有他们梦寐追求的超历史的特殊价值"[①]，四书学却一直未被官方以一种制度化的形式加以认可。四书学官学地位制度化的形成，最终发生在被"异族"统治的元朝，其间经历了诸多波折。

## 第一节　南宋至元四书学的历史命运

### 一、"伪学"之厄：四书学与"庆元党禁"

"庆元党禁"是发生在南宋宁宗庆元年间的一场政治斗争，就其性质来说，是以韩侂胄为代表的"官僚士大夫"集团和以赵汝愚为代表的"理学家士大夫"集团两大势力间力量消长的表现。斗争的结果是，理学家集团所推崇的"道学"被定为"伪学"，理学家集团被打成"逆党"，并于庆元三年（1197）开列了一份五十九人的伪逆党籍，

---

① 束景南：《朱子大传》，尾声，第1113页。

其中"宰执四人"，分别为赵汝愚、留正、王蔺、周必大；"待制以上十三人"，朱熹首当其冲；另有"余官三十一人"、"武臣三人"、"士人八人"①，从国家法律层面认定了"道学"及理学家集团的非法地位。同时，官僚集团还要求"自今曾受伪学举荐关陛及刑法廉吏自代之人，并令省部籍记姓名，与闲慢差遣"②，妄图将理学家集团彻底击垮，使其永远不得翻身。"庆元党禁"是继北宋"元祐党争"后又一次浩大的文化专制行动，也是四书学史上的一个重大事件，它意味着四书学在由朱子确立后不久，便遭遇了沉重的政治打击。

朱子虽非理学家集团中官职最高者，却因其道学领袖的特殊地位而成为最核心的人物，也因此成了官僚集团的众矢之的。在这一过程中，其学乃因其人遭贬而遭厉禁——因人废学，这是学术史上极为典型的一例。这里，首先以时间为序对朱子及四书学在"庆元党禁"中的命运略作考察③：庆元元年（1195）七月十三日，御史中丞何澹上疏论专门之学，乞录真去伪，"明年正月，澹同知枢密院事，自是主伪学之禁者凡六年"④。庆元二年（1196）正月二十四日，"谏议大夫刘德秀劾留正四大罪，首论其招引伪学，以危社稷。'伪学'之称自此始"⑤。同年二月，"省闱知贡举叶翥、倪思、刘德秀奏论文弊，上言伪学之魁（按：指朱子）以匹夫窃人主之柄，鼓动天下，故文风未能丕变。乞将《语录》之类，并行除毁。是科取士，稍涉义理悉见黜落，《六经》、《语》、《孟》、《大学》、《中庸》之书，为世大禁"⑥。同年六月十五日，国子监上奏乞毁理学之书，朱熹《四书章句集注》与《语录》在毁禁之

---

① 〔南宋〕李心传：《建炎以来朝野杂记》甲集卷六《朝事》，徐规点校，中华书局2000年版。
② 〔清〕毕沅等：《续资治通鉴》册九《宁宗庆元三年》，中华书局1957年版，第4153页。
③ 参见束景南：《朱熹年谱长编》卷下，华东师范大学出版社2001年版。
④ 〔南宋〕李心传：《道命录》卷七上《何澹论专门之学短拙奸诈宜录真去伪》，《丛书集成初编》本。
⑤ 〔南宋〕樵川樵叟：《庆元党禁》，《丛书集成初编》本。
⑥ 〔南宋〕樵川樵叟：《庆元党禁》，《丛书集成初编》本。

列①。同年十二月，监察御史沈继祖奏劾朱熹，罗织朱熹六宗大罪，并称道学宗主为"欺君罔世、污行盗名"之徒。至此，对朱子及四书学的禁锢达到极致，打击可谓致命性的，朱子本人也于当月二十六日被落职罢祠。其次，考察一下"庆元党禁"对当时士人于四书学的态度产生了何种影响。《宋史·朱熹传》有这样一段评述：

> 方是时，士之绳趋尺步，稍以儒名者，无所容于身。从游之士，特立不顾者，屏伏丘壑；依阿巽懦者，更名他师，过门不入，甚至变易衣冠，狎游市肆，以自别其非党，而熹日与诸生讲学不休。或劝其谢遣生徒者，笑而不答。

由之可见，一方面，在当时的政治高压下，部分士人不再敢习学朱子之学，也不再敢显示自己的儒士身份，甚至在科举考试中要明确与"伪学"划清界限②，这便在很大程度上限制了四书学的传播；另一方面，朱子及其门人却仍不变初衷，讲学不辍，甚至朱子死后，门人聚结为其送葬，吓得朝廷不得不出面"约束"③，四书学因此依然在一定

---

① 《宋会要辑稿》册一六六《刑法二》云："（庆元）二年六月十五日，国子监言：'已降指挥，风谕士子，专以《语》、《孟》为师，以六经、子、史为习，毋得复传《语录》，以滋盗名欺世之伪。所有《进卷》、《待遇集》，并按时妄传《语录》之类，并行毁板。其未尽伪书，并令国子监搜寻名件，具数奏闻。'"又，《晦庵先生朱文公文集》卷六十三《答孙敬甫》之四云："南康《语》、《孟》，是后来所定本，然比读之，尚有合改定处，未及下手。……毁板事近复差缓，未知何谓。然进卷之毁，不可谓无功。"（《朱子全书》册二十三，上海古籍出版社、安徽教育出版社2002年版，第3064—3065页）又，《晦庵先生朱文公续集》卷一《答黄直卿》之二十五云："得曾致虚书云，江东漕司行下南康，毁《语》、《孟》板。刘四哥却云被学官回申不可，遂已。"（《朱子全书》册二十五，第4653页）

② 南宋樵川樵叟《庆元党禁》云："（庆元三年）秋九月二十七日丁卯，言者论伪学之祸，望申饬大臣，鉴元祐调停之说，杜其根源。时有诏：'监司帅守荐举改官，并于奏牍前声说非伪学之人，且结朝典之罪。'秋当大比，漕司前期取家状，必欲书'委不是伪学'五字于后。时有柴中行者，为抚州推官，独移文漕司，称：'自幼习《易》，读程氏《易传》，未委是与不是伪学。如以为伪，不愿考校。'士论壮之。"

③ 《宋史·朱熹传》曰："熹既没，将葬，言者谓四方伪徒期会，送伪师之葬。会聚之间，非妄谈时人短长，则谬议时政得失，望令守臣约束。从之。"

范围内传播①，尽管这种传播的程度十分有限②。

## 二、从民间到官方：四书学与"端平更化"

四书学在庆元年间遭遇了最大厄运，在官方处于被严厉打击的地位，在民间的传播也受到了极大限制。随着党禁的松弛和韩侂胄的去世，朱子及四书学的命运出现了转机，开始得到帝王大臣的认可，并逐渐从民间走向官方。这一转变是从宁宗嘉定朝开始的。

宁宗开禧三年（1207），宋人割韩侂胄之首献与金朝，史弥远从此登上相位，并引导了所谓"嘉定更化"。为清除韩侂胄党势力，史弥远为"伪学"平反并大力起用道学人士，以致"汪逵、黄度、刘钥、蔡幼学、陈武、杨简、袁燮、柴中行、赵方、储用、陈刚、廖德明、钱文子、杨方、杨楫诸君子，布满中外，一时气象，人以为小庆历、元祐"③。在这种政治背景下，宁宗于嘉定元年（1208）十月下诏曰："朱熹特赐谥，令有司议奏，仍与遗表恩泽一名"④，并于嘉定三年（1210）五月赠朱子中大夫、宝谟阁直学士。嘉定四年（1211）十二月，秘书省著作郎李道传的奏言具有特别的意义，他不但把"四书学"从朱子的学术中特意突出出来，而且提议罢王安石从祀孔庙的资格而尊以道学宗师周、张、邵、二程，试图确立道学的官学地位。奏言称：

> 学莫急于致知，致知莫大于读书，书之当读者莫出于圣人之经，经之当先者莫要于《大学》、《论语》、《孟子》、《中庸》之

---

① 《朱子语录》的编辑就是一个例子，"庆元党禁"期间朱子门人录朱子讲学语录，所可考者至少有一二十种，参见〔南宋〕黎靖德编：《朱子语类·朱子语录姓氏》。
② 比如据束景南先生考证，庆元五年（1199）时，党禁未消，《四书集注》仍有一次编集合刻，是为朱子生前的最后一次刊刻。但由于政治环境之故，此次刊刻"实为秘密刻印，未能流传，至后来魏了翁亦未得见也"（束景南：《〈四书集注〉编集与刊刻新考》，载束景南编著：《朱熹佚文辑考》，江苏古籍出版社1991年版，第628页）。
③ 〔南宋〕吴潜：《履斋遗稿》卷四《上史相书》。
④ 〔清〕毕沅等：《续资治通鉴》册九《宁宗嘉定元年》，第4282页。

篇。故侍讲朱熹有《论语孟子集注》、《大学中庸章句》、《或问》，学者传之，所谓择之精而语之详者于是乎在。臣愿陛下诏有司取是四书，颁之太学，使诸生以次诵习，俟其通贯浃洽，然后次第以及诸经，务求所以教育人才，为国家用。且使四方之士闻其风节，传其议论，得以慕而效之也。①

又言：

绍兴中，从臣胡安国尝欲有请于朝，乞以邵雍、程颢、程颐、张载四人，春秋从祀孔子之庙。淳熙中，学官魏掞之亦言宜罢王安石父子勿祀，而祀颢、颐兄弟。厥后，虽诏罢安石之子雱，而他未及行。儒者相与论说，谓宜推而上之以及二程之师周敦颐。臣愿陛下诏有司考安国、掞之所尝言者，议而行之。上以彰圣朝崇儒正学之意，下以示学者所宗，其益甚大，其所关甚重，非特以补祀典之阙而已。②

然而由于恰逢"西府中有不喜道学者，未及施行"③。朱子弟子、国子司业刘爚也相时而动，先于嘉定四年（1211）夏四月，"乞开伪学禁，刊朱熹《四书》于太学"，又于次年冬"乞以朱熹《语孟集注》立于学官"，而这次上书的结果是"从之"。④这样，朱子的四书学著作便"正式成为公立学校系统的教材"⑤。关长龙先生认为，在嘉定朝，"道学思想的儒学宗统观虽尚未得到官方用诸子从礼孔庙的方式加以确

---

① 〔清〕徐乾学：《资治通鉴后编》卷一三四《宋纪一百三十四·宁宗》。
② 〔清〕徐乾学：《资治通鉴后编》卷一三四《宋纪一百三十四·宁宗》。
③ 〔清〕徐乾学：《资治通鉴后编》卷一三四《宋纪一百三十四·宁宗》。
④ 〔清〕徐乾学：《资治通鉴后编》卷一三四《宋纪一百三十四·宁宗》。
⑤ 肖永明：《宋代理学〈四书〉学的传播与理学的社会化》，载张国刚主编：《中国社会历史评论》第四卷，商务印书馆2002年版，第435页。

定，但其作为社会主流学术的基础却已奠定完毕，以程朱理学为主导的道学思想也成了官方所认可的社会文化风俗的凝聚者"①，这也是当时四书学的实际地位。

"凝重寡言，洁修好学"②的宋理宗，是在四书学史上发挥了重要作用的封建帝王。由于他的表彰和推动，四书学在官方获得了前所未有的地位。理宗初即位就表现出察纳雅言的姿态，并在宝庆元年（1225）太学正徐介进对论《中庸》"谨独"之旨后表示："此是以敬存心，不愧屋漏之意。"③接着，又于宝庆三年（1227）正月下诏曰：

朕观朱熹集注《大学》、《论语》、《孟子》、《中庸》，发挥圣贤蕴奥，有补治道。朕励志讲学，缅怀典刑，可特赠熹太师，追封信国公。④

三月，时任工部侍郎的朱子三子朱在"言人主学问之要，帝曰：'卿先卿《中庸序》言之甚详。'又言孔子庙从祀去王雱画像，帝曰：'亦曾有此例乎？'在曰：'惟其从祀不当，公论所以去之。'又言：'先臣《四书》印本，所在不同。'帝回顾，宣谕曰：'卿先卿《四书》注解，有补于治道，朕读之不释手，恨不与之同时。'"⑤而在绍定四年（1231）听经筵进讲《论语》终篇时，还"召辅臣听讲"⑥。

上述几则材料给我们留下了两点深刻印象：第一，理宗真正研读了《四书》，并且有着独到的见解，在这点上超越了以前历代皇帝；第二，理宗不但自己极力表彰朱子及《四书》，而且将之推及朝中大臣；

---

① 关长龙：《两宋道学命运的历史考察》，学林出版社 2001 年版，第四章，第 434 页。
② 《宋史·理宗纪一》。
③ 〔清〕毕沅等：《续资治通鉴》册九《理宗宝庆元年》，第 4446 页。
④ 《宋史·理宗纪一》。
⑤ 〔清〕毕沅等：《续资治通鉴》册九《理宗宝庆三年》，第 4458 页。
⑥ 〔清〕毕沅等：《续资治通鉴》册十《理宗绍定四年》，第 4483 页。

这两点都十分有利于四书学的传播。

绍定六年（1233），史弥远去世，理宗亲政，并于次年改号"端平"，史称"端平更化"。"端平更化"的一项重要内容是召还真德秀、魏了翁等道学名儒，委以重任，并营就出了"小元祐"①的升平局面。端平年间有二事对四书学发展产生了重要影响：一是端平元年（1234）九月，"诏：进士何霆编类朱熹解注文字，有补经筵，授上文学"②，这说明"朱子语类"之类著作开始登上帝王经筵讲义的舞台③；二是端平元年十月，真德秀进讲著名的《大学衍义》，魏了翁入对明"修身齐家"之道④，魏氏又于次年进读《大学》⑤，强调"敬"、"诚"二义，理宗均表示欣然接受，从此，《大学》尤其是《大学衍义》，成了历代帝王经筵进讲的重要书籍。

需要指出，四书学从民间到官方演递过程的完成，虽非发生在端平朝，却是"端平更化"的自然延伸。《宋史·理宗纪二》载，淳祐元年（1241）春正月甲辰下诏曰：

---

① 《宋史·郑清之传》。
② 《宋史·理宗纪一》。
③ 理宗朝是"朱子语录"编辑的高峰期，如嘉熙二年（1238）李性传编辑有饶州刊《朱子语续录》，淳祐九年（1249）蔡抗编辑有饶州刊《朱子语后录》，淳祐十二年（1252年）王佖编辑有徽州刊《朱子语续类》，等等。之后，度宗咸淳元年（1265）吴坚编辑有建州刊《朱子语别录》，咸淳六年（1270）黎靖德综合前代诸种语录，重加分类，而成今天通行的一百四十卷本《朱子语类》。其中《四书语类》计五十一卷，占全书的三分之一以上，而且其他各卷对《四书》内容亦有涉及。
④ 明人陈邦瞻《宋史纪事本末》卷九十五《真魏诸贤用罢》载："德秀以《大学衍义》进，因言于帝曰：'天之所助者顺，人之所助者信。陛下欲祈天永命，惟存乎敬而已。敬者，德之聚。仪狄之酒，南威之色，盘游、弋射之娱，禽兽、狗马之玩，有一于此，皆足害敬。今天厌夷德久矣，陛下傥能敬德以迓续休命，中原终为吾有。若徒以力求之，而不反其本，天意难测，臣实忧之。'翁入对，首乞明君子、小人之辨，以为进退人才之本，以杜奸邪窥伺之端。次论故相十失犹存，次及修身、齐家、选宗贤、建内小学等，皆切于上躬者。又言和议不可信，北军不可保，军实财用不可恃，凡十余端。复口奏利害，漏下四十刻而退。帝皆嘉纳之。"（〔明〕陈邦瞻：《宋史纪事本末》卷九十五《真魏诸贤用罢》，中华书局1977年版，第106页）
⑤ 清人毕沅等《续资治通鉴》册十《理宗端平二年》载："魏了翁进读《大学》，因言：'诚字虽系藩邸旧名，考之故事，未尝偏讳。盖此字纪纲斯世，而科举文字皆避，场屋未免疑惑。乞圣语许免回避，以广陛下谦虚之意。'诏不必避。"（〔清〕毕沅：《续资治通鉴》册十《理宗端平二年》，第4578页）

> 朕惟孔子之道，自孟轲后不得其传，至我朝周敦颐、张载、程颢、程颐，真见实践，深探圣域，千载绝学，始有指归。中兴以来，又得朱熹精思明辨，表里浑融，使《大学》、《论》、《孟》、《中庸》之书本末洞彻，孔子之道益以大明于世。朕每观五臣论著，启沃良多，今视学有日，其令学官列诸从祀，以示崇奖之意。寻以王安石谓"天命不足畏，祖宗不足法，人言不足恤"，为万世罪人，岂宜从祀孔子庙庭，黜之。

将朱子《四书》之学"令学官列诸从祀"，同时黜王安石于孔子庙庭，一正一反的举动，表明四书学已经在官方占据了重要位置，甚至从某种意义上说已经成为官方学术了。①

之所以说理宗淳祐年间下诏书确立四书学及道学的官学地位是"端平更化"的自然延伸，一点重要根据便是真德秀于端平元年（1234）进讲《大学衍义》时的进言。真德秀于当时蒙古政权对南宋的威胁深表忧虑，进讲《大学衍义》，也正是希望理宗能做到存敬聚德，励精图治，力保中原不失。② 由此说来，理宗在这种情形下认可并确立道学及四书学在官方的地位，确有与蒙古政权争夺正统的政治用意。③ 因为当时的北方"异域"，由于赵复的北上传学，理学及四书学已经得

---

① 关长龙《两宋道学命运的历史考察》第四章称："在允许道学传布天下的同时，又得到了君上的直接褒赞，这标志着道学已成为当时的官方显学。"何俊认为，南宋儒学在开禁以后，经历了一个"从政治的平反到逐渐发展成意识形态"的过程，而这一过程是在理宗朝完成的。（参见何俊：《南宋儒学建构》，上海人民出版社 2004 年版，第五章，第 293 页）

② 朱鸿林《理论型的经世之学——真德秀〈大学衍义〉之用意及其著作背景》称："真氏在《衍义》中虽然没有照及'治国'条目有关的各种现实问题，他对那些才算是稳定南宋政治的要点，却也不曾错过。"（朱鸿林：《中国近世儒学实质的思辨与习学》，北京大学出版社 2005 年版，第 11—12 页）

③ 美国学者田浩即认为："南宋利用文化正统对抗蒙古人在北方修建孔庙以及举办科举考试的政策，蒙古人的行动也显示，他们要使人认为新政权赞助儒家的文化，而且是中国的合法统治者，南宋则企图否定蒙古人具有任何文化的正统地位。"（[美]田浩：《朱熹的思维世界》，陕西师范大学出版社 2002 年版，第九章，第 280 页）

到了初步传播,而且蒙古可汗开始敕修孔子庙①,并已经允许赵复、王粹等人在燕京太极书院广收门徒,讲说理学了。

度宗以下的几代帝王,在对待理学及四书学上,一方面因循守成,继续崇奉;另一方面,因此时南宋颓势已不可挽,故亦未得到多大发展。

### 三、传统的隔阂与弥缝:元仁宗前的四书学

就蒙古政权对于四书学的接受与传播而言,历史在13世纪初形成了巨大的隔阂:一者南北阻隔,消息不通;二者蒙古为少数民族,对于汉文化罕有接触。因此,当12世纪末中原大地上朝廷两大集团围绕朱子与四书学展开激烈角逐时,当13世纪初南宋帝王在经筵中听讲"正心诚意"娓娓之论时,蒙古大汗铁木真却正率领铁骑在漠北草原上奔驰,远征天下四方。当时的蒙古政权,无论首领还是臣属,对于四书学乃至理学都极为陌生。尽管自窝阔台朝始,耶律楚材、赵复等人对理学及四书学的这种隔阂进行了较为成功的弥缝,并在忽必烈时初步形成"以儒治国"的文治方针,而且四书学的内容也逐渐得以凸显,但就整个统治集团而言,接受的程度依然十分有限。并且,由于维护蒙古贵族利益、排斥汉人的原因,朝廷对待四书学的态度出现过较大的反复(参见第一章第二节)。因此,在忽必烈建立元朝、统一南北后,南宋理宗以来形成的四书学被官方充分认可的局面,却不可避免地呈现出某种"断裂"的态势。这是四书学史上的一次"回旋",同时也决定了元朝前期的四书学只能在一个相对较低的起点上展开。

首先,从经筵进讲的角度考察一下元仁宗前四书学的历史命运。忽必烈在位期间,经筵进讲较为频繁,中统元年(1260),贾居贞曾在

---

① 如窝阔台五年(1233)冬,敕修孔子庙;九年(1237),又命以官费整修曲阜阙里的宣圣庙。参见《钦定续文献通考》卷四十八《学校二》。

军中向其陈说《资治通鉴》①；中统四年（1263），曾命徐世隆进读《尚书》②；至元三年（1266），曾命群臣选书以进，商挺等乃纂《五经要语》二十八类献上③。至元中后期，尽管忽必烈对待汉儒颇怀疑忌，但经筵进讲仍未废绝，《元史·焦养直传》载，至元二十八年（1291），焦养直"入侍帷幄，陈说古先帝王政治。帝听之，每忘倦"。不过，均未见曾进讲《四书》之类的记载。继世祖之后的元成宗铁穆耳，即位前曾从真定名儒董文用学习经书④，有一定的儒学素养。在位前期屡开经筵，曾召张文谦、焦养直等人进讲经史⑤。值得注意的是，曾经受南宋皇帝青睐的《大学衍义》，此时也走进了蒙古帝王的经筵之中，成宗也表现出了浓厚的兴趣。元人苏天爵在《资善大夫太医院使韩公（公麟）行状》中称：

> 元贞、大德之初，天下号为无事。退朝之暇，优游燕闲，召公读《资治通鉴》、《大学衍义》。公开陈其言，缓而不迫，凡正心修身之要、用人出治之方、君臣善恶之迹、兴坏治忽之由，皆烂然可睹。帝从容咨询，朝夕无倦。⑥

这本可能是四书学再度受到官方重视的一个良好契机，遗憾的是不过昙花一现，在位后期的元成宗因多病不理朝政，经筵进讲渐趋荒废，

---

① 元人姚燧《牧庵集》卷十九《参知政事贾公神道碑》："从讨叛王度漠，有暇，犹为世祖陈说《资治通鉴》。"
② 元人苏天爵《元名臣事略》卷十二《太常徐公》："四年，上问尧、舜、禹、汤为君之道，公取《书》所载帝王事以对。上喜曰：'汝为朕直解进读，我将听之。'"
③ 《元史·商挺传》："三年，帝留意经学，挺与姚枢、窦默、王鹗、杨果纂《五经要语》凡二十八类以进。"
④ 《元史·董文用传》："二十七年，隆福太后在东宫，以文用旧臣，欲使文用授皇孙经。具奏上，以帝命命之。文用每讲说经旨，必附以朝廷故事，丁咛譬喻，反复开悟，皇孙亦特加敬礼。"
⑤ 元人苏天爵《元文类》卷五十八《中书左丞张公神道碑》："元贞改元，今上时时召见，命讲经史。"又，《元史·焦养直传》："大德元年，成宗幸柳林，命养直进讲《资治通鉴》。"
⑥ 〔元〕苏天爵：《元文类》卷二十二《资善大夫太医院使韩公行状》。

也失去了与四书学更多接触了解的机会。至于后继的武宗海山，因长期抚军漠北，对汉文化较为隔膜。武宗曾对《孝经》表示过推崇①，但未见其对其他经书及四书学产生过兴趣②。1311年，元仁宗爱育黎拔力八达即位，这是一位给四书学带来革命性变化的元代帝王。仁宗自幼生活在汉地，早年师事汉中名儒李孟，受儒家思想的浸染较深。任皇太子时即对《大学衍义》表示了强烈的好感，《元史·仁宗纪一》载：

> （大德十一年五月）甲申，武宗即位。六月癸巳朔，诏立帝为皇太子，受金宝。遣使四方，旁求经籍，识以玉刻印章，命近侍掌之。时有进《大学衍义》者，命詹事王约等节而译之。帝曰："治天下，此一书足矣！"因命与《图象孝经》、《列女传》并刊行，赐臣下。

即位后，经筵进讲亦有《大学衍义》，并曾令人将其全本译为蒙文。③此后，《大学衍义》成为元代经筵进讲的一部主要教材，比如英宗、泰定帝时，都曾以《大学衍义》进讲④。需要指出，其实不惟在元仁宗前，就整个元朝来说，"《四书》在元代经筵进讲中尚未显示出特殊地位。这一点与明清有很大差别"⑤。

---

① 《元史·武宗纪一》："辛亥，中书右丞孛罗铁木儿以国字译《孝经》进。诏曰：'此乃孔子之微言，自王公达于庶民，皆当由是而行。'其命中书省刻版模印，诸王而下皆赐之。"
② 张帆《元代经筵述论》认为："联系武宗的个性、经历、在位政策、亲信大臣等因素考虑，他本人恐怕是不会去钻研儒家经书的。"（张帆：《元代经筵述论》，载蔡美彪主编：《元史论丛》第五辑，第137页）
③ 《元史·仁宗纪三》载："翰林学士承旨忽都鲁都儿迷失、刘赓等译《大学衍义》以进，帝览之，谓群臣曰：'《大学衍义》议论甚嘉。'其令翰林学士阿怜铁木儿译以国语。"
④ 《元史·英宗纪一》载："翰林学士忽都鲁都儿迷失译进宋儒真德秀《大学衍义》，帝曰：'修身治国，无逾此书。'……以《大学衍义》印本颁赐群臣。"又，《元史·泰定帝纪一》载："命平章政事张珪、翰林学士承旨忽都鲁都儿迷失、学士吴澄、集贤直学士邓文原，以《帝范》、《资治通鉴》、《大学衍义》、《贞观政要》等书进讲。复敕右丞相也先铁木儿领之。"
⑤ 张帆：《元代经筵述论》，载蔡美彪主编：《元史论丛》第五辑，第142页。

其次，考察元仁宗前四书学的历史命运，国子学也应当算作一个较好的视角，因为国子学的教育对象是贵胄子弟，其教育内容的变化一定程度上能够反映出统治者上层的文化取向。如前所述，至元十年（1273），国子祭酒许衡在阿合马的排挤下辞职还乡，一个很重要的原因是国子学的日常工作已经难乎为继（参见第一章第二节）。值得庆幸的是，由于朝中诸多汉人儒士的坚守，由许衡订立的在国子学中推行理学、推行《四书》的规矩并未废除。① 至元十三年（1276），国子学社生不忽木、坚童、太答、秃鲁等上书忽必烈，提出兴学要求，并建议将《大学》的"修身、齐家、治国、平天下"之道列为国子学教学内容。② 在大臣们的促动下，忽必烈终于先于至元十四年（1277）设置蒙古国子监，又于至元二十四年（1287）再置国子监，并确定其制度，正式将《四书》列为教材且使其占据了重要位置，规定：

　　凡读书，必先《孝经》、《小学》、《论语》、《孟子》、《大学》、《中庸》，次及《诗》、《书》、《礼记》、《周礼》、《春秋》、《易》。博士、助教，亲授句读音训，正、录、伴读以次传习之。讲说则依所读之序，正、录、伴读亦次而传习之。③

然而从忽必烈统治晚期，国子监教学内容却发生了细微的变化。至元二十五年（1288），程钜夫向朝廷建议：

---

① 《元史·世祖纪五》载："丙戌，刘秉忠、姚枢、王磐、窦默、图克坦公履等上言：'许衡疾归，若以太子赞善王恂主国学，庶几衡之规模不致废坠。'"又《元史·许衡传》载："刘秉忠等奏，乞以衡弟子耶律有尚、苏郁、白栋为助教，以守衡规矩。从之。"

② 《元史·不忽木传》载："至元十三年，与同舍生坚童、太答、秃鲁等上疏曰：'……为今之计，如欲人材众多，通习汉法，必如古昔遍立学校然后可。若曰未暇，宜且于大都弘阐国学。择蒙古人年十五以下、十岁以上质美者百人，百官子弟与凡民俊秀者百人，俾廪给各有定制。选德业充备足为师表者，充司业、博士、助教而教育之。使其教必本于人伦，明乎物理，为之讲解经传，授以修身、齐家、治国、平天下之道。'"

③ 《元史·选举志一·学校》。

> 吴澄不愿仕，而所定《易》、《诗》、《书》、《春秋》、《仪礼》、《大小戴记》，得圣贤之指，可以教国子，传之天下。①

这其实是一个信号，即要在国子监教育中加重《五经》的分量，这便与许衡极力推重《四书》的立场产生了一定的偏差。成宗时，袁桷上《国学议》，对宋末以来推崇《四书》的风气提出了严厉批评②，同时指出：

> 今科举既废，而国朝国学定制，深有典乐教胄子之古意。傥得如唐制，《五经》各立博士，俾之专治一经，互为问难，以尽其义。至于当世之要务，则略如宋胡瑗立湖学之法，如礼乐、刑政、兵农、漕运、河渠等事，亦朝夕讲习，庶足以见经济之实。③

如此，便使四书学受到了很大的挑战。④ 仁宗即位的当年（1311），时任国子司业的吴澄提交了他的国子监改革方案：

> 公为取程淳公《学校奏疏》、胡文公"二学教法"及朱文

---

① 〔元〕虞集：《道园学古录》卷四十四《故翰林学士资善大夫知制诰同修国史临川先生吴公行状》。
② 元人袁桷《清容居士集》卷四十一《国学议》："自宋末年尊朱熹之学，唇腐舌弊，止于《四书》之注，故凡刑狱、簿书、金穀、户口，靡密出入，皆以为俗吏而争鄙弃，清谈危坐，卒至国亡，而莫可救。近者江南学校，教法止于《四书》，髫龀诸生，相师成风，字义精熟，蔑有遗忘，一有诘难，则茫然不能以对。……又古者教法，春夏学干戈，秋冬学羽钥，若射、御、书、数，皆得谓之学，非若今所谓《四书》而止。儒者博而寡要，故世尝以儒诟诮，由国学而化成于天下，将见儒者之用不可胜尽，儒何能以病于世？"
③ 〔元〕袁桷：《清容居士集》卷四十一《国学议》。
④ 当然，就人才培养来讲，《五经》与《四书》并重，未尝不无合理之处，王建军先生《教养化育与科举主导：元代国子监办学模式的演变》一文即认为："这种观点既继承了程朱理学注重人格培养的思想，又克服了程朱理学忽视事功训练的偏颇。应该说，这些意见是十分合理的。"［王建军：《教养化育与科举主导：元代国子监办学模式的演变》，《河北师范大学学报（教育科学版）》2006 年第 2 期〕

公《贡举私议》三者，斟酌去取，一曰经学：学《易》、《诗》、《书》、《仪礼》、《周礼》、《礼记》,《大戴记》附、《春秋三传》附。右诸经各专一经，并须熟读经文，旁通诸家，讲说义理度数，明白分晓。凡治经者，要兼通《小学书》及《四书》。二曰行实……三曰文艺……四曰治事……。是为拟定教法。①

这个方案虽然不像袁桷那样态度激烈地排斥《四书》，而是再次将《小学》及《四书》纳入教学内容，但《四书》地位逊于《五经》的倾向却显而易见。这也恰好与皇帝经筵进讲的情形相映成趣，四书学在元仁宗前的国子学教育领域同样尚未占据主导。

## 第二节 "延祐科举"与四书学官学地位的制度化

四书学社会地位的彻底改观，得益于元朝国家制度的一次重大调整，这就是元仁宗延祐二年（1315）的恢复科举，开科取士。"延祐科举"不仅标志着元代科举制度的正式建立，也首次实现了四书学与国家科举制度的有效链接，使南宋理宗以来受到官方认可的四书学在经历了元朝前期的"低迷"之后，终于实现了官学地位的制度化。

### 一、从"戊戌选试"到"延祐科举"

梳理元代科举考试的历程，要从窝阔台时期的"戊戌选试"说起。1238年，蒙古政权允准开科取士，选拔士人，结果"得士凡四千三十人，免为奴者四之一"②，是为"戊戌选试"。但事实上，"'戊戌选试'并不是一次严格意义上的科举考试，只是一次解除士人奴隶身份的临

---

① 〔元〕吴澄：《吴文正公集》卷首《吴文正公年谱》，《元人文集珍本丛刊》本，台北新文丰出版公司1985年版。
② 《元史·耶律楚材传》。

时措施"①。而且即便如此,这种性质的考试仍然遭到了蒙古贵族的强烈反对。在很长一段时期内,科举是一个颇受冷落的话题,正如时人所言:"自国家混一以来,凡言科举者,闻者莫不笑其迂阔,以为不急之务。"②然而在汉儒的观念中,科举考试却是推行"汉法"的一项重要内容,因此他们总是不遗余力地向皇帝进言,希望最高统治者能够采纳,这是推进元朝科举制度最终实行的不可忽视的力量。《元史·选举志一·科目》载:"世祖至元初年,有旨命丞相史天泽条具当行大事,尝及科举,而未果行。"至元四年(1267)九月,"翰林学士承旨王鹗等请行选举法,远述周制,次及汉、隋、唐取士科目,近举辽、金选举用人,与本朝太宗得人之效,以为贡举法废,士无入仕之阶,或习刀笔以为吏胥,或执仆役以事官僚,或作技巧贩鬻以为工匠商贾。以今论之,惟科举取士,最为切务。矧先朝故典,尤宜追述"③。

上奏的结果,尽管忽必烈对这一提议表示赞赏,称"此良法也,其行之"④,但实际却未得到贯彻落实。至元五年(1268)十月,赵州宁晋人陈祐不但再次建言行科举,而且提出了自己的设计方案:

> 愚谓方今取士,宜设三科,以尽天下之材,以公天下之用。亡金之士,以第进士,并历显官,耆老宿德老成之人,分布台省,咨询典故,一也;内则将相、公卿、大夫各举所知,外则府尹、州牧岁贡有差,进贤良则受赏,进不肖则受罚,二也;颁降诏书,布告天下,限以某年开设科举,三也。三科之外,继以门荫,劳效参之,可谓才德兼收,励贤并进。如此,则人人自励,安敢苟且?庶几野无遗材,多士盈朝,将相得人于上,守令称职于下,

---

① 刘海峰、李兵:《中国科举史》,东方出版中心2004年版,第四章,第253页。
② 〔元〕张之翰:《西岩集》卷十三《议科举》。
③ 《元史·选举志一·科目》。
④ 《元史·选举志一·科目》。

时雍丕变，政化日新，陛下端拱无为而天下治矣。①

尽管这一方案充分考虑到了蒙古贵族的利益，将科举制与荐举制、门荫制有机结合，但仍然未被元廷采纳。

元世祖统一全国后，所面临的新的社会形势使恢复科举重又提上议事日程，而且一些蒙古高官也开始加入到敦促朝廷实行科举的行列中来了。至元十一年（1274）十一月，"裕宗在东宫时，省臣复启，谓去年奉旨行科举，今将翰林老臣等所议程式以闻。奉令旨，准蒙古进士科及汉人进士科，参酌时宜，以立制度。事未施行"②。

次年（1275）元月，"侍讲徒单公履请设取士之科，诏先少师文献公、司徒窦文正公与公杂议。公上奏曰：'三代以德行、六艺，宾兴贤能。……今欲取士，宜敕有司举有行检通经史之士，使无投牒自荐，试以《五经》、《四书》大小义、史论、时务策。夫既从事实学，则士风还淳，民俗趋厚，国家得识治之才矣。'奏入，上善之"③。

至元二十一年（1284）九月，"丞相火鲁火孙与留梦炎等言，十一月中书省臣奏，皆以为天下习儒者少，而由刀笔吏得官者多。帝曰：'将若之何？'对曰：'惟贡举取士为便。凡蒙古之士及儒吏、阴阳、医术，皆令试举，则用心为学矣。'帝可其奏。继而许衡亦议学校科举之法，罢诗赋，重经学，定为新制"④。

许衡议科举的意义在于，"事虽未及行，而选举之制已立"⑤。至元二十九年（1292）春，翰林学士王恽上书元世祖议论政事，其中第七项即为"设科举以收人材"，他认为科举制度是挽救当时人材缺乏颓势

---

① 〔元〕陈祐：《三本书》，《元文类》卷十四。
② 《元史·选举志一·科目》。
③ 〔元〕姚燧：《牧庵集》卷十八《领太史院事杨公神道碑》。
④ 《元史·选举志一·科目》。
⑤ 《元史·选举志一·科目》。

的最好方式：

> 方今名儒硕德既老且尽，后生晚进既无进望，例多不学。州府乡县虽立教官，讲书会课，举皆虚名，略无实效，以致非常之才未闻一士，州郡政治苦无可称，思得大儒硕德难矣。臣愚以为，不若开设选举取验之速也。夫进士选，历代号取士正科，将相之才皆从此出，前代讲之熟矣，理有不可废者。若限以岁月而考试之，将见士争力学，人材辈出，可计日而待也。①

同时，他又提出将科举制度与学校教育结合起来的主张：

> 愚谓为今之计，宜先选教官，定以明经史为所习科目，以州郡大小限其生徒，拣俊秀无玷污者充员数，以生徒员数限岁贡人数，期以岁月，使尽修习之道，然后州郡官察行考学，极其精当，贡于礼部。经试经义作一场，史试议论作一场（题目止于三史内出），廷试策兼用经史，断以己意，以明时务。如是则士无不通之经、不习之史，进退用舍，一出于学，既习古道，且革累世虚文妄举之弊，必收实学适用之效，岂不伟哉！外据诗赋立科既久，习之者众，亦不宜骤停。经史实学，既盛彼自绌矣。②

应当说，这一主张既符合元初社会的实际，也规定了明清两代科举发展的主要方向。遗憾的是，王恽的提议仍以未能落实而告终。综言之，"尽管元代的科举制度并未在王鹗、许衡、王恽等儒臣的敦促下恢复，但是他们的反复讨论，毕竟使元朝最高统治者逐渐认识到建立

---

① 〔元〕王恽：《秋涧集》卷三十五《上世祖皇帝论政事书》。
② 〔元〕王恽：《秋涧集》卷三十五《贡举议》。

制度化的选才途径的重要性，而且他们所议定的一些具体制度和办法，为元代科举制度的建立铺平了道路"①。

历成宗、武宗两朝，几代人恢复科举的愿望终于在仁宗朝得以实现。仁宗皇庆二年（1313）十月，中书省臣奏：

> 科举事，世祖、裕宗累尝命行，成宗、武宗寻亦有旨，今不以闻，恐或有沮其事者。夫取士之法，经学实修己治人之道，词赋乃摛章绘句之学，自隋唐以来，取人专尚词赋，故士习浮华。今臣等所拟将律赋省题诗小义皆不用，专立德行明经科，以此取士，庶可得人。②

可喜的是，这一奏言不但得到仁宗的称许，而且于次月即颁布诏书，表示了对科举取士的充分重视：

> 惟我祖宗以神武定天下，世祖皇帝设官分职，征用儒雅，崇学校为育材之地，议科举为取士之方，规模宏远矣。朕以眇躬，获承丕祚，继志述事，祖训是式。若稽三代以来，取士各有科目，要其本末，举人宜以德行为首，试艺则以经术为先，词章次之。浮华过实，朕所不取。爰命中书，参酌古今，定其条制。其以皇庆三年八月，天下郡县，兴其贤者能者，充赋有司，次年二月会试京师，中选者朕将亲策焉。③

同时规定每三年一次开试，考试分乡试（行省考试）、会试（礼部考试）、御试（翰林国史院考试）三级。每次考试，蒙古人、色目人都

---

① 刘海峰、李兵：《中国科举史》，第四章，第258页。
② 《元史·选举志一·科目》。
③ 《元史·选举志一·科目》。

要与汉人、南人分开而试，称南北榜或左右榜。会试在乡试的次年二月举行，御试在会试的次年三月举行。延祐二年（1315）三月，首次廷试进士，结果本次开试共录取进士五十六人，右榜状元为护都答儿，左榜状元为张起岩①。

至此，元朝的科举制度就正式建立起来了。元人陶宗仪在称颂仁宗复科举的功绩时称：

> 太宗即位之十年，戊戌开举选，……则国朝科举之设，已肇于此。寥寥七十余年，而布延图皇帝克不坠祖宗之令典，尊号曰"仁"，不亦宜乎！②

的确，"此时距元太宗戊戌选试（1238年）已有77年，距元世祖攻灭南宋统一中国也有36年之久，这是中国科举史上中断时间最长时间后的重建"③。

## 二、"延祐科举"与四书学官学地位制度化

然而，我们更为关注的却不是科举史上的"延祐科举"，而是四书学史上的"延祐科举"。"延祐科举"在四书学史上的意义在于，它第一次将朱注《四书》纳入了科举考试的科目范围当中，并占据了优势地位，从而实现了四书学官学地位的制度化。

首先让我们来检讨一下当年的科举关于考试程式的规定：

> 蒙古、色目人，第一场，经问五条，《大学》、《论语》、《孟子》、《中庸》内设问，用朱氏章句集注。其义理精明、文辞典雅

---

① 《元史·选举志一·科目》。
② 〔元〕陶宗仪：《南村辍耕录》卷一《科举》。
③ 刘海峰、李兵：《中国科举史》，第四章，第259页。

者为中选。第二场，策一道，以时务出题，限五百字以上。汉人、南人，第一场，明经。经疑二问，《大学》《论语》《孟子》、《中庸》内出题，并用朱氏章句集注，复以己意结之，限三百字以上；经义一道，各治一经，《诗》以朱氏为主，《尚书》以蔡氏为主，《周易》以程氏、朱氏为主，已上三经，兼用古注疏，《春秋》许用《三传》及胡氏《传》，《礼记》用古注疏，限五百字以上，不拘格律。第二场，古赋诏诰章表内科一道，古赋诏诰用古体，章表四六，参用古体。第三场，策一道，经史时务内出题，不矜浮藻，惟务直述，限一千字以上成。①

不难看出，一方面，无论蒙古人、色目人，还是汉人、南人，《四书》都是首先要考的科目，而且规定了唯一的考试教材版本，即朱子的《四书章句集注》，就连诏书中对四部书的排列都采用的是朱子所定次序，即先《大学》，次《论语》，次《孟子》，次《中庸》②；另一方面，较诸《四书》，《五经》已明显退居次席，而且所定版本或径用朱注，或用程朱一系学者注解，"朱学独尊"的特色十分鲜明。可以说，《四书》在"延祐科举"中是真正地被"悬为令甲"③了。

诏书规定得非常明确，科举如期正常举行，四书学实现了官学地位制度化也显而易见。然而这里却有诸多疑问需要解答：

第一，四书学真的是首次进入科举考试科目领域吗？这是一个有争议的话题，而且直接牵涉到四书学官学制度化年代的认定，因此需要略加辨正。余英时先生认为："《四书》取士早已先在科举中实现了。

---

① 《元史·选举志一·科目》；又《通制条格》卷五《科举》，浙江古籍出版社1986年版，第76页。

② 关于朱子排定的《四书》次序问题，可参见郭齐《朱熹〈四书〉次序考论》一文，《四川大学学报（哲学社会科学版）》2000年第6期。

③ 〔清〕永瑢等：《四库全书总目》卷三十五《四书类小序》，第289页。

宋代是考试重点从《五经》移向《四书》的过渡时代"①，他立论的根据是：

> 自熙宁时期（1068—1078）始，《论语》和《孟子》在"进士"试中与《五经》并重，各占一道试题，此后便成为定制。《大学》与《中庸》原为《礼记》中的两篇，早已具有"经"的身份了。但至北宋初期这两篇文字则受到朝廷的特别重视，因而单独印布，赐给新及第进士。天圣五年（1027）仁宗首次赐进士《中庸篇》，进士唱名时并命宰相张知白当场进读与讲陈。三年之后（1030）仁宗则改赐《大学篇》，以后与《中庸》轮流"间赐"，著为定例。这是《大学》与《中庸》在科举中一次突破性的发展。事实上，早在真宗大中祥符八年（1015）范仲淹考进士"省试"（指礼部试，因发榜在尚书省，故通称"省试"），题目即出自《中庸》的"自诚而明谓之性"。可知科举考试特重《大学》、《中庸》，十一世纪初年已然。②

需要指出，余先生是站在另外一个角度讨论问题的，我们并不能据此认为四书学在宋初即进入了科考科目领域：一方面，颁赐《大学》、《中庸》二篇或一两个题目出自《中庸》，与以二篇取士在概念上并不等同；另一方面，《论语》、《孟子》的确在宋初被规定为科举考试科目③，但所着眼为经文本文或前代注疏，我们最多可以称其属于理学领域，却不能称其属于四书学领域，理由是此时四书学尚未正式创建（参见本书"导言"）。刘海峰先生则认为：

---

① ［美］余英时：《试说科举在中国史上的功能与意义》，《二十一世纪》2005年10月号。
② ［美］余英时：《试说科举在中国史上的功能与意义》，《二十一世纪》2005年10月号。
③ 参见《宋史·选举志一·科目上》。

宁宗嘉定二年（1209年）十二月，朝廷赞扬朱熹"集诸儒之粹"，"有功于斯文"，称其为"孟子以来不多有"的儒学大师，以朱熹为代表的新儒学派获得了统治者的认可。嘉定五年（1212年），批准国子司业刘爚将《论语集注》和《孟子集注》二书立学的请求，二书正式成为官方教材，这也就意味着，程朱理学正式成为科举考试的内容。理宗即位以后，极力倡导程朱理学，宝庆三年（1227年），理宗下诏曰："朕观朱熹集注《大学》、《论语》、《孟子》、《中庸》，发挥圣贤蕴奥，有补治道。朕方励志讲学，缅怀典刑，深用叹慕，可特赠太师，追封信国公。"程朱理学的官方哲学地位再次得到强化，也成为科举考试的重要内容。①

诚然，宁宗嘉定至理宗以来，朱子及四书学受到了南宋帝王的认可和推崇，对举子科考也必然会产生很大的影响②，但在逻辑上并不能直接推导出"正式成为科举考试的内容"的结论，这中间还有一定的逻辑环节需要搭接。比如，朝廷的确批准了刘爚的立学请求，但不要忘记，他请求的是将《论孟集注》"立于学官"，而非直接立于考试科目。我们可以说《论孟集注》从此"正式成为公立学校系统的教材"③，却不能说从此成了科举考试的指定教材。而理宗诏书对朱子《四书》注解的推重，与成为科考内容之间则有着更大的逻辑距离。至于邓瑞全先生所言："早在南宋宁宗嘉定五年（1212），《论语集注》和《孟子集注》就曾以

---

① 刘海峰、李兵：《中国科举史》，第三章，第227页。
② 比如会在考卷内容上反映出来，南宋周密《癸辛杂识》后集《太学文变》载："徐霖以《书》学魁南省，全尚性理，时竞趋之，即可以钓令科功名。自此，非《四书》、《东西铭》、《太极图》、《通书》、《语录》不复道矣"，可以说明风气对科举的影响；另，在朱子《四书》被指为"伪学"的庆元二年（1196）的科举考试中，《四书》当然不会被列为考试科目，但考生中仍有"语涉道学者"——这也可以作为一个反证。
③ 肖永明：《宋代理学〈四书〉学的传播与理学的社会化》，载张国刚主编：《中国社会历史评论》第四卷，第435页。

官方名义颁行，成为应试举子们的标准教材。但《四书》真正全部被列入科举考试内容则是在元代皇庆年间"①，实际存在着与刘海峰先生文字同样的逻辑问题。事实上，朱注《四书》一直未曾进入南宋末年的科举考试科目领域。正是在这一前提下，美国学者艾尔曼称：

> 虽然在1211—1212年间朱熹的注释本已被列入官学内容，北宋道学大师也获从祀孔庙的殊荣，但道学对科举的影响和改造仍是缓慢进行的工程。即使当理宗1241年所下的从祀诏中明显尊北宋四子和朱熹为儒学正统，朱熹"精思明辨"的看法在科举考试中仍属弱势声音。

又称：

> 科举考试以道学为正统并不是宋代的情形，而是元明之际政治和教育发展的结果。朱熹的注释和作品在元朝考试中已受到重视，到了明、清时代，更成为科举考试的主要内容。②

第二，《四书》在"延祐科举"中被"悬为令甲"对于四书学来讲到底意味着什么？所谓"四书学官学地位制度化"究竟具有怎样的思想内涵？与宁宗晚期以来即具备的官学化色彩有着何种区别？思想史家葛兆光先生在论述南宋至元理学的演变时有一段精彩论述，可以为这一问题作出恰当的诠释：

> 尽管南宋后期理学已经从边缘走向中心，在理宗以后逐渐得

---

① 王炳照、徐勇主编：《中国科举制度研究》，河北人民出版社2002年版，第五章，第173页。
② ［美］艾尔曼：《南宋至明初科举科目之变迁及元朝在经学历史的角色》，载杨晋龙主编：《元代经学国际研讨会论文集》，第21页。

到官方的认可,可是,毕竟没有成为制度。换句话说,由于程朱理学的知识与科举仕进的前途之间,还没有形成制度化的链接,所以基本上它还是一种自由的知识和思想,信仰者只能由自己的理解来保证自己对这种知识思想的信服,因而反过来,这种知识与思想则在这种自由心情的支持下,拥有转变和超越的可能性。然而,历史常常出乎逻辑的意料,这种来自汉族文明的知识和思想,没有在宋代完成它与汉族政治权力的结合,却在异族入主中国以后的元代,完成了它的制度化过程,实现了向政治权力话语的转变。……到元仁宗皇庆年间,科举条制施行,这里规定了凡考经问或明经的人,以《大学》、《论语》、《孟子》、《中庸》为课本,以朱熹《四书章句集注》为参考书。于是,宋代形成的理学便在元代与政治权力开始结合,不仅成了有权力的知识话语,而且成了有知识的权力话语。①

这里虽然概言理学,但由前文论述不难判断,理学的这种走势恰好由四书学地位的升迁所决定,因此所下结论对于四书学来讲同样适用。

第三,如何正确认识四书学在元朝中期与国家科举制度的链接?首先,就元仁宗而言,崇《四书》,复科举,应当作为他执政后推行政治改革的重要措施之一来看待。武宗晚年,"不思祖宗付托之重,天下仰望之切,而惟曲蘖是沉,姬嫔是好"②,朝政混乱不堪③。面对这样一个烂摊子,在武宗死后第三天,当时还是皇太子的元仁宗就果断下令罢除尚书省,规定"百司庶政,悉归中书"④。继而又以"变乱旧章,

---

① 葛兆光:《中国思想史》第二卷,复旦大学出版社2001年版,第二编第四节,第282—284页。

② 《元史·阿沙不花传》。

③ 《元史·张养浩传》载,张养浩曾向武宗上万言书,指陈十大弊政,曰:"一曰赏赐太侈,二曰刑禁太疏,三曰名爵太轻,四曰台纲太弱,五曰土木太盛,六曰号令太浮,七曰俸门太多,八曰风俗太靡,九曰异端太横,十曰取相之术太宽。"

④ 《元史·仁宗纪一》。

流毒百姓"①的罪名,将尚书省的五名主要官员(脱虎脱、三宝奴、乐实、保八、王罴)处死。三月正式即位后,颁布诏书,实行新政,取得"风动天下"的明显效果。②即位次年(1313),以行科举诏天下,乃其新政的重要内容。延祐二年二月,"会试京师,中选者亲试于廷,赐及第出身有差"③,仁宗曾对侍臣言:

> 朕所愿者,安百姓以图至治,然匪用儒士,何以致此?设科取士,庶几得真儒之用,而治道可兴也。④

所可注意的是,"崇真儒"不是他的初衷,"兴治道"才是他的真正目的。⑤元代的两位学者道出了其中要害,苏天爵称:"仁宗皇帝自居潜宫,深厌吏弊,及其即位,乃出独断,设进士科以取士。"⑥元明善亦称:"上患吏弊之深以牢也,思有以抉而破之,于是考取士之法,仿于古而不戾于今者,乃设两科以待国之士、诸国士、汉士、江南士。"⑦由此可见,整顿吏治、选拔治术人才是促使元统治者采行科举取士制度的根本原因。至于为何在科举考试中给予了《四书》以如此高的地位,则既与四书学的日益传播有关,又与仁宗自幼受到的儒学教育有关,也与儒臣们(比如四书学者王鹗、许衡等)提出的具体建议措施有关。

其次,从征服者与被征服者的关系来说,在诸多汉族儒臣的不懈

---

① 《元史·仁宗纪一》。
② 《元史·刘正传》云:"仁宗初政,风动天下。"
③ 《元史·仁宗纪一》。
④ 《元史·仁宗纪一》。
⑤ 在仁宗的头脑里,佛教、儒、道各自占有重要位置,具有不同的功能,《元史·仁宗纪三》载:"仁宗天性慈孝,聪明恭俭,通达儒术,妙悟释典。尝曰:'明心见性,佛教为深;修身治国,儒、道为切。'"
⑥ 〔元〕苏天爵:《滋溪文稿》卷九《袁文清公墓志铭》。
⑦ 〔元〕元明善:《送马翰林南归序》,《元文类》卷三十五。

努力下，南宋政权在军事和政治上的失败最终转换成了文化上的胜利，"延祐科举"中对朱学的制度化规定即是一个典例。然而此时它的意义早已超越了纯学术领域，而是具有了更为现实而深刻的政治元素，正如艾尔曼先生所言：

> 给予中国文人一些象征性的补偿是外族在中国取得政权合法性的合理付出。胜利总是在最重要的事务上被纪念和庆祝，中国文人的文化胜利便是在文人之间，以及在以道学为主的科举所不断生产的经学正统中被纪念。……所谓的文明化历程实具有两面的效力，宋代中国人必须先亲眼目睹了自己国家的溃败，尝到亡国的悲哀，他们的后代才有机会在敌人的统治下，看见所谓的文化胜利；而胜利的蒙古人也必须能够接受中国经学的传统和文官体制，才得以在中国这个辽阔而富庶的帝国内取得更合法的统治权。中国和外族两方面都是在现实情况中各取所需。①

说得更明确一点，所谓"各取所需"，是指蒙古统治者在追求"政权的合法性"，而中原汉人则在追求"文化的优越性"，并且，两者的需求最终在科举考试中通过科目的规定得到了满足。

## 第三节　官学地位制度化与元代四书学的嬗变

### 一、官学地位制度化与元代学术风气的四书学转向

在谈到四书学官学地位的制度化时，葛兆光先生下了这样一个判断：

> 尽管在元代，这种给读书人提供前途的渠道还不是特别宽，

---

① ［美］艾尔曼：《南宋至明初科举科目之变迁及元朝在经学历史的角色》，载杨晋龙主编：《元代经学国际研讨会论文集》，第36页。

也就是说思想与权力之间这种制度化的链接，还不能容纳更多的士人，但是，它的象征意义却相当强烈，给很多士人暗示了一个知识与利益交换的方式。①

这里所谓"给读书人提供前途的渠道还不是特别宽"、"还不能容纳更多的士人"，其意是指通过科举考试而中第进仕者，尤其是对于汉族儒士而言，实际十分有限。艾尔曼先生曾作过一个精确的数据统计，他说：

> 首先我们应该注意，从1238年到1314年间，科举并没有在北方举行，从1274年到1314年间南方也未曾举行科举。在1315年到1400年间，总共只录取2179名进士，平均每年34名。从1279年到1450年间，大部分的高层官职都是经由荐举或其他管道擢拔，而且根据1314年到1366年间的数据，蒙古人和其他非汉族民族占了全部举人和进士名额的50%，虽然他们的人口数仅占整体注册户籍人口的3%。②

而之所以如此，是因为蒙古统治者头脑中存留着浓重的民族歧视观念，对汉族人士保持着较为强烈的疑惧心理。③在这样一个前提下，葛兆光先生的后半句话更值得玩味，所谓"给很多士人暗示了一个知识与利益交换的方式"，说得通俗一点，就是指士子可以通过研习《四书》等经典，参加科考，登上仕途，实现其修齐治平的人生理想，这

---

① 葛兆光：《中国思想史》第二卷，第二编第四节，第284页。
② ［美］艾尔曼：《南宋至明初科举科目之变迁及元朝在经学历史的角色》，载杨晋龙主编：《元代经学国际研讨会论文集》，第75页。
③ 参见徐黎丽：《略论元代科举考试制度的特点》，《西北师大学报（社会科学版）》1998年第2期。

种诱惑无疑是巨大的。对于一直处于社会底层、饱受歧视的汉族士子来说，则有着更大的诱惑力。而由于四书学官学地位在作为国家"抡才大典"①的科举制度中得到规定，学术风气上的四书学转向便由于这种制度性的保障而成为情理之中的事了。

元代学者对这种四书学的转向曾经作出过描述，比如虞集称：

> 昔在世祖皇帝时，先正许文正公得朱子《四书》之说于江汉先生赵氏，深潜玩味而得其旨，以之致君泽民，以之私淑诸人。而朱氏诸书定为国是，学者尊信，无敢疑贰。②

欧阳玄称：

> 后是四十年，贡举法行，非程朱学不试于有司，于是天下学术，凛然一趋于正。③

苏天爵亦称：

> 迨仁宗临御，肇兴贡举，网罗俊彦，其程序之法，表章《六经》，至于《论语》、《大学》、《中庸》、《孟子》，专以周、程、朱子之说为主，定为国是，而曲学异说，悉罢黜之。④

不难看出，当时的学术风气不但是学者皆趋被"定为国是"的"朱氏诸书"，而且对"曲学异说"采取了"悉罢黜之"的严厉态度，

---

① 《清史稿·选举志三》。
② 〔元〕虞集：《道园学古录》卷三十九《跋济宁李璋所刻九经四书》。
③ 〔元〕欧阳玄：《圭斋文集》卷五《赵忠简公祠堂记》。
④ 〔元〕苏天爵：《滋溪文稿》卷五《伊洛渊源录序》。

四书学独尊的态势已经初步显露。举一例证，安徽休宁人陈栎，字寿翁，学以朱子为宗，曾作《四书发明》、《四书考异》、《论语训蒙口义》等四书学著作数种。据胡元《四书发明序》：

> 延祐甲寅科举初兴，乡试与选，将会试，以病不果行，遂老于家。得大肆其力于《四书》，一以文公绝笔更定之本为正而发明之。①

其所成，即为《四书发明》三十八卷。该书是陈栎四书学著作中最有名者，胡炳文撰《四书通》即列为引用书目之一。需要指出的是，陈栎如此倾力著述《四书发明》，显然是受了"延祐科举"的感召，而"一以文公绝笔更定之本为正"，则应当与《四书》朱注被规定为科举考试科目有着密切的联系。②

再举一例，福宁人韩信同，字伯循，学于石堂先生陈普，著有《四书标注》。《宋元学案·潜庵学案》称：

> 陈石堂普以道学倡，士未有信之者，独先生与其友杨琬白圭、黄裳彦山执弟子礼。刊落旧闻，贯穿周、程、张、朱之说，毫分缕析。建安聘主云庄书院，以《四书》、《六经》为课试。属科目未兴，学者方务词赋，为之哗然。先生谓之曰："文公《四书》，天心所在也。科举极弊于宋，废必复，复则文公《私议》必行。"

---

① 〔元〕陈栎：《定宇集》卷十七《四书发明序》。
② 陈氏的《尚书》学转向似乎可以作为旁证，《四库全书总目·书类二》于《尚书集传纂疏》下考证云："栎别有《书说折衷》，成于此书之前，今已散佚，惟其序尚载《定宇集》中，称：'朱子说《书》，通其可通，不强通其所难通，而蔡氏于难通罕阙焉。宗师说者固多，异之者亦不少。子因训子，遂掇朱子大旨及诸家之得经本义者，句释于下，异同之说，低一字折衷之。'则栎之说《书》，亦未尝株守蔡《传》。而是书之作，乃于蔡《传》有所增补，无所驳正，与其旧说迥殊。自序称'圣朝科举兴行，诸经、《四书》，一是以朱子为宗，《书》宗蔡《传》，固亦宜然'云云，盖延祐设科以后，功令如此，故不敢有所出入也。"

延祐甲寅，科举法行，众始翕然以服，弟子日益进。①

这个例子更为典型，韩信同本人固然一贯服膺朱子《四书》，众弟子对待《四书》的态度却是在"延祐科举"前后发生了截然变化，而这种变化的产生恰恰是因为科考科目对朱注《四书》的规定与推尊。

## 二、官学地位制度化与《四书》在元代教育领域的传播

元代四书学官学地位制度化的确立，对作为朝廷贵族子弟学校的国子监、作为地方学校的乡学和逐渐实现了官学化的书院的日常教学，都产生了直接的影响。

1.《四书》在元代国子监的传播

元仁宗复科举前，由于复杂的政治原因，许衡所倡导的以《小学》、《四书》为主要内容的国子监教育模式，几经反复，并未取得主导地位，倒是吴澄《四书》、《五经》并重的主张占了上风（参见本章第一节）。延祐复科举后，这种情形得以改变。

首先，国子监教学服从于国家科举考试的指挥棒，科举考试成为主导国子监发展的最重要的力量。仁宗皇庆间初行科举时，朝廷规定："国子监学岁贡生员及伴读出身，并依旧制，愿试者听。中选者，于监学合得资品上从优铨注。"②顺帝至元六年（1340）十二月再次恢复停罢两科的科举制度时，又规定："国子监积分生员，三年一次，依科举例入会试，中者取一十八名。"③这样，国子监教育某种意义上成了科举考试的"预科班"。

其次，许衡重《四书》的教育方针重又成为国子监教学的指导，《四书》因此也在国子监得到更广泛的传播。担任国子祭酒多年的东明

---

① 〔清〕黄宗羲原著，〔清〕全祖望补修：《宋元学案》卷六十四《潜庵学案》，第 2081 页。
② 《元史·选举志一》。
③ 《元史·顺帝纪三》。

人李好文即认为：

> "欲求二帝三王之道，必由于孔氏，其书则《孝经》、《大学》、《论语》、《孟子》、《中庸》。"乃摘其要略，释以经义，又取史传及先儒论说有关治体而协经旨者，加以所见，仿真德秀《大学衍义》之例，为书十一卷，名曰《端本堂经训要义》。奉表以进，诏付端本堂，令太子习焉。①

平定州人吕思诚，"三为祭酒，一法许衡之旧，诸生从化，后多为名士"②。国子博士吴师道"在京师，未尝事造请，惟晨夕坐馆中，课诸生，讲明经义，表章正学，惟恐不及。或以为太严者，君闻之曰：'为人师而可以宽自处乎？吾尽吾职而已，遑及其他？'尝语诸生曰：'圣人之道至朱子而大明，朱子之学至许文正公而后定向，非许公见之之确，守之之固，其不为异论所迁者几希。'故在馆三年，一遵朱子之训，而守许公之法，未尝以私意臆说参错其间。有持异论而来者，君辞而辟之"③。由此可见，遵许衡之法，潜研《四书》，从国子祭酒到国子监诸生，俨然已成一种风气。

再次，关于许衡重《四书》的教育方针重占国子监主导的历史原因，王建军先生认为：

> 许衡为促成程朱理学的道统地位，刻意强化了道德的政治因素，强化了道德的政治工具的功能。这就为权力中心接纳许衡模式并纳入其政治至上的一元结构铺平了道路。相反，吴澄等人的方案，由于其学术追求和管理目标更宽广更深入，其道德人格的

---

① 《元史·李好文传》。
② 《元史·吕思诚传》。
③ 〔元〕吴师道：《礼部集》附录《元故礼部郎中吴君墓表》。

基础更宽厚更具主体性，其养成途径更重内在感应，这种给予人格养成以较大空间的主张与权力中心的专制要求显然不合。两相比较，元代统治者最后独取许衡之旗号并使之制度化，既可标榜程朱理学的天理之威势，又能适应政治权力的专制之需要，这一趋势是必然的。①

就《四书》在元代国子监的传播而言，一方面，元仁宗时代最终确立的国子监教育方针从此未作太大更动，且为明清两代所承继；另一方面，由于学术发展和政治统治的需要，明清时期《四书》在国子监教育中较诸《五经》占据了更为明显的优势地位，这一点又为元代所不及。如《明史·选举志一》载，当时国子监"所习自《四子》、本经外，兼及刘向《说苑》及律令、书、数"。又，《清史稿·选举志一·学校条一》云：

> 课士之法，月朔、望释奠毕，博士厅集诸生，讲解经书。……所习《四书》、《五经》、《性理》、《通鉴》诸书，其兼通十三经、二十一史，博极群书者，随资学所诣。……祭酒、司业月望轮课《四书》文一、《诗》一，曰大课。祭酒季考，司业月课，皆用《四书》、《五经》文，并诏、诰、表、策论、判。月朔，博士厅课经文、经解及策论。月三日，助教课，十八日，学正、学录课，各试《四书》文一、《诗》一、经文或策一。

不难看出，《四书》在明清时期的学校、科举中，无疑是最为重要的课程及科目。

---

① 王建军：《教养化育与科举主导：元代国子监办学模式的演变》，《河北师范大学学报（教育科学版）》2006年第2期。

## 2. 《四书》在元代乡学、书院间的传播

所谓"乡学",指朝廷在路、府、州、县建立的地方学校。起初,南北地方学校都比较发达,但随着蒙古军对金朝发动战争,加之他们对教育事业的漠视,乡学遭到了极大破坏。因此,当忽必烈询问张德辉学校兴废情形时,德辉慨叹曰:"庙学废于兵久矣。"①继而,姚枢和刘秉忠又分别向忽必烈提出兴建学校的建议②,受到了忽必烈的重视。然而,尽管忽必烈也推出了一些恢复乡学的措施,但终因遭受政治排挤而使这种努力收效十分有限。至元八年(1271)忽必烈称帝后,终于可以大力推行他的"儒治"主张了。

比如至元二十四年(1287),"设江南各路儒学提举司。时江南诸县各置教谕二人,又用廷臣议,诸道各置提举司,设提举儒学二人,统诸路、府、州、县学祭祀钱粮之事"③。

又如至元二十八年(1291),"令江南诸路学及各县学内设立小学,选老成之士教之。其他先儒过化之地,名贤经行之所,与好事家出钱粟赡学者,并立为书院。凡师儒之命于朝廷者,曰教授,路、府、上中州置之;命于礼部及行省及宣慰司者,曰学正、山长、学录、教谕,路、州、县及书院置之"④。

这样一来,地方学校就从忽必烈朝开始恢复并逐渐兴盛起来了。⑤至于书院,在元朝统一战争中也得到了一定的保护,比如至元十二年

---

① 〔金〕元好问:《遗山集》卷三十二《令旨重修真定庙学记》。
② 元人姚燧《牧庵集》卷十五《中书左丞姚文献公神道碑》载,姚枢曾向忽必烈上书曰:"修学校,崇经术,旌节孝,以为育人才、厚风俗、美教化之基。"又,《元史·刘秉忠传》载,秉忠进言曰:"古者庠序学校未尝废,今郡县虽有学,并非官置,宜从旧制,修建三学,设教授,开选择才,以经义为上,词赋、论策次之。"
③ 〔明〕陈邦瞻:《元史纪事本末》卷八《科举学校之制》,中华书局1979年版,第56页。
④ 〔明〕陈邦瞻:《元史纪事本末》卷八《科举学校之制》,第56页。
⑤ 陈高华先生《元代的地方官学》一文称:"在忽必烈一代,元代地方官学的体系已经形成。它以儒学为中心,包括蒙古字学、医学、阴阳学、书院和社学。"载蔡美彪主编:《元史论丛》第五辑,第165页。

(1275)二月,"大军入城(案:指集庆,今南京),平章阿珠占居明道书院,军士舁弃圣像野中。书院儒人古之学等诣丞相淮安王前告给榜文,还复书院房屋租产,招安秀才。当奉钧旨,令书院依例复旧,由是诸学弦诵不辍"①。据邓洪波先生统计:

> 有元一代,历世祖、成宗、武宗、仁宗、英宗、泰定帝、文宗、惠宗(顺帝),凡八帝共98年(1271—1368年)。统计数字表明,是期书院总数为406所,绝对数字比南宋的442所少一点,而考虑到元代享国时间要比南宋少50余年,其年平均书院数为4.142所,远高于南宋的2.888所。因此,我们可以说,从总体上来讲,元代承南宋蓬勃之势,仍然处在整个书院史上的上升发展阶段。②

缘此,以致后人有"书院之设,莫盛于元"③的称誉。而且,与理学及四书学的北传趋势相合,元代书院的发展"弥补辽金时代的缺憾,将书院和理学一起推广到北方地区,缩短了新形势下形成的南北文化差距。而与理学一体化的书院,被等视为官学,即书院的官学化,也就成了元代书院最显著的特征"④。皇庆、延祐以来,四书学实现了官学地位的制度化。受这一国家制度规定的指摅,乡学、书院教学活动与科举事业的联系日渐紧密,《四书》也在这一领域得到了很大程度的传播。在这方面,程端礼所撰《读书分年日程》一书可以作为一面镜子。

程端礼(1271—1345),字敬叔,学者称"畏斋先生"。《元史》本传载:

---

① 〔元〕张铉:《至大金陵新志》卷九《儒籍》。
② 邓洪波:《中国书院史》,东方出版中心2004年版,第四章,第189—190页。
③ 〔清〕孙承泽:《春明梦余录》卷五十六《首善书院》。
④ 邓洪波:《中国书院史》,第四章,第189页。

庆元自宋季皆尊尚陆九渊氏之学，而朱熹氏学不行于庆元。端礼独从史蒙卿游，以传朱氏明体达用之指，学者及门甚众。所著有《读书日程》，国子监以颁示郡邑校官，为学者式。仕为衢州路儒学教授。卒年七十五。①

《读书分年日程》正文凡三卷，前有"卷首"一卷，为读书"纲领"，包括"白鹿洞书院教条"、"程董二先生学则"、"西山真先生教子斋规"、"朱子读书法"及朱子论读书相关言论数则。全书以《朱子读书法》为本，提出了新时期理学教育的教学内容和教学计划。程端礼将青少年的读书学习分为三个阶段，每一阶段有不同的内容：

一、"八岁未入学之前"，学习内容为："读《性理字训》（程逢原增广者）。"

二、"自八岁入学之后"，学习内容为："读《小学书》正文，……《小学书》毕，次读《大学》经传正文，……次读《论语》正文，次读《孟子》正文，次读《中庸》正文，次读《孝经刊误》，……次读《易》正文，……次读《书》正文，次读《诗》正文，次读《仪礼》并《礼记》正文，次读《周礼》正文，次读《春秋》经并《三传》正文。前自八岁约用六七年之功，则十五岁前，《小学书》、《四书》、诸经正文，可以尽毕。"

三、"自十五志学之年，即当尚志。为学以道为志，为人以圣为志。自此依朱子法读《四书》注，或十五岁前用工失时失序者，止从此起，便读《大学章句》、《或问》，仍兼补《小学书》"，这一阶段的读书次序为："《大学章句》、《或问》毕，次读《论语集注》，次读《孟子集注》，次读《中庸章句》、《或问》，次钞读《论语或问》之合于《集注》者，次钞读《孟子或问》之合于《集注者》，次读本经。"

---

① 《元史·韩性传》附。

最后，程端礼总结道：

> 自十五岁读《四书》经注或问、本经传注、性理诸书，确守《读书法》六条，约用三四年之功，昼夜专治，无非为己之实学，而不以一毫计功谋利之心乱之，则敬义立而存养省察之功密，学者终身之大本植矣。①

将《读书分年日程》视为《四书》在元代乡学、书院领域传播的一面镜子，有四点需作说明：

第一，就学习内容来讲，朱子的《小学》、《四书》，尤其是《四书》，占据了最重要的地位。八岁至十五岁属"小学"教育阶段，十五岁以后属"大学"教育阶段，当读之书十分明了。而且，读《四书》按《大学》、《论语》、《孟子》、《中庸》的顺序，与朱子的主张也完全吻合。这里需要略作说明的是入"小学"前当读的《性理字训》一书。《性理字训》的初作者是南宋江西鄱阳人程端蒙（1143—1191），他根据《四书》本文及朱子《四书集注》，从中提炼出"命、性、心、情、才、志、仁、义、礼、智、道、德、诚、信、忠、恕、中、和、敬、一、孝、悌、天理、人欲、谊、利、善、恶、公、私"等三十个范畴，以四言韵文的形式加以疏释②，作为青少年学习理学基本知识的启蒙教材，并曾得到朱子的称许③。南宋休宁人程若庸又在《性理字训》的基础上，增广至六门一百八十三条，而成《性理字训讲义》一书，成为元代颇为流行的童蒙读物，《读书分年日程》所谓《性理字训》即指程

---

① 〔元〕程端礼：《读书分年日程》卷一。
② 如："天理流行，赋于万物，是之谓命。人所禀受，莫非至善，是之谓性。主于吾身，统乎性情，是之谓心。感物而动，斯性之欲，是之谓情。"（〔明〕程敏政：《新安文献志》卷三十三）
③ 南宋朱熹《晦庵先生朱文公文集》卷五十《答程正思》之十八曰："《小学字训》（按：即《性理字训》）甚佳，言语虽不多，却是一部大《尔雅》也。"（《朱子全书》册二十二，第2330页）

若庸增广本。从这一简单沿革不难看出,《性理字训》虽是字典性质,其内容却属于四书学的范畴。

第二,《四书》内容之所以占据这样的优势地位,与仁宗复科举及科目中对《四书》的规定直接相关。关于这点,程端礼在《读书分年日程原序》中说得非常明白:

> 今制取士以德行为首,经术为先,词章次之,盖因之也。况今明经一主朱子说,使理学与举业毕贯于一,以便志道之士,汉、唐、宋科目所未有也。诚千载学者之大幸,尚不自知而忽萦之邪?嗟夫!今士之读经,虽知主朱子说,不知读之固自有法也。读之无法,故犹不免以语言文字求之,而为程试资也。昔胡文定公于程学盛行之时,有不绝如线之叹,窃恐此叹将复见今日也。余不自揆,用敢辑为《读书分年日程》,与朋友共读,以救斯弊。盖一本辅汉卿所粹《朱子读书法》修之,而先儒之论有裨于此者,亦间取一二焉。

这样,学校教育就与科举考试统一起来了。而且,他这里所谓"举业"正是指"延祐科举"一事,其作序时间"延祐二年八月"即是明证。

第三,程端礼本人一生以讲学为主,《宋元学案》曰:"初用举者为建平、建德两县教谕。历稼轩、江东两书院山长,累考授铅山州学教谕,以台州教授致仕。"① 《读书分年日程》正是在州学、县学及书院的讲学过程中总结而成的,有元统三年(1335)十一月端礼所作《读书分年日程》跋语可证:

---

① 〔清〕黄宗羲原著,〔清〕全祖望补修:《宋元学案》卷八十七《静清学案》,第2913页。

> 右《读书分年日程》，余守此与友朋共读，岁岁删修，遂与崇德吴氏义塾、台州路学、平江甫里书院陆氏、池州建德县学友朋冯彦思所刊，及集庆江东书院友朋，安西、高邮、六合、江浙友朋所钞，及定安刘谦父所刊旧本不同，此则最后刊于家塾本也。①

李兵先生也说："《程氏家塾读书分年日程》虽然是为家塾子弟所作，但实际上成为了指导书院和官学教学的课程教学计划。"②

第四，也是最为关键的一点，正如《元史》所言，《读书分年日程》一书，"国子监以颁示郡邑校官，为学者式"，在元代教育领域具有很强的示范意义。

从上述分析不难推论，这部小书能够在元代学校、书院间得到实际的推行③，的确与恢复科举和四书学官学地位制度化有着直接的关联。此外，作为中国书院史上第一个刻书书目的元代《西湖书院重整书目》中，即有《语孟集注》、文公《四书》、《大学衍义》、文公《小学书》等书籍④；后顺帝至元元年（1335），泳泽书院刻书中有朱子《论语或问》二卷⑤，则更能证明《四书》在元代书院领域传播的事实。

### 三、官学地位制度化与元代四书学的科举化特征

官学地位的制度化规定，使元代四书学具备了较为明显的科举化特征，一个重要表现就是出现了为数不少的专为科考之"经问"、"经疑"而作的四书类著作。这类著作中，作者大都明确提到了专门服务

---

① 〔元〕程端礼：《读书分年日程》卷三。
② 李兵：《书院与科举关系研究》，华中师范大学出版社2005年版，第五章，第130页。
③ 《四库全书总目》曾加辨正："是书之末有端礼自跋，历序崇德吴氏、平江陆氏、池州冯氏及江浙诸者处钞刊各本，而不及国子监颁示，则《元史》所云，或端礼身后之事欤？"但不管生前还是身后，于《读书分年日程》在学校、书院间产生影响这一结论的成立并无妨碍。
④ 参见邓洪波：《中国书院史》，第四章，第243—244页。
⑤ 徐梓：《元代书院研究》第五部分，社会科学文献出版社2000年版，第117页。

于科举的撰著初衷，这是"延祐科举"后出现的四书学新气象。比如《四书疑节》十二卷的作者袁俊翁称：

> 强学待问，儒者分内事也。顷科场文兴，文台以经史疑为课集。愚生平癖嗜研究之学，庠序书考，有问必对。科目行，首以《四书》设疑，次以经史策，公试私课，时与门生儿子相讲肄。积而之久，稿帙滋繁。暇日，因取新旧稿合而为一，《四书》、经史门分而类析之。问举其纲，答提其要，往往首尾有未完，脉络有未贯，姑存大略耳。编成，总题曰《待问集》。①

又如《四书待问》二十二卷的作者萧镒称：

> 《四书》有疑，朱门师友辨之详矣，而散出于其所自为书，观者难于历揽，从未有集之者。天朝取士，以经疑为试艺之首，盖欲吾党之士强勉学问，以求圣贤立言之微意。而或者昧焉，若《大学》"道"字训"言"而以为"道理"之道，性善贤愚同得而谓愚者得其偏，博文约礼重在行而曰主于知，详说反说专言知而曰主于行。亦既得隽乡闱，策名天府矣，则眊迋眊之故也。比客建城，与友人欧阳养正读书之次，随时采集，因成是编。述先儒之遗言绪论，及时文之不倍师说者，间亦附以一二鄙语及养正所述，则以"荟蕞"、"自修"别之。凡五百四十问、七百一十七则，以经之篇章为之次，目曰《四书待问》。②

此类著作还有王充耘《四书经疑贯通》八卷、董彝《四书经疑问

---

① 〔元〕袁俊翁：《四书疑节原序》。
② 〔元〕萧镒：《四书待问自序》，《宛委别藏》本。

对》八卷、马莹《四书答疑》(佚)、涂溍生《四书断疑》(佚)等。另外，元人文集中也保存有一定数量的专为"经问"、"经疑"而作的考试题目，由之可见时人受科举之学的影响。比如陈栎《定宇集》卷十三有"经疑"历试卷数则，以《四书》为据发问者四则，分别为：

1.《论语》曰"温故而知新，可以为师矣"，《记》乃云"记问之学，不足以为人师"，《孟子》曰"人之患，在好为人师"，《师说》又云"巫医乐师百工之人，不耻相师"，其义如何？毋隐。

2.人生八岁入小学，而教之以洒扫、应对、进退之节，礼、乐、射、御、书、数之文。十五而入大学，教之以穷理、正心、修身、治人之道。此为学之序。或有偶失其序，寖是年长，奈何即欲进而躐等于大学之事，则时过后学，不无勤苦难成之忧。又欲退而俯循其小学之事，则与先生并行，必不屑为。将命之童，外而师友之讲明，内而父兄之教，诏使之入小学、大学各得其宜，何说而可？

3.伯鱼过庭，闻《诗》闻《礼》，孟子学孔子者也，乃曰"君子之不教子，古者易子而教"，何耶？

4.人心惟危，道心惟微，惟精惟一，允执厥中。

又如蒲道源于《闲居丛稿》卷十三于"经疑"之目下列"十六问"，疑问内容，皆出《四书》，计《大学》一则，《中庸》一则，余皆《论》、《孟》。《论》、《孟》之问中，既有单独就一经发问者，又有就一事而兼及两经者，如：

《论语》载尧之咨舜，舜之命禹，皆曰"允执其中"，而不闻有"权"字之说。《孟子》则曰"执中无权，犹执一也"，与《语》所载之意，同耶，异耶？

但问题还不能到此为止，我们尚有必要对元代四书学的这种科举化特征作进一步的分析：

第一，元代四书学的科举化特征，与后世相比有何不同？关于这点，既可以从清人论述中找到答案，又可以从元人叙述中得到印证。四库馆臣在评述袁俊翁《四书疑节》时称：

> 其例以《四书》之文互相参对为题，或似异而实同，或似同而实异，或阐义理，或用考证，皆标问于前，列答于后，盖当时之体如是。虽亦科举之学，然非融贯经义，昭晰无疑，则格阂不能下一语，非犹夫明人科举之学也。①

评述王充耘《四书经疑贯通》时称：

> 其书以《四书》同异参互比较，各设问答以明之。盖延祐科举，"经义"之外有"经疑"，此与袁俊翁书皆程试之式也。其间辨别疑似，颇有发明，非"经义"之循题衍说可以影响揣摩者比。故有元一代，士犹笃志于研经。明洪武三年初行科举，其《四书》疑问以《大学》"古之欲明明德于天下者"二节与《孟子》"道在迩而求诸远"一节合为一题，问二书所言"平天下"大指同异（案：此题见《日知录》），盖犹沿元制。至十七年改定格式，而"经疑"之法遂废。录此二书，犹可以见宋、元以来明经取士之旧制也。②

由此可以推论，元代四书学的科举化与明以来四书学有两点不同：其一，科举考试体式不同而导致四书学著作面目不同，比如元代存"经疑"之法而有《四书疑节》、《四书经疑贯通》之类著作，洪武十七

---

① 〔清〕永瑢等：《四库全书总目》卷三十六《四书疑节》，第300页。
② 〔清〕永瑢等：《四库全书总目》卷三十六《四书经疑贯通》，第300页。

年（1384）将其废除，此类著作便不再问世，只能通过袁、王之书见其旧制；其二，元人"犹笃志于研经"，尚能做到"融贯经义"，明代四书学则在一定程度上逐渐体现出"经义"的丧失。元代学者固然也有意识地在为科举撰著四书类著作，但至少有一批人对科举进仕并非如明、清时代那样孜孜营求。萧镒即曾言："是书（《四书待问》）之集，本为举子观揽之便，然由是而得其义，则于穷理尽性之功为尤大，而于进取，又其余事矣。"①

关于由元至明科举对四书学演变的影响，《四库全书总目·四书类案语》有极为精当的概括：

> 《四书》定于朱子《章句集注》，积平生之力为之，至垂没之日，犹改定《大学》"诚意"章注，凡以明圣学也。至元延祐中用以取士，而阐明理道之书遂渐为弋取功名之路。然其时经义、经疑并用，故学者犹有研究古义之功。今所传袁俊翁《四书疑节》、王充耘《四书经疑贯通》、詹道传《四书纂笺》之类，犹可见其梗概。至明永乐中，《大全》出而捷径开，八比盛而俗学炽。科举之文，名为发挥经义，实则发挥注意，不问经义何如也。且所谓注意者，又不甚究其理，而惟揣测其虚字语气以备临文之摹拟，并不问注意何如也。盖自高头讲章一行，非惟孔、曾、思、孟之本旨亡，并朱子之《四书》亦亡矣。②

金履祥《大学疏义》之提要亦称：

> 书中依文铨解，多所阐发。盖仁宗延祐以前尚未复科举之制，

---

① 〔元〕萧镒：《四书待问序》，《宛委别藏》本。
② 〔清〕永瑢等：《四库全书总目》卷三十六《四书类案语》，第307页。

儒者多为明经计，不为程试计，故其言切实，与后来时文讲义异也。①

"犹有研究古义之功"、"多为明经计，不为程试计"，这是元代四书学科举化特征中一个很大的亮点。

第二，顺承第一个问题而来，对元代四书学的科举化特征该如何进行评价？让我们先来看一段葛兆光先生的相关论述：

> 在理学的知识与思想方面，他们却很少有新的进境，远远比不上朱熹、张栻、吕祖谦和陆九渊那一代人，甚至还比不上那一代人的弟子。从《宋元学案》的记载来看，他们讨论的命题仍然拘守在"天理"、"人心"、"格物"、"致知"上，连叙述和诠释的语词都还是宋代的那一套。特别应当注意的是，在他们的世界中，实用的知识和自由的思想已经混为一团，知识就是背诵记忆的条文，背诵记忆的条文也就是思想的原则。南宋末的马廷鸾还说过一段很坦率的话，"某读书作章句儒，应举为义理儒"，也就是说，那个时候实用的应举之学并不是士人真正追求的知识，而真正的知识是士人读书的真实目的，至少私下里读书的目的还算明确，可是在这个时代，却"俾经术、理学、举业合一"，尽管表面上知识与思想合一，但是在权力的笼罩和利益的诱惑下，知识与思想的实用性已经压倒一切。于是，思想成了文本，文本蜕化成文字，文字仅仅作为符号供人背诵，背诵的意义在于交换，当这种知识与思想脱离了社会生活的思索和心灵境界的涵养，那么，它与它应当针对的社会生活就发生了分离，仅仅是一些空洞的教条就足够了，正如我在另一节中说的，"当一种本来是作为士绅阶层以文化权力对抗政治权力，以超越思想抵抗世俗取向的，富于创造性

---

① 〔清〕永瑢等：《四库全书总目》卷三十五《大学疏义》，第298页。

和革命性的思想学说,当它进入官方的意识形态,又成为士人考试的内容后,它将被后来充满了各种世俗欲念的读书人复制,这时,它的本质也在被逐渐扭曲"。①

葛先生在这里显然讨论的是元代科举对理学的作用与影响,而这直接关涉到对元代四书学科举化特征的认识,因此有必要再加剖断。首先,如前所述,较诸明清,"犹有研究古义之功"、"不为程试计"、"经义"与"注意"尚未完全失却,应当是元代四书学一个宝贵品质。也就是说,国家科举制度的规定,尚未使四书学者对学术本身的追求完全泯灭,由此说来,"思想成了文本,文本蜕化成文字,文字仅仅作为符号供人背诵,背诵的意义在于交换"的论断,用以指明、清两代则可,用以指元朝,则未必准确。其次,葛先生所谓"另一节中说的"一段话,是针对南宋末年理学发展情况得出的结论②,但理学及四书学自理宗以来至元仁宗朝已经发生了重大变化,"进入官方的意识形态"与"官学地位制度化"在概念内涵及实际影响上也有较大差别,故而用来说明元代的情形似乎不太恰当。当然,有学者指出,理学及四书学在元代中期"延祐科举"中只不过成了官学,真正被确立为统治思想却是明初③;又有学者认为,元代"留下了用朱熹《四书章句集注》作为科举考试主要教材的传统,却不认真看待这部小书的作用。因而朱熹地位超过孔孟,倒是在易代之后"④,涉及的是四书学"官学制度化"与"成为统治思想"的区别。不过,这就是另外一个层面的问题了。

---

① 葛兆光:《中国思想史》第二卷,第二编第四节,第287—288页。
② 参见葛兆光:《中国思想史》第二卷,第二编第二节。
③ 唐宇元:《程朱理学何时成为统治阶级的统治思想》,《中国史研究》1989年第2期。
④ 朱维铮:《壶里春秋》,上海文艺出版社2002年版,第134页。

# 第三章　元代四书学的地域分布与学术师承

据笔者统计，元代百年，共有各类四书类著述计二百九十种，涉及四书学者211人，其中有名姓可考者计一百九十人。① 对这些学者及著作进行系统研究，无疑是对元代四书学得出全面客观认识的基础性工作，这也是本书接下来三章所要解决的主要问题。本章拟先从空间、时间两个方面考察一下元代四书学者及四书著述的地域分布和学术师承②，因为区域因素和师承因素，恰是构建学派谱系的基本要素。

## 第一节　元代四书学的地域分布及其特点

首先请看关于元代四书学者及四书著述地域分布的数据统计，以期对元代四书学地域分布概况作一整体把握：

---

① 据本书附录《元代四书类著述考》统计。需要说明的是，此处"四书学者"乃专就留下四书学著述的学者而言，是一模糊称谓：一方面，这些留下四书学著述的学者有的并非以四书学为长，比如大儒吴澄即擅长《五经》之学；另一方面，有些学者虽然无四书学著述传世，但在四书学史上仍具重要地位，亦属"四书学者"范畴，比如姚枢、郝经、程端礼、程钜夫、苏天爵等人。为方便起见，下文对元代四书学学术师承及学术谱系的考证梳理，主要以这一百九十位学者为考察对象，不过他们实际上也代表了元代四书学的主流。

② 由于大多四书类著述的撰著时间难以详考，故无法考察元代四书学在元代各朝的纵向分布情况。

表 3.1 元代四书学地域分布统计表

| 所属省份 | 四书学者数（人） | 四书著述数（种） |
| --- | --- | --- |
| 江西 | 55 | 77 |
| 浙江 | 54 | 74 |
| 福建 | 19 | 25 |
| 河南 | 11 | 22 |
| 安徽 | 8 | 18 |
| 江苏 | 8 | 10 |
| 河北 | 7 | 12 |
| 陕西 | 3 | 4 |
| 山西 | 2 | 2 |
| 湖南 | 2 | 2 |
| 湖北 | 1 | 1 |
| 四川 | 1 | 1 |
| 山东 | 1 | 1 |
| 北京 | 1 | 1 |
| 地域无考者 | 38 | 40 |
| 总计 | 211 | 290 |

注：该统计表的制定依据为书后所附《元代四书类著述考》。需要说明的是，元代的行政区划与现今行政区划有很大不同，比如当时的江浙行省跨及现今的江西、浙江、江苏、安徽、福建等省，而江浙行省恰恰是元代四书学分布最为集中的地区，因有必要对涉及各省的四书学分布作细致分析，故《元代四书学地域分布统计表》采用现代行政区划。同时，又在本章第三节中详致分析四书学发展最为兴盛的江浙行省和江南行省学者分布，以还原当时四书学分布状况之实际面目。

由上表我们可以得出元代四书学地域分布的这样几点初步印象：其一，江西、浙江两省的四书学者及四书类著述占据显著优势，是元代四书学发展最为活跃的地区；其二，就四书学而言，朱子生前学术活动最为集中的福建地区在元代渐趋萧条，较诸江西、浙江两省明显退居次席；其三，朱子与南宋其他理学家（如张栻、谢谔等）学术交往较为频繁的湖湘地区转为末落，四书学者及四书著述的分布极为稀少；其四，在元代，朱子生前学术行迹罕至的河南、河北、陕西、山西等北方地区，相形之下，四书学者及四书著述的数量十分可观，可以看作元代四书学发展不可忽视的新趋向。关于元代四书学地域分布几个特点的具体情形及所以形成的原因，我们将在下文进一步揭示。

## 第二节　元代四书学者学术师承考略[①]

本节在考证元代四书学者的学术师承时，试图尽量挖掘这些学者在四书学方面的师承授受情况，备考学者计一百九十位（所有二百一十一人中，姓名无考者计二十一人）、著述二百七十种。学者排列，以地域为单位类聚之；一省学者，按著作类别"《四书》合刻总义之属"、"《大学》之属"、"《论语》之属"、"《孟子》之属"、"《中庸》之属"分别统属之；每一类别中，大致以时代先后为序排列。省份排列，按各省四书学者人数的多少，以《元代四书学地域分布统计表》中先后顺序为序。

（一）江西省（五十五人）：

1. **胡升**。婺源人，撰《四书增释》。《新安文献志》卷七十九："夫人学圣贤之学，悟性命之理。"又《万姓统谱》卷十曰："所著有《四书增释》，又注朱子《感兴诗》及《丁巳杂稿》。"据以知升或为私淑朱子之学者。

2. **江恺**。婺源人，撰《四书讲义》。据《宋元学案·介轩学案》，恺为许月卿门人，而月卿从游于介轩董梦程、受学于鹤山魏了翁。

3. **胡仲云**。高安人，撰《四书管窥》。《宋元学案补遗·晦翁学案补遗》曰："蔡适为祭酒，先生与弟仲霖师之，尽得朱氏之学。"

---

[①] 本节内容，请与书后附录《元代四书类著述考》参读之。

4. **龚霆松**。贵溪人，撰《四书朱陆会同注释》二十九卷，又《会要》一卷。师承不详，据袁桷为是书所作之序："黄（榦）既死，夸多务广，有《语录》焉，有《语类》焉，望尘承风，相与刻梓，而二家矛盾大行于南北矣。广信龚君霆松始发愤为《朱陆会同》，举要于《四书》，集陆子及其学者所讲授，俾来者有考，删繁会精。"知霆松或为陆学一派学者。

5. **董鼎**。鄱阳人，撰《四书疏义》。鼎《书传辑录纂注序》曰："鼎生也晚，于道未闻，赖族兄介轩梦程亲受学于勉斋黄氏（榦）、盘涧董氏（铢），故再传而鼎获私淑焉。释经绪论，多出朱子。"故《宋元学案·介轩学案》列鼎为"介轩家学"、"朱江三传"。

6. **周焱**。吉水人，撰《四书衍义》。王义山序是书云："恭惟朱夫子沉涵义理之精微，研覃性命之蕴奥，作为《四书》，所谓集大成者也，岂汉唐诸儒所可语此？尝谓宋理学汉唐所无，宋诸儒洙泗所有。於戏，盛哉！青原白鹭间，有学先师之学者，衡斋先生周君焱是也。"据以知焱当为私淑朱子之学者。

7. **陈焕**。丰城人，撰《四书补注》。据《江西通志》卷六十七："尝谓学者率信先儒而疑夫子（朱熹），故讲说必原夫子之意，不苟随先儒议论。"知焕当为私淑朱子之学者。

8. **曾子良**。金溪人，撰《四书解》。《宋元学案·存斋晦静息庵学案》列为"径畈门人"，径畈先生徐霖之师汤巾，为柴中行、真德秀弟子。

9. **赵悳**。朱倬《诗疑问》成德之序曰："赵悳者，故宋宗室，举进士，入元不仕，隐居豫章东湖。于诸经皆有辨说。"故列之入江西。撰《四书笺义纂要》十二卷，又《纪遗》一卷。阮元撰是书提要称："赵氏此书，一遵朱子，凡《章句》、《集注》所载，一事一言，必详考其本源，而各笺义于其下。"据以知赵悳乃私淑朱子之学者。

10. **胡炳文**。婺源人，撰《四书通》二十六卷、《四书辨疑》、《大学指掌图》一卷。《宋元学案·介轩学案》列为"孝善家学",曰:"父孝善先生斗元,从朱子从孙小翁(洪范)得《书》《易》之传。先生笃志家学,又潜心朱子之学,上溯伊洛,以达洙泗渊源,靡不推究。"据以知炳文之四书学乃主要由私淑朱子而来。

**11. 刘霖**。安福人,撰《四书纂释》。《元儒考略》卷三曰:"少从虞集学,博通《五经》。"虞集为吴澄门人。

**12. 周良佐**。清江人,撰《四书人名考》。师承无考。

**13. 詹道传**。临川人,撰《四书纂笺》二十八卷。师承无考。

**14. 王充耘**。吉水人,撰《四书经疑贯通》八卷。《宋元学案·九峰学案》列为"刘氏门人",其师竹坪先生刘实翁为九峰先生蔡沈之"续传",沈为朱熹弟子。

**15. 解观**。吉水人,撰《四书大义》。解缙《文毅集》卷十一《伯中公传》曰:"受学于季大父主静公,公善诱导,居尝举所见宋儒诸老宿德仪型、嘉言善行,令人竦然,伯中益自刻苦。"《宋元学案·草庐学案》列为"草庐(吴澄)门人",王梓材案曰:"《春雨堂集》载先生初名子尚,字观我,入试名观,吴文正公更字之曰伯中。"《儒林宗派》卷十三亦列之为"吴氏门人"。

**16. 包希鲁**。进贤人,撰《点四书凡例》。《宋元学案·草庐学案》列为"草庐门人",据《江西通志》卷六十七,知希鲁从吴澄主要受《尚书》之学。

**17. 程复心**。婺源人,撰《四书章图纂释》二十卷、《四书章图隐括总要发义》二卷、《四书语录纂释》、《大学章图纂释一卷》等。《元儒考略》卷四曰:"自幼沉潜理学,会辅氏(广)、黄(榦)之说而折衷之,章为之图,图为之说。书成,名曰《四书章图总要》。"又《江南通志·儒林二》曰:"师朱洪范,友胡炳文,尝著《四书章图》,又著《纂释》二十卷,以发濂洛诸儒之旨。"《宋元学案补遗·潜庵学案补遗》列为"辅氏私淑"。

18. **吴存**。鄱阳人，撰《四书语录》。《宋元学案·双峰学案》列为"梧冈（朱以实）同调"，又曰："私淑双峰（饶鲁）之学。"

19. **萧镒**。临江人，撰《四书待问》。师承不详，清人阮元撰是书提要称："大旨以新安朱子之说为主，而以己意贯串之，于《四子书》意颇多发明。"未知是否为私淑朱子之学者。

20. **祝尧**。上饶人，撰《四书明辨》。师承无考。

21. **涂溍生**。宜黄人，撰《四书断疑》。师承无考。

22. **汪炎昶**。婺源人，撰《四书集疏》。据赵汸《东山存稿》卷七《汪古逸先生行状》："其学渊源《六经》，得程朱性理之要于言意之表，取朱子《论语》、《孟子》、《大学》、《中庸》四书，采择群书，发挥微旨。"知炎昶当为私淑朱子之学者。《宋元学案·介轩学案》称与江恺友善。

23. **袁俊翁**。袁州人，撰《四书疑节》十二卷。师承无考。

24. **曾贯**。泰和人，撰《四书类辨》、《庸学标注》。师承无考。

25. **朱公迁**。乐平人，撰《四书通旨》六卷、《四书约说》四卷。梧冈先生朱以实之子，《宋元学案·双峰学案》列为"梧冈家学"。又云朱以实"师事吴准轩（中），以绍朱子"，而吴中"早慕伊洛之学，闻双峰饶鲁得考亭朱子正绪，往从之游，尽得其绪论，体认精详"。

26. **朱本**。富州人，撰《四书解》。师承无考。

27. **桂本**。贵溪人，撰《四书通义》。王袆《王忠文集》卷八《灵谷书院记》曰："承家学之渊源，覃思经术，推其所得，托诸述作以卫翼圣贤之道。其所著有《四书通义》、《五经统会》、《三极一贯图》、《金精鳌极类纂》、《道统铭》等书，皆能致力于前儒之所未及，而自立于不朽者也。"又曰："鏖湖之东有象山者，陆文安公之所讲学也。陆氏之学，简易正大，然与新安朱氏并立而异趋，先生固继陆氏而兴起者，而所学则本之朱氏为多，盖庶几会朱陆之异而同之。学术之懿，不其有可征者欤？"《宋元学案补遗·象山学案补遗》列为"象山私淑"。

28. **董彝**。乐平人，撰《四书经疑问对》八卷。彝承家学，《乐平县志》曰："董彝，字宗文，承大父伯大家学，邃于义理。《四书》经义，俱有定论。"又据《江西通志》卷八十九，知彝与操琬、朱公迁等友善。

29. **王逢**。乐平人，撰《四书通义》。《宋元学案·双峰学案》列为"野谷门人"、"朱刘七传"，曰："幼颖异不凡，天性孝友。比长，默契义理之学，师事野谷洪氏，道脉所自，先生以心会焉，乃厌科举业，研精道理性命之懿，淹贯经史。"而野谷先生洪初乃朱公迁高弟。

30. **吴迂**。浮梁人，撰《四书语录》、《论孟类次》、《论孟集注附录》、《论孟众纪》、《读孟子法》一卷等。师事饶鲁，《宋元学案·双峰学案》列为"双峰门人"，《江西通志》卷八十八曰："饶鲁称其立志坚确，践履笃实。"

31. **袁明善**。临川人，撰《四书日录》、《大学中庸日录》。师事吴澄，《宋元学案·草庐学案》列为"草庐门人"，《儒林宗派》亦列为"吴氏门人"。

32. **严肃**。崇仁人，撰《四书言仁录》。师承无考。

33. **黄文杰**。上犹人，撰《大学中庸双说》。师承无考。

34. **凌尧辅**。鄱阳人，撰《大学中庸孝经诸书集解音释》。戴表元序是书曰："余也白首东来，乃始获闻番阳有双峰饶君者，尝学于考亭之门人，而于考亭之书钻研探索，纂述汇叙其意，犹考亭之于濂洛也。久之，是州之儒者凌君尧辅与余游，余又见其《笺诂》、《疏释》、《问答》、《图辨》，而知其游饶君之门，而于饶君之书又如饶君之于考亭也。"据以知尧辅为饶鲁之门人。

35. **王幼孙**。庐陵人，撰《中庸大学章句》二卷。程文海《雪楼集》卷二十《自观先生王君墓碣》曰："欧阳先生守道谓其学从陆氏，文自苏氏。"

36. **叶瑞**。金溪人，撰《中庸大学提要》六卷。师承无考。

37. **王义山**。丰城人,撰"四书讲义"六则、"论语讲义"一则。师承无考。

38. **李恕**。庐陵人,撰《论孟旁注》。师承无考。

39. **刘鹗**。永丰人,撰"论语中庸论说"四则。师承无考。

40. **黎立武**。新喻人,撰《大学发微》一卷、《大学本旨》一卷、《中庸指归》一卷、《中庸分章》一卷、《中庸提纲》一卷等。《吴文正集》卷六十五《元中子碑》曰:"爱二郭氏(郭忠孝、郭雍)《中庸》,郭游程门,新喻谢尚书(谔)仕夷陵,尝传其学。将由谢溯郭,以嗣其传,故于《大学》、《中庸》等书,间与世所宗尚者异义。"《宋元学案·兼山学案》列为"二郭续传",全祖望案曰:"郭门之学虽孤行,然自谢艮斋至黎立武,绵绵不绝。"

41. **胡希是**。高安人,撰《大学稽疑》一卷。师承不详,《江西通志》卷七十一曰:"幼通经史,十五游京师,一时名公折行辈与之交。常谒江古心,得其作文之法,下笔有西汉风。"

42. **马端临**。乐平人,撰《大学集传》一卷。《宋元学案·介轩学案》列为"曹氏门人",其师宏斋先生曹泾为"晦翁续传"。

43. **徐失名**。临川人,撰《大学解义》一卷。谢枋得《叠山集》卷三有此篇跋语,曰:"《大学解义》一篇,临川老儒徐公著述也。朱文公平生精神志愿,悉在《四书》。后进剽窃绪余,高可以取卿相,下亦投合有司而掇巍科。天下家藏其书,人遵其道,与《六经》、《论语》、《孝经》、《孟子》并行。惜乎知之者尚未致,行之者尚未力,《四书》何负人?人负《四书》亦多矣。是编初意,岂欲发朱文公言意所未尽者邪?抑尊信文公之学诚求实践自不能已于言者邪?厥子以示某,某览尽卷,不能赞一辞,所重于徐公之子者,惟于'力行'二字加意焉。俾人知朱文公之学不徒议论,要见朴实,则此编亦必为世所尚矣。"由此知徐公或为私淑朱子之学者。

44. **周公恕**。吉安人,撰《大学总会》五卷。师承无考。

45. **程时登**。乐平人，撰《大学本末图说》一卷、《中庸中和说》。《新安文献志》卷七十有许瑶撰《宋故辟雍造士程公先生时登行状》称："年十三，易轩府君命从师为义理之学。邻邑德兴盘涧董先生铢，得考亭夫子之传。其乡邻有程正则先生，亦私淑考亭之学。易轩以礼延致之，俾先生终始从之游。搜幽抉微，钩深牖明，博极经传之奥，探赜性命之原，斟酌群言，条分缕析，守约务实，以一其归。如是盖十余年，而先生之学底于成。"故《宋元学案·介轩学案》列时登为"古山（正则）门人"、"晦翁三传"。

46. **曾元生**。江西人，撰《大学演正》一卷。师承无考。

47. **刘岂蟠**。庐陵人，撰《论语句解》十二卷。师承无考。

48. **陈立大**。贵溪人，撰《论语正义》二十卷。师承无考。

49. **柴希尧**。鄱阳人，撰《论语衍义》。希尧祖父为南溪先生柴中行，曾撰《论语童蒙说》，《宋元学案·丘刘诸儒学案》列为"晦翁私淑"。许有壬《至正集》卷三十二有为是书所作之序，称："希尧之先，其学出于饶双峰，双峰出黄勉斋，而勉斋则亲授于朱子。所贵乎后之学者，因其流而溯其源，则不漓不支矣。"

50. **徐明善**。鄱阳人，撰《学而时习说》一篇。师承无考。

51. **刘将孙**。庐陵人，撰《学易可无大过论》一则、"孟子论"二论。将孙为须溪先生刘辰翁之子，幼受家学。《宋元学案·巽斋学案》列辰翁为"巽斋（欧阳守道）门人"、"晦翁三传"。

52. **赵若焕**。南宋宗室，居进贤，撰《中庸讲义》一卷。师承无考。

53. **李思正**。德兴人，撰《中庸图说》一卷、《中庸辑释》一卷。师承无考。

54. **刘惟思**。庐陵人，撰《中庸简明传》一卷。师承不详，吴澄曾为是书作序，云："庐陵刘君惟思良贵，甫以朱子《章句》讲授，考索玩绎五六十年，年八十乃纂其平日教人者，笔之于纸。辞简义明，仿夫子说《烝民》诗之法，始学最易于通习，惠不浅也。"据以知惟思当为私淑朱子之学者。

55. **吴澄**。崇仁人,撰《中庸纲领》一篇。《宋元学案》卷九十二专立《草庐学案》,列吴澄为"程戴门人"、"双峰再传"。"程"指月严先生程绍开,绍开古为先生徐直方"同调",又为陆氏金溪之学"续传"。"戴"指泉溪先生戴良齐,良齐为玉峰先生车若水"同调"。据《宋元学案·双峰学案》,吴澄为徽庵先生程若庸门人,而若庸"从双峰及沈毅斋贵瑶得朱子之学",有《性理字训讲义》,故为"双峰再传"。

(二)浙江省(五十四人):

1. **郑朴翁**。平阳人,撰《四书指要》二十卷。师承无考,与谢翱、吴思齐、林景熙友善。

2. **丘渐**。黄岩人,撰《四书衍义》。《宋元学案·南湖学案》列为"南湖门人",称:"受业南湖杜氏(煜)之门,故与清献(杜范)为莫逆交。讲明道学,以淑后进。"杜煜初受学于石鏊,后师于朱子十余年。

3. **吴梅**。丽水人,撰《四书发挥》。《东山经籍考》著录是书,且注曰:"《处州府志》:……师事何基,著《四书发挥》。参质于鲁斋先生王柏。"

4. **卫富益**。崇德人,撰《四书考证》。《吴兴备志》卷十三有卫氏小传,曰:"幼有异质,识见高远,不为章句学。尝负笈往从金仁山(履祥)学,深探《易》理。金卒,复受业于许白云(谦)。白云重其器识,以友处之,悉究性理,默识心融。"故《宋元学案·北山四先生学案》列为"白云门人",《儒林宗派》卷十三列为"金氏门人"。

5. **梁志道**。临海人,撰《四书通纪》。师承无考。

6. **胡一桂**。永嘉人,撰《四书提纲》。《宋元学案·木钟学案》列为"庶善门人",庶善先生翁岩寿为朱子弟子陈埴门人,且"师事潜室(陈埴)最久,尽得其奥"。

7. **何逢原**。分水人,撰《四书解说》。师承无考。

8. **陈绍大**。黄岩人,撰《四书辨疑》。《宋元学案·北山四先生学案》列为"静正(牟楷)同调",牟楷则为"鲁斋(王柏)续传"。王梓材案曰:"《台州府志》载先生云:'世以儒业名家,其学出于紫阳门人。'"《宋元学案·沧洲诸儒学案下》列为"子善(潘时举)所传",时举曾"从晦庵游,有闻必记。其辨析《六经》疑义及问学大端,多为师门称许",即《台州府志》"紫阳门人"所指。

9. **牟楷**。黄岩人,撰《四书疑义》。《宋元学案·北山四先生学案》列为"鲁斋续传",曰:"刻志正心诚意之学,以养母不仕。时天台方行王鲁斋之学,先生不知师传所出,要亦其私淑也。"

10. **林处恭**。临海人,撰《四书指掌图》。《宋元学案·水心学案下》列为"舒氏门人",曰:"性行醇笃,受业于舒阆风(岳祥)。所著有《四书指掌图》,弟子极盛。水心(叶适)之学,至阆风师弟后,无复存矣。"

11. **邵大椿**。寿昌人,撰《四书讲义》。《宋元学案·慈湘学案》列为"邵氏家学",其父邵甲为"慈湖(杨简)门人",杨简学于陆九渊。

12. **许谦**。金华人,撰《读四书丛说》二十卷等。据《元史·儒学传》,谦数岁而孤,甫能言,母陶氏口授《孝经》、《论语》,入耳辄不忘。长而受业金履祥之门,居数年,尽得其奥,学于《四书》犹多,曾谓:"学以圣人为准的,然必得圣人之心,而后可学圣人之事。圣贤之心具在《四书》,《四书》之义备于朱子。"先是,何基、王柏及金履祥殁,其学犹未大显,至谦而其道益著。故学者推原统绪,以为有功于朱子甚巨。《宋元学案·北山四先生学案》列为"仁山门人"。

13. **戚崇僧**。金华人,撰《四书仪对》二卷。黄溍《文献集》卷九下《戚君墓志铭》曰:"先生父讳象祖,信州路道一书院山长。母朱氏,前乡贡进士环之女。君兄弟二人,兄某以材见推择,从事于宪府,用例补官。君独不以荣进为念,端居苦学,间弄翰于诗文,皆积丽绵密可喜。年二十有七,始尽弃其学,而从乡先生许公(谦)讲道于东阳之八华山。用意坚确,早夜弗懈,博通经史,旁及诸子百家,尤潜心于儒先性理之说。探幽发微,必极其根柢而后已,同门推为高弟。初,袁州府君与从兄如圭、如玉并受业东莱吕氏(祖谦)之门,而许公之所承传,本于考亭朱子。君以得于许公者归,而稽诸家庭之所闻无不吻合,自信愈笃,克己厉行,为人所难能。"《宋元学案·北山四先生学案》列为"白云门人",《丽泽诸儒学案》列为"戚氏家学"。

14. **陈刚**。平阳人,撰《四书通辨》。《宋元学案·木钟学案》列为"石塘(胡长孺)门人",曰:"受业胡石塘之门。石塘为西湖书院山长,见其勤,昼夜研索不倦,留之于家,与同寝食,遂尽得其学,称高弟,博通天人之奥。"

15. **王桂**。东阳人,撰《四书训诂》。师承无考。

16. **蒋玄**。东阳人,撰《四书笺惑》、《四书述义通》、《大学章句纂要》一卷、《中庸注》。宋濂《文宪集》卷二十有《东阳贞节处士蒋府君墓铭》曰:"时许文懿公谦以道德为学者师,府君从而受其说,识悟过人,辨析精确,内涵外饬,日超月异,先辈皆自谓不及。"《宋元学案·北山四先生学案》列其为"白云门人"。

17. **马莹**。建德人,撰《四书答疑》。师承无考。

18. **陈樵**。东阳人,撰《四书本旨》。宋濂《文宪集》卷二十二《元隐君子东阳陈公先生鹿皮子墓志铭》曰:"父取青,国学进士,从乡先生石公一鳌,与闻考亭之学。……君子幼学于家庭,继受《易》、《书》、《诗》、《春秋》大义于李公直方。其于天下之书无不读,读无不解,学成而隐,邈然不与世接,唯瘖瘝群经,思一洗支离穿凿之陋。"据以知陈樵《四书》之学主要源于家学。《宋元学案·沧洲诸儒学案下》列为"舣翁(陈取青)家学"、"复庵(李直方)门人"。

19. **吴成大**。瑞安人,撰《四书图》。师承无考。

20. **史伯璇**。平阳人,撰《四书管窥》八卷、《管窥外篇》二卷。《浙江通志·儒林下》引《万历温州府志》曰:"幼嗜学强记,博通经史及诸子百家之说。精究《四书》,深得朱子之旨。时说与朱子背驰者多,乃著《四书管窥》以辨明之。又著《管窥外编》,论诸经史天文地理古今制度名物,学者传诵焉。"《宋元学案·木钟学案》列为"朱学之余",称其"笃志朱子之学"。

21. **朱谥**。永嘉人,撰《四书述义》。师承无考。

22. **孟梦恂**。黄岩人,撰《四书辨疑》。《元史·周仁荣传》曰:"仁荣同郡有孟梦恂者,字长文,黄岩人。与仁荣同师事杨珏、陈天瑞。"故《宋元学案·北山四先生学案》列梦恂为"简斋(杨珏)门人"、"南村(陈天瑞)门人",杨、陈二人又皆为鲁斋王柏弟子。

23. **杨维桢**。诸暨人,撰《四书一贯录》。《明文海》卷四二九载宋濂撰《杨铁崖墓铭》曰:"稍长,从师授《春秋》说,讲析辨刺,几踰百十家。大夫公期以重器,至弱龄不为授室。俾游学甬东,鬻厩马以益装钱,君节缩不妄费,购《黄氏日钞》诸书以归。大夫公欢曰:'此顾不多于良马耶!'躬为装褫,使之周览。"《春秋》之师及甬东之师不可考。因曾习于黄震《黄氏日钞》,故《宋元学案·东发学案》列其为"东发续传"。《艮斋学案》又列维桢为"倪氏(渊)门人",王梓材案曰:"先生为《倪处士墓志》云:'维桢为文静先生门生也。'又云:'某父事先生。'则先生尝及倪氏之门。"

24. **陶宗仪**。黄岩人,撰《四书备遗》二卷。《浙江通志·文苑四》曰:"嘉靖《浙江通志》:……务古学,于书无所不窥。出游浙东西,师潞国张翥、永嘉李孝光、京兆杜本。"

25. **景星**。余姚人,撰《四书集说启蒙》、《学源启蒙》一卷、《大学中庸集说启蒙》二卷、《中庸问政章说》一册。《四书集说启蒙》自序曰:"星幼承父命,嗣儒业而苦无常师。年十六始得出,就伯父黄先生学(先生本姓景,继黄氏,讳元吉,字子文)。先生曰:'汝欲为学,必先熟读《四书》以为之本,而后他经可读矣。'星于是昼诵夜思,不敢少惰。居四年,得粗通大义。后欲明经,习举子业,先生又引星进郡庠，俾受《春秋》经于勾乘杨先生（先生讳渊，字澄源），一时师友切偲问辨，资益为多。复得诸羽翼书，为之启发，然后益知《四书》奥义，不可不穷矣。"

26. **蒋允汶**。永嘉人，撰《四书纂类》、《大学章旨》、《中庸详说》。《宋元学案·木钟学案》列为"章氏门人"，其师章仕尧为"朱学之余"，王梓材案曰："《温州府志》称：'先生（仕尧）通经史，深究《四书》阃奥。'"

27. **孔士璘**。平阳人，撰《四书讲义》。师承无考。

28. **胡一中**。诸暨人，撰《四书集笺》。师承无考。

29. **季守镛**。浙江人，撰《四书家说》。师承无考。

30. **李序**。东阳人，撰《四书新说》。《宋元学案·北山四先生学案》列为"白云门人"，曰："弱冠从白云，推为上第。"与危素、陈樵友善。

31. **赵次诚**。乐清人，撰《四书考义》。《宋元学案·木钟学案》列为"章氏门人"，其师为清所先生章仕尧。

32. **王廉**。青田人，撰《四书详说》。师承无考。

33. **王祎**。义乌人，撰《四子论》。《明史》本传载："幼敏慧，及长，身长岳立，屹有伟度。师柳贯、黄溍，遂以文章名世。"柳贯曾从学于仁山先生金履祥，黄溍之师则为蟠松先生石一鳌。

34. **梅宽夫**。缙云人，撰"论孟学庸讲义"数则。《宋元学案补遗·沧洲诸儒学案补遗》列为"滕氏门人"，曰："尝师滕溪斋璘，得考亭之学。"

35. **范祖幹**。金华人，撰《大学中庸发微》。《浙江通志·儒林中》引《金华先民传》曰："受业许谦之门，悉得其旨趣。其学以诚意为主。而严之以慎独持守之功。引诱学者，恳恳真切，唯恐其不入于善。"《宋元学案·北山四先生学案》列为"白云门人"。

36. **倪公晦**。金华人，撰《学庸约说》。《浙江通志·儒林中》引

《万历金华府志》曰:"受业何北山(基)之门,与王鲁斋为友。鲁斋称其服善,喜闻过,专志于下学之实。"《宋元学案·北山四先生学案》列为"北山门人"。

37. **何梦桂**。淳安人,撰《中庸大学说》二篇、《大学说》一卷、《中庸致用》一卷。《宋元学案补遗·范许诸儒学案补遗》列为"蛟峰(方逢辰)讲友"。

38. **郑奕夫**。鄞县人,撰《中庸大学章旨》、《论语本义》。《宋元学案补遗·丽泽诸儒学案补遗》列为"郑氏续传"、"东莱(吕祖谦)五传"。

39. **王文焕**。松阳人,撰《中庸大学解》、《大学发明》一卷。《宋元学案补遗》卷三十七列入《萧同诸儒学案补遗》。

40. **金履祥**。兰溪人,撰《论孟集注考证》十七卷、《大学章句疏义》一卷、《大学指义》一卷。《儒林宗派》卷十三专列"金氏学派",《宋元学案·北山四先生学案》列为"北山门人"、"鲁斋门人",曰:"已向濂、洛之学,事同郡王鲁斋,从登何北山之门。自是讲贯益密,造诣益邃。……宋亡,屏舍金华山中,视世故泊如也。北山、鲁斋之丧,先生率其同门之士,以义制服,观者始知师弟子之礼。当时议者谓北山之清介纯实似和靖,鲁斋之高明刚正似上蔡,先生则兼得之二氏,而并充于一己者也。"

41. **吕洙**。永康人,撰《大学辨疑》。《宋元学案·北山四先生学案》列为"白云门人",曰:"在白云门,服其精敏,未究而卒。"

42. **吕溥**。永康人,撰《四书辨疑》、《大学疑问》。《宋元学案·北山四先生学案》列为"白云门人",曰:"从学白云,讲究经旨。为文落落有奇气,诗动荡激烈可喜。冠昏丧祭,一依朱子所定礼行之。"

43. **徐渊**。兰溪人,撰《大学直解》。师承无考。

44. **余学古**。青田人,撰《大学辩问》一卷。《宋元学案·木钟学案》列为"慎斋门人",曰:"先生师邑人王梦松(慎斋),梦松受学龙泉叶味道，味道则朱文公弟子也。"

　　45. **刘庄孙**。天台人，撰《论语章旨》。《宋元学案·水心学案下》列为"吴氏门人"、"季节五传"，称："其文学与舒阆风齐名，亦荆溪（吴子良）弟子。"

　　46. **单庚金**。剡源人，撰《增集论语说约》。师承无考，与戴表元友善。

　　47. **戴表元**。奉化人，撰"论语讲义"十五则、"孟子讲义"三则、"中庸讲义"二则。《元史》本传云："初，表元闵宋季文章气萎薾而辞骪骳，积弊已甚，慨然以振起斯文为己任。时四明王应麟、天台舒岳祥并以文学师表一代，表元皆从而受业焉，故其学博而肆，其文清深雅洁，化陈腐为神奇。"故《宋元学案·水心学案下》列为"舒氏门人"，《深宁学案》列为"深宁门人"。

　　48. **任士林**。奉化人，撰《论语指要》。《宋元学案·潜庵学案》列为"庄节学侣"，庄节先生韩性精于理学，推崇《四书》。

　　49. **俞杰**。丽水人，撰《论语训蒙》。师承无考。

　　50. **袁桷**。鄞县人，撰"答高舜元论语问"一则。《宋元学案·深宁学案》列为"深宁门人"、"剡源门人"，并于"戴表元"下曰："其（表元）官建康教授，同郡袁洪，时通判建康，朝夕互往还。……明年，兵平归里，寓居于鄞，授徒卖文，以活老稚。洪命其子桷师之。"

　　51. **林温**。浙江人，撰《天爵赋》一篇。潜斋先生陈刚门人，《宋元学案·木钟学案》于"陈刚"下云："其弟子著者，曰章瑶、洪铸（梓材案：洪铸当是洪涛，传写之误）、林温、陈善、李时可、王清。"

　　52. **鲁真**。开化人，撰《中庸解》一卷。师承无考。

　　53. **练鲁**。松阳人，撰《中庸说》一卷。师承无考。

　　54. **朱右**。临海人，撰《读中庸》一篇。《宋元学案·北山四先生学案》列为"两峰（陈德永）门人"，曰："程门高弟朱光庭之后。学于陈两峰，又尝受文法于李五峰。"《刘李诸儒学案》列为"朱氏（光庭）续传"。

（三）福建省（十九人）：

1. **祝洙**。自安徽歙县迁至福建崇安，撰《四书集注附录》十一册。《宋元学案补遗·沧洲诸儒学案补遗》列为"祝氏家学"，曰："学问有本，其祖姑实晦庵之母，而其父穆尝从晦庵于云谷之间。征言绪论，目染耳濡。先生在家庭，讲论精密。比来涵江，阐扬师训，发明经旨，士论称之。"《闽中理学渊源考》卷二十列穆、洙父子皆为"朱子建宁门人并交友"。

2. **陈普**。宁德人，撰《四书句解钤键》、《四书讲义》二卷、《学庸旨要》、《孟子纂要》等。《闽中理学渊源考》卷四十专立"福宁陈石堂先生普学派"，并称："闻恂斋韩氏（翼甫）倡道浙东，负笈之会稽，从之游。韩之学出庆源辅氏（广），朱门高弟也。渊源所自，屹为嫡派，故其学甚正。尝曰：'聆韩先生夜诵《四书》，如奏《九韶》，令人不知肉味。'故其用功本诸《四书》，《四书》通然后求之《六经》云。"《宋元学案·潜庵学案》列为"恂斋门人"。

3. **黄仲元**。莆田人，撰《四书讲稿》四卷。《宋元学案·沧洲诸儒学案下》列为"德远家学"，其父德远先生黄绩从游于朱子弟子陈师复、潘谦之，著有《四书遗说》，故仲元为朱子三传。《闽中理学渊源考》卷三十四列为"黄德远先生绩学派"。

4. **熊禾**。建阳人，撰《四书标题》、《四书集疏》、《大学广义》二卷。《宋元学案·潜斋学案》于"参军熊勿轩先生禾"下称："志濂、洛之学，乃访考亭之门人辅氏而从游焉。咸淳十年，登进士第。"王梓材案曰："董丞相槐为嘉定六年进士，次年甲戌，下至咸淳十年，复在甲戌，如先生与丞相同学于潜庵，不当年岁悬绝如是。所谓考亭之门人辅氏，亦谓辅氏之门耳，非亲受业于潜庵可知。又案：王宗学文贯为宝庆三年丙戌进士，前于咸淳甲戌者四十八年，已为潜庵再传弟子，益知先生之非亲受业也。"故列熊氏为"刘氏门人",并于"刘敬堂先生□"下云:"刘□,号敬堂,□□人。熊勿轩游浙中,尝因受业,得闻文公晚年所以与黄勉斋、陈潜室论学之要旨,然后知文公之学。其体全体,其用大用,与世之所言,第以资诵说者,固不同也。"王梓材亦加案语曰:"敬堂先生盖亦辅氏所传者。辅氏之学在浙中,故勿轩从而受之,兼得黄、陈之论也。"

5. **郭陞**。长乐人,撰《四书述》。师承无考,《闽中理学渊源考》卷三十五列"三山郭梅西(陞)诸先生学派"。

6. **欧阳侊**。长乐人,撰《四书释疑》。师承无考,《闽中理学渊源考》卷三十五列入"三山郭梅西诸先生学派"。

7. **黄清老**。邵武人,撰《四书一贯》四十卷。苏天爵《滋溪文稿》卷十三《元故奉训大夫湖广等处儒学提举黄公墓碑铭》曰:"初,前修硕儒,犹有存者,而文献之传、性理之学,往往专门名家。公日从诸老讲求其说,闻见弥广,声闻弥著,同舍生或趋世所尚,为吏以事进取,独公笃志励学,不变如初。……邑之儒先严斗岩者,至元季年有诏征之,不起,公师事之。斗岩曰:'吾昔受学于严沧浪,今得子相从,吾无恨矣。'公自是于《六经》、《四书》之旨,悦若有得。"案:严沧浪即同乡人严羽,作《沧浪诗话》。《闽中理学渊源考》卷三十九列清老入"邵武黄存斋(镇成)诸先生学派"。

8. **陈尚德**。宁德人,撰《四书集解》。师承无考。

9. **傅定保**。晋江人,撰《四书讲稿》。《宋元学案补遗》卷三十六列入《草庐学案补遗》,称其"六岁能解《大学》"。《闽中理学渊源考》卷三十六立"温陵傅季谟先生定保学派",称其传文公之学而不失。

10. **冯华**。闽县人,撰《四书直解》。黄溍《文献集》卷八下《冯君墓志铭》曰:"君少力学工为文,从父伯震深器重之。伯震在太学,君不远千里负笈从之游,所接识皆一时巨儒望士,由是学益博,文益奇。""巨儒望士"无法详考,但据以知冯华之学曾受北方学术之影响。

11. **韩信同**。福宁人,撰《四书标注》。《宋元学案·潜庵学案》列为"陈氏门人",曰:"陈石堂普以道学倡,士未有信之者,独先生与其友杨琬白圭、黄裳彦山执弟子礼。刊落旧闻,贯穿周、程、张、朱之说,毫分缕析。建安聘主云庄书院,以《四书》、《六经》为课试。"《闽中理学渊源考》卷四十于"福宁陈石堂先生普学派"下云:"(普)晚在莆中十有八年,造就益众,出其门者,如韩信同、杨琬、余载、黄裳辈,并以正学为时所宗。"

12. **黄宽**。福宁人,撰《四书附纂》。《闽中理学渊源考》卷四十列入"黄吉甫(履翁)诸先生学派",《宋元学案·潜庵学案》列为"古遗门人",以为学于古遗先生韩信同。

13. **丘葵**。同安人,撰《四书日讲》。《宋元学案·北溪学案》列为"吕氏门人",曰:"有志朱子之学,初从辛介甫,继从信州吴平甫受《春秋》,而亲炙吕大圭、洪天锡之门。"大圭从学于杨昭复,昭复师事朱门高弟陈淳,从而"得朱子之传"。

14. **林重器**。莆田人,撰《四书典要》。师承无考,《闽中理学渊源考》卷三十五列入"莆阳刘原范(有定)诸先生学派"。

15. **李应龙**。光泽人,撰《四书讲义》。师承无考,《闽中理学渊源考》卷三十九列入"邵武黄存斋诸先生学派"。

16. **郑仪孙**。建安人,撰《大学中庸章句》、《大学章句笺注》。《闽中理学渊源考》卷三十八称其曾"从丘氏富国学《易》",丘富国受业朱子之门人,为"晦翁再传"。

17. **吴季子**。邵武人,撰《大学讲义》二卷。师承无考。

18. **黄方子**。莆田人,撰《论语通义》一卷。师承无考。

19. **黄镇成**。邵武人,撰《中庸章旨》二卷。《宋元学案·九峰学案》列为"九峰续传",九峰先生蔡沈为朱熹及门弟子。《闽中理学渊源考》卷三十九立"邵武黄存斋诸先生学派"。

（四）河南省（十一人）：

1. **陈天祥**。祖籍赵州宁晋，后徙河南洛阳，撰《四书选注》二十六卷、《四书集注辨疑》十五卷。苏天爵《滋溪文稿》卷二十二《默庵先生安君（熙）行状》曰："国初有传朱子《四书集注》至北方者，滹南王公（若虚）雅以辨博自负，为说非之。赵郡陈公（天祥）独喜其说，增多至若干言。"据以知陈氏曾宗若虚之学。苏天爵《行状》又称："及来，为真定廉访使，出其书以示人，先生（安熙）惧焉，为书以辨之，其略曰：……其后陈公果深悔而焚其书。"然《四库全书总目》卷一六六于《滹南遗老集》下辨正曰："观其称陈天祥宗若虚之说，撰《四书辨疑》，因熙斥之，遂焚其稿。今天祥之书具存，无焚稿事，则天爵是说，特欲虚张其师，表章朱子之功耳，均非实录也。"

2. **张淳**。南乐人，撰《四书拾遗》。师承无考。

3. **薛大猷**。汤阴人，撰《四书讲义》。师承无考。

4. **何文渊**。河南人，撰《四书文字引证》九卷。师承无考。

5. **李好文**。东明人，撰"四书经训要义"。《元史·李好文传》曰："好文言欲求二帝三王之道，必由于孔氏。其书则《孝经》、《大学》、《论语》、《孟子》、《中庸》，乃摘其要旨，释以经义，又取史传及先儒论说有关治体而协经旨者，加以所见。仿真德秀《大学衍义》之例，为书十一卷，名曰《端本堂经训要义》。"据以知好文概为私淑朱子之学者。

6. **白居敬**。登封人，撰《四书集注附说》。师承无考。

7. **杜瑛**。其先霸州信安人，金将亡，避地河南缑氏山中。撰《语孟旁通》八卷、《缑山论语旁通》四卷、《孟子集注旁通》四卷。苏天爵《滋溪文稿》卷二十二《元故征士赠翰林学士谥文献杜公行状》曰："读书讲学，博览无所不见。时金将亡，儒者犹习文辞为进取计，公爵禄不入于心，刻苦自励，独深《六经》百家之旨、古今治乱之原，昼诵夜思，仰观俯察，优游自适。"据以知瑛大概出于自学。

8. **许衡**。河内人，撰《大学要略直说》一卷、《大学直解》一卷、《鲁斋大学诗解》一卷、《答丞相问论大学明明德》一篇、《孟子标题》、《中庸说》、《中庸直解》一卷、《论语予所否者》一篇等。《元史》本传曰："幼有异质，七岁入学，授章句，问其师曰：'读书何为？'师曰：'取科第耳。'曰：'如斯而已乎？'师大奇之。每授书，又能问其旨义，久之，师谓其父母曰：'儿颖悟不凡，他日必有大过人者，吾非其师也。'遂辞去。父母强之，不能止，如是者凡更三师。……往来河洛间，从柳城姚枢得伊洛程氏及新安朱氏书，益大有得。寻居苏门，与枢及窦默相讲习，凡经传、子史、礼乐、名物、星历、兵刑、食货、水利之类，无所不讲，而慨然以道为己任。"《宋元学案》卷九十立《鲁斋学案》，列为"江汉（赵复）所传"。全祖望案曰："河北之学，传自江汉先生，曰姚枢，曰窦默，曰郝经，而鲁斋其大宗也，元时实赖之。"

9. **钟律**。开封人，撰《大学补遗》一卷。师承无考。

10. **王鹗**。东明人，撰《论语集义》一卷。师承无考。

11. **王恽**。汲县人，撰《读孟子或问》一则、《天人爵》一则。师承无考。

（五）安徽省（八人）：

1. **陈栎**。休宁人，撰《四书发明》三十八卷、《四书考异》十卷、"四书讲义"四篇、"四书试文"二则、"四书经疑"四则、《论语训蒙口义》、"孟子答问"二则、《中庸口义》一卷等。《宋元学案·沧洲诸儒学案下》列为"草窗门人"，称："黄智孙，字常甫，休宁人，称草窗先生。学于万菊滕氏，而定宇之师也。"王梓材案曰："汪氏炎昶状陈定宇行略云：'后从乡先生黄公常甫游，黄公之学，出于星溪万菊滕先生（铅）。滕之先璘、琪二伯仲，皆为朱子高第。'是先生为万菊弟子之证，亦可知万菊为二滕后人，盖即安仁令云。"又列栎为"复斋家学"，其父陈源长为"草窗同调"，王梓材于"乡举陈定宇先生栎"下案云："汪氏为《定宇行状》云：'其为学得于家庭之讲贯为多，最后始从乡先生黄常甫游。'"

2. **张存中**。新安人，撰《四书通证》六卷。师承无考，与胡炳文友善。

3. **汪九成**。新安人，撰《四书类编》二十四卷。《新安文献志》卷四十七载汪氏《自警铭》曰："仆早岁受学于乡先生云峰胡公，粗闻绪论。一日读子朱子告君为学之格言，忽悟曰：此与延平先生所传实相表里，为学之要，尽于此矣，又奚以他求为哉？"盖九成先从胡炳文学，后又私淑朱子也。

4. **倪士毅**。休宁人，撰《四书辑释》三十六卷、《四书辑释大成》三十卷、《重订四书辑释》四十五卷。《元儒考略》卷四曰："潜心求道，尝学于陈栎、朱敬舆。"朱敬舆即朱以宁，休宁人，以经学讲授乡里，《新安文献志·先贤事略上》曰"朱敬舆（阙），休宁（阙）人，有经（阙）。倪道川尝师之"，可证其事。《宋元学案·沧洲诸儒学案下》列倪氏为"定宇门人"。

5. **朱升**。休宁人，撰《四书旁注》十九卷。廖道南《殿阁词林记》卷四《翰林院学士朱升》曰："幼师乡进士陈栎，栎深器之。元至正癸未，闻资中黄楚望讲道溢浦，偕赵汸往学焉。既有得，乃归，读书紫阳祠中。"《宋元学案·沧洲诸儒学案下》列为"定宇门人"。

6. **吴浩**。休宁人，撰《大学口义》一卷。师承无考。

7. **陶安**。当涂人，撰《天爵赋》一篇。师承无考。

8. **程逢午**。休宁人，撰《中庸讲义》三卷。师承不详，《新安文献志》卷七十一载邓文原《故海盐州教授程君逢午墓志铭》曰："紫阳，朱先生之乡。君生犹及接识诸老，习闻绪论，朝订暮考，得其指归。"

（六）江苏省（八人）：

1. **张翚**。四川灌县人，侨寓江左，撰《四书归极》一册。《四川通志》卷八曰："从金华王柏学。《六经》、《语》、《孟》以及周、程、张、朱之书，靡不潜心讲究。至元中，行台中丞吴曼庆延至江宁学，远近翕然尊师之，称曰导江先生。"《宋元学案·北山四先生学案》列为"鲁斋门人"，黄百家案曰："吴正传言：'导江学行于北方，故鲁斋之名因导江而益著。盖是时北方盛行朱子之学，然皆无师授，导江以四传世嫡起而乘之，宜乎其从风而应也。'"

2. **边昌**。江苏人，撰《四书节义》。师承无考。

3. **秦玉**。太仓人，撰《大学中庸标说》。幼承家学，杨维桢《东维子集》卷二十四《孝友先生秦公墓志铭》曰："父庚从蛟峰方先生（逢辰）学，咸淳末以诗试通州第一人，……君四岁即挺然不群，能属句对，五岁能暗诵《孝经》、《论语》。"

4. **李师道**。高邮人，撰《大学明解》一卷。师承无考。

5. **吴简**。吴江人，撰《论语提要》。师承无考。

6. **夏侯尚玄**。华亭人，撰《原孟》、《中庸管见》、《中庸聚疑》。师承无考。

7. **徐达左**。吴县人，撰《孟子内外篇》二卷。《姑苏志》卷五十四曰："少受《易》于鄱阳邵弘道，再受《书》于天台董仁仲。"

8. **陆文圭**。江阴人，撰《天爵赋》一篇。师承无考。

（七）河北省（七人）：

1. **刘因**。容城人，撰《四书集义精要》二十八卷、《四书语录》。《宋元学案》卷九十一专立《静修学案》，列刘氏为"江汉别传"，曰："初从国子司业砚弥坚，视训诂疏释之说，辄叹曰：'圣人精义，殆不止此。'后于赵江汉复得周、程、张、邵、朱、吕之书，始曰：'我固谓当有是也。'"

2. **石鹏**。随父璧自山西五台东徙唐封①，撰《四书家训》。师承无考。

3. **安熙**。藁城人，撰《四书精要考异》。《宋元学案·静修学案》列为"静修私淑"，曰："闻刘静修之学，心向慕焉。将造其门，而静修已殁，乃从静修门人乌叔备问其绪说。简静和易，务为下学之功。"王梓材案曰："《儒林宗派》列先生于乌氏之门，然观其与乌叔备书，仅称叔备为尊兄，盖其自居静修私淑弟子，其于乌氏特学侣尔，不得径谓乌氏门人也。"

4. **赡思**。真定人，撰《四书阙疑》。据《元史·儒学传》，赡思幼而好学，就正于翰林学士承旨王思廉之门，博极群籍，为乡邦推重。《宋元学案补遗·萧同诸儒学案补遗》收录，其师王思廉列为"元氏（好问）门人"。

5. **林起宗**。内丘人，撰《志学指南图》、《心学渊源图》及《中庸大学论语孟子诸图》、《论语图》。苏天爵《滋溪文稿》卷十四《内丘林先生墓碣铭》曰："当四方会同，程朱遗言流布远迩。君诵之知敬，用志坚苦，或有所疑思，就有道而正焉。于是覃怀许文正公已老，刘文靖公赫然以风节问学著名当世。君欲往从之游，无以为介，担簦负笈，斋沐立于其门者三日，文靖嘉其立志之卓，命序弟子之列。君闻其讲说，深思体践，极其至而后已。文靖少然可，独称君为善学。久之，以家贫思省其亲，文靖授以治家之法。君归而行之，家日益裕。已而复往卒业，会文靖卒，乃还。"《宋元学案·静修学案》因列之为"静修门人"、"赵砚再传"。

6. **潘迪**。元城人，撰《中庸大学述解》。师承无考。

---

① "唐封"，今址不详。元人王恽《秋涧集》卷四十三《义斋先生四书家训题辞》曰："义斋先生，姓石氏，讳鹏，字云卿。父璧自五台东徙唐封家焉。世传儒业，中戊选，终保定路劝农使。"山西五台正东约两百公里即为河北保定路，据石鹏之父"终保定路劝农使"推断，"唐封"大概在河北境内，故列石鹏入河北省。

7. **齐履谦**。撰《大学四传小注》一卷、《论语言仁通旨》二卷、《中庸章句续解》一卷。苏天爵《滋溪文稿》卷九《元故太史院使赠翰林学士齐文懿公神道碑铭》曰:"少从考府君来京师受学,家庭读书一过辄记。年十一,学推步、星历,十三习词赋。府君曰:'汝欲为进士欤?能明经术则圣贤可学。'公遂研穷性理,非洙泗、伊洛之书弗好也。"

(八)陕西省(三人):

1. **冯珵**。泾阳人,撰《四书中说》。师承无考。
2. **岳崧**。邠阳人,撰《四书注》。师承无考,与萧㪺友善。
3. **蒲道源**。兴元人,撰"四书十六问"、《解孟子》二章。师承无考。

(九)山西省(二人):

1. **薛延年**。临汾人,撰《四书引证》。师承无考。
2. **胡祇遹**。武安人,撰"四书语录"数则。师承无考。

(十)湖南省(二人):

1. **萧元益**。安化人,撰《四书演义》。师承无考。
2. **欧阳玄**。浏阳人,撰"论孟经疑"二则。《宋元学案·北山四先生学案》列为"白云门人",曰:"先生幼岐嶷,母李氏,亲授《孝经》、《论语》、《小学》诸书。八岁能成诵,始从乡先生张贯之学。"《巽斋学案》又列为"忠叟(欧阳逢泰)家学",《草庐学案》列为"虞氏门人"。

(十一)湖北省(一人):

1. **王奎文**。江陵人,撰《中庸发明》一卷。师承无考。

（十二）四川省（一人）：

1. **李朝佐**。云阳人，撰《大学治平龟鉴》一卷。傅若金序是书曰："《大学》一书，古今帝王为治之要道也。宋子朱子既集儒先之说以为《章句》，而行诸世矣。今李氏不畔其说，而能增之发明，以申其义。"据以知朝佐或为私淑朱子之学者。

（十三）山东省（一人）：

1. **李昶**。东平人，撰《孟子权衡遗说》五卷。《宋元学案·泰山学案》列为"李氏家学"，其父李世弼为"泰山续传"，得孙复《春秋》之学宗旨。

（十四）北京（一人）：

1. **郭好德**。京兆人，撰《论语义》。师承无考。

（十五）地域无考者（十八人）：

1. **何异孙**。撰"四书问对"。师承无考。
2. **何安子**。撰《四书说》。师承无考。
3. **刘彭寿**。撰《四书提要》。师承无考。
4. **马豫**。撰《四书辑义》六卷。师承无考。
5. **赵迁**。撰《四书问答》一卷。师承无考。
6. **王珪**。撰《四书道统》。师承无考。
7. **王皞**。撰《四书纂要》一卷。师承无考。
8. **宋绶**。撰《四书辅注》。师承无考。《东山经籍考》题名"四书"，注曰："绶，敏求之父，历工部侍郎，摄太仆卿。宋初人。其时未有'四书'之名，疑此又是一人。"
9. **王侗**。撰《大学章句》一卷、《大学或问》一卷、《中庸章句》一卷、《中庸或问》一卷。《中国善本书提要·经部·四书类》王重民曰:"原题'后学金华鲁斋王侗笺注批点'……侗事迹无考。……卷内屡引许谦《四书丛说》;谦受业王柏之门,所引不似柏口吻。当为坊贾就陈、胡所见之批点标注本,益以许谦所说,刊为此本。或当时仅知鲁斋,而不知鲁斋名柏;或故意易柏为侗,以掩饰其造伪之迹也。"据以知王侗或为杜撰之人。

10. **程仲文**。撰《大学释旨》一卷。胡炳文序是书曰:"程仲文旧从予游,予以其嗜学极爱之。"未知是否亦为婺源人。

11. **钱天佑**。撰《大学经传直解》。师承无考。

12. **蒋文质**。撰《大学通旨》一卷。师承无考。

13. **蔡季成**。撰《大学说约》一卷。师承无考。

14. **欧阳溥**。撰《鲁论口义》四卷。师承无考。

15. **沈易**。撰《论语旁训》。师承无考。

16. **李公凯**。撰《附音傍训句解论语》二卷、《附音傍训晦庵论语解》二卷、《附音傍训句解孟子》七卷。师承无考。

17. **林似祖**。撰《天爵赋》一篇。师承无考。

18. **陆琪**。撰《中庸发明要览》二卷。师承无考。

### 第三节　元代四书学分布格局探析

通过对元代四书学者学术师承的追溯考察,我们可以对元代四书学分布格局的面目、流向及成因有一个更为详致深入的认识。

#### 一、元代四书学江浙、江西行省的点状分布

元代四书学地域分布的数据统计显示,当时的江浙行省和江西行省是四书学分布最为集中的地区,涉及现今行政区划的江西、浙江、福建、安徽、江苏等省。五省四书学者计一百四十四人,占全部人数的68.25%;相关著述计二百零四种,占全部著述的70.34%。由上节

"元代四书学者学术师承考略"可知各省四书学者的具体地域所属,兹据以分述江浙、江西二行省四书学分布情况,以进一步说明相关地区四书学分布之面貌。

就江浙行省的四书学分布情况而言,浙江的金华、兰溪、黄岩、永嘉、东阳、平阳,福建的邵武、莆田、福宁,安徽的休宁,江西的婺源、乐平、鄱阳、贵溪等地,是各省内四书学分布相对集中的地区。

就江西行省的四书学分布情况而言,据上节资料,庐陵、吉水、临川等地,是省内四书学分布相对集中的地区。

## 二、元代四书学区域流向之大势

"元代四书学者学术师承考略"还透露给我们这样一点重要信息:四书学者的求师问学,使元代四书学在发展传衍过程中产生学术上的流动,并出现了江西、浙江、安徽以及北方等几个重要中心。下文据此分述元代四书学区域间的流向大势,以见当时四书学在区域间传播流动的大致面貌:

流向一:由湖北至河南、河北。表示宋、元之际湖北赵复被俘北上,传四书学于北地,河南姚枢、许衡,河北刘因等学者皆受其重要影响。

流向二:由浙江至福建。表示浙江之学向福建地区的传播。如宁德人陈普即曾负笈至浙东会稽,从韩翼甫受《四书》之学。且晚年讲学莆中十八载,弟子甚众,四书学者韩信同即其高足。又如建阳人熊禾亦曾游学浙中,受业刘敬堂,由辅广之学而领朱子之旨。

流向三:由浙江至湖南。表示浙江之学向湖南地区的传播。如浏阳人欧阳玄即为金华四书学大家许谦之门人。

流向四:由浙江至江西。表示浙江之学向江西地区的传播。如婺源人程复心私淑浙中辅广之学,撰四书学著述数种。

流向五:由浙江至江苏。表示浙江之学向江苏地区的传播。如由四川灌县侨寓江左的张曇，即曾登金华王柏之门，潜究《六经》、《四书》之学。

流向六：由江西至福建。表示江西之学向福建地区的传播。如晋江人傅定保受崇仁吴澄之学影响，而被列入《宋元学案补遗·草庐学案补遗》。

流向七：由河北至浙江。表示北方之学向浙江地区的传播。如松阳人王文焕被列《萧（㪺）同（恕）诸儒学案》，可见其受陕西（萧）、山西（同）之学影响。

流向八：由北京至福建。表示北方之学向福建地区的传播。如闽县人冯华即曾不远千里，负笈北游太学，接识一时巨儒望士，可见其受当时畿辅之学的影响。

需要指出的是：一方面，尽管在每一流向上的四书学者大都是单个或几个人，而非一个人数众多的学者群体，却可以粗略看出元代四书学相互影响的概貌和趋势，并可以察见浙江、江西以及北方，尤其是浙江地区的四书学中心地带作用；另一方面，相比较而言，本省内四书学者间师承授受、从师问学的情形其实更为明显[①]，一个重要标志就是各自形成了数量可观的、大致以地域为限断、学术特征相异的学术派别，而且各省内都有自己的学派领袖，如河北的刘因，河南的许衡，浙江的金履祥、许谦，江西的吴澄等，这便自然引出了元代四书学的学派谱系问题（详见第四、五两章）。

## 三、元代四书学分布格局探因

元代四书学之所以会形成这样的分布格局，既与各地的四书学基础有关，又与四书学者间的学术师承直接相联。下面分别就元代四书

---

[①] 从地域上讲，如徽州新安人汪九成曾从学于同乡婺源人胡炳文，浙江黄岩人牟楷曾至天台习王鲁斋之学，江西吉水人解观曾登崇仁吴澄之门等。

学中心地带及其他地区分布情形的原因作简要解析。

陈荣捷先生在《元代之朱子学》一文中认为，朱子学在元代的传布，方向有三：其一为由赵复北上而姚枢而许衡而刘因；其二为浙江金华地区，由朱门弟子黄榦而何基而王柏而金履祥而许谦；其三为江西地区，由黄榦而饶鲁而程若庸而吴澄。这与元代四书学传衍分布之大体格局恰相吻合。陈先生的结论是：

> 北方之新儒学与南方之新儒学，俱辐辏于朱子。更为精简言之，亦即辐辏于黄榦所传之朱子之学。浙之金华一线与江西一线俱源自黄榦。赵复传于北方之新儒学，即程朱新儒学。虽未言及黄榦，但程朱之学实即朱子之学，而在元代流行之朱子学，其阐扬者厥为黄榦，此俱属显然。①

当然，从学术师承上归功于黄榦之传固然是一个基本立场②，但就四书学发展传布而言，北方中心与浙江、江西中心的形成却有着各自不同的原因。

北方四书学中心的形成，首先应当归因于赵复的北上传学，但进入元代形成气候，却是得"江汉所传"的许衡和刘因等人的功劳。其中许衡之功又较刘因为更大，原因不在于学术成就的大小，而在于许衡曾在元朝的重要教育机构国子监任过领导职务，对国子监教育内容的选择发挥过直接作用，对"延祐科举"中《四书》科目的得以规定也产生了很大影响。不过，北方四书学中心得以形成，政治原因究竟要大于学术原因。元代易主，政治中心北移，学术流布自然也受到左

---

① 〔美〕陈荣捷：《朱学论集》，台北学生书局1982年版，第302页。
② 《宋元学案·勉斋学案》全祖望案曰："嘉定而后，足以光其师传，为有体有用之儒者，勉斋黄文肃公其人与？玉峰、东发论道统，三先生之后，勉斋一人而已。"（〔清〕黄宗羲原著，〔清〕全祖望补修：《宋元学案·勉斋学案》，第2020页）

右，赵复的北上传学正是其直接结果。因此，尽管北方的四书学基础一贯较为薄弱，然而由于政治因素的作用，加之许衡等儒臣借助国家权力的威力，使四书学在北方得到广泛传播，从而最终形成学术中心。

浙江、江西两个中心的形成其实可以合在一起考察，两个中心的学派领袖在承绪黄榦学术之传方面，较诸北方学者更属"嫡派"，两个地区的四书学基础也较北方中心雄厚得多，因此在元代形成四书学中心当是情理之中的事。《宋元学案·双峰学案》黄百家于"饶鲁"之下案曰：

> 黄勉斋榦得朱子之正统，其门人一传于金华何北山基，以递传于王鲁斋柏、金仁山履祥、许白云谦，又于江右传饶双峰鲁，其后遂有吴草庐澄，上接朱子之经学，可谓盛矣。①

从元代四书学者的学术师承不难看出，由宋入元，浙江、江西地区四书学之传衍未曾断绝，而且由于"北山四先生"等人在四书学方面的发阐扬厉，遂在元代形成了最重要的两个四书学中心。

然而照此推论却带来这样一个疑问：同样是四书学基础雄厚的地区，为什么在黄榦的老家福建却没有形成如浙江、江西那样活跃的四书学中心？回答这一问题，依然要从黄榦之学的传承入手。一方面，就四书学而言，福建地区的黄榦弟子并无多少人倾力研究，比如《宋元学案·勉斋学案》中列入黄榦门下的诸弟子中，仅中江人吴昌裔有《四书讲义》②，长乐人陈如晦有《论语问答》及《讲义》③，长乐人李晦曾作《论语疑义》④。而且这些学者皆属南宋，入元后几无传人，四书学

---

① 〔清〕黄宗羲原著，〔清〕全祖望补修：《宋元学案》卷八十三《双峰学案》，第2812页。
② 〔清〕黄宗羲原著，〔清〕全祖望补修：《宋元学案》卷六十三《勉斋学案》，第2044页。
③ 〔清〕黄宗羲原著，〔清〕全祖望补修：《宋元学案》卷六十三《勉斋学案》，第2046页。
④ 〔清〕黄宗羲原著，〔清〕全祖望补修：《宋元学案》卷六十三《勉斋学案》，第2049页。

的相对冷落就可想而知了。另一方面，即便就整个朱子学而言，元代福建地区的朱子学者也未"居于全国名流地位"，其中一个重要的原因是"当时福建朱子学者由于大多不肯仕宦朝廷，因而不仅得不到朝廷的褒扬，还受到诬蔑和打击，许多朱子学者都隐姓埋名，深居山林从事教育和学术活动，因而罕为世人所知"①。

不过，福建地区毕竟是朱子学的"老根据地"，在元代仍然有一批学者如熊禾、陈普、韩信同等，承朱子之学脉，潜研《四书》，李清馥《闽中理学渊源考》卷四十于"韩伯循先生信同学派"下即下案语曰：

> 宋季老成，凋落一二典型，抱道深山，如存硕果，求有教席，声应之雅，不可以多数也。福宁僻在滨海，鼎革之后，弦诵不衰，诸贤犹能公其道以传其人，以是知大贤过化之泽，所贻远矣。

明代以来，尤其是明成祖敕令编纂三部《大全》以后，元代相对集中的四书学分布格局发生了较大改变。就总体趋势而言，除边疆地区外，各省的四书学可谓"遍地开花"，进展极为迅速。即以作为元代四书学"发祥地"的湖北地区为例，整个元代可以考证的四书学著作仅王奎文《四书发明》一种，但就宣统间所成《湖北通志·艺文志》著录，明清两代湖北地区的四书类著作达二百五十三种，其中明人著作四十八种，清人著作二百零五种②。石洪运先生又据《湖北书征存目》及其他目录书补遗四书类著作一百三十三种，其中明人著作三种，清人著作一百三十种③。合而计之，明、清两代仅湖北地区一省的四书类

---

① 刘树勋主编：《闽学源流》，福建教育出版社1993年版，第六章第二节，第464页。
② 〔清〕湖北通志局编著：《湖北艺文志附补遗》（上），石洪运校注、补遗，湖北教育出版社2002年版，卷三《经部·四书类》。
③ 〔清〕湖北通志局编著：《湖北艺文志附补遗》（下），石洪运校注、补遗，卷一《经部·四书类》。

著作竟多达三百八十六种,超过整个元代百年四书类著述近百种!这是一个相当惊人的数字,与元代形成了鲜明的对比。究其因,是由于明成祖以来,统治阶级极大地加强了对朱子及《四书》的推崇,使四书学真正成为国家的统治思想,同时借助科举考试无比巨大的力量,使四书学在全国范围内得到前所未有的传播和普及。

# 第四章　元代四书学北方诸学派

在对元代四书学的地域分布和学术师承有了一个总体把握的基础上，接下来两章拟分北方学派和南方学派，对元代四书学的主要学派谱系进行梳列，对每一学派的代表学人及代表著述进行解读，并简要总结各派的学术特征。

清人李清馥在《闽中理学渊源考》卷三十六"温陵傅季谟先生定保学派"下有一段案语：

> 宋元间，学术派别棼如，惟文公之学递传不失。元代赵公仁甫，并姚、许、窦、刘诸公倡明于燕北，何、王、金、许衍派于金华，二胡（一桂、炳文）、定宇（陈栎）纂述于新安，熊（禾）、陈（普）、林（以辨）、丘（葵）传薪于闽海。外此，若郭公隆、欧阳公侊、傅公定保、卢公琦、黄公清老、丘公富国、郑公献翁、郑公枃、黄公镇成、练公耒、李公学逊、吴公海，亦皆晦迹瓯闽，或优游教席，或避世杜门，确守师说，是奋是程，若湖湘之际。真氏常言，渊源最正，考仁甫赵公以遗俘北行，余亦寥寥式微矣。四明之学，南渡后宗陆说者多，其崇朱子之学者独黄氏震、史氏蒙卿。迨元，程氏端学、端礼亦笃信朱说，江右之学如熊氏朋来、熊氏良辅、董氏真卿，亦朱门派的。至草庐先生，早岁谨守朱学，晚年兼通陆说，叙袭朱子舍短集长之论，尚非如

近世党同伐异之为也。然考公继鲁斋之后为国子师，朝议以为非朱学正的，有沮之者，可见当时持论尤严，闲道尤谨也。噫！圣学湮晦，毫厘易差，诸君子天禀皆出乎等夷，而立论稍涉游移者，世犹或讥之，则夫迥然立异鸣高，与前贤显竖帜敌，又诸君子所为戒矣。今考元一代诸儒学术，大抵宗程朱，取舍之意，虽文学、政事各有旨归，而要皆原本于道德，不谬师承者矣。

清馥此处尽管是基于福建地区立论，却也勾画出了由宋及元理学在全国范围内的学派分布情形。由前章可知，"燕北"、"金华"、"新安"、"闽海"四个理学学术中心，与元代四书学的分布格局大致吻合，"惟文公之学递传不失"的整体方向与元代四书学的发展趋势也无多大偏离。但就元代四书学而言，无论在学派谱系的构建上，还是在学术思想的呈现上，都有其独具的特征。

## 第一节　元代北方四书学的传承谱系

元代初年，由于政治中心的北移，北方地区的四书学较诸南方更为活跃。姚枢、窦默、许衡、刘因等学者积极在北地传播四书学，并留下了一定数量的四书学著述。根据北方学者的学术师承，我们可以梳列出这样一个四书学的传承谱系：

```
                ┌─所传─ 姚枢
                │
                ├─所传─ 窦默
                │
赵复 ───────────┤
                ├─所传─ 许衡
                │
                │            ┌门人─ 乌冲 ─门人─ 安熙
                └─所传─ 刘因 ┤
                             └门人─ 林起宗
```

这中间，有四点值得我们关注：

其一，在北方地区为数并不甚多的四书学者中，有很大比例的学者无法确考其学术师承，师承特色不明显，所能考察的仅"江汉所传"一系，这与南方四书学诸中心那种常见的代代相传、绵延不绝的情形大不相同。

其二，所谓北方四书学中心的"北方"是一个宽泛概念，地域范围十分广大，包含现在的北京、河北、河南、陕西、山西诸省市，四书学者的分布十分零散，没有形成南方四书学中心那种学者活动区域相对集中的学术中心——比如浙江的金华和安徽的休宁。上述两种情形的形成，大概与北方四书学的基础薄弱有关。加之当时四书学的传播是一种"四方会同，程朱遗言流布远迩"①的状况，乃是由南方在北地一下子"全面撒网"，故而难以骤然形成更多承传的学派和区域上的中心。

其三，北方四书学者中，能够形成"学派"的唯赵复一脉，而赵复得"程朱续传"，属南方理学正统一系。但也有一些学者师承传统的北方之学，呈现出浓郁的地方特色，这与南方也有绝大不同。比如由赵州宁晋（今河北大名）迁至河南洛阳的四书学者陈天祥即受到了金儒王若虚的极大影响，又如河北真定四书学者赡思之师王思廉即为金儒元好问门人②，而元好问之师是元儒郝经之祖父郝天挺③，这种"师承多元"的特点也直接影响到了北方四书学在学术上的面貌。

其四，上面所列北方四书学的学派谱系表，其实并不能作为认识北方四书学发展真实面目的唯一依据。理由是学派谱系的梳列，主要的依据乃是明确可考的四书学者的情况，但还有一些学者因姓名、生平或著述无可考证而无法反映到学派谱系中，然而有证据表明，他们

---

① 〔元〕苏天爵：《滋溪文稿》卷十四《内丘林先生墓碣铭》。
② 〔清〕王梓材、冯云濠辑：《稿本宋元学案补遗》卷三十七《萧同诸儒学案补遗》，北京图书馆出版社2002年版，第810页。
③ 参见《金史·元好问传》。

的确受到了四书学的重要影响,是北方四书学发展不可或缺的组成部分。比如鲁斋学派的代表人物许衡,在自身服膺四书学的同时,也极力扭转其众弟子的治学方向,欧阳玄《许先生(衡)神道碑》即云:

> 凡伊洛性理之书及程子《易传》、朱子《论孟集注》、《中庸大学章句》、《或问》、《小学》等书,言与心会。召向所从游,教以进德之基,慨然思复三代庠序之法。①

"向所从游"者虽不能确考其名姓,却从一个方面反映了许衡四书学对他们的影响。

接下来,我们拟从许衡与鲁斋学派、刘因与静修学派、陈天祥与《四书辨疑》三个方面,对北方四书学的发展及特征作出描述和评价。

## 第二节 许衡与鲁斋学派的四书学

《宋元学案》卷九十专立《鲁斋学案》,其中列入"鲁斋家学"的有其长子许师可、四子许师敬二人,列入"鲁斋门人"的有姚燧、耶律有尚等二十二人。这二十四人都在许衡的弟子之列,但他们却未曾留下一部四书学著述,故而在"北方四书学学派谱系表"中许衡之下,无一人续其传,这与许衡作为北方"理学宗师"的崇高地位看似极不相称。不过,我们不能由此认为四书学视野下的鲁斋学派仅许衡一个"光杆司令",它对四书学的影响仍然是以一个学派的面目出现的。

这里需要着重申明三点:首先,如前所述,许衡在完成了自身四书学转向的同时,曾积极地将这一学术倾向施与其众弟子,这带来的是一种学术风气的转变。其次,北方一些学者,虽未必曾亲登许衡之

---

① 〔元〕欧阳玄:《圭斋文集》卷九《许先生神道碑》。

门受教,却在当时的学术风气下接受了许衡所宣扬的四书学,并有四书学著述问世,这不妨可以称作"私淑"许衡之学者,鲁斋学派四书学方面的传承并非后继无人。比如《四书家训》的撰者石鹏,据与石鹏有交谊的汲县人王恽称:

> 至元丙子(1276),用辞科魁多士,资纯笃,恬于世味,惟闭户读书,务为无所不窥,《四书》、《小学》尤所致力。集其所得,遂至成书,沉潜玩味者有年。①

值得注意的是,《四书》与《小学》恰是许衡最为推崇的,而且《小学》与《四书》同受重视可以视为许衡四书学的一个重要特点(详见下文);而石鹏与王恽生活的年代,又正是许衡任国子祭酒、规定国子监教材发生影响的时候,石氏受许衡四书学的影响明白无疑。再次,这当中最值得表彰的是耶律有尚,不仅因为他是许衡的"高第弟子"②,还因为他接续许衡出任国子祭酒,主管国子监,并使许衡重《小学》、《四书》的学规在国子监中得以严格遵循和执行。因此,耶律有尚虽无专门的四书学著述问世,对许衡一派四书学的维护与传播,功劳却是巨大的,《元史·耶律有尚传》即云:

> 有尚前后五居国学,其立教以义理为本,而省察必真切;以恭敬为先,而践履必端悫。凡文词之小技,缀缉雕刻足以破裂圣人之大道者,皆屏黜之。是以诸生知趋正学,崇正道,以经术为尊,以躬行为务,悉为成德达材之士。大抵其教法一遵衡之旧,而勤谨有加焉。身为学者师表者数十年,海内宗之,犹如昔之宗衡也。

---

① 〔元〕王恽:《秋涧集》卷四十三《义斋先生四书家训题辞》。
② 《元史·耶律有尚传》。

许衡是一个毕生致力于四书学研究和传播的儒臣,留下了多部四书学著作,今可考者有《大学要略直说》一卷(存)、《大学直解》一卷(存)、《鲁斋大学诗解》一卷(未见)、《论明明德》一篇(存)、《论语予所否者》一篇(存)、《孟子标题》(佚)、《中庸说》(佚)、《中庸直解》一卷(存)八种。受其学术渊源和政治履历的影响,许衡的四书学具备了这样几个鲜明特征:

### 一、"《小学》、《四书》,吾敬信如神明"

"《小学》、《四书》,吾敬信如神明"[①],这是许衡在至元三年(1266)十二月二十九日给其子许师可信中的话。这句话后他接着说"他书虽不治,无憾也",表明了许衡对待《小学》和《四书》的基本态度。许衡推崇《四书》已是极明白的事实,这里我们更为关注的是看他对貌似与四书学不太相干的《小学》一书是如何理解的,为何将其推到与《四书》并列且"敬信如神明"这样一个崇高的地位,再进一步看他认为《小学》与《四书》间有着怎样的学术关联。

首先,《小学》是一部怎样的著作?许衡《小学大义》称:

> 自秦始皇焚书已后,圣人经籍不全,无由可考古人为学之次第。班孟坚《汉史》虽说小学、大学规模大略,然亦不见其间节目之详。千有余年,学者各以己意为学,其高者入于空虚,下者流于功利,虽苦心极力,博识多闻,要之不悖于古人者鲜矣。至唐韩文公始引《大学》节目以为为治之序,及前宋伊洛诸先生又表章《大学》一篇,发明古者大学教人之法。近世新安朱文公以孔门圣贤设教为学之遗意,参以《曲礼》、《少仪》、《弟子职》诸篇,缉为《小学》之书四卷,其纲目则有三:曰立教,明伦,敬身。[②]

---

① 〔元〕许衡:《鲁斋遗书》卷九《与子师可》。
② 〔元〕许衡:《鲁斋遗书》卷三《小学大义》。

可见，许衡所推崇的《小学》乃是由朱子编纂而成的一部用于童蒙教学的儒学典籍。① 从教育史的角度考察，元明以来无论官学还是私学，《小学》都是一部重要的教科书②，而且其影响甚至及于近现代的中国社会③。

其次，许衡是如何看待《小学》的？他给了《小学》一个怎样的地位？《鲁斋遗书·考岁略》云：

> 壬寅，雪斋隐苏门，传伊洛之学于南士赵仁甫，先生即诣苏门访求之，得伊川《易传》、晦庵《论孟集注》、《中庸大学章句》、《或问》、《小学》等书。读之，深有默契于中，遂一一手写以还。聚学者，谓之曰："昔者授受，殊孟浪也，今始闻进学之序。若必欲相从，当悉弃前日所学章句之习，从事于《小学》洒扫应对，以为进德之基。不然，当求他师。"众皆曰："唯。"遂悉取向来简帙焚之，使无大小，皆自《小学》入。先生亦旦夕讲诵不辍，笃志力行，以身先之，虽隆冬盛暑不废也。④

这段记述给我们留下了两点深刻印象：其一，许衡是从甫一接触到朱子著作就将《小学》单独拎出，大加推崇的。我们甚至可以推测，在许衡心目中，此时《小学》的学习要比《四书》更为优先和迫切。其二，从进学之序讲，许衡认为首先应当从事《小学》，而《小学》的重要性则在于它是"进德之基"。

再次，既然《小学》是"进德之基"，那就自然引出了下面一个问题：基于《小学》再向何处"进德"？"自《小学》入"而后达于何

---

① 有学者认为《小学》乃教师或士人所用之书，而非小童所用之书。参见［美］陈荣捷：《朱子新探索》，台北学生书局1988年版，第415页。
② 参见毛礼锐等编：《中国古代教育史》，人民教育出版社1979年版，第八章第一节。
③ 比如胡适幼时在家塾所读之书中即有《小学》，参见曹伯言、季维龙编著：《胡适年谱》，安徽教育出版社1987年版，第12页。
④ 〔元〕许衡：《鲁斋遗书》卷十三《考岁略》。

处？这就牵涉到了许衡如何认识《小学》与《四书》间的学术关联问题。当然，我们第一步要解决的还是《小学》与《四书》间到底有无学术关联，以及有着怎样的学术关联。回答这个问题并不难，朱子在《大学章句序》中说得明白：

> 人生八岁，则自王公以下至于庶人之子弟，皆入小学，而教之以洒扫、应对、进退之节，礼、乐、射、御、书、数之文。及其十有五年，则自天子之元子、众子，以至公、卿、大夫、元士之适子，与凡民之俊秀，皆入大学，而教之以穷理、正心、修己、治人之道。此又学校之教、大小之节所以分也。

关于这点，许衡在《小学大义》中完全复述了朱子的说法。许衡称：

> 古者民生八岁，上自王公，下至庶人之子弟，皆令入小学，教之以洒扫、应对、进退之节，礼、乐、射、御、书、数之文。及其十有五岁，自天子之元子、众子，公、卿、大夫、元士之适子，与凡民之俊秀者，皆入大学，教之以穷理、正心、修己、治人之道。此小学、大学所以分也。①

也就是说，同朱子一样，在许衡看来，所谓"进德之基"，所谓"自《小学》入"，皆就比"小学"高一级的"大学"而言。问题的关键在于，在朱子的学术体系中，"小学"与"大学"是不可"截然为二"的学术阶段，二者实质"只是一个事"。② 而"古之大学所以教人

---

① 〔元〕许衡：《鲁斋遗书》卷三《小学大义》。
② 南宋黎靖德编《朱子语类》卷七《小学》："（陈淳）问：'大学与小学不是截然为二，小学是学其事，大学是穷其理，以尽其事否？'曰：'只是一个事。小学是学事亲，学事长，且直理会那事。大学是就上面委曲详究那理，其所以事亲是如何，所以事长是如何。古人于小学存养已熟，根基已深厚，到大学，只就上面点化出些精彩。"（《朱子全书》册十四，第270页）

之法"①的《大学》之书,被朱子安排在了《四书》之首,并认为它的作用是"定其规模"②,应当作为"初学入德之门"③。这样一来,"小学"之学也就自然成了朱子四书学体系不可或缺的组成部分。

需要注意的是,如果仅仅从学习进程、读书方法的角度来理解朱子关于小学、大学的论述,问题就过于简单化了,因为朱子纂辑《小学》一书的背后,是浸透了深沉的人本主义思考在其中的:一方面,朱子撰著《小学》,一个重要用意乃在于弥补其现有四书学体系的不足,束景南先生称:

> 朱熹到己酉年(1189)也完成了《四书集注》的四书学体系。在丁酉年(1177)生平学问著述的第一次总结后,他在不断修改《四书集注》中,感到了他的四书体系有一个内在弱点:有"大学"而无"小学"。没有"小学",不仅使他的四书学在体系上还不完整,而且也同他的"涵养须用敬,进学则在致知"的思想学问大旨抵触。因为他的敬知双修、诚明两进,是以敬的涵养为主(主敬),但是《大学》中的次序却先讲格物致知,由格物、致知而进于正心、诚意、修身、齐家直至治国、平天下,是先致知进学再用敬涵养。他用"小学"来弥补了他四书学的这一漏洞。在他看来,童蒙的洒扫应对进退等小学工夫,就是从敬的涵养入手;到成人后入大学,便又从穷理致知入手。所以当曹器远认为"敬当不得小学"时,他回答说:"敬已是包得小学。"小学与大学的关系,是教"事"与教"理"的统一,"小学是直理会那事,大学

---

① 〔南宋〕朱熹:《大学章句序》。
② 南宋黎靖德编《朱子语类》卷十四《大学纲领》云:"某要人先读《大学》,以定其规模;次读《论语》,以立其根本;次读《孟子》,以观其发越;次读《中庸》,以求古人之微妙处。《大学》一篇有等级次第,总作一处,易晓,宜先看。《论语》却实,但言语散见,初看亦难。《孟子》有感激兴发人心处。《中庸》亦难读,看三书后,方宜读之。"(《朱子全书》册十四,第419页)
③ 〔南宋〕朱熹:《大学章句》。

是穷究那理","古者初年入小学,只是教之以事,如礼乐射御书数及孝弟忠信之事。自十六七入大学,然后教之以理,如致知格物及所以为忠信孝弟者"。小学的根本目的是要"自养得他心"。这样他把小学与大学统一起来,从而也就把用敬与致知统一起来,他在淳熙十四年序定成《小学》一书,标志着小学也被纳入了《四书集注》的四书学体系中。①

另一方面,

> 这部《小学》又是他同浙学论战的产物,是他为整个社会开的一帖疗救衰世功利横流泛滥的道德良剂。浙东学者的驰骛功利,在他看来就是缺少一段小学的修养工夫,不能以尊德性自律收敛,造成了他们轻向内正心而重向外求功的痼疾,沉溺于利海欲波中不能自拔。②

那么,许衡对这一学术关联是如何认识的?他理解到朱子的用意了吗?让我们从纳《小学》入四书学的两大关节点入手分析:

第一大关节点是"小学"与"大学"的内在关联,这是纳《小学》入四书学的重要前提。朱子在《题小学》中说:

> 古者小学教人以洒扫、应对、进退之节,爱亲、敬长、隆师、亲友之道,皆所以为修身、齐家、治国、平天下之本。而必使其讲而习之于幼稚之时,欲其习与知长,化与心成,而无扞格不胜之患也。③

---

① 束景南:《朱子大传》,第十七章"人本主义的四书学体系",第808—809页。
② 束景南:《朱子大传》,第十七章"人本主义的四书学体系",第809页。
③ 〔南宋〕朱熹:《晦庵先生朱文公文集》卷七十六《题小学》,见《朱子全书》册二十四,第3671页。

修齐治平是大学之教的落脚点,《大学》之学即可以说是修齐治平之学;而小学"为修身、齐家、治国、平天下之本",小学与四书学为一体实不言而喻。许衡也视小学、大学为一体,并将二者同作为"治平之兴"的根本。许衡称:

> 圣人立教,使民生八岁皆入小学。及十有五岁,学有长进,始与王公卿士之子同入大学。小学教人自下事上之道,如子孝于父、臣忠于君等之类;大学教人自上临下之道,如敬天修德、节用爱民之类。上知所以临下则下顺,下知所以事上则上安,上安下顺,此古昔治平之兴,必本于小学、大学之教也。①

第二大关节点是"小学"包含了"用敬涵养"的特质,这是《小学》能够纳入四书学体系的学术本质上的要求。关于这点,许衡在不同场合均有阐述。其所著《小学大义》云:

> 当其幼时,若不先习之于小学,则无以收其放心,养其德性。及其年长,若不进之于大学,则无以察夫义理,措诸事业。先之以小学者,所以立大学之基本;进之于大学者,所以收小学之成功也。②

许衡所论述的小学与大学之间的关系,甚至从某种意义上超越了朱子所谓"小学是直理会那事,大学是穷究那理"③的思想深度,尤其是他认为小学的意义乃在于"收其放心,养其德性",则分明肯定了小学对人性情的"涵养"之功。许衡对小学"用敬"的论述更为直截:

---

① 〔元〕许衡:《鲁斋遗书》卷三《小大学或问》。
② 〔元〕许衡:《鲁斋遗书》卷三《小学大义》。
③ 〔南宋〕黎靖德编:《朱子语类》卷七《学一》,见《朱子全书》册十四,第269页。

> 《礼记》一书近千万言，最初一句曰"毋不敬"。天下古今之善，皆从敬字上起；天下古今之恶，皆从不敬上生。在小学便索要敬，在大学便索要敬，为臣、为子、为君、为父皆索要敬，以至当小事、当大事都索要敬。①

如此说来，许衡是从朱子完整的四书学体系的高度认识到了《小学》与《大学》、《小学》与《四书》的学术关联的，对《小学》的推崇，表明他在很大程度上参悟到了朱子思想深处的人本主义思考。

有学者认为，许衡在学术上"可以说毫无建树"，"许衡曾对儿子说过，'《小学》、《四书》，吾敬信如神明。……他书虽不治，无憾也'，足见其浅薄"。②许衡在学术上到底有无建树我们暂且不论，但他的敬信《小学》、《四书》而不治他书，却不能证明他的浅薄。恰恰相反，从对朱子四书学体系的认识而论，许衡的敬信《小学》、《四书》非但不浅薄，反而是深刻的。正是从这一点上，明人薛瑄才给予了许衡以"继朱子之统"的极高评价：

> 朱子集《小学》之书，以为《大学》之基本，注释《四书》以发圣贤之渊微，是则继二圣之统者，朱子也。至许鲁斋专以《小学》、《四书》为修己教人之法，不尚文辞，务敦实行，是则继朱子之统者，鲁斋也。③

至于"他书虽不治，无憾也"一语，则应当客观地来理解：一方面，这是一句设辞，目的是表明他对《小学》、《四书》的极其敬奉，却并不等于真的全然不习他书，许衡自己不就又著有《读易私言》

---

① 〔元〕许衡：《鲁斋遗书》卷三《论明明德》。
② 白钢：《许衡与传统文化在元代的命运》，载蔡美彪主编：《元史论丛》第五辑，第217页。
③ 〔元〕许衡：《鲁斋遗书》卷十四《先儒议论》。

吗？另一方面，许衡对《小学》、《四书》如此敬信与他所处时代有关。须知他所处的是"异族"统治下的与理学传统产生了巨大隔阂的北方"异域"，他所面对的人物，从帝王到臣僚到门生弟子，皆"质朴未散，视听专一"①，理学基础相当薄弱。因此，他需要从最讲为学次第的《小学》、《四书》讲起②。同时，尽管元世祖忽必烈曾对儒士儒学有所倚重，但始终没有放弃对许衡等汉族儒士的成见与疑忌（参见第一章第二节）。为维护"道统"不坠，以追求"文化的优越性"（参见第二章第二节），许衡也需要从最讲"道统"的《小学》、《四书》讲起。从很大程度上说，许衡推重《小学》、《四书》，一个非常重要的原因是在北方当时的政治学术背景下，"普及"的任务大于"提高"，当时最需要的不是"锦上添花"，而是"雪中送炭"。

## 二、"一以朱子之言为师"③

"一以朱子之言为师"，这是许衡的弟子姚燧对其师之学的评价之语，应当说是十分恰当的。《鲁斋遗书》卷十三《考岁略》亦云："先生平生嗜朱子学，不啻饥渴，凡指示学者，一以朱子为主。或质以他说，则曰贤且专主一家，则心不乱。"许衡今存的四书学著作主要涉及《大学》、《中庸》两种，从他对二书本身的认识及对其中重要命题的阐释看，的确大致不出朱子之说的园囿。

关于《大学》一书的作者、成书及性质，许衡在《大学要略》开篇称：

---

① 元人许衡《鲁斋遗书》卷十三《国学事迹》："先生尝谓蒙古生质朴未散，视听专一，苟置之好伍曹中，涵养之数年，将来必能为国家用。"
② 元人许衡《鲁斋遗书》卷一《语录上》："学则三代共之，皆所以明人伦也。司徒之职，教以人伦而已。凡不本于人伦，皆非所以为教。树之君以立政，谨此教也；作之师以立教；教以此也。先王皆本于人心之所固有，不强以其所无有，故人易从而风俗美，非后世所谓学所谓教也。文公《小学》、《四书》，次第本末甚备，有王者起，必须取法。"
③ 〔元〕许衡：《鲁斋遗书》卷十四《先儒议论》。

《大学》之书,是孔夫子的言语。当时孔子为鲁君不用,就鲁国便去,周流齐、燕、赵、宋、陈、楚、卫七国。那七国之君也不用孔子,却来鲁国教三千徒弟。于内有个徒弟唤做曾子,那个记述孔子的言语,做成《大学》的,确是根脚起处。如伏羲、神农、黄帝,从有天地以来,为头儿立这个教人的法度,选着好人做司徒,复示以教人的缘由。伏羲在位一百六十四年,神农在位一百四十五年,黄帝在位一百年,尧在位一百单一年,舜在位五十年。后头到夏、商、周三代,这教人的法度渐渐的完备了,朝廷的官里,大城子里,小城子里以至村里,都立着这学房。上至朝廷的孩儿,下至公卿大夫每的孩儿,百姓每的孩儿,聪明的八岁入小学,十五入大学。①

其实,略加比勘就可以清晰地发现,许衡的这段讲述分明是朱子《大学章句序》、《大学章句》正文前"小引"及第一章后"案语"的"元代白话版"②,观点、意味丝毫不差!至于《中庸》一书的作者归属及著作缘起,也只是以"疏"体的形式对朱子《中庸章句》中的说法进行复述。许衡云:

> 此篇乃孔门传授心法,子思恐其久而差也,故笔之于书,

---

① 〔元〕许衡:《鲁斋遗书》卷三《大学要略》。
② 南宋朱熹《大学章句序》云:"《大学》之书,古之大学所以教人之法也。盖自天降生民,则既莫不与之以仁义礼智之性矣。然其气质之禀或不能齐,是以不能皆有以知其性之所有而全之也。一有聪明睿智能尽其性者出于其间,则天必命之以为亿兆之君师,使之治而教之,以复其性。此伏羲、神农、黄帝、尧、舜所以继天立极,而司徒之职、典乐之官所由设也。三代之隆,其法浸备,然后王宫、国都以及闾巷,莫不有学。人生八岁,则自王公以下,至于庶人之子弟,皆入小学,而教之以洒扫、应对、进退之节,礼、乐、射、御、书、数之文;及其十有五年,则自天子之元子、众子,以至公、卿、大夫、元士之适子,与凡民之俊秀,皆入大学,而教之以穷理、正心、修己、治人之道。此又学校之教、大小之节所以分也。"《大学章句》"小引"云:"子程子曰:'《大学》,孔氏之遗书,而初学入德之门也。'"第一章"案语"云:"右经一章,盖孔子之言,而曾子述之。"

以授孟子(案:这是朱子《中庸章句》正文前"小引"的原文)。……"此篇"是指《中庸》这一本书。子思是孔子之孙,名伋。孟子是子思弟子,名轲。"恐"是惧怕的意思。程子说《中庸》这一本书乃是孔门师弟子相传授心上的妙法,孔子传之曾子,曾子传之子思。当时只是口口相传,及到子思之时,恐怕去圣愈远,后面未免有差失处,乃把平日口授的言语写在书上,传与他弟子孟轲。①

《大学》首章的"三纲领"、《中庸》首章的"中和"说,可以说代表了两部典籍最核心的理论内容,理由在于:"三纲领"正是"大学之道"之所在;而"中和"与"中庸"在某种意义上实为同义语,是天下的"大本"、"达道"之所在。下面我们通过列表对照的方式,考察一下在这两点核心理论上许衡与朱子之说是否有所不同:

表4.1 《大学》"三纲领"朱子、许衡说解对照表

| 《大学》原文 | 朱子说解(《大学章句》) | 许衡说解(《大学直解》) |
| --- | --- | --- |
| 大学之道,在明明德 | 大学者,大人之学也。明,明之也。明德者,人之所得乎天,而虚灵不昧,以具众理而应万事者也。但为气禀所拘,人欲所蔽,则有时而昏;然其本体之明,则有未尝息者。故学者当因其所发而遂明之,以复其初也。 | 大学之道,是大学教人为学的方法。明是用工夫明之,明德是人心本来元有的光明之德。夫子说古时大学教人的方法,当先用功夫明那自己光明之德,不可使昏昧了。 |
| 在亲民 | 程子曰:"亲,当作新。"新者,革其旧之谓也,言既自明其明德,又当推以及人,使之亦有以去其旧染之污也。 | 亲字本是新字。民是指天下百姓。说大人为学既明了自己明德,又当推此心,使那百姓每各去其旧染之污,以明其明德也,都一般不昏昧。 |

---

① 〔元〕许衡:《鲁斋遗书》卷五《中庸直解》。

续表

| 《大学》原文 | 朱子说解（《大学章句》） | 许衡说解（《大学直解》） |
| --- | --- | --- |
| 在止于至善 | 止者，必至于是而不迁之意。至善，则事理当然之极也。言明明德、新民，皆当至于至善之地而不迁。盖必其有以尽夫天理之极，而无一毫人欲之私也。此三者，大学之纲领也。 | 止是必到这里不改移的意思。至善是说极好的去处。大人之学，明自己的明德，新百姓每的明德，都要到那极好的去处，不可些改移，方是成功。这三句是《大学》一部书的纲领，所以叫做三纲领。 |

**表 4.2 《中庸》"中和"说朱子、许衡说解对照表**

| 《中庸》原文 | 朱子说解（《中庸章句》） | 许衡说解（《中庸直解》） |
| --- | --- | --- |
| 喜怒哀乐之未发，谓之中；发而皆中节，谓之和 | 喜怒哀乐，情也。其未发，则性也，无所偏倚，故谓之中。发皆中节，情之正也，无所乖戾，故谓之和。 | 喜是喜悦，怒是忿怒，哀是悲哀，乐是快乐。子思说喜怒哀乐这四件，是人之情。未与物接时都未发出来，乃是人之性。这性浑然在中，无所偏倚，故谓之中。及其既与物接，这喜怒哀乐发将出来，件件都中节，无所乖戾，故谓之和。 |
| 中也者，天下之大本也；和也者，天下之达道也 | 大本者，天命之性，天下之理皆由此出，道之体也。达道者，循性之谓，天下古今之所共由，道之用也。此言性情之德，以明道不可离之意。 | 子思又说，这未发之中便是天命之性，天下事万物之理皆从此出。道之体也，所以为天下之大本；这发皆中节之和便是率性之道，天下古今所共由之路，道之用也，所以为天下之达道。 |
| 致中和，天地位焉，万物育焉 | 致，推而极之也。位者，安其所也。育者，遂其生也。自戒惧而约之，以至于至静之中，无少偏倚，而其守不失，则极其中而天地位矣。自谨独而精之，以至于应物之处无少差谬，而无适不然，则极其和而万物育矣。盖天地万物本吾一体，吾之心正，则天地之心亦正矣；吾之气顺，则天地之气亦顺矣。故其效验至于如此。此学问之极功、圣人之能事，初非有待于外，而修道之教亦在其中矣。是其一体一用虽有动静之殊，然必其体立而后用有以行，则其实亦非有两事也。故于此合而言之，以结上文之意。 | 致是推极的意思，位是安其所，育是遂其生。子思又说人能自戒惧而约之，以至于至静之中无所偏倚，则吾之心正，天地之心亦正，故三光全、寒暑平、山岳奠、河海清，而天地各安其所矣。自谨独而精之，以至于应物之处无少差谬，则吾之气顺，天地之气亦顺，故草木蕃盛，鸟兽鱼鳖咸若，而万物各遂其生矣。 |

稍加比对，不难看出，在《大学》、《中庸》的核心理论上，无论字词训释还是义理阐发，许衡所述基本上是对朱子原话的翻版，甚至径用朱子之语，确如姚燧所言"一以朱子之言为师"。同时，这也从另一个侧面印证了他对朱子《四书》"敬信如神明"的基本态度。

行文至此，或许会引发我们这样的疑问：难道许衡真的在学术上"毫无建树"、一无是处吗？难道他真的只是充当了一个朱子四书学的"传声筒"吗？回答是否定的。

首先，应当纠正一个认识上的误区，理论上的创新固然是学术有所建树的重要标志，但特定条件下的普及与传播之功同样对学术发展有重要贡献。我们认为，在当时的历史文化背景下，能够把朱子《四书》之学基本上不失原貌地在蒙古统治区域中传播开来并被最终确立为国家制度，许衡的学术业绩就超越了元代任何一位学者——须知，能够得朱学之旨、保持朱学原貌不失，"扮演了程朱理学在元代的传人的角色"①，在当时已经是极其难能可贵的事了，这也正是许衡被推为一代儒宗、备受尊崇的最主要的原因。时人虞集即曾评价许衡云：

> 国学之置，肇自许文正公。以笃实之资，得朱子数书于南北未通之日，读而领会，起敬起畏。及被遇世祖，纯乎儒者之道，诸公所不及也。世祖圣明天纵，深知儒术之大，思有以变化其人而用之，以为学成于下而后进于上。……是时风气浑厚，人材朴茂，文正故表章朱子《小学》一书以先之，勤之以洒扫应对以折其外，严之以出入游息而养其中，掇忠孝之大纲以立其本，发礼法之微权以通其用，于是数十年彬彬然，世称名卿士大夫者皆其门人矣。呜呼！使国人知有圣贤之学，而朱子之书得行于斯世者，

---

① 白钢：《许衡与传统文化在元代的命运》，载蔡美彪主编：《元史论丛》第五辑，第210页。

文正之功甚大矣！①

其次，许衡尽管早年对朱子之说奉若神明，但到后来也并非一味迷信墨守，《考岁略》载："及江左混一，始得阅其文，亦病其太多。"②这里的"江左混一"，当指元世祖至元十六年（1279）消灭南宋、统一南北之时，此时许衡已届暮年③；"得阅其文"，大概就朱子《文集》之类而言。因文献不足之故，我们无法确考许衡在四书学方面对朱子之说有哪些纠弹或发展，但这段文字至少表明了许衡在态度上发生的可贵变化，我们也应当由此改变许衡对朱子之学"亦步亦趋"的迂阔形象。

再次，倘若进一步考察，则可以发现许衡在四书学的某些命题上实际对朱子之说有所推进，并在宋代理学与明代心学之间搭建起了一座桥梁，兹以许衡对《大学》"格物致知"论的说解为例简述之：

"格物致知"本是《礼记·大学》中作为诚意、正心、修身等道德修养方法的命题，从程颐开始，便将之作为认识论的重要命题来对待。朱子的"格物致知"思想在程颐基础上发展而来，理论精髓集中体现在为《大学》补撰的"格物致知"一章中：

> 所谓致知在格物者，言欲致吾之知，在即物而穷其理也。盖人心之灵莫不有知，而天下之物莫不有理，惟于理有未穷，故其知有不尽也。是以《大学》始教，必使学者即凡天下之物，莫不因其已知之理而益穷之，以求至乎其极。至于用力之久，而一旦豁然贯通焉，则众物之表里精粗无不到，而吾心之全体大用无不明矣。此谓物格，此谓知之至也。④

---

① 〔元〕许衡：《鲁斋遗书》卷十四《先儒议论·虞氏邵庵语》。
② 〔元〕许衡：《鲁斋遗书》卷十三《考岁略》。
③ 许衡于至元十八年（1281）去世，享年七十二岁。
④ 〔南宋〕朱熹：《四书章句集注·大学章句》，中华书局1983年版，第6—7页。

在朱子看来，穷理是格物的目的，而"即物穷理"又是为了"致吾之知"，则穷理与致知是人类认识过程的两个阶段。到达了"知之至"的极点，便是认识到了"天地万物之理"，这样，朱子就把认识论和天理论结合在一起了，体现了他的理学追求。在这当中，尽管朱子也强调"心"的重要，不过我们仍然可以发现他"格物为先"的思想倾向。关于这点，在答曹元可等人的信中说得更为明白：

> 为学之实固在践履，苟徒知而不行，诚与不学无异。然欲行而未明于理，则所践履者又未知其果何事也。故《大学》之道虽以诚意正心为本，而必以格物致知为先。①

这与南宋陆九渊一派和明代以王阳明为代表的心学一派有着很大不同，梁涛先生即认为：

> 宋明理学中两派虽然都认为《大学》属于思孟的内在派，但对《大学》的理解上却存在很大差别，朱熹补《大学》"格物致知"章，实际是突出、强调了《大学》向外求索的一面，而王阳明恢复《大学》古本，释"格物"之"物"为"事"，又以为"心之所发便是意"，"意之所在便是物"，则是要把《大学》重新拉向内在的一面。②

---

① 〔南宋〕朱熹：《晦庵先生朱文公文集》卷五十九《答曹元可》。又同书卷六十《答汪易直》曰："示喻自讼之篇，足见立志为己之切，尤以为慰，此正《大学》所谓诚其意者。然意不能以自诚，故推其次第，则欲诚其意者，又必以格物致知为先。"（《朱子全书》册二十三，第2811页）

② 姜广辉主编：《中国经学思想史》第一卷，中国社会科学出版社2003年版，第二十章，第635页。当然，也有学者持不同说法，比如钱穆先生《朱子学提纲》并不认为朱子的"格物致知"说是"向外求索"，他认为："或讥朱子此处分心与理为二，不知一体两分，两体合一，此正朱子思想大体系所在，亦是其最著精神处，不得徒以分两说之为嫌。"（钱穆：《朱子学提纲》，生活·读书·新知三联书店2002年版，第127页）又称："朱子格物大义，……一、朱子所论格物工夫，仍属一种心工夫，乃从人心已知之理推扩到未知境域中去。……五、专务于内，从心求理，

对朱子的"格物致知"补传，许衡完全赞同，但在对其作进一步阐释时，却表现出一定的"直求本心"的学术偏向。比如《大学直解》解"盖人心之灵莫不有知，而天下之物莫不有理"曰：

> 心是人之神明，人之一心虽不过方寸，然其本体至虚至灵，莫不有个自然知识。物即是事物，天下事物虽是万有不齐，然就一件件上观看，莫不有个当然的道理。①

解"是以大学始教，必使学者即凡天下之物，莫不因其已知之理而益穷之，以求至乎其极"曰：

> 人于事物之理有未穷，则己之知识必有不能尽，所以大学中始初教人，必使为学的于凡天下的事物，无大无小，件件上莫不因他本心已知识的道理益加工夫穷究，必要求到那至极的去处。②

《大学要略》亦称：

> 修身在正心，心是一身的主宰。心若主得正呵，身里行得不错了。……自古好人都会自己身上寻思，自己心正便能修身、齐

---

（接上页）则物不尽。专务于外，从物穷理，则心不尽。物不尽，心不尽，皆是理不尽。必心物内外交融，达至于心即理之境界，始是豁然贯通之境界。至是而众物之表里精粗无不到，吾心之全体大用无不明。至是而始是理尽。盖从外面言，万理皆属一理。从内面吾心所知之理言，亦将知其皆属一理，乃谓之贯通。"（钱穆：《朱子学提纲》，第131页）余英时先生承绪其师观点，更直截地称朱熹的历史世界是一个"内圣外王连续体"（参见〔美〕余英时：《朱熹的历史世界：宋代士大夫政治文化的研究》附论一"抽离"、"回转"与"内圣外王"——答刘述先先生》、附论二《我摧毁了朱熹的价值世界吗？——答杨儒宾先生》）。

① 〔元〕许衡：《鲁斋遗书》卷四《大学直解》。
② 〔元〕许衡：《鲁斋遗书》卷四《大学直解》。

家、治国、平天下都做得。①

又称：

> 孔子道修身在正心，这的是大学里一个好法度。能正心便能修身，能修身便能齐家，能齐家便能治国，能治国便能平天下。那诚意、格物、致知都从这上头做根脚来，大概看来，这个当于正心上一步一步行着去，一心正呵，一身正，一家正，一国正，这的便是平天下的体例。②

可见，"许衡根据朱熹思想作进一步发展，把格物致知和尽心知性联系起来，以尽心知性为格物致知之功，进而用尽心知性代替了格物致知，用内心工夫代替了向外求知，一步步地把朱熹理学推向心学"③。许衡偏求本心的"格物致知"论的思想史意义在于：

> 许衡与元中期"和会朱陆"的吴澄，都以朱学为标帜，被视为朱学的徒裔，但他们由朱学的心外格物，移到陆学的直求本心，从而萌发了一种属于后来王学的东西，这是值得注意的思想演变的迹象。它既说明了朱学传至元代的嬗变，也说明了王学的出现并非偶然。因此，宋明之间理学思想的变化，元代实为其中的过渡环节。有些人以为元代在"腥毡"的元蒙统治下，"九儒十丐"的儒生，其著作和思想似乎不值一顾，实在是一个很大的错觉。④

---

① 〔元〕许衡：《鲁斋遗书》卷三《大学要略》。
② 〔元〕许衡：《鲁斋遗书》卷三《大学要略》。
③ 蒙培元：《理学的演变：从朱熹到王夫之戴震》，第 193 页。
④ 侯外庐等主编：《宋明理学史》第三编，第二十四章，第 696 页。

### 三、"其言切近精实,人所易晓"

许衡的同乡郝绾在明武宗正德十三年(1518)为《大学要略》作序称:"此篇乃先生直言以教人者,其言切近精实,人所易晓。"①这其实可以作为许衡全部四书学著作的一个共同特点来看待。这一特点又可以分为两个互相关联的方面来认识:一曰"直言易晓",一曰"切近精实"。

所谓"直言易晓",是指许衡的四书学著作大都用语明白通俗,易于理解,这当然与他毕生从事教育事业有关。工作的性质和对象的要求,使他不可能以深奥的言辞去做义理的阐发。书名即可反映出这一点。他的两部篇幅最长的四书学著作即为《大学直解》和《中庸直解》,其影响最大的四书学著作《大学要略》书名的另一种说法也是"大学直说"或"大学要略直说"。这些书,都是"鲁斋许先生直说以教人也"②,有的即为许衡给学生上课用的讲稿。在语言明白通俗这一点上,《大学要略》最有代表性。两部《直解》还都是较为规范地按照"注疏"之体一句或几句对照着来讲,《大学要略》则径取其中某些观点,用身边日常事例取譬相征,并且保留了较为浓重的口语化色彩,读来有如话家常的亲切感,比如讲《大学》"三纲领"之"明明德"云:

> 大学之道,在明明德。德是人心,都有这德性,虚灵不昧。因后来风俗变化,多有昏昧了处,孔子所以说这在明明德,正是教后人改了那昏昧,都教德性明著。明德中便知天地造化,阴与阳相为运行,中间便有五行金、木、水、火、土。……这五件虽是天与人的德性,一个个人都有,人人各有禀受不同。禀得清气

---

① 〔明〕郝绾:《大学要略序》,载〔元〕许衡:《鲁斋遗书》卷十四。
② 〔明〕洪宽:《大学要略序》,载〔明〕程敏政编:《明文衡》卷四十四。

多的生得精细，禀得浊气多的生得不精细，便如蜜蜂儿有个头儿，便自理会得那君臣的道理；大虫、豹子不吃他孩儿，便自省得那父子的道理；雁大的小的厮随着成行飞呵，便自省得那兄弟的道理；狗认得主人，便自省得那恩义的道理。虽是人后来多被昏浊的气蔽得那德性不明，天生的好聪明的人出来，教与万民做主，又做师父，教道着人，教都省得他元有的仁、义、礼、智、信不教昧了。其间行得高了，人及不得的，做得大事，可以做圣人；行得较低处，可以做贤人，便如孔子道汤王去沐浴盆上写着"苟日新，日日新，又日新"，如人身上有尘垢，今日洗了，明日又洗，每日洗得身上干净，若一日不洗呵，便尘垢生出来，恰是人心里常常的思量呵。好公事，每日行着不教错了，若一日不思量呵，恐怕便行得错了。这的是那明明德。

所谓"切近精实"，与"直言易晓"在很大程度上可以理解为一个意思，皆指语言通俗；不过它却又包含了另外一层深意，那就是指许衡的四书学还有"躬行"、"致用"的特征。正因为许衡无论在四书学的倡导上还是在四书学著述的撰著上，都"穷理以致其知，反躬以践其实"①，所以才使得他的四书学显得"切近精实"，而不深奥玄虚。这里，我们似乎不能对许衡四书学简单地作"深度有限"的讥评，实际上他对自己的学术面貌是作了有意的选择的。他知晓在当时何者为先务，明人何瑭《表彰文正公碑记》即云：

（衡）立身行己，立朝事君及乎退休教授，皆以朱子为依归。学以躬行为急，而不徒事乎语言文字之间；道以致用为先，而不徒极乎性命之奥。其所得者，盖纯乎正而不可加矣。近世之士有

---

① 姚燧语，见〔元〕许衡：《鲁斋遗书》卷十四《先儒议论·姚氏牧庵语》。

志乎圣贤之道者，往往刻意著述，留心性命。至于修齐治平之方，义利取舍之分，则多忽而不省。夫著述以明道，圣贤不废，然非所急也。性与天道，夫子罕言，而四教之施，必以文行忠信，则其所先者可知矣。①

其实，许衡在1266年所上著名《时务五事》中即已道出了这一问题的根源，其中一事曰"农桑学校"，他建议：

> 自上都、中都，下及司县，皆设学校，使皇子以下至于庶人之子弟，皆从事于学，日明父子、君臣之大伦，自洒扫、应对至于平天下之要道。十年之后，上知所以御下，下知所以事上，上和下睦，又非今日比矣。能是二者，则万目皆举；不能此二者，则他皆不可期也。是道也，尧舜之道，好生而不私，唯能行此，乃可好生而不私也。孟子曰："我非尧舜之道，不敢陈于王前。"臣愚区区，窃亦愿学。②

他的愿望是，用小学、大学之道教授皇子以至庶人子弟，以期社会达于"上和下睦"的和谐状态。可见，他是想从解决社会实际问题的角度将朱子之学付诸致用，他是一个注重践履的人。明白了这一点，我们就可以理解为什么后人对其仅有数页的《大学要略》一书给予了如此高的评价，这不单纯是一种恭维。比如冯庚为此书所作跋语称：

> 庚敛衽而读之，辞简而明直，而文如丝麻穀粟，坦明平易，人人可以与知与行，而至理之妙皆浑然乎其中，实穹壤间之一大

---

① 〔元〕许衡：《鲁斋遗书》卷十四《先儒议论·又表彰文正公碑记》。
② 〔元〕许衡：《鲁斋遗书》卷七《时务五事》。

奇书也。俾予跋之，予惟天下之理无乎不在，无远近大小精粗之间。孔门之高弟有曰，君子之道孰先传焉，孰后倦焉，譬诸草木，区以别矣。故程子释之曰：圣人之道更无精粗，从洒扫应对与精义入神，贯通只一理。今观是书，其言近，其旨远，名虽《要略》，而义则精详也。①

洪宽亦称：

呜呼！圣人之道著于经，犹化工之妙著于物，虽曰简易易知，然非鲁斋直说以教人，则微词奥义，孰有以得其理而复其性者哉？若是篇者，不惟有补于化民成俗之意，而实有功于圣门也大矣。②

这又自然牵涉到了对许衡及鲁斋学派四书学的评价问题。四库馆臣认为，不惟其四书学著作，许衡《鲁斋遗书》中的所有著作"皆课蒙之书，词求通俗，无所发明"③。黄孝光先生亦认为：

许衡弟子虽然很多，甚至"当时名公卿，多出其门"，但却没有人继承他四书学的研究，后世只有詹道传依他的句读著了《四书纂笺》廿六卷，洪宽也说他的书"传之虽久而未盛行"，可见许衡的四书学对后世并没有产生重大的影响。据常理判断，除了因他的著作多属童蒙之书，文意浅易，故不为后人重视的缘故外，也可能是因他所处的时代较早，又不曾和朱子嫡派的学者接触过，以致对《四书》的认识无法更进一步，终于导致后继无人的结果，

---

① 〔清〕朱彝尊：《经义考》卷一五七，中华书局 1998 年版，第 819 页。
② 〔明〕洪宽：《大学要略序》，载〔明〕程敏政：《明文衡》卷四十四。
③ 〔清〕永瑢等：《四库全书总目》卷一六六《鲁斋遗书》，第 1430 页。

但不可否认他的四书学乃是有功于童蒙的！①

应当说，从学术的角度考察，"词求通俗，无所发明"的断语大概是不错的，但一方面，并非无人继承他的四书学研究，只不过其学之授受路线并不如南方学派那样明朗和繁盛；另一方面，许衡之四书学也并非未对后世产生重大影响，只能说他的影响主要在政治层面而不主要在学术层面。

然而，有一个事实确实不容回避，那就是作为一个学术派别，许衡之鲁斋学派从总体趋势上的确是"数传而易衰"的，且不惟在四书学方面。清人全祖望分析其原因时称：

> 道园（虞集）又曰："文正遗书，其于圣贤之道，所志甚重远，其门人之得于文正者，犹未足以尽文正之心也。后之随声附影者，谓修词申义为玩物，谓辨疑答问为躐等，谓无（所）猷为为涵养德性，谓深中厚貌为变化气质，外以聋瞽天下之耳目，内以蛊晦学者之心思，而谓文正之学，果出于此乎？"是则又指当时学派之流弊。要之，文正兴绝学于北方，其功不可泯，而生平所造诣，则仅在善人有恒之间，读其集可见也，故数传而易衰。②

## 第三节　刘因与静修学派的四书学

刘因（1249—1293）小许衡（1209—1281）整整四十岁，由于此时社会形势发生了很大变化，加之其个人学术渊源及见解的不同，使其四书学呈现出与许衡相异的面貌。

---

① 黄孝光：《元儒四书学的师承与特色》，载黄孝光：《元代的四书学》，第25页。
② 〔清〕黄宗羲原著，〔清〕全祖望补修：《宋元学案》卷九十《鲁斋学案》，第3002—3003页。

## 一、"取文公书，会粹而甄别之"

袁桷在为刘因私淑弟子安熙所撰《墓表》中称：

> 皇元平江南，其书捆载以来，保定刘先生因笃志独行，取文公书，会粹而甄别之。其文精而深，其识专以正。盖隆平之兴，使夫道德同而风俗一，承熄续绝，不在于目接耳受而有嗣也。①

其中有两点值得注意：第一，"皇元平江南"，当指至元十三年（1276）元军攻取临安后又入福建、广西事；"其书捆载以来"，是指朱子著作大规模传入北方的情形，这与许衡当年的情形有所不同。许衡当时所见理学诸书为"伊川《易传》、晦庵《论孟集注》、《中庸大学章句》、《或问》、《小学》等书"，而到"江左混一"时才见到朱子的《文集》之类。② 第二，刘因此时所做工作是"取文公书，会粹而甄别之"，这既表明了他对朱子之学的重视，又体现出在对待朱子上与许衡不同的态度。如果把这一问题与刘因最初的四书学转向联系起来探讨，将会得到一个更全面的认识。《元史·刘因传》载：

> 国子司业砚弥坚教授真定，因从之游，同舍生皆莫能及。初为经学，究训诂疏释之说，辄叹曰："圣人精义，殆不止此！"及得周、程、张、邵、朱、吕之书，一见能发其微，曰："我固谓当有是也。"及评其学之所长，而曰："邵至大也，周至精也，程至正也，朱子极其大、尽其精而贯之以正也。"

---

① 〔元〕袁桷：《清容居士集》卷三十《真定安敬仲墓表》。
② 〔元〕许衡：《鲁斋遗书》卷十三《考岁略》。

这是刘因学问发生四书学转向的一则证据（参见第一章第一节），其中有两个问题尚需作进一步考证，这也直接牵涉到对刘因学术渊源及其朱学态度的理解。

其一，刘因的"初为经学，究训诂疏释之说"到底缘自何人，起于何时？《宋元学案》认为刘因"初从国子司业砚弥坚视训诂疏释之说，辄叹曰：'圣人精义，殆不止此。'后于赵江汉复得周、程、张、邵、朱、吕之书，始曰：'我固谓当有是也。'"① 然而，从《元史·刘因传》这段文字并不能推导出刘因从砚弥坚那里学的是"训诂疏释之说"。恰恰相反，据苏天爵《元故国子司业砚公墓碑》记载：

> 公通诸经，善讲说，士执经从而问疑者日盛。公告以圣贤之旨，谆切明白，不缴绕于章句。中原硕儒，若容城刘公因、中山滕公安上，亦皆从公授经。时来官燕南宣阃及部使者，多名公卿，闻公之名，咸造见焉。②

既然砚弥坚讲学"不缴绕于章句"，那么明显可知砚弥坚向刘因等传授的绝非"章句训诂之学"，而是能得"圣贤之旨"的"性理之学"。也就是说，刘因"究训诂疏释之说"必定在从师砚氏之前。而从其家学渊源来看，其父刘述"刻意问学，尤邃性理之说"③，"天文、历数、阴阳、医方之书无不通，性学、史学尤所喜"④，也不大可能向其传授训诂之学。如此一来，刘因早年治经"究训诂疏释之说"大概只能来自当时北方仍占相当势力的传统章句之学。应当说，刘因虽然较早地从事了性理之学的研讨，比如在他十九岁时（1267）即撰著了理学

---

① 〔清〕黄宗羲原著，〔清〕全祖望补修：《宋元学案》卷九十一《静修学案》，第3020页。
② 〔元〕苏天爵：《滋溪文稿》卷七《元故国子司业砚公墓碑》。
③ 〔元〕苏天爵：《滋溪文稿》卷八《静修先生刘公墓表》。
④ 〔元〕刘因：《静修集》卷二十五《先世杂事记》。

著作《希圣解》，却也无法摆脱当时北方学风的影响。

其二，刘因到底从何处、于何时得见"周、程、张、邵、朱、吕之书"？刘因不太可能直接从赵复那里获睹周、程、张、朱之书，倒有可能是在从师砚弥坚时得见，前文已有辨说（参见第一章第一节）。不过，也不能排除刘因"得周、程、张、邵、朱、吕之书"就是"皇元平江南，其书捆载以来"之时。至于同样曾传授其"性理之学"的其父刘述，至多可能将其中的某几部理学著作传之刘因①，却不太可能如此完备——须知刘因评论周、邵、程、朱诸人学问之长乃就其所见众书而言。而且刘述与许衡是同龄人，在当时的情形下，他所能见到的理学书籍大概不会比许衡更多。

再让我们回到《元史·刘因传》的那段引文，看看刘因的话语中蕴含了怎样的意味。"圣人精义，殆不止此"固然表明了刘因对性理之学的一贯追求，但"我固谓当有是也"却也在言语之间明显流露出对于周、程、张、朱之学并非顶礼膜拜，而是有所保留的姿态，这与许衡在接触到赵复四书学后"敬信如神明"、"一以朱子之言为师"的态度有很大差别。同时，我们也深切感受到了刘因在"章句之学"和"性理之学"两种不同治学路数间所作的选择和吸纳。晏选军先生从南北学术交流的角度称：

> 刘因在治学问道方面遵循着北方学术界的路数，即使在接受并尊奉朱子之学后，也始终未褪去北方学者论学的底色。与许衡相比，从刘因身上可以更加清晰地看到南北学术在交流融合过程中相互影响、相互借鉴的痕迹。……两人实代表着中州士子面临着南方学术大规模北上时两种不尽相同的态度。②

---

① 元人刘因《静修集》卷二十五《先世杂事记》："（刘述）大难之后，无书可读，求访百至，十年之间，天文、历数、阴阳、医方之书无不通，性学、史学尤所喜者，其书皆手所腾录。"

② 晏选军：《元初北方理学流衍与士人遭际——以许衡、刘因比较研究为代表》，《宁波大学学报（人文科学版）》2004年第6期。

这样一来,袁桷所谓刘因"笃志独行,取文公书,会粹而甄别之",就真的不能单纯理解为对朱子之学的推崇了。刘因的真正动因,恐怕是要通过对朱子之书"会粹甄别"的工夫,达到进一步探求"圣人精义"的目的,这也为他后来在《四书》与《六经》关系上对朱子之说的反动埋下了伏笔(详见下文)。而这"会粹甄别"的直接成果,便是其重要的四书学著述《四书集义精要》三十卷①。

## 二、"简严粹精,实于《集注》有所发焉"②

《四库全书总目》对《四书集义精要》的评述是:

> 朱子为《四书集注》,凡诸人问答与《集注》有异同者,不及订归于一而卒。后卢孝孙取《语类》、《文集》所说辑为《四书集义》,凡一百卷。读者颇病其繁冗,因乃择其指要,删其复杂,勒成是书。③

这表明,刘因所撰《四书集义精要》三十卷乃是在卢孝孙④《四书集义》一百卷的基础上删减而成的。不过据《经义考》所引张萱《内阁书目》之语:"孝孙取考亭《语录》、《文集》为《四书集义》,又病其博而未精,于是复为《集略》(四十二卷),芟繁撮要,深寓反约之意"⑤,则知卢孝孙的《四书集义》实有两个版本:《四书集义》百卷本

---

① 《文渊阁四库全书》本仅存二十八卷,所阙篇目有《论语》的《里仁》、《公冶长》二章,《孟子》的《滕文公下》、《离娄》、《万章》、《告子》、《尽心》等章及《中庸》一篇。台湾有台北故宫博物院影印元至顺刊本,为三十卷本。
② 〔元〕苏天爵:《滋溪文稿》卷八《静修先生刘公墓表》。
③ 〔清〕永瑢等:《四库全书总目》卷三十六《四书集义精要》,第299页。
④ 据《江西通志》引《广信府志》,卢孝孙,字新之,贵溪人,受业真德秀之门。嘉泰间举进士,为太学正。淳祐初,上幸太学,献所编《四书集义》,学者称玉溪先生。
⑤ 〔清〕朱彝尊:《经义考》卷二五二,第1273页。

是初本，是足本；《四书集略》四十二卷本是简编本，是精华本。只是刘因所见为《四书集义》一百卷，而未见《四书集略》一书。这同时也印证了前文提及的一个事实：除"周、程、张、邵、朱、吕之书"外，刘因得见卢孝孙《四书集义》之类集编朱子《语类》、《或问》、《文集》的四书学研究著作，应当是在"皇元平江南，其书捆载以来"之后才出现的情况，这是许衡时代所无法获取的资源①。遗憾的是，卢孝孙的《四书集义》和《四书集略》今天均已亡佚，我们无法进行对照以见刘因在其基础上做了怎样的"择其指要，删其复杂"的工作，而只能通过对《四书集义精要》文本的考察，审视一下刘因是否达到了他探求"圣人精义"的目的。

首先需要指明一点，从书籍性质上讲，《四书集义精要》主要是对卢孝孙《四书集义》文字进行删减，属"钞纂"②之作，而非另起炉灶的新撰。不过正文下偶有一些注释小字，有的就是刘因自己的话，其作用是对正文文字进行补充说明或略作申发。比如卷六于《论语·学而下》之八章"君子不重则不威"下，先引《四书或问》之语：

> 或问：有以为人不如己而不与之友，则自谓人不如己而生自满之心矣。若必胜己者而后友之，则胜己者又将视我为不胜己而不吾友矣。曰：此其意则善矣，然考之不详而虑之或过，则亦不得而不论也。盖人之贤否优劣，衡之于心，自有准则，非彼我好恶之私所能蔽也。故学者之心，虽不敢轻谓人不如己，然至于接人待物之际，或亲或疏，或高或下，则亦有不容以分别为嫌者。

---

① 黄孝光先生称："刘因的四书学与许衡最大的差别，乃在刘因自苏门赵复处得伊洛之书后，他不仅因此含英咀华其中精微，此外还能旁搜远绍，不使己学拘于一隅，同时又与其他儒者多有接触，卢孝孙的《四书集义》可能就在这种情况下获得。幸亏如此，北儒的四书学也因此才能继续发展下来。"（黄孝光：《元儒四书学的师承与特色》，载黄孝光：《元代的四书学》，第25—26页）

② 张舜徽：《中国文献学》，华中师范大学出版社2004年版，第二编第一章。

故于齿德之殊绝者则尊而师之，于贤于己者则尚而友之，其不若己者，虽不当就而求之以为吾友。

其下注小字云："无友之友，盖友之也，即求之以为吾友之意"，即刘因释"友"字之义。又如卷二十七于《孟子·公孙丑上》之六章"人皆有不忍人之心"下，先引《四书或问》之语：

或谓："孟子专论不忍人之心，而后乃及乎四端，何也？"曰："不忍之心，即恻隐之谓也。盖性之为德，无所不具，总之则惟仁、义、礼、智，而一以包三者，仁也。情之所发，无所不通，总之则惟是四端，而一以贯三者，恻隐也。"

其下注小字云："谢显道：身汗面赤，实羞恶之发也，而程子以为恻隐之心，是亦其贯四端之一验也。恻隐，初动时也，如羞恶之类，亦必先动而后能然。"其中前半段亦出自《四书或问》（卷二十八），后半段"恻隐，初动时也，如羞恶之类，亦必先动而后能然"，则是刘因进一步对"恻隐"之义所作的申发。

在体例上，《四书集义精要》摘引朱子《或问》、《语类》、《文集》等中相关语句，汇聚于《四书章句集注》某一论题之下，以助学者更全面地了解朱子《四书集注》之说。比如《论语·学而》之四章"吾日三省吾身"下引诸家之说曰：

或问：程子所谓尽己之谓忠，以实之谓信，何也？曰：尽己之心而无隐，所谓忠也；以其出于内者而言也，以事之实而无违，所谓信也。以其验于外者而言也，然未有忠而不信，未有信而不出于忠也，故又曰发己自尽谓忠，循物无违谓信，表里之谓也，亦此之谓而加密焉耳。○尽己之谓忠，今有人不可以尽告，则又当如何？曰：圣人到此，又却有义。（道夫）〇以实之谓信，以用也。（泳）〇发己自尽，循物无违，明道语也；尽己以实，伊川语也。明道之语，周于事物之理，故如此圆转。伊川之语严，故截然方正，简洁明通。（道夫）〇忠信只是一事，自我而观谓之忠，自彼而观谓之信。（《答黄子厚》）〇曾子守约，不是守夫约，言所守者约耳（佐）。〇曾子亦不是截然不省别底，只是见得此三事上，实有纤毫未到处，其它处固不可不省，特此三事较急耳。（道夫）〇曾子三省处，《集注》说亦有病，如省察是当下便省察，才有不是处便改，不是事过后方始去省，省了又却休也。（铢）〇问忠信为传习之本，曰：此篇如说则以学文、就有道而正焉之类，都是先说一个根本，而后说讲学。（焘）①

又如《孟子·公孙丑上》之三章"以力假仁者霸"下引诸家之说曰：

以德行仁者王，所谓德者，非止谓有救民于水火之诚心。此德字又说得阔，是自己身上事都做得来，是无一不备了所以行出去便是仁，如成汤不迩声色，不殖货利，克宽克仁，彰信兆民，是先有前面底，方能彰信兆民，救民于水火之中。武王亶聪明，作元后，是亶聪明，方能作元后，救民于水火之中。（焘）〇以力假仁，仁与力是两个，以德行仁，德便是仁。（夔孙）〇霸必有大国，须有如是资力，方可以服人。（佐）②

更可贵的是，刘因在《四书集义精要》中还保留了朱子自己关于《四书集注》之说的批评之语，据此参以其他诸家所记之说再读《四书

---

① 〔元〕刘因：《四书集义精要》卷五《四章（吾日三省吾身）》。
② 〔元〕刘因：《四书集义精要》卷二十七《三章（以力假仁者霸）》。

集注》，所得认识就不仅是纯正的，不致为异说所惑——因为所录皆为朱子亲口所说，而且是客观全面的——许多认识是单纯从《四书集注》中所无法获得的，这也正是《四书集义精要》虽由钞纂而成却受到学者重视的真正原因。

黄百家曾拿许衡与刘因的治学倾向作过比较，称：

> 鲁斋所见，只具粗迹，故一世靡然而从之。若静修者，天分尽高，居然曾点气象，固未可以功效轻优劣也。①

就四书学而言，这一评价大体符合实际。尽管《四书集义精要》是一部钞纂之作，但从其保留下来的朱子言论判断，刘因大概是学得了朱学精髓的。比如《大学》之"三纲领"之一曰"止于至善"，其中"止"字别有意味，朱子《大学章句》解曰"止者，必至于是而不迁之意"，"不迁"的保持之功甚为重要。如此说来，"止于至善"与"达于至善"是有区别的。朱子本人十分重视这种区别，其《经筵讲义》即云：

> 以其义理精微之极，有不可得而名者，故姑以"至善"目之。而传所谓君之仁、臣之敬、子之孝、父之慈、与人交之信，乃其目之大者也。众人之心固莫不有是，而或不能知；学者虽或知之，而亦鲜能必至于是而不去。此为大学之教者所以虑其理虽复而有不纯，欲虽克而有不尽，将无以尽夫修己治人之道，而必以是为明德新民之标的也。欲明德而新民者，诚能求必至是而不容其少有过及之差焉，则其所以去人欲而复天理者，无毫发之遗恨矣。②

---

① 〔清〕黄宗羲原著，〔清〕全祖望补修：《宋元学案》卷九十一《静修学案》，第3021页。
② 〔南宋〕朱熹：《晦庵先生朱文公文集》卷十五《经筵讲义》，见《朱子全书》册二十，第694—695页。

关于"止"字之义的辨析,《朱子语类》中亦有多处记载。许衡却没有引起足够的重视,他在《大学要略》中只去举例解说"至善",而将"止于至善"即等同于"是那事最上等好处",以为"这几件都依着行呵,便是止于至善",显然没有意识到"止于至善"与"达于至善"的细微区别。刘因则意识到了这种差别,并保留了《朱子语类》中的两则材料:

○问必至于是而不迁,曰未至其地则求其至,既至其地则不当迁动而之他也。(德明)○不及于止,则是未当止而止;当止而不止,则是过其所止;能止而不止,则是失其所止。(偶)①

这样一来,学者于朱子的《四书集注》以至整个朱子学说便有了更好的理解和把握,而不致在这样的重要关节点上出现偏差。

袁桷在安熙《墓表》中称:

其(刘因)文精而深,其识专以正,盖隆平之兴,使夫道德同而风俗一,承熄续绝,不在于目接耳受而有嗣也。②

苏天爵在刘因《墓表》中称:

先生病其太繁,择为《精要》三十卷,简严粹精,实于《集注》有所发焉。③

李瑞徵在《容城三贤集序》中称:

---

① 〔元〕刘因:《四书集义精要》卷一《经前章章句》。
② 〔元〕袁桷:《清容居士集》卷三十《真定安敬仲墓表》。
③ 〔元〕苏天爵:《滋溪文稿》卷八《静修先生刘公墓表》。

> 静修学贯天人，理邃河洛，为一代钜儒。……羽翼经传，尤在《四书精要》一书，惜其湮没而不传也。

在这里，三人提到了一个共同的问题，那就是充分肯定了刘因《四书集义精要》对于朱子四书学的"羽翼"、"发明"之功。近人钱穆先生曾于晚年作《〈朱子四书集义精要〉随劄》一文，亦曾从理会朱子之书的角度对《四书集义精要》的价值予以表彰，可以为此一问题作一很好注脚：

> 朱子论程子语不当专守一说，当据其《文集》、《遗书》而细求之。其实读朱子书，亦何不然，亦当会通其《文集》、《语类》与诸书而细求之。因朱子为学，只是博文约礼。知道些前人底，而于己奉行有准则而已。其已所立言，一须向上推求。通读《论语》二十篇，始可见朱子所窥之孔子意；通读《孟子》七篇，始可见朱子所窥之孟子意；通读《近思录》一书，可见朱子所窥之周、张、二程四家意。述而不作，信而好古，孔子以下中国学人率如此，而朱子尤为杰出。亦有朱子一己之会通发明处。即如此《精要》一编，上起朱子五十以前，下迄朱子七十以后，历时已近三十年之久，其门人弟子记录师语者，收于斯编，亦逾六十人以上……①

《四库全书总目》对《四书集义精要》给予了很高的评价：

> 其书芟削浮词，标举要领，使朱子之说不惑于多歧，苏天爵以"简严粹精"称之，良非虚美。盖因潜心义理，所得颇深，故

---

① 钱穆：《宋代理学三书随劄》，生活·读书·新知三联书店2002年版，第95—96页。

去取分明，如别白黑，较徒博尊朱之名，不问已定未定之说，片言只字无不奉若球图者，固不同矣。①

综合前文可知，这段评语较准确地揭示出了《四书集义精要》一书的学术价值和刘因的治学特点以及对待朱子的态度。

### 三、"《语》、《孟》，圣贤之成终者"

这是刘因在《叙学》一篇中提出的观点，涉及对《四书》与《六经》关系问题的认识。刘因说：

> 先秦三代之书，《六经》、《语》、《孟》为大。世变既下，风俗日坏，学者与世俯仰，莫之致力，欲其材之全，得乎？三代之学，大小之次第，先后之品节，虽有余绪，竟亦莫之适从，惟当致力《六经》、《语》、《孟》耳。世人往往以《语》、《孟》为问学之始，而不知《语》、《孟》圣贤之成终者。所谓博学而详说之，将以反说约也。圣贤以是为终，学者以是为始，未说圣贤之详，遽说圣贤之约，不亦背驰矣乎？所谓"颜状未离于婴孩，高谈已及于性命"者也。②

刘因此处与《六经》并提的是《语》、《孟》而未及于《大学》、《中庸》，但实际上《语》、《孟》在这里却可作为《四书》的代称来理解。朱子在其《语类》、《文集》即有多处《六经》、《语》、《孟》并称的情况，并以《语》、《孟》指代《四书》，看来这是一个传统。比如《朱子语类》卷十三载余大雅问学云：

---

① 〔清〕永瑢等：《四库全书总目》卷三十六《四书集义精要》，第299页。
② 〔元〕刘因：《静修集》续集卷三《叙学》。

又问:"初学当读何书?"曰:"《六经》、《语》、《孟》,皆圣贤遗书,皆当读,但初学且须知缓急。《大学》、《语》、《孟》最是圣贤为人切要处,然《语》、《孟》却是随事答问,难见要领,唯《大学》是曾子述孔子说古人为学之大方,门人又传述以明其旨,体统都具。玩味此书,知得古人为学所乡。读《语》、《孟》便易入,后面工夫虽多,而大体已立矣。"

至于《六经》与《四书》在治学次第中孰先孰后,程朱以来的传统是旗帜鲜明地主张先《四书》而后《六经》的。比如朱子在《书临漳所刊四子后》云:

> 河南程夫子之教人,必先使之用力乎《大学》、《论语》、《中庸》、《孟子》之书,然后及乎《六经》。盖其难易、远近、大小之序,固如此而不可乱也。①

《朱子语类》卷六十七载:

> 人自有合读底书,如《大学》、《语》、《孟》、《中庸》等书,岂可不读!读此四书,便知人之所以不可不学底道理,与其为学之次序,然后更看《诗》、《书》、《礼》、《乐》。某才见人说看《易》,便知他错了,未尝识那为学之序。

同书卷一一五亦载:

> 又问读《诗》。曰:"《诗》固可以兴,然亦自难。先儒之说,

---

① 〔南宋〕朱熹:《晦庵先生朱文公文集》卷八十二《书临漳所刊四子后》,见《朱子全书》册二十四,第3895页。

亦多失之。某枉费许多年工夫，近来于《诗》、《易》略得圣人之意。今学者不如且看《大学》、《语》、《孟》、《中庸》四书，且就见成道理精心细求，自应有得。待读此四书精透，然后去读他经，却易为力。"

同书卷一〇五更是明确提出"《四子》，《六经》之阶梯"的重要命题，《四书》与《六经》的先后关系判然分明。要知道，《四书》是宋代理学体系得以建立的最重要的经典依据，一定意义上说，倒了《四书》便是倒了理学，《四书》在先的位置决不容许动摇。然而在刘因这里却试图动摇它，"世人往往以《语》、《孟》为问学之始，而不知《语》、《孟》圣贤之成终者"，前半句道出了宋元以来学术发展的实情，后半句则意在说明《四书》之学应当作为问学之终，而非如程朱等人所言的问学之始。而且，"圣贤以是为终，学者以是为始，未说圣贤之详，遽说圣贤之约，不亦背驰矣乎"的反问，分明是对朱子以来的四书学传统的严厉反动和批判。至于当以何者为始，刘因接下来称：

虽然，句读训诂不可不通，惟当熟读，不可强解。优游讽诵，涵咏胸中，虽不明了，以为先入之主可也。必欲明之，不凿则惑耳。《六经》既毕，反而求之，自得之矣。治《六经》必自《诗》始。……本诸《诗》以求其情，本诸《书》以求其辞，本诸《礼》以求其节，本诸《春秋》以求其断，然后以《诗》、《书》、《礼》为学之体，《春秋》为学之用，一贯本末具举，天下之理穷，理穷而性尽矣。穷理尽性以至于命，而后举夫《易》。《易》也者，圣人所以成终而所成始也。①

---

① 〔元〕刘因：《静修集》续集卷三《叙学》。

结合第一段引文不难看出，刘因是将代表"圣贤之详"、可以"反而求之而自得"的《六经》作为问学之始的。① 反对"《四子》,《六经》之阶梯"而主张"问学自《六经》始"，这是刘因四书学独具的特点。

那么，对于这样一种新型的"《四书》、《六经》观"该如何认识呢？首先，刘因问学先《六经》而后《四书》的立论根据在逻辑上出了问题。他是从经学发展历史前后顺序的角度提出这一观点的：

> 是故《诗》、《书》不明则不可以学礼乐，礼乐不明则不可以学《春秋》，《五经》不明则不可以学《易》。夫不知其粗者，则其精者岂能知也？迩者未尽，则其远者岂能尽也？学者多好高务远，求名而遗实，逾分而远探，躐等而力穷，故人异学，家异传，圣人之意晦而不明也。《六经》自火于秦，传注于汉，疏释于唐，议论于宋，日起而日变，学者亦当知其先后，不以彼之言而变吾之良知也。近世学者，往往舍传注疏释，便读诸儒之议论，盖不知议论之学自传注疏释出，特更作正大高明之论尔。传注疏释之于经，十得其六七；宋儒用力之勤，铲伪以真，补其三四而备之也。故必先传注而后疏释，疏释而后议论，始终原委，推索究竟。以己意体察，为之权衡，折之于天理人情之至。勿好新奇，勿好辟异，勿好诋讦，勿生穿凿，平吾心，易吾气，充周隐微，无使亏欠。若发强弩，必当穿彻而中的；若论罪囚，棒棒见血而得情。毋惨刻，毋细碎，毋诞妄，毋临深以为高，渊实昭旷，开廓恳恻，然后为得也。②

---

① 杜维明先生在《刘因儒家隐逸主义解》一文中认为："刘因明显是从朱熹的教学法出发，坚持为学应该始于《六经》。"（[美]杜维明：《道、学、政：论儒家知识分子》，钱文忠、盛勤译，第88页）实际上，在为学之始问题上，刘因之说与朱子恰好相反。

② [元]刘因：《静修集》续集卷三《叙学》。

然而，正如《宋明理学史》所言：

> 这些说法，意在强调汉、唐传注疏释的重要。这与"拨弃汉唐训诂"的宋代理学家们有所不同。理学是直接以义理发挥经书的，故能"凿空臆断"、"自由其说"。而刘因所谓《六经》自秦以后，出现汉、唐传注疏释，然后才有宋代"议论"，这是把经学历史的次序，说成是理学产生的"原委"，将两者混淆起来，则未免似是而非。①

也就是说，理学传统轻视汉唐训诂，他们直接以《四书》探求孔孟精义，而他们获得理学精义的途径恰恰是越过了汉唐训诂，主要靠"自家体贴出来"②。由此说来，在时代顺序上，理学及四书学固然在《六经》及汉唐训诂之后，但"议论之学自传注疏释出"之说却并不符合学术发展实际，也无法推导出问学当先《六经》而后《四书》的结论。

其次，"《语》、《孟》为问学之始"与"《语》、《孟》圣贤之成终者"，其实并不相"背驰"，在朱子那里是统一起来的。应当说，朱子"《四子》,《六经》之阶梯"之说，应该是从学习程度难易角度立论的，若说"圣贤之成终"，《六经》与《四书》都是理学精义的最终所在，都是理学家的最高追求，朱子所谓"《六经》、《语》、《孟》皆圣贤遗书，皆当读，但初学且须知缓急。《大学》、《语》、《孟》最是圣贤为人切要处"③，就是明证。朱子从来没说过《四书》包含圣人之道而《六经》不包含之类的话，相反，他曾说："道在《六经》，何必

---

① 侯外庐等主编：《宋明理学史》第三编，第二十五章，第 718 页。
② 〔北宋〕程颢、程颐：《二程集·河南程氏外书》卷第十二《传闻杂记》，中华书局 2004 年版，第 424 页。
③ 〔南宋〕黎靖德编：《朱子语类》卷十三《力行》，见《朱子全书》册十四，第 412 页。

他求。"① 又说："窃谓圣人道在《六经》，若日星之明。"② 他只是将《四书》的学习作为第一个阶段，待《四书》通透后再研《六经》，而"阶梯"之义，正在于此。如《朱子语类》云：

《六经》浩渺，乍难尽晓，且见得路径后，各自立得一个门庭。③

又同书：

《语》、《孟》、《中庸》、《大学》是熟饭，看其它经，是打禾为饭。④

又同书：

某尝说，《诗》、《书》是隔一重两重说，《易》、《春秋》是隔三重四重说。《春秋》义例、《易》爻象，虽是圣人立下，今说者用之，各信己见，然于人伦大纲皆通，但未知曾得圣人当初本意否。且不如让渠如此说，且存取大意，得三纲、五常不至废坠足矣。今欲直得圣人本意不差，未须理会经，先须于《论语》、《孟子》中专意看他，切不可忙．虚心观之，不须先自立见识，徐徐以俟之，莫立课程。⑤

---

① 〔南宋〕朱熹：《晦庵先生朱文公文集》卷三十《答汪尚书》，见《朱子全书》册二十一，第1299页。
② 〔南宋〕朱熹：《晦庵先生朱文公文集》卷四十三《答李伯谏》，见《朱子全书》册二十二，第1953页。
③ 〔南宋〕黎靖德编：《朱子语类》卷九十六《程子之书二》，见《朱子全书》册十七，第3235页。
④ 〔南宋〕黎靖德编：《朱子语类》卷十九《语孟纲领》，见《朱子全书》册十四，第645页。
⑤ 〔南宋〕黎靖德编：《朱子语类》卷一〇四《自论为学工夫》，见《朱子全书》册十七，第3431页。

又同书：

> 《语》、《孟》工夫少，得效多；《六经》工夫多，得效少。①

朱子心目中《四书》与《六经》的关系，如是而已。刘因却把二者对立起来了，以为"问学之始"便不是"圣贤之成终者"，可见其未得朱子本旨。

再次，刘因重《六经》"传注疏释"而轻《四书》"议论之学"，显然是针对入元以来的虚浮学风而发的，所谓"世变既下，风俗日坏，学者与世俯仰"、"颜状未离于婴孩，高谈已及于性命"、"学者多好高务远，求名而遗实，逾分而远探，躐等而力穷"，都是指这种情况。这说明，四书学由宋传衍至元代初年，即已暴露出了一定的弊端，与朱子当年创立四书学时面临的学术情势有着很大不同。刘因如此提倡，目的是想为虚浮的风气中注入一些"求实"的成分，这在学术发展史上又是有进步意义的。那么，为什么同样是北方的学者许衡没有做到而刘因做到了呢？除去二人所处学术环境有所差别外，一个至关重要的原因就是，刘因有着深厚的北方传统经学学术渊源。查洪德先生认为：

> 刘因站在北方学术背景下来评价汉唐之传注疏释和宋儒之议论两者的价值高下，认为前者对圣学的贡献是十之六七，而后者只有十之三四。当然，刘因并没有否定义理之学，他是强调议论之学"自传注疏释出"，这就确定了两者的关系。我们清楚，刘因的这一说法并不十分符合学术发展史的实际。他想借此说明的不外两点：第一，与宋儒贬斥传统儒学不同，他重视传统儒学；第

---

① 〔南宋〕黎靖德编：《朱子语类》卷十九《语孟纲领》，见《朱子全书》册十四，第644页。

二，与宋儒否定汉唐儒学史不同，他认为宋代儒学不过是汉唐儒学史的发展而已。这也是北方学术传统在刘因身上的表现。①

与此相关的还有两个问题需要说明：

其一，据《叙学》言："保下诸生从余问学有年矣，而余梗于他故，不能始卒成夫教育英才之乐，故其为陈读书为学之次叙，庶不至于差且紊，而败其全材也。"② 既曰"保下诸生从余问学有年"，而且在本篇中全面总结了自己对于经学、史学、诸子学、理学包括技艺的系统看法，则可以判断大概成于晚年。从其学术倾向看，刘因在晚年又发生了一次学术转向，即从早年的章句训诂之学转向义理之学最后又回到传注疏释之学，由此可见北方学术传统对刘因的影响何其强烈！

其二，有学者认为，刘因先《六经》而后《四书》的主张，是"元初对宋末空疏风气的反正"的一支重要力量，其"求实精神毕竟有力冲击了空疏风气，对于宋末元初学风的转变起到了积极的作用"③。那么，这种返求《六经》的"求实精神"与明清之际顾炎武等进步思想家提出的以《六经》为"实学"的思想有何区别？《宋明理学史》有所论述：

> 刘因是基于理学的立场来讲《六经》的，而明末如顾炎武"考百王之典"，重视《六经》，甚至提出"经学即理学"的口号，是在于经世致用，即汪中说的"推六经之旨以合于世用"，也就是王夫之所谓"六经责我开生面"。显然，这两者的思想意义是不可

---

① 查洪德：《理学背景下的元代文论与诗文》，中华书局2005年版，第八章，第212页。
② 〔元〕刘因：《静修集》续集卷三《叙学》。
③ 周少川：《元初对宋末空疏风气的反正》，《北京师范大学学报（社会科学版）》2003年第5期。商聚德《刘因评传》第七章亦称："作为理学家，他固然也重视《四书》，但他认为，《六经》是详，《四书》是约，应该由博返约，而不能一味求约。此点反映了刘因思想比较质实的一面。"（商聚德：《刘因评传》，南京大学出版社1996年版，第251页）

同日而语的。刘因只不过是在宋、元鼎革的动乱时期，感到理学之不足，尤其在"南悲临安"的时候，更加深了他这一感觉。①

黄孝光先生认为：

> 北儒中最有功于四书学发展的学者，刘因可当之无愧，……简言之，姚枢对《四书》有肇基之功，许衡有童蒙之功，而刘因则有弘扬之功。②

结合姚、许、刘等人的行历及著作看，这一结论还是比较公允的。刘因静修学派四书学弟子有著作传世者，一为安熙，一为林起宗。安熙（1270—1311），字敬仲，号默庵，真定藁城（今河北藁城）人，《宋元学案·静修学案》列为"静修私淑"，曰："闻刘静修之学，心向慕焉。将造其门，而静修已殁，乃从静修门人乌叔备（冲）问其绪说。简静和易，务为下学之功。"③所著《四书精要考异》，即为刘因《四书集义精要》的考订之作。安氏在《与乌叔备书》之二中称：

> 《四书集义精要》，近因读《朱子文集》，对校一过，尚多有疑误，别纸录呈。前书索写一部，为无善书者，不曾写得。幸因书来，将某前后录出纳上，可疑条段以一言可否之，使得有所据依改正纳上也。疑此书初脱稿，先生未使学者校勘，故多有此误。虽非大义所关，然亦不可不订正也。④

---

① 侯外庐等主编：《宋明理学史》第三编，第二十五章，第 719 页。
② 黄孝光：《元儒四书学的师承与特色》，载黄孝光：《元代的四书学》，第 25—26 页。
③ 〔清〕黄宗羲原著，〔清〕全祖望补修：《宋元学案》卷九十一《静修学案》，第 3028 页。
④ 〔元〕安熙：《默庵集》卷三《与乌叔备书》。

关于安熙，苏天爵于《默庵先生安君行状》中载有一段遗事：

> 国初，有传朱子《四书集注》至北方者，滹南王公（若虚）雅以辨博自负，为说非之，赵郡陈公（天祥）独喜其说，增多至若干言。及来为真定廉访使，出其书以示人，先生（安熙）惧焉，为书以辨之。其略曰："道之大原出于天，其传在圣贤。吾夫子既不得君师之位，独以列圣相传者笔于经，曾子传之子思，子思传之孟子，孟子没而其传泯焉。至濂溪夫子，不由师传默契道体，建图著书。二程夫子扩而大之，然后斯道复明。至朱夫子，以为道之不明，由说经者不足以得圣贤之意，于是竭其精力，作为传注，以著明之。至于一字未安，一词未备，必沈潜反复，以求至当而后已。故章旨字义，莫不理明词顺，易知易行，所以妙得古人本旨于数千载之上。其开于天命之微，人心之奥，可谓极深研几，发其旨趣而无所遗矣。独以世衰道微，俗生鄙儒胶于见闻，安于陋习，于朱子之说多不得其旨意而妄疑之，甚或不能知其句读，于其生平为学始终之致及所论著，多未之见，故其所说掣肘矛盾，支离浅迫，殊不近圣贤气象。原其本意，盖欲藉是以取名，率然立论，曾不知其为害之甚也。使其年益高，于天下之理玩之益熟，必当恭然悔其平日之为而火之矣。"其后，陈公果深悔而焚其书，然后学者始服先生谈经之精，识见之卓，而于朱子之学为有功。①

《四库全书总目》则辨析称：

> 观其称陈天祥宗若虚之说，撰《四书辨疑》，因熙斥之，遂焚

---

① 〔元〕苏天爵：《滋溪文稿》卷二十二《默庵先生安君行状》。

其稿。今天祥之书具存，无焚稿事，则天爵是说，特欲虚张其师，表章朱子之功耳，均非实录也。①

林起宗（生卒年不详），河北内丘人。自幼力学，尝从刘因游，深得道学之旨。教授于乡，学者宗之。朱彝尊《经义考》卷二二七引苏天爵碣云："内丘林君，讳起宗，字伯始。尝作《志学指南图》，以为学道之标准；《心学渊源图》，以为入圣之极功。又作《中庸大学论语孟子诸图》、《孝经图解》、《小学题辞发明》、《鲁庵家说》，共数十卷，大抵以程朱之言为主。"

需要指出，作为北方重要学术派别，静修学派同样传之未远，究其因，刘因之"享年不永"②大概是一个重要方面。虞集在《安敬仲文集序》中即曾感慨道：

诚使得见静修，廓之以高明，厉之以奋发，则刘氏之学不既昌大于时矣乎！惜乎，静修既不见朱子，而敬仲又不获亲于静修。二君子者，皆未中寿而卒，岂非天乎？③

## 第四节　陈天祥与《四书辨疑》

陈天祥（1230—1316），字吉甫，其先赵州宁晋（今河北大名）人，后徙家河南洛阳，是北方四书学者中较为特殊的一位。所谓"特殊"，一者从其学术师承看，既不入许衡之"鲁斋学派"，又不入刘因之"静修学派"，而是受金儒王若虚影响甚大，可算作北方四书学者中

---

① 〔清〕永瑢等：《四库全书总目》卷一六六《滹南遗老集》，第1421页。《四库全书总目》卷三十五于《四书辨疑》下云："今此本具存，或天爵欲张大其师学，所言未足深据也。"
② 〔清〕黄宗羲原著，〔清〕全祖望补修：《宋元学案》卷九十一《静修学案》，第3021页。
③ 〔元〕虞集：《道园学古录》卷五《安敬仲文集序》。

的另一脉；二者其主要四书学著作《四书辨疑》十五卷①，是一部全面指摘朱子《四书章句集注》误失之处的作品，这在宋元学者中是比较少见的。

关于《四书辨疑》一书，有三点需要交待：

其一，据张养浩《资德大夫中书右丞议枢密院事陈公神道碑铭》载：

> （至元）二十三年（1286）四月，拜治书侍御史，出核湖广省出纳。道鄂，闻行省臣约苏穆尔倚中有援，横无所忌，乃发其奸利十数奏。未下，私系公狱，摧胁百至，而公恬不为动。凡幽四百余日，惟取《四书》环披遍考，心究而身体之。有所疑即著论以辨略，不以死生祸福纤介。后会赦乃出。②

"有所疑即著论以辨略"，所成即为《四书辨疑》，大概成书于至元二十三年至二十八年（1286—1291）间③，此时陈天祥年龄当在六十岁左右④。

其二，关于陈天祥因安熙之斥而焚稿一事，朱彝尊与《四库全书总目》有不同说法，他认为焚稿之事属实：

> 是书专辨《集注》之非。曾见吴中范检讨必英藏本，乃元时旧刻，不著撰人姓氏。……又按，苏伯修撰《安熙行状》曰："国初有传朱子《四书集注》至北方者，溥南王公雅以辨博自负，为

---

① 〔清〕朱彝尊《经义考》著录，题名"四书集注辨疑"。陈天祥又著有《四书选注》二十六卷，今已亡佚。
② 〔元〕张养浩：《归田类稿》卷十《资德大夫中书右丞议枢密院事陈公神道碑铭》。
③ 元人张养浩《资德大夫中书右丞议枢密院事陈公神道碑铭》又载："后会赦乃出。二十八年，改朝请大夫、江南诸道行御史台、侍御史。"
④ 据元人张养浩《资德大夫中书右丞议枢密院事陈公神道碑铭》，天祥卒于延祐三年（1316）四月二十六日，享年八十七。

说非之。赵郡陈氏独喜其说，增多至若干言。及来为真定廉访使，出其书以示人，先生惧焉，为书以辨之，其后陈公深悔而焚其书。"《元史》列传亦云然，则范氏所藏乃陈氏焚余本也。①

其三，元代以"四书辨疑"名书者不惟陈天祥一家，朱彝尊曰：

《四书辨疑》，元人凡有四家：云峰胡氏（炳文），偃师陈氏（天祥），黄岩陈成甫氏（绍大）、孟长文氏（梦恂）。是书专辨《集注》之非。……绎注中语，于"置邮传命"曰："今之传舍曰馆驿，亦曰马站，又曰马铺，步递之舍曰急递铺。中原多事之日，曾三十里置一马铺，大概十里一铺为常。"于"鲁平公将出"章，据中原古注本以定南方本传写之误。又曰"自宋氏播迁江表，南北分隔才一百五六十年，经书文字已有不同"云云。成甫、长文并浙人，注辞不类。若云峰《四书通》一宗朱子，不应互异，其为偃师陈氏之书无疑。②

由此可知，即使以"辨疑"为名亦未必排朱，但陈天祥《四书辨疑》与胡炳文等不同，显然不属宗朱一派。

陈天祥撰著《四书辨疑》有着这样的学术背景：

首先，从赵复被俘北上传学至今，四书学的北传已有大约五十余年的历史（约1235—1286）。此时南宋已经灭亡，南北已经实现了统一。

其次，正如林庆彰先生所言：

朱子研究《四书》的时间，长达数十年，著作也不少，最后

---

① 〔清〕朱彝尊：《经义考》卷二五四，第1279页。
② 〔清〕朱彝尊：《经义考》卷二五四，第1279页。

总结为《四书集注》。虽然朱子对自己的著作相当有自信，但其中也潜藏不少问题，如：（1）更动经书篇章顺序，补作《大学》中的"格物补传"；（2）采入前人的注解，虽字斟句酌，是否全部的当？朱子自己的新注，是否与经旨完全吻合？（3）朱子所阐释的义理，是否合乎经书本义。这些都应该加以探讨。①

再次，陈氏之前，已有金儒王若虚（1174—1243）作了批评《四书集注》的工作，所成之书为《论语辨惑》五卷、《孟子辨惑》一卷，收入《滹南集》卷三至卷八。天祥之书即在王氏著作基础上增广而成，书中引用王氏之说数十处。不同的是，王若虚只针对《论语》、《孟子》二书"辨惑"，而未及《大学》、《中庸》，陈天祥的"辨疑"则扩充至整个《四书》。全书对《四书》的辨疑，凡《大学》十五条、《论语》一百七十三条、《孟子》一百七十四条、《中庸》十三条。

林庆彰先生认为：

> 综合《四书辨疑》所有条目来看，陈氏批评的大方向，大抵有二：一是检讨经文本身的问题，二是检讨朱子的解释是否合乎经书本意的问题。②

需要指出，关于对朱子解释是否合乎经书本意问题的检讨，其实不能单纯理解为陈氏对《四书集注》的批评——尽管"破"是最主要的。批评之外，陈氏还做了两项"立"的重要工作：一是在朱子注释保留异说的"或曰"等处大都给出了自己孰优孰劣的判断，使《四书

---

① 林庆彰：《元儒陈天祥对〈四书集注〉的批评》，载杨晋龙主编：《元代经学国际研讨会论文集》，第719页。

② 林庆彰：《元儒陈天祥对〈四书集注〉的批评》，载杨晋龙主编：《元代经学国际研讨会论文集》，第711页。

集注》在许多地方不再留存二说;二是在朱子注释阙漏之处择要给以补足。兹从如下四个方面详加说明:

### 一、《四书辨疑》对《四书集注》的批评

朱子撰著《四书集注》,可以说是倾注了毕生精力。朱子曾云:"熹于《语》、《孟》、《大学》、《中庸》,一生用功,粗有成说。"① 又云:"某于《论》、《孟》,四十余年理会。中间逐字称等,不教偏些子。学者将注处,宜子细看。"② 又云:"某所解《论》、《孟》和训诂注在下面,要人精粗本末,字字为咀嚼过。此书,某自三十岁便下工夫,到而今改犹未了,不是草草看者,且归子细。"③ 而且临死前三天,还在修改《大学·诚意章》④。对于《四书集注》,朱子本人也是颇为自负,比如曾称:"某释经,每下一字,直是称等轻重,方敢写出。"⑤ 又云:"《论语集注》,如秤上称来无异,不高些,不低些。"⑥ 又云:"语吴仁父曰:'某《语孟集注》,添一字不得,减一字不得。公子细看。'又曰:'不多一个字,不少一个字。'"⑦

然而,世间没有绝对的事物,在朱子弟子眼中,《四书集注》或许真的是"覃思最久,训释最精,明道传世,无复余蕴"⑧,但在受北方学术传统浸润的陈天祥看来,无论是在字词训释、义理阐发上,还是在分章补传、解经方法及标准上,都有诸多不当之处,于是一一加以指

---

① 〔南宋〕朱熹:《晦庵先生朱文公文集》卷五十三《答胡季随》之二,见《朱子全书》册二十二,第2506页。
② 〔南宋〕黎靖德编:《朱子语类》卷十九《语孟纲领》,见《朱子全书》册十四,第655页。
③ 〔南宋〕黎靖德编:《朱子语类》卷一一六《训门人四》,见《朱子全书》册十八,第3666页。
④ 〔清〕王懋竑:《朱熹年谱》卷之四,中华书局1998年版,第265页。
⑤ 〔南宋〕黎靖德编:《朱子语类》卷一〇五《论自注书》,见《朱子全书》册十七,第3446页。
⑥ 〔南宋〕黎靖德编:《朱子语类》卷十九《语孟纲领》,见《朱子全书》册十四,第655页。
⑦ 〔南宋〕黎靖德编:《朱子语类》卷十九《语孟纲领》,见《朱子全书》册十四,第655页。
⑧ 〔南宋〕李性传:《饶州刊朱子语类后序》。

摘批评。

第一，字词训释不当。比如，《大学》经一章"安而后能虑"，朱子注曰："虑，谓处事精详。"天祥云：

> "处"字意差，虑是审详思虑，处是判决区处。凡事于未行之前，须是先有思虑，审详其事当作如何处置，思虑既定，然后判决区处。虑在处前，处在虑后，虑与处之次第如此。虑只解为审详事宜，乃为得中。①

再如，《论语·学而》"其为人也孝弟，而好犯上者，鲜矣；不好犯上，而好作乱者，未之有也"，朱子注曰："犯上，谓干犯在上之人。……作乱，则为悖逆争斗之事矣。"天祥云：

> "干"字意轻，"作乱"解为争斗，亦为未尽。闾阎之间，语言偶有相犯，骂詈争斗，未可便以为作乱也。作乱亦岂争斗而已？孝弟之道，仅能息其争斗，则有子之言亦无意味也？盖犯上谓陵犯在上之人，作乱谓悖逆篡弑等事。人能以孝弟为心，入则善事其父兄，出则善事其长上，此等人中，有好陵犯在上之人者少矣。犯上之事既所不为，而却好为无父无君悖逆篡弑等事，决无如此之人，故曰未之有也。②

又如，《孟子·梁惠王上》"不日成之"，朱子注曰："不日，不终日也。"天祥云：

---

① 〔元〕陈天祥：《四书辨疑》卷一《大学》。
② 〔元〕陈天祥：《四书辨疑》卷二《论语·学而第一》。

"不终日"三字意昏。学者猜为两说：一说，不终一日而成；一说，官无督责之严，民之役作，每不至于终日也，未知注文果主何说。若言不终一日而成，非有司督责严急必不至此，不可谓之勿亟也。况台沼之功，实无不终一日可成之理。经之营之，亦是缓慢之辞，非有急迫速成之意。若谓民之役作，每不至于终日，却无庶民子来之勤意。二说义皆不通。"不日"二字，人所常言，如唐太宗谓"真珠可汗，不日瓜剖之"，李德裕谓"上党不日有变"，盖皆言其日限不远也。"不日成之"者，犹言不多日而成之也。①

第二，义理阐发不当。比如，《论语·学而》"巧言令色，鲜矣仁"，朱子注曰："好其言，善其色，致饰于外，务以悦人，则人欲肆而本心之德亡矣。"天祥云：

> 致饰于外，言甚有理，必有阴机在内而后致饰于外，将有陷害使之不为堤防也。语意既已及此，其下却但说本心之德亡，而不言其内有包藏害物之心，所论迂缓，不切于事实，未能中其巧言令色之正病也。本心之德亡固已不仁，不仁亦有轻重之分，其或穿穴逾墙，为奸为盗，大而至于弑君篡国，岂可但言心德亡而已哉？②

再如，《孟子·离娄上》"人不足与适也，政不足间也。惟大人为能格君心之非"，朱子注曰："言人君用人之非，不足过谪；行政之失，不足非间。惟有大人之德，则能格其君心之不正以归于正，而国无不治矣。"天祥首先批评朱说之误：

---

① 〔元〕陈天祥：《四书辨疑》卷九《孟子·梁惠王上》。
② 〔元〕陈天祥：《四书辨疑》卷二《论语·学而第一》。

注于章首"人"字之下创添"君用人之非"五字，与本经之义全差，所言误事不浅。人君之用人行政，乃国家大得失所关，天下大利害所系，岂可置而不问哉？为人臣者，明知其君用人既非、行政既失，而曰"此不足过谪"，"此不足非间"，使大奸巨猾，日前日进；暴官污吏，日盛日繁，庶政颠堕，生民涂炭，由由然坐视而已。大人之道，不如是也。①

继而指出他认为的经文本义：

经言"人不足与谪"，非谓人君用人之非不足谪也，言其不可专以过谪受官已用之人也。"政不足间"，非谓人君行政之失不足间也，言其不可专以非间诸人已行之政也。谓当端本清源，务先正其君心之不正，君正则朝廷正，朝廷正则内外百官皆得其人，天下无有不治也。②

又如，《中庸》第十三章"忠恕违道不远，施诸己而不愿，亦勿施于人"，朱子注曰："施诸己而不愿，亦勿施于人，忠恕之事也。"天祥云：

注文本意盖指忠恕为一事，不欲使有分别也。然以实理言之，心无私隐之谓忠，推己不欲勿施于人之谓恕。忠自是忠，恕自是恕，岂可并而为一哉？程子言事上之道莫若忠，待下之道莫若恕，此亦分忠恕为两事。其意本是，而或问非之，以为不当析之为二，无无恕之忠，无无忠之恕。若准此说为例天下，道理中亦无无仁

---

① 〔元〕陈天祥：《四书辨疑》卷十一《孟子·离娄上》。
② 〔元〕陈天祥：《四书辨疑》卷十一《孟子·离娄上》。

之义，无义之礼，无礼之智。仁义礼智，亦当通为一事，不可析之为四也。①

第三，分章补传不当。分章不当者，如《论语·八佾》，朱子《四书集注》分"子曰：'禘自既灌而往者，吾不欲观之矣。'"与"或问禘之说。子曰：'不知也。知其说者之于天下也，其如示诸斯乎！'指其掌"为两章，天祥则云：

> 此章发源于鲁之禘祭，鲁以诸侯而用天子之大祭，非礼甚矣，故夫子于自灌以往，皆不欲观。或人见有是言，因问其说，夫子以鲁之僭窃，不可斥言，故先答以不知，而后告以知之不难之意，乃言知其禘之说者达之于天下，其如示诸手掌之易见也。始于"禘自既灌而往"，尽于"指其掌"之句，终上下一意如线，本是一章，不可分之为二也。②

又如《论语·里仁》"君子去仁，恶乎成名"，朱子注曰："言君子所以为君子，以其仁也。若贪富贵而厌贫贱，则是自离其仁，而无君子之实矣，何以成其名乎？"天祥云：

> 前段论富贵贫贱去就之道，自此以下至"颠沛必于是"止，是言君子不可须臾去仁。彼专论义，此专说仁，前后两段，各不相关，自汉儒通作一章。注文因之，故不免有所迁就，而为贪富贵厌贫贱之说。本段经文，意不及此，后注又言"取舍之分明，然后存养之功密"，以理言之，未有在内不先存养，而在外先能明

---

① 〔元〕陈天祥：《四书辨疑》卷十五《中庸》。
② 〔元〕陈天祥：《四书辨疑》卷三《论语·八佾第三》。

于取舍者。南轩曰:"君子之所以为君子者,以其不已于仁也,去仁则何自而成君子之名哉?"此说本分,与前段富贵贫贱之意不复相关,盖亦见两段经文难为一意,故不用诸家之说也。然无显断,犹与上段连作一章,前后两意愈难通说。予谓"君子"以下二十七字,当自为一章,仍取南轩之说为正。①

补传不当者,专就《大学》"格物致知"章而言。朱子《大学章句》以为"此谓知本,此谓知之至也"一句之上"别有阙文,此特其结语耳",并本程子之意作"格物致知"补传,天祥则云:

> 注谓此句上有阙文,此说诚是。然又自添所阙传文一章,却为过分。前人解经,亦尝有补正三五字之阙者,以其余文全在,意脉可通而有补之之理也。然亦但言某处宜有某字,不过如此而已。今乃全用己意,创添一百二十七字,以代曾子之言,便为正传。似与不似且置勿论,但以今人而作古书,与前圣前贤经传并列,于义似亦未安。若准此为例,则《尚书》亡逸四十余篇,后人皆得添补,长学者不厚之风,所系甚大。以文公之识量,不免有此惜哉!宜姑置之,只讲注文可也。②

第四,解经方法、解经标准不当。对于"格物致知"补传的批评,其实已经涉及对朱子解经方法、解经标准的批评。他例又如,《大学》经一章"在亲民",朱子注曰:"程子曰:'亲,当作新。'"天祥云:

> 程子为见"亲"字义不可通,又传中所引《汤铭》、《康诰》

---

① 〔元〕陈天祥:《四书辨疑》卷三《论语·里仁第四》。
② 〔元〕陈天祥:《四书辨疑》卷一《大学》。

等文,皆是"日新"、"新民"之说,以此知"亲"字为误,故改为"新",此谁不知?《或问》中问曰:"程子之改'亲'为'新'也,何所据?子之从之,又何所考?而必其然邪?且以己意轻改经文,恐非传疑之义,奈何?"此等问答之言,皆冗长虚语,本不须用。大抵解经以言简理直为贵,使正义不为游辞所乱,学者不为繁文所迷,然后经可通而道可明也。①

再如,《中庸》第四章"道之不行也,我知之矣,知者过之,愚者不及也;道之不明也,我知之矣,贤者过之,不肖者不及也",朱子注曰:"知者知之过,既以道为不足行;愚者不及知,又不知所以行,此道之所以常不行也。贤者行之过,既以道为不足知;不肖者不及行,又不求所以知,此道之所以常不明也。"天祥云:

> 知乃智之事,行则贤所能。于智愚,止可言知;于贤不肖,止可言行。智者过之,止可解为知之过;愚者不及,止可解为不及。知贤者过之,止可解为行之过;不肖者不及,止可解为不及行。注文为见前一节行与智愚相配为言,后一节明与贤不肖相配为言,故以知与行两相迁就,交互言之,牵强甚矣。夫道在世间,必须先明,然后能行;必先不明,然后不行。下章注云"由不明,故不行",此言是也。"明"字本当在前,今反在后;"行"字本当在后,今反在前,乃后人传写之误也。"行"、"明"二字当相易读之,解者宜云:道不明者,由其智者知之过,愚者不及知,此道之所以常不明也;道不行者,由其贤者行之过,不肖者不及行,此道之所以常不行也。智者知之过,如著书传道而为过高过深之论者是也;贤者行之过,如摩顶放踵而为爱无差等之行者是也。二者俱为

---

① 〔元〕陈天祥:《四书辨疑》卷一《大学》。

害道，然行之过者误人浅，知之过者误人深。孟子曰："所恶于智者，为其凿也。"由此观之，解经而务凿，孟子之罪人也。①

天祥以朱子解经为"务凿"，可以说是一种非常严厉的批评。

## 二、《四书辨疑》对《四书集注》"或曰"等处的辨析

朱子之《四书集注》，乃是斟酌众说、己意贯穿而成，其中不少地方以一家之说为主而保留他说，多用"或曰"表示，这在一定程度上反映了朱子解经的一种严谨态度。陈天祥在《四书辨疑》中往往对"或曰"等处作出细致辨析，认为有的"或曰"之说确实亦可通，有的殊无道理，有的则唯以"或曰"之说为确而前说不当。

认为"或曰"之说亦可通的，如《论语·乡党》"乡人傩，朝服而立于阼阶"，朱子注曰："傩，所以逐疫。……傩虽古礼而近于戏，亦必朝服而临之者，无所用其诚敬也。或曰：'恐其惊先祖五祀之神，欲其依己而安也。'"天祥云：

> 乡间无傩久矣，我辈未之见也。尝闻故老所传，元旦，闾巷小儿数十为群，皆以五彩缠杖唱和傩词，巡门以驱疫鬼，谓之驱傩。注所谓"近于戏"者，必此类也。夫子加诚敬于此，亦无义理。"或曰"之说，谓安先祖神灵，义有可取。②

认为"或曰"之说不可取的，如《论语·八佾》："孔子谓季氏：'八佾舞于庭，是可忍也，孰不可忍也？'"朱子注曰："季氏以大夫而僭用天子之乐，孔子言其此事尚忍为之，则何事不可忍为。或曰：

---

① 〔元〕陈天祥：《四书辨疑》卷十五《中庸》。
② 〔元〕陈天祥：《四书辨疑》卷六《论语·乡党第十》。

'忍，容忍也。'盖深疾之之辞。范氏曰：'……孔子为政，先正礼乐，则季氏之罪不容诛矣。'"天祥云：

> 训"忍"为"容"，便有攘袂切齿之状，圣人气象，恐不如此。若谓夫子容忍，不过此言，既出其势，岂容自己须当有所区处？言罢却便无事，何也？又下章责三家之言如此平易，而此章如此躁忿，夫子之性情，何其不恒如此邪？范氏所论，尤为过当。僭窃天子之乐，非独季氏为然，孟孙、叔孙亦以《雍》彻，皆坦然为之，略无忌惮。盖由周道既衰，纲常坏乱，下之僭上，习以为常。有王者作，亦须教之，不改，然后诛之。圣人为心，必无预期诛之之理。"或曰"与"范氏"之说，皆不可取。谢氏曰："君子于所不当为不敢须臾处，不忍故也。而季氏忍此矣，则虽弑父与君，亦何惮而不为乎？"南轩曰："季氏以陪臣而僭用天子之舞，目睹其数而安焉于焉而忍为，则亦何往而不忍也？"二论与注文前说为当。①

认为只有"或曰"之说为确的，如《大学》传之首章"顾諟天之明命"，朱子注曰："諟，古是字。……顾，谓常目在之也。諟，犹此也。或曰审也。"天祥云：

> 《尚书》旧注："諟，是也。"孔颖达疏云："諟与是，古今之字异，故变文为是也。"注文"古是字"之说，盖出于此。果如孔疏所言，则是古无"是"字而后人增之也。然文字之古者，莫若《尚书》，如"慢游是好"、"傲虐是作"之"是"字，岂后人所增者哉？又今之江南《中原玉篇》诸韵，"諟"字皆训理也，正也，

---

① 〔元〕陈天祥：《四书辨疑》卷三《论语·八佾第三》。

谛也，审也，未有说为古"是"字而训此者。惟从"或曰"之说，解"諟"为"审"，则为理顺。①

### 三、《四书辨疑》对《四书集注》的补阙

据统计，《四书辨疑》对《四书集注》未下注释之十二处进行了补阙。然而，朱子之《四书集注》既是"添一字不得，减一字不得"②，陈天祥之补阙工作岂非画蛇添足？让我们对这十二处文字作一简要分析：

表4.3 《四书辨疑》补阙《四书集注》文字分析表

| 序号 | 经文篇目 | 经文原文 | 补阙文字 | 卷数 | 问题类型 |
|---|---|---|---|---|---|
| 1 | 论语·宪问 | 曰未仁乎 | "曰"字，羡文。 | 卷七 | 经文羡文 |
| 2 | 孟子·梁惠王上 | 王好战，请以战喻 | 孟子首以"王好战"为对者，盖所以明其穷兵嗜杀，暴弃民众，与邻国无异。移民移粟，非有仁爱之实心也。下文"五十步百步"之喻，正谓此也。 | 卷九 | 经文文意 |
| 3 | 孟子·梁惠王下 | 行止，非人所能也 | 中原古注本"行止，非人之所能也"，有"之"字，则文备，盖自宋氏南迁之后，南方本传写之差耳。 | 卷九 | 版本之异 |
| 4 | 孟子·公孙丑上 | 地不改辟矣，民不改聚矣 | "改"字，学者各以意说，未有定论。改，改变也。盖言田野开辟，民人生聚，与夏后殷周盛时无异。地今不改变，三代盛时之开辟；民今不改变，三代盛时之生聚也。 | 卷十 | 解释异说 |
| 5 | 孟子·公孙丑上 | 孟子曰："伯夷隘，柳下惠不恭。" | "孟子曰"，衍文。 | 卷十 | 经文衍文 |

---

① 〔元〕陈天祥：《四书辨疑》卷一《大学》。
② 〔南宋〕黎靖德编：《朱子语类》卷十九《语孟纲领》，见《朱子全书》册十四，第655页。

续表

| 序号 | 经文篇目 | 经文原文 | 补阙文字 | 卷数 | 问题类型 |
|---|---|---|---|---|---|
| 6 | 孟子·滕文公上 | 有大人之事，有小民之事 | 上言大人，下言小民，文辞不顺。古注本"有大人之事，有小人之事"，"大人"与"小人"对言，是其本文。今本"民"字为误。 | 卷十一 | 版本之异 |
| 7 | 孟子·离娄下 | 禹、稷当平世，三过其门而不入 | 三过其门而不入，惟禹为然，而孟子与稷同言，正与禹、稷躬稼而有天下之语意无异。又如润之以风雨，风亦何尝能润？沽酒市脯不食，酒亦不可言食。古人以类言者，自有此体。 | 卷十二 | 修辞之体 |
| 8 | 孟子·离娄下 | 禹思天下有溺者，由己溺之 | 中原古注本"由己溺之也"，比今本有"也"字。取下文"由己饥之也"为证，则古注本为是。 | 卷十二 | 版本之异 |
| 9 | 孟子·万章上 | 舜、禹、益相去久远 | "相去久远"四字，殊无义理，与下文"皆"字不可通说。……"相"当作去声，"去"当作"之"，"远"当作"近"。"舜、禹、益相之久近，其子之贤不肖皆天也"，如此，与前后通读，则文理不差。"去"、"远"二字，盖传写之误。 | 卷十二 | 经文传写之误 |
| 10 | 孟子·万章下 | 晋平公之于亥唐也 | 中原古注本无"之"字，有则似为文备，宜取《集注》本为正。 | 卷十二 | 版本之异 |
| 11 | 孟子·万章下 | 古千乘之国，以友士何如 | "国"乃诸侯疆域之称，岂能与人为友邪？"国"本"君"字之误，下文"千乘之君，求与之友"，是其明证。 | 卷十二 | 经文误字 |
| 12 | 孟子·告子下 | 往应之曰 | 自"往应之曰"以下至"则将搂之乎"，学者往往解此一段为屋庐子之言。旧说教屋庐子往应任人，此说为是。 | 卷十二 | 解释异说 |

不难看出，十二处补阙文字中，属于"经文"本身问题（包括版本之异）的占了绝大多数，而未涉及朱子阙注之失。尤其是版本问题，既关乎经文文意理解，又由之可窥南北文化交流之一斑，殊有学术意义。而诸本之产生乃朱子身后事，故既不可颠倒古今，责朱子"不可添减一字"为太过；亦不可迷信权威，让天祥补阙朱子之文属妄为。

### 四、《四书辨疑》的学术价值与学术取向

对于陈天祥《四书辨疑》十五卷，我们认为有这样几个问题需要作出回答：

首先，陈天祥的辨疑文字合理成分到底有多少？客观地说，陈氏辨疑文字不乏合理之处，这对于打破由南至北日渐尊隆的《四书集注》在人们心目中的权威地位有一定的历史认识意义。比如对于朱子"格物致知"补传的批评，认为"以今人而作古书，与前圣前贤经传并列，于义似亦未安"，便是对宋人"疑经改经"风气的一种合理批判。再如前文所引对于《孟子·离娄上》"人不足与适也，政不足间也，惟大人为能格君心之非"朱注的批评，林庆彰先生即云：

> 陈天祥认为"人不足与适也，政不足间也"的本义，是说人君不可常常责备在位的官员，也不可常常批评各官员的施政措施。这就是要人君先端正己心，才能正天下。这一解释似较朱子要来得正确。[1]

董洪利先生认为："陈天祥对《四书集注》的批评范围很广，正误参半，而数量较多，批评也较为正确的，是对名物训诂方面的批评。"[2]

---

[1] 林庆彰：《元儒陈天祥对〈四书集注〉的批评》，载杨晋龙主编：《元代经学国际研讨会论文集》，第719页。

[2] 董洪利：《孟子研究》下编，第十章，第271页。

比如《孟子·梁惠王上》"黎民不饥不寒"一句，朱子注曰："黎，黑也。黎民，黑发之人，犹秦言黔首也。"陈天祥则认为：

> 以"黎民"比"黔首"，文理不同，"黔"有"首"字相配为言，则语意自圆。"黎民"中间本无"发"字，训"黎"为"黑"，是为黑民。欲为黑发之民，文不全矣。①

天祥之说有理，"黎"当训为"众"，"黎民"即为"众民"。

同时不可否认，陈氏辨疑文字中也有不少失当之处，《四库全书总目》曾予指出：

> 其中如驳"汤盘"非沐浴之盘，谓盘乃浅器，难容沐浴，是未考《礼·丧大记》郑《注》有"盘长二丈，深三尺"之文，颇为疏舛。又多移易经文以就己说，亦未见必然。②

其中"移易经文以就己说"，表明陈天祥尽管试图反对宋人"疑经改经"风气，自己却也难以摆脱其影响。

其次，陈氏如此细致地辨疑《四书集注》，是为了挑战朱子的学术权威、争立学术正统吗？通观全书，恐怕不能这样理解。尽管书中也有一些言辞激烈之处，比如《论语·为政》"季康子问：'使民敬、忠以劝，如之何？'子曰：'临之以庄则敬，孝慈则忠，举善而教不能则劝'"，朱子注曰："张敬夫曰：'此皆在我所当为，非为欲使民敬忠以劝而为之也。然能如是，则其应盖有不期而然者矣。'"天祥辩道：

---

① 〔元〕陈天祥：《四书辨疑》卷九《孟子·梁惠王上》。
② 〔清〕永瑢等：《四库全书总目》卷三十六，第299页。

> 此等议论,专务高远,迂诞无实,不惟误己,而其误人,败事之患,盖有不可胜言者。此近世学者之深蔽,不可不辨。①

不过从总体上说,天祥所辨皆从是否合乎经文本旨出发,批评文字也较客观,书中有不少地方还对朱子之说给予了充分肯定,比如《孟子·滕文公上》"百官族人可谓曰知",朱子注曰:"可谓曰知,疑有阙误。或曰:'皆谓世子之知礼也。'"天祥云:

> 注文所疑者两事:一疑有阙,一疑有误。谓有误者为是经中"可"字有窒,"或曰"之说易"可"为"皆",此甚有理。②

即便对注文有所批评,也往往是先剔除其中的合理成分再下断语,比如《论语·述而》"盖有不知而作之者,我无是也",朱子注曰:"不知而作,不知其理而妄作也。孔子自言未尝妄作,盖亦谦辞。"天祥云:

> "不知其理而妄作",此说诚是。……但注文以"孔子自言未尝妄作"为谦辞,未晓其说。躬行君子,则吾未之有得,若圣与仁,则吾岂敢?此诚孔子之谦辞,谦其美而不居也。"妄作",非美事也,孔子自言"我无是也",正是鄙其妄作,而以不妄作自居,何谦之有?若以此为谦辞,则凡其自言"我不为奸"、"我不为盗",皆为谦矣,抑亦不思之甚也。注中删去"盖亦谦辞"四字,便无节病。③

---

① 〔元〕陈天祥:《四书辨疑》卷二《论语·为政第二》。
② 〔元〕陈天祥:《四书辨疑》卷十一《孟子·滕文公上》。
③ 〔元〕陈天祥:《四书辨疑》卷四《论语·述而第七》。

如此说来，《四书辨疑》文字的确是"多平心剖析，各明一义，非苟为门户之争。说《春秋》者三传并存，说《诗》者四家互异，古来训诂，原不专主一人。各尊所闻，各行所知，固不妨存此一家之书，以资参考也"①。这也正是《四书辨疑》的价值所在。

再次，《四书辨疑》反映了陈天祥怎样的学术取向？这要从王若虚讲起。王氏撰《论语辨惑》、《孟子辨惑》，目的十分明确，就是要反对宋儒的虚夸议论进而探求圣人本旨，《论语辨惑序》即云：

> 解《论语》者，不知其几家，义略备矣。然旧说多失之不及，而新说每伤于太过。夫圣人之意，或不尽于言，亦不外乎言也。不尽于言而执其言以求之，宜其失之不及也；不外乎言而离其言以求之，宜其伤于太过也。盍亦揆以人情，而约之中道乎？尝谓宋儒之议论不为无功，而亦不能无罪焉。彼其推明心术之微，剖析义利之辨，斟酌时中之权，委曲疏通，多先儒之所未到，斯固有功矣。至于消息过深，揄扬过侈，以为句句必涵气象，而事事皆关造化，将以尊圣人，而不免反累；名为排异端，而实流入于其中，亦岂为无罪也哉？至于谢显道、张子韶之徒，迂谈浮夸，往往令人发笑。噫，其甚矣！②

在《论语辨惑·总论》中，王若虚进一步把解《论语》者之"三过"总结为"过于深也，过于高也，过于厚也"③，并称：

> 圣人之言，亦人情而已，是以明白而易知，中庸而可久。学者求之太过，则其论虽美，而要为失其实，亦何贵乎此哉？……

---

① 〔清〕永瑢等：《四库全书总目》卷三十六《四书辨疑》，第299页。
② 〔金〕王若虚：《滹南集》卷三《论语辨惑序》。
③ 〔金〕王若虚：《滹南集》卷三《论语辨惑·总论》。

知此三者，而圣人之实著矣。①

他认为，探求圣人本旨要从"人情"出发，求之要实。因此，《论语辨惑》、《孟子辨惑》亦从疏释训诂出发，而反对过高议论，这是典型的北方学风的体现。陈天祥撰《四书辨疑》，的确受到了王若虚的极大影响，不惟书引用王说几十处，而且在文字风格、学术取向上都相一致，书中许多地方明确反对朱子注释的"过高"、"过深"之论，显然是从王若虚那里来的。比如《论语·里仁》"知者利仁"，朱子注曰："利犹贪也，盖深知笃好而必欲得之也。"天祥云：

> 注文主意，盖以智本性之所有而为道中之用，不可使有功利之意，故宛转其说，化"利"字为"深知笃好"，终不正言利之本真，亦过高之论也。②

又如《论语·先进》："季路问事鬼神。子曰：'未能事人，焉能事鬼？'敢问死，曰：'未知生，焉知死？'"朱子注曰："问事鬼神，盖求所以奉祭祀之意。而死者人之所必有，不可不知，皆切问也。然非诚敬足以事人，则必不能事神；非原始而知所以生，则必不能反终而知所以死。盖幽明始终，初无二理，但学之有序，不可躐等，故夫子告之如此。程子曰：'昼夜者'死生之道也。知生之道，则知死之道；……或言夫子不告子路，不知此乃所以深告之也。"天祥云：

> 注文本宗程子之说，而又推而广之也。程子以昼夜喻生死，昼喻生，夜喻死，此乃生死常理，人人之所共知者。注言原始而知所

---

① 〔金〕王若虚：《滹南集》卷三《论语辨惑·总论》。
② 〔元〕陈天祥：《四书辨疑》卷三《论语·里仁第四》。

以生,却是说受胎成形,初为父母所生之生;反终而知所以死,又是说预知所死之由也。不惟所论过深,与程子之说亦自不同。①

简言之,从《论语辨惑》、《孟子辨惑》到《四书辨疑》,都是北方学术传统反对南方朱子四书学的产物。并且,天祥之学与同样是处在北方的许衡与刘因的四书学,面目却有不同。

最后说明一点,尽管陈天祥因安熙之斥而焚毁《四书辨疑》一事未必属实,但在当时的确有人表达过不赞成的态度,比如张养浩在陈氏《神道碑铭》中称:"或谓《四书辨疑》,公虽不作亦可。"② 这大概反映了朱子《四书集注》在北方的学术地位日渐增长的事实。不过通过对《四书辨疑》的分析,我们认为陈天祥确是从探求圣人本旨的角度较公允地对《四书》训释进行讨论争鸣,因此大可不必因为陈氏批评地位日尊的《四书集注》而贬抑其书,正如张养浩所言:"窃谓人非生知,孰能无疑?疑而辨焉,乃讲学之事。昔司马温公疑《孟子》,欧阳文忠公疑《系辞》,固不害其为大贤也。"③

---

① 〔元〕陈天祥:《四书辨疑》卷六《论语·先进第十一》。
② 〔元〕张养浩:《归田类稿》卷十《资德大夫中书右丞议枢密院事陈公神道碑铭》。
③ 〔元〕张养浩:《归田类稿》卷十《资德大夫中书右丞议枢密院事陈公神道碑铭》。

# 第五章　元代四书学南方诸学派

大致说来，与元代北方四书学后继乏人的现象相比，南方四书学的师承特色非常鲜明，并形成了诸多以某一重要学者为核心的四书学学派，且往往传承几代，纵贯元朝，递至明初。同时，南方四书学的分布也不像北方那样零散，而是形成了诸多学者活动频繁、著述繁盛的四书学中心。造成这种局面的最重要原因在于，南方地区有着北方无可比拟的四书学传统和基础（参见第三章第三节）。从学术倾向上看，南方四书学学派大概可以区分为两类：一类是宗朱一系的四书学，占据了南方四书学的绝对优势；一类是南宋其他理学家在元代传人一系的四书学，也是南方四书学不可分割的组成部分。

## 第一节　元代南方四书学的传承谱系

### 一、元代四书学宗朱学派的分脉

在探讨元代四书学分布格局成因时我们曾经提到，元代南方四书学的浙江一线和江西一线，乃直接辐辏于朱子高弟黄榦所传之朱子学。若细加考察则可以发现，其实在宗朱学派内部，除黄榦一系外，朱子其他及门弟子一系与朱子续传或私淑一系的四书学也十分活跃，他们共同创造了元代四书学宗朱学派的繁荣局面。

第五章　元代四书学南方诸学派　189

1. 黄榦一系的四书学

从地域上考察，黄榦一系的四书学又有三个分支：浙江金华一脉，江西余干一脉，江西鄱阳一脉。下面分别梳列之：

浙江金华一脉四书学传承谱系：

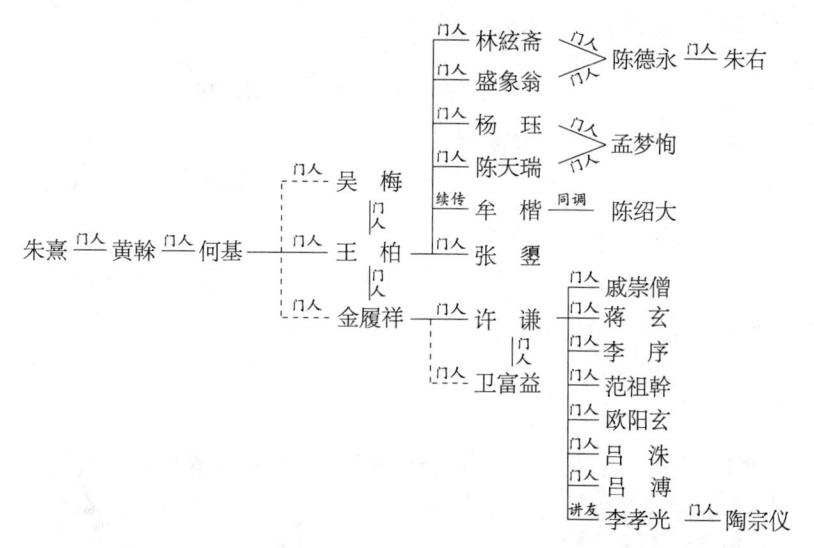

```
                                    ┌门人─林絃斋─门人─陈德永─门人─朱右
                                    ├门人─盛象翁
                                    ├门人─杨　珏─门人─孟梦恂
                                    ├门人─陈天瑞
                    ┌门人─吴　梅    ├续传─牟　楷─同调─陈绍大
朱熹─门人─黄榦─门人─何基─门人─王　柏─门人─张　壡
                    └门人─金履祥─门人─许　谦─门人─戚崇僧
                                             ├门人─蒋　玄
                                             ├门人─李　序
                                     └门人─卫富益
                                             ├门人─范祖幹
                                             ├门人─欧阳玄
                                             ├门人─吕　洙
                                             ├门人─吕　溥
                                             └讲友─李孝光─门人─陶宗仪
```

江西余干一脉四书学传承谱系：

```
                              ┌门人─虞　集─门人─刘　霖
                              ├门人─解　观
                      ┌门人─吴　澄─门人─包希鲁
                      │       ├门人─袁明善
                      ├─凌光辅  └私淑─傅定保
朱熹─门人─黄榦─门人─饶鲁─门人─吴　迁                             友善─董　彝
                      │                    ┌家学─朱公迁─门人─洪初─门人─王　逢
                      └─吴　中─门人─朱以实─┤
                                           └同调─吴　存
```

江西鄱阳一脉四书学传承谱系：

```
                              ┌门人─董　鼎
                              ├门人─沈贵瑶
朱熹─门人─黄榦─门人─董梦程─┤门人─胡方平─家学─胡一桂
                              └从游─许月卿─门人─江　恺─友善─汪炎昶
```

## 2. 朱子其他及门弟子一系的四书学

朱子其他及门弟子中，浙江崇德的辅广、浙江温州的叶味道、福建建阳的蔡沈、福建北溪的陈淳以及江西婺源的滕璘、滕珙兄弟，在元代皆有四书学传人。下面分别梳列之：

辅广一脉四书学传承谱系：

朱熹 —门人→ 辅广 —所传→ 韩翼甫 —家学→ 韩性 —门人→ 任士林
　　　　　　　　　　　　　 —门人→ 陈普 —门人→ 韩信同 —门人→ 黄宽
　　　　　 —所传→ 刘敬堂 —门人→ 熊禾
　　　　　 —门人→ 余端臣 —门人→ 王文贯 —门人→ 黄震 —续传→ 杨维桢
　　　　　 —私淑→ 程复心

叶味道一脉四书学传承谱系：

朱熹 —门人→ 叶味道 —门人→ 王梦枳 —门人→ 余学古 —门人→ 胡长孺 —门人→ 陈刚 —门人→ 林温

蔡沈一脉四书学传承谱系：

朱熹 —门人→ 蔡沈 —续传→ 刘实翁 —门人→ 王充耘
　　　　　　　 —续传→ 黄镇成 —邵武学派→ 黄清老

陈淳一脉四书学传承谱系：

朱熹 —门人→ 陈淳 —门人→ 杨昭复 —门人→ 吕大圭 —门人→ 丘葵

滕璘、滕珙一脉四书学传承谱系：

朱熹 —门人→ 滕璘 —门人→ 梅宽夫
　　 —门人→ 滕珙 —家学→ 滕铅 —门人→ 陈源长 —家学→ 陈栎 —门人→ 朱升
　　　　　　　　　　　　 —门人→ 黄智孙 —门人→ 　　　　 —门人→ 倪士毅

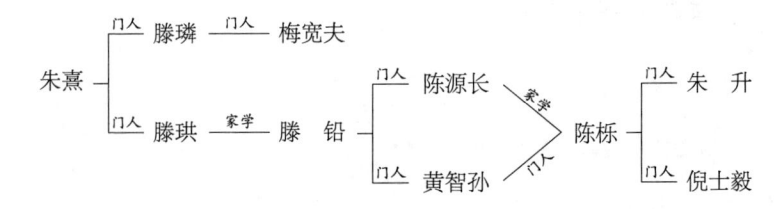

3. 朱子续传或私淑一系的四书学

朱子续传中,在元代有四书学传人的首推朱子从孙朱洪范,其传承谱系梳列如下:

```
                    ┌─门人─ 胡斗元 ─家学─ 胡炳文 ─┬─门人───── 汪九成
朱熹 ─续传─ 朱洪范 ─┤                              └─同乡问学─ 程仲文
                    └─门人─ 程复心
```

朱子私淑中,江西余干人柴中行在元代亦有四书学传人,其传承谱系梳列如下:

```
                    ┌─门人─ 汤巾 ─门人─ 徐霖 ─门人─ 曾子良
朱熹 ─私淑─ 柴中行 ─┤
                    └─家学─ 柴希尧
```

其中,北山学派的金履祥、许谦,草庐学派的吴澄,新安学派的陈栎、胡炳文等,他们的四书学著作及思想代表了元代宗朱学派四书学的主要成就,同时也是整个南方四书学的主要成果。下文将分专节重点讨论,兹不赘。

## 二、元代四书学南方其他学派

南宋与朱子同时的几位著名理学家,如江西的陆九渊,浙江的吕祖谦、叶适等,至元代亦有传人从事四书学研究。然而较诸宗朱学派的四书学,不惟人数少、著作稀,而且多数著作今已不存,因而无法考究其详致面貌。

1. 陆九渊象山学派一系的四书学

元代四书学者中,象山学派传人有著述问世者,有邵大椿、桂本、王幼孙诸人。该派之传承谱系梳列如下:

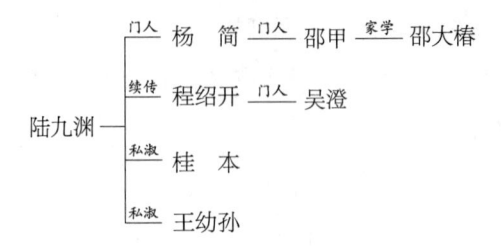

```
                ┌─门人─ 杨  简 ─门人─ 邵甲 ─家学─ 邵大椿
                │
                ├─续传─ 程绍开 ─门人─ 吴澄
   陆九渊 ──────┤
                ├─私淑─ 桂  本
                │
                └─私淑─ 王幼孙
```

邵氏有《四书讲义》，桂本有《四书通义》，王幼孙有《中庸大学章句》二卷，今均已亡佚。

2. 吕祖谦东莱学派一系的四书学

元代四书学者中，东莱学派传人有著述问世者，有王祎、陈樵、郑奕夫诸人。该派之传承谱系梳列如下：

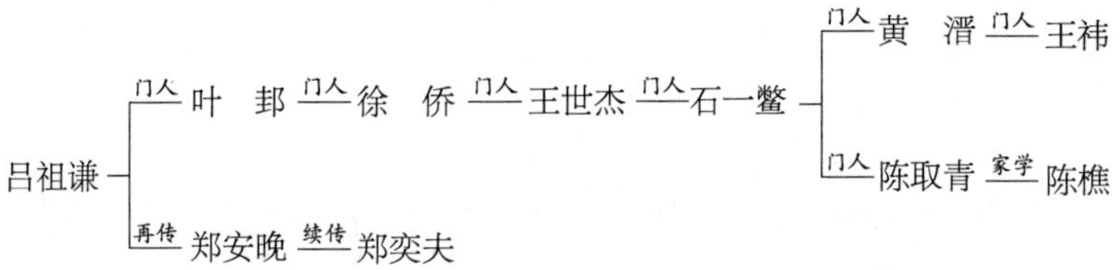

```
                                                      ┌─门人─ 黄 溍 ─门人─ 王祎
                ┌─门人─ 叶 邽 ─门人─ 徐 侨 ─门人─ 王世杰 ─门人─ 石一鳌 ──┤
   吕祖谦 ──────┤                                      └─门人─ 陈取青 ─家学─ 陈樵
                │
                └─再传─ 郑安晚 ─续传─ 郑奕夫
```

陈樵有《四书本旨》、郑奕夫有《中庸大学章旨》及《论语本义》，今均已亡佚。

王祎有《四子论》一篇，保存在其文集中，值得关注。王祎感于"先儒之论，以谓治《六经》者必先通乎《四书》，《四书》通则《六经》可不治而通也。至于《六经》、《四书》所以相通之类，则未有明言之者"①，遂撰此篇以明之。王祎所谓"《四书》通则《六经》可不治而通"之说，显然来自于二程。《河南程氏遗书》卷二十五载程氏之语云："学者当以《论语》、《孟子》为本，《论语》、《孟子》既治，则《六经》可不治而明矣。"而这种"读论语孟子法"，亦被朱子当作指导性的"纲领"，置于《论语集注》之前。当然，"《论语》、《孟子》既

---

① 〔元〕王祎：《王忠文集》卷四《四子论》。

治,则《六经》可不治而明矣"的提法,意在强调《论》、《孟》乃至整个《四书》的重要,并非真的说治《四书》后即可不治《六经》。程朱之意乃在于,《六经》之"道"与《四书》之"道"相通,而《四书》易于理会,故通《四书》亦可通《六经》。

饶有兴味的是王祎所阐述的"《六经》、《四书》所以相通"的理据,当属发前人所未发。兹移录如下:

> 以予论之,治《易》必自《中庸》始,治《书》必自《大学》始,治《春秋》则自《孟子》始,治《诗》及《礼》、《乐》必自《论语》始。是故《易》以明阴阳之变,推性命之原,然必本之于太极,太极即诚也,而《中庸》首言性命,终言天道、人道,必推极于至诚,故曰治《易》必始于《中庸》也。《书》以纪政事之实,载国家天下之故,然必先之以德峻德、一德三德是也,而《大学》自修身以至治国、平天下,亦本原于明德,故曰治《书》必始于《大学》也。《春秋》以贵王贱霸,诛乱讨贼,其要则在乎正谊不谋利,明道不计功,而《孟子》尊王道,卑霸烈,辟异端,距邪说,其与时君言,每先义而后利,故曰治《春秋》必始于《孟子》也。《诗》以道性情,而《论语》之言《诗》,有曰:"《关雎》乐而不淫,哀而不伤。"又曰:"可以兴,(可以观,)可以群,可以怨。"《礼》以谨节文,而《论语》之言礼,自乡党以至于朝廷,莫不具焉。《乐》以象功德,而《论语》之言"乐自《韶》舞"以及"翕纯皦绎"之说,莫不备焉,故曰治《诗》及《礼》、《乐》必始于《论语》也。此《四子》、《六经》相通之类然也。虽然,总而论之,《四子》本一理也,《六经》亦一理也。汉儒有言:"《论语》者,五经之錧辖,六艺之喉衿。《孟子》之书,则而象之。"嗟乎!岂独《论语》、《孟子》为然乎?故自阴阳、性命、道德之精微,至于人伦日用、家国天下之所当然,以

尽乎名物、度数之详,《四子》、《六经》皆同一理也。统宗会元,而要之于至当之归,存乎人焉尔。①

在这里,王祎找到了《六经》与《四书》在哲学上的契合点,将《六经》与《四书》一一比附,以此解释《六经》与《四书》之所以相通,这可算作元代一种新型"四书六经观"。不过,程子所谓"《论语》、《孟子》既治,则《六经》可不治而明矣",强调的是《四书》与《六经》的相通;而朱子所谓"《四子》,《六经》之阶梯",强调的则是《四书》与《六经》的差别及阶段性。二者虽有关联,却不完全属于同一层面的问题。

3. 叶适水心学派一系的四书学

元代四书学者中,水心学派传人有著述问世者,有林处恭、戴表元、袁桷、单庚金、刘庄孙、胡一桂诸人。该派之传承谱系梳列如下:

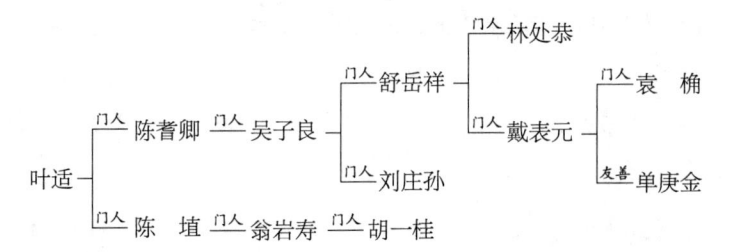

```
                    ┌入 林处恭
            ┌入 舒岳祥 ┤
            │       └入 戴表元 ┬入 袁 桷
叶适 ┬入 陈耆卿 入 吴子良 ┤              └友善 单庚金
    │         └入 刘庄孙
    └入 陈 埴 入 翁岩寿 入 胡一桂
```

林处恭有《四书指掌图》、单庚金有《增集论语说约》、刘庄孙有《论语章指》、胡一桂有《四书提纲》,今均已亡佚。著作今传世者,戴表元有"论语讲义"十五则、"孟子讲义"三则、"中庸讲义"二则;袁桷《清容居士集》卷四十二有《答高舜元十问》,首问为"问吾自卫反鲁然后乐正雅颂各得其所",出《论语·子罕》。戴表元从舒岳祥学,为叶适的四传弟子,其四书学也体现出水心学派"重事功"的特色。比如讲说《论语·子罕》"子罕言利与命与仁"一句,曰:"利者,四

---

① 〔元〕王祎:《王忠文集》卷四《四子论》。

德之一。命者，天之所以赋于人。仁者，人之所以为心。"① 孟子是主张"亦曰仁义而已矣，何必曰利"②的，朱子《四书集注》也于此句下引程子之言曰："计利则害义，命之理微，仁之道大，皆夫子所罕言也。"戴氏之说显然与《孟子》之意及朱子说解不同。从学术渊源考察，他推崇的是陈亮的"永康经济学"③，因此他反对"《孟子》之所非"而赞同"《周易》之所取"④，以"利"为"元、亨、利、贞"四德之一。

## 第二节 金履祥、许谦与北山学派的四书学

浙江金华地区是南宋理学大师吕祖谦"婺学"的发祥地，但自宋末以来，由于黄榦的传授，理学及四书学在这一地区得到了最广泛持久的传播，并号称"朱学嫡脉"。黄榦弟子何基、何基弟子王柏、王柏弟子金履祥、金履祥弟子许谦等人，积极阐扬朱子学说，先后相继，共同创立了理学及四书学中的"北山学派"（因何基号"北山先生"而得名）。何、王、金、许四人，亦被称作"北山四先生"。

何基、王柏主要活动在南宋末年，金履祥主要活动在宋元之际，许谦主要活动在元朝，故本书重点论述金、许二氏的四书学。在四书学上，何、王对后二人产生了极大的影响。何基（1188—1269），字子恭，居金华山北，学者因称"北山先生"。少从乡人陈震习举子业，但他不喜科举而究心义理。父伯熭调江西临川县丞，黄榦适为县令，伯熭遂命何基兄弟二人师事之。黄榦"首教以为学须先办得真实心地，刻苦工夫，随事诱掖，始知伊洛之渊源。临别，告之以但读熟《四书》，使胸次浃洽，道理自见。此先生所以终身服习，不敢顷刻忘

---

① 〔元〕戴表元：《剡源文集》卷二十五《子罕言利与命与仁》。
② 《孟子·梁惠王上》。
③ 〔元〕戴表元：《剡源文集》卷二十七《东阳方韶卿惠古意七篇久不得和……（之七）》。
④ 〔元〕戴表元：《剡源文集》卷二十五《子罕言利与命与仁》。

也"①，这便奠定了"北山学派"以《四书》为本的学术基调。

何基恪守朱学，对朱子《四书集注》推崇备至，曾云：

> 学者读书，先须以《四书》为主，而用《语录》以辅翼之。大抵《集注》之说，精切简严；《语录》之说，却有痛快处。但众手所录，自是有失真者。但当以《集注》之精严，折衷《语录》之疏密；以《语录》之详明，发挥《集注》之曲折。②

何基"平时不轻撰，惟研究朱子之书，《四书章句集注》悉加点抹"③，相关著述有《大学发挥》十四卷④、《中庸发挥》八卷、《论孟发挥》（未脱稿）等。黄宗羲评价其学云：

> 北山之宗旨，熟读《四书》而已。北山晚年之论曰："《集注》义理自足，若添入诸家语，反觉缓散。"盖自嘉定以来，党禁既开，人各以朱子之学为进取之具，天乐浅而世好深，所就日下，而剽掠见闻以欺世盗名者，尤不足数。北山介然独立，于同门宿学，犹不满意，曰："恨某早衰，不能如若人强健，遍应聘讲，第恐无益于人，而徒勤道路耳。然则，若人者，皆不熟读《四书》之故也。'北山确守师说，可谓有汉儒之风焉。"⑤

王柏（1197—1274），字会之，学者称"鲁斋先生"。少慕诸葛

---

① 〔南宋〕王柏：《何北山先生行状》，载《何北山先生遗集·附录》，《续修四库全书》本。
② 〔南宋〕王柏：《何北山先生行状》，载《何北山先生遗集·附录》，《续修四库全书》本。
③ 〔元〕吴师道：《礼部集》卷二十《代请立北山书院文》。
④ 元人吴师道《代请立北山书院文》作"十四卷"，《浙江通志·经籍二》及《经义考》等皆作"四卷"。
⑤ 〔清〕黄宗羲原著，〔清〕全祖望补修：《宋元学案》卷八十二《北山四先生学案》，第2727页。

亮，自号长啸。《宋史·王柏传》载：

> 年逾三十，始知家学之原，捐去俗学，勇于求道，与其友汪开之著《论语通旨》。至"居处恭，执事敬"，惕然叹曰："'长啸'非圣门持敬之道。"亟更以"鲁斋"。从熹门人游，或语以何基尝从黄榦得熹之传，即往从之，授以立志居敬之旨。

王柏因此成为黄榦的再传弟子。与何基坚守朱说的大趋向不同[①]，王柏最突出的学术特点是"勇于问难质疑而不轻信盲从"[②]，这是宋代疑经改经风气的产物。在何基与王柏师弟之间，还发生了多次学术论辩，《宋史·何基传》载：

> 王柏既执贽为弟子，基谦抑不以师道自尊。柏高明绝识，序正诸经，弘论英辨，质问难疑，或一事至十往返。基终不变，以待其定，尝曰："治经当谨守精玩，不必多起疑论，有欲为后学言者，谨之又谨可也。"……基《文集》三十卷，而与柏问辨者十八卷。

王柏的疑经，不但及于《尚书》（著有《书疑》）、《诗经》（著有《诗疑》，又名《诗辨说》），而且及于《四书》（著有《大学沿革论》、《中庸论》等）。徐远和先生称："疑经及于朱熹《四书集注》，这在朱熹后学中是少见的。"[③]从学术倾向上看，北山学派四书学在元代的两位代表人物中，金履祥更接近王柏，富于怀疑精神；许谦则更接近何基，保守色彩相对浓厚一些。

---

[①] 徐远和先生认为："何基对于朱熹的疑经思想也有一定的继承，以往的研究者忽略了这一方面。"（徐远和：《理学与元代社会》，第五章，第138页）

[②] 侯外庐等主编：《宋明理学史》第二编，第二十三章，第649页。

[③] 徐远和：《理学与元代社会》，第五章，第147页。

## 一、金履祥与《论孟集注考证》

金履祥（1232—1303），字吉父，号次农，居浙江兰溪仁山之下，学者因称"仁山先生"。少而好学，初务博杂，十九岁开始向慕濂洛之学，二十三岁受业同郡王柏，并从登何基之门，"自是讲贯益密，造诣益深"①，"故儒者谓其能得朱子之遗绪"②。宋亡不仕，隐居教授，著述以终。其四书学著作，除《论孟集注考证》外，又有《大学章句疏义》一卷（又名《大学疏义》）、《大学指义》一卷。关于后二书之作，弟子柳贯曾云：

> 《大学》，文公既定次《章句》，而《或问》之作，所以反复章明其义趣者尤悉。然后之学者尚有疑焉，先生复随其章第，衍为《疏义》以畅其文，申为《指义》以统其会。《大学》之教，于是乎无毫发之滞矣。③

清末胡凤丹亦云：

> 其为学私淑朱子，尝读《大学章句》，穷日夜之方，循其章第，畅其意旨，遂成是书，为朱子补其未逮。并作《指义》一篇，以发其凡。④

《大学指义》一卷，今已不存。《大学章句疏义》一卷的主要内容，诚如柳、胡二氏所言，乃在于畅达朱子《大学章句》之文，使学者不

---

① 〔元〕柳贯：《待制集》卷二十《仁山先生金公行状》。
② 《大学疏义》卷首提要，《文渊阁四库全书》本。
③ 〔元〕柳贯：《大学章句疏义序》，《经义考》卷一五七引，第818页。
④ 〔清〕胡凤丹：《大学疏义序》，《丛书集成初编》本。

致生疑。如疏解《大学》之"三纲领",曰:

> "在明明德,在亲民,在止于至善",以三"在"字订之,则所以为学者在是三者。外是三者非所当学,学焉而不足于斯三者,亦非所以为学也。《序》之所谓"俗儒记诵辞章之学,异端虚无寂灭之教,其它权谋术数,一切以就功名之说,与夫百家众技之流",是其为学皆不知所在者也。《或问》所谓"有不务明其明德,而徒以政教法度为足以新民者;又有爱身独善,自谓足以明其明德而不屑于新民者;又有略知二者之当务,顾乃安于小成、狃于近利而不求止于至善者",皆不足于所在者也。是三"在"者,固俱为大学纲领,而又自相为纲领。"在明明德",所以起下两"在";"在止于至善",又所以总上两"在"。

如此解说,"明明德"、"新民"与"止于至善"三者之间的关系便更清晰,三者在"大学之教"中的"纲领"地位也更明确。《四库全书总目》对该书有较高评价:

> 书中依文铨解,多所阐发。盖仁宗延祐以前尚未复科举之制,儒者多为明经计,不为程试计,故其言切实,与后来时文讲义异也。①

清朝同治年间,胡凤丹"惧其久而益淹也,乃重锓以永其传"②,并称:

---

① 〔清〕永瑢等:《四库全书总目》卷三十五《大学疏义》,第298页。
② 〔清〕胡凤丹:《大学疏义序》,《丛书集成初编》本。

后之读《大学》者,得是书而参考之,苟不忽于讲说之浅近,而由是以求格致诚正修齐治平之理,一一有得于身心,则岂独先生之所深望哉?当亦子朱子所愿引为同志者矣。①

金履祥四书学方面的代表作是《论孟集注考证》十七卷,包括《论语集注考证》十卷、《孟子集注考证》七卷。兹从三个方面展开论述:

1.《论孟集注考证》的撰著缘起与体例

关于《论孟集注考证》的撰著缘起,许谦在该书序文中说:

古之圣人得其位,皆因时以制治。孔子酌百世之道以淑天下,而其事主于教。孟轲氏推尊孔子,传于后世,以迄于今。故《论语》、《孟子》者,斯道之阃奥也。繇汉而还,解之者率有不获。至二程夫子,肇明厥旨,今散见于《遗书》。嗣时以后,诸儒所著,班班可考。然各以所见自守,有得有失,未有能搜抉融液,折诸理而一之者。子朱子深求圣心,贯综百氏,作为《集注》,竭生平之力,始集大成,诚万世之绝学也。然其立言浑然,辞约意广,往往读之者或得其粗,而不能悉究其义;或一得之致,自以为意出物表,曾不知初未离其范围。凡世之诋訾混乱,务新奇以求名者,其弊正坐此。此《考证》所以不可无也。②

明人陈邦瞻《元史纪事本末》所引文字与序文原文略异:

谦尝序其《论孟考证》曰:"圣贤之心尽在《四书》,而《四书》之义备于朱子。顾其立言,词约意广,读者咸得其粗而不能悉

---

① 〔清〕胡凤丹:《大学疏义序》,《丛书集成初编》本。
② 〔元〕许谦:《论孟集注考证·原序》。

究其义，或以一偏之致自异，而初不知未离其范围。世之诋訾贸乱务为新奇者，其弊正在此耳。此金先生《考证》之所由作也。"①

这充分说明，金履祥撰著《论孟集注考证》乃是针对时弊而作。为使学者更好地理解《四书集注》，金氏在《论孟集注考证》中做了疏解疑难、修补简略的工作，仁山自称：

> 古书之有注者必有疏，《论孟考证》即《集注》之疏也。以有《纂疏》，故不名"疏"，而文义之详明者，亦不敢赘。但用陆氏《经典释文》之例，表其疑难者疏之。文公《集注》多因门人之问更定，其问所不及者，亦或未修。而事迹名数，文公亦以无甚紧要略之，今皆为之修补。②

这同时也可说明，《四书集注》在宋末元初已经产生了理解上的障碍，有为之疏解的必要。

关于《论孟集注考证》一书的体例，履祥跋语中实际已有交待：

其一，"《论孟考证》即《集注》之疏"。"疏"是指为古书旧注所作的进一步阐释的文字。在履祥看来，《论孟集注考证》也就是对朱子《四书集注》文义所作的进一步阐发。而古代历来遵循"疏不破注"的原则，同《大学章句疏义》一样，《论孟集注考证》也就当然是为畅达《四书集注》之文而作，从基本立场上必然是维护而不是反动，这便与陈天祥撰著《四书集注辨疑》有着很大区别。跋语中所谓"以有《纂疏》，故不名'疏'"之《纂疏》，当指浙江缙云人赵顺孙之《四书

---

① 〔明〕陈邦瞻：《元史纪事本末》卷十六《诸儒出处学问之概》。〔明〕冯从吾《元儒考略》卷三、〔清〕孙承泽《元朝典故编年考》卷八及〔清〕朱彝尊《经义考》卷二一九等，所引许谦序文与《元史纪事本末》同。

② 〔元〕金履祥：《大学章句疏义跋》。

纂疏》二十六卷。徐远和先生认为：

> 在金履祥之前，南宋理学家真德秀曾著有《四书集编》，博采朱熹之说以相发明，复间附己见以折中讹异。赵顺孙曾著有《四书纂疏》，备引朱熹之说以羽翼《集注》，并旁引黄榦等十三家之说以为纂疏。但真、赵二氏仅限于以朱注朱，并未像金履祥那样用"成一家言"的方式为《集注》作疏。金履祥的特别之处，在于他有为《集注》作疏的自觉意识，并且将传统的经学注疏方式移植于新上升为儒家经典的《四书集注》。此后，继作者汗牛充栋，而金履祥则是始作俑者。①

其二，"用陆氏《经典释文》之例"。《经典释文》三十卷，唐人陆德明所撰，是一部对《周易》、《古文尚书》、《毛诗》、《周礼》、《仪礼》、《礼记》、《春秋左氏传》、《公羊传》、《穀梁传》、《孝经》、《论语》、《老子》、《庄子》、《尔雅》等十四部经典的文字音义训释专书。其体例仅标举经文中之疑难者加以训解，而非移录经文全文。《论孟集注考证》亦是"表其疑难者疏之"，书中出现的大字乃是作者摘取的《四书集注》的字词或语句，其中既包括《论语》、《孟子》之经文，又包括《四书集注》之注文。比如《论语·为政》前两章所疏文句依次为："为政"（经文）、"德"（经文）、"譬"（经文）、"德之为言德也，得于心而不失也"（注文）、"北极，天之枢"（注文）、"程子曰"（注文）、"范氏曰"（注文）、"思无邪"（经文）、"恶者可以惩创人之逸志"（注文）、"程子"（注文）。这与全录《四书集注》原文又在其下详加疏释的《四书集编》、《四书纂疏》一类著作，在体例上有很大不同。而且，注文与经文并列，进一步印证了在金履祥的观念中，《四书

---

① 徐远和：《理学与元代社会》，第五章，第152页。

集注》已经带有"经"的意味了。

2.《论孟集注考证》的内容特色

许谦在该书之序中又称：

> 先师之著是书，或隐括其说，或演绎其简妙，或撅其幽发其粹，或补其古今名物之略，或引群言以证之。大而道德性命之精微，细而训诂名义之弗可知者，本隐以之显，求易而得难。吁！尽在此矣。

这是就《论孟集注考证》的内容方面说的，兹分别举例说明之：

第一，"隐括其说"。"隐括"者，修改、订正之义也。对《四书集注》中的诸多说法，《论孟集注考证》多所订正。比如，《论语·述而》第三十四章曰："子疾病，子路请祷。子曰：'有诸？'子路对曰：'有之。《诔》曰："祷尔于上下神祇。"'"朱子注曰："'诔'者，哀死而述其行之辞也。"履祥云：

> 古本《论语》元作"讄"，《说文》引《论语》云："《讄》曰：祷尔于上下神祇。""讄"①亦作"䜊"，祷也。累其事以求祷也。其作"诔"者，则哀死而述行以谥之之辞。同是力轨反而义不同，必开元长兴吏书之误，《集注》偶未之考尔。②

再如，《论语·宪问》第十四章曰："子问公叔文子于公明贾曰：'信乎夫子不言、不笑、不取乎？'"朱子注曰："公叔文子，卫大夫公孙枝也。"履祥云：

---

① "讄"，《丛书集成初编》本作"䜊"。
② 〔元〕金履祥：《论语集注考证》卷四《述而》。

按《左传》及《注》,当从"公叔发"。《集注》或传写之误。①

又如,《孟子·万章上》第二章曰:"万章曰:'父母使舜完廪,捐阶,瞽瞍焚廪。使浚井,出,从而掩之……'"朱子注曰:"按《史记》曰:'使舜上涂廪,瞽瞍从下纵火焚廪,舜乃以两笠自捍而下去,得不死。后又使舜穿井,舜穿井为匿空旁出。舜既入井,瞽瞍与象共下土实井,舜从匿空中出去。'即其事也。"履祥云:

> 《集注》以《史记》之说为证,似未审。且就本文言之,自是明白。"捐阶"与"出"字相对,"捐"如"捐馆"之"捐",谓下阶去也。完廪已下去,而瞽瞍焚之;浚井已出去,而瞽瞍从而掩之。盖舜之事亲,小杖则受,大杖则走,故完廪、浚井随即捐出,而瞽瞍不知,焚之掩之则无及矣,盖不使父母有杀子之恶也。《史记》不得其意,秖以生疑,程子所谓"如此读书,枉费心力者也"。②

对履祥的隐括工作,《四库全书总目》曾给予充分肯定:"其中如辨《论语注》'公孙枝'云:'案《左传》,当作公孙发,《集注》或传写之误。'辨《孟子注》'许行神农之言,史迁所谓农家者流'云:'《史记》六家无农家,《汉书·艺文志》九流之中乃有农家。'皆为典确。"③故而这部分内容殊有学术价值。

---

① 〔元〕金履祥:《论语集注考证》卷七《宪问》。又,清人钱大昕《十驾斋养新录》卷三"公孙拔"条云:"公叔文子,朱注作'公孙枝',王伯厚以为传写之误。予尝见倪士毅《四书辑释》载朱文公《论语注》:'公叔文子,卫大夫公孙拔也。'引吴氏程曰:'拔,皮八反,俗本作"枝",误,即公叔发。'乃知今世所行《集注》本,非考亭之旧。王厚斋所见,亦是误本。明人修《大全》,多袭用倪氏《辑释》之文,独此条转取流俗本以改倪氏,可谓不学之甚也。"

② 〔元〕金履祥:《孟子集注考证》卷五《万章上》。

③ 〔清〕永瑢等:《四库全书总目》卷三十五《论语集注考证 孟子集注考证》,第298页。

第二,"演绎其简妙","摅其幽发其粹"。这两句话其实可以作为一个问题来认识,即指《论孟集注考证》对《四书集注》的深奥精妙之处多所引申生发。比如,《论语·雍也》第十一章:"子谓子夏曰:'女为君子儒,无为小人儒。'"朱子注曰:"儒,学者之称。程子曰:'君子儒为己,小人儒为人。'〇谢氏曰:'君子小人之分,义与利之间而已。然所谓利者,岂必殖货财之谓?以私灭公,适己自便,凡可以害天理者皆利也。子夏文学虽有余,然意其远者大者或昧焉,故夫子语之以此。'"这里,朱子引用了程子和谢氏(良佐)两家之言,自己之意却未明确表达,而君子小人之分及义利之辨是理学中的要害问题,于是履祥进一步生发朱子之深意云:

> 儒,学者之称。子夏文学,故夫子鞭辟其近里。君子儒则务德业,小人儒则绔文辞。王文宪曰:"程子于儒上说君子小人固甚平,恐于子夏未切,谢氏以义利说恐尤甚。子夏细密谨严,病于促狭,故以是警之,后世托儒为小人者固多矣,恐子夏必不至此。"履祥按,《语录》,朱子亦尝疑此说为初学之时。至于言博学、笃志、切问、近思之后,则不待为此言矣。又曰:"圣人为万世立言,岂专为子夏设?"观此二条,则文公固自疑谢氏之说为过矣,然"汝为"二字专为子夏言,当如文宪之说泛。文公亦尝言子夏太细密谨严,又云其促狭,于子游、叶贺孙之问,亦言其太紧小。如此,则此君子小人只是以度量规模为言,其言君子如大人君子,其言小人是野人小人。若樊须小人之类,盖对大人君子而言。特有小大之分耳,非言善否之殊也。至为学者切己省察,则《集注》之言自在所深省。①

---

① 〔元〕金履祥:《论语集注考证》卷三《雍也》。

又如,《孟子·告子上》第三章:"告子曰:'生之谓性。'"朱子注曰:"告子论性,前后四章语虽不同,然其大指不外乎此,与近世佛氏所谓'作用是性'者略相似耳。"朱子曾把他的学术对手陆九渊比作告子,以为其学不纯,并以告子之说近于佛学,对告子的态度也是朱子四书学中的一个关键点。然而此处注释十分简略,到底为何称告子之说与佛氏相似,亦未言明,履祥遂解说曰:

《语录》举《传灯录》曰:"国王问尊者曰:'如何是佛?'曰:'见性为佛。'曰:'如何是性?'曰:'作用是性。'曰:'如何是作用?'曰:'在目曰见,在耳听闻,在鼻气臭,在口谈论,在手执捉,在足运奔,遍现俱该法界,收摄在一微尘识者,知是佛性不诚,唤作精魂。'"又庞氏、傅氏亦曰:"手持足履,尽是神通,运水搬柴,无非妙用。"佛氏之说比告子又精神,故《集注》言其"略相似"。然佛氏妙处在此,差处亦在此。盖指视听言动之气为性,而不知所以为视听言动之理之为性也;指人心为性,而不知道心之为性也。虽其主于收摄,作弄精神,而颠倒错缪,终不可以入尧舜"精一执中"之道也。①

经过金履祥的"摅幽发粹",后世学者对于《四书集注》的把握,就不致因文字过于简约而难得其要领了。

第三,"补其古今名物之略"。履祥云:"事迹名数,文公亦以无甚紧要略之,今皆为之修补。"②《论语集注考证》对《四书集注》之名物制度多所补葺。有的是《四书集注》未曾言及的,比如《孟子·离娄上》第十三章:"伯夷辟纣,居北海之滨。"朱子未对"北海之滨"加

---

① 〔元〕金履祥:《孟子集注考证》卷六《告子上》。
② 〔元〕金履祥:《论孟集注考证跋》。

以解说，履祥则补之云：

> 伯夷，孤竹君之长子。孤竹国在辽西令支县，中国去北海甚远，但以辽海为北海。①

但更多的情形则是朱子《四书集注》中的解说十分简略，而履祥加以丰满。比如，《论语·八佾》第十三章："王孙贾问曰：'与其媚于奥，宁媚于灶，何谓也？'"朱子注曰："室西南隅为奥。"履祥嫌其简略，补之曰：

> 奥，古者室中北墉南牖，东南隅为户，东北隅为室之宧，西北隅为屋漏，西南隅为奥。奥，尊者之常居也。②

又如，《孟子·梁惠王上》第三章："百亩之田，勿夺其时，数口之家可以无饥矣。"朱子注曰："五亩之宅，一夫所受，……百亩之田，亦一夫所受。"履祥则对之详加解说：

> 古者六尺为步，步百为亩，一夫一妇受田百亩，又受田庐之地二亩半，邑居二亩半。田以九百亩为一井，八面皆百亩，为私田，八家受之；内一百亩为公田，八家同养公田。又于公田之内除二十亩为庐舍，八家则每家得二亩半也，邑居所受亦如之。然尺有数等，周尺以人中指中节为寸，人有上中下不同，则以中人为度一尺，约当今浙尺八寸，则百亩之地全无多地，当自别有地。尺若衣服针灸，则以人尺为度尔。古所为亩即今田疄，其广六

---

① 〔元〕金履祥：《孟子集注考证》卷四《离娄上》。
② 〔元〕金履祥：《论语集注考证》卷二《八佾》。

尺，其长六百尺，是为一亩。若以今尺步计之，则古之百亩当今四十一亩，古者二亩半当今一亩十步。①

对于这些补略文字，《四库全书总目》给予了较高评价：

> 于事迹典故，考订尤多。盖《集注》以发明理道为主，于此类率沿袭旧文，未遑详核，故履祥拾遗补阙，以弥缝其隙，于朱子深为有功。②

至于"引群言以证之"，是指书中广泛征引朱子《语录》、《或问》及其他诸家之说，如"王文宪（柏）"、"黄文肃（榦）"等。其中，以引用其师王柏之说为最多。

### 3.《论孟集注考证》的学术评价

其一，诚如元人柳贯所言：

> 文公于《论孟》制《集注》，多因门人之问而更定之。其问所不及者，亦或未之备也。而事物名数，又以其非要而略之。先生皆为之修补附益，成一家言，题其编曰《论语孟子考证》。③

金氏此书并非机械地重复朱子之语，而是不乏自己的独到见解。比如《孟子·公孙丑上》第六章："今人乍见孺子将入于井，皆有怵惕恻隐之心。"朱子注曰："恻，伤之切也。隐，痛之深也。此即所谓不忍人之心也。"履祥云：

---

① 〔元〕金履祥：《孟子集注考证》卷一《梁惠王上》。
② 〔清〕永瑢等：《四库全书总目》卷三十五《论语集注考证　孟子集注考证》，第298页。
③ 〔清〕朱彝尊：《经义考》卷一五七引，第818页。

恻伤之切，隐痛之深，因上文怵惕恻隐以为训。盖怵是惊，惕是动，则恻隐作痛伤之深切。若以下文三端例之，则羞是耻己之不善，恶是憎人之不善，辞是解使去己，让是推以与人。是知其善非知其恶，皆是两面，独恻隐是痛伤一面，但稍有浅深耳。按仁贯四性，则恻隐贯四端，但曰伤痛，不见贯四端之意。昔谢上蔡以该洽自多，程子责之曰："可谓玩物丧志。"谢子面热发赤，程子曰："此恻隐之心也。"夫面热发赤者，羞恶之心尔，而以为恻隐，盖四端皆从动处发。恻隐之心兼怵惕而言，则恻惕为惊动，但举恻隐而言，则恻为动，隐为痛。恻是恻然而动，隐是隐然而痛。恻者感于外而动于中，隐者痛于中而发于外。恻则专言之仁之端也，隐则偏言之仁之端也。此心本静，有感而动，则痛伤、羞恶、辞逊、是非之念发焉。此恻之所以贯四端，而隐之所以为爱也。以此观之，庶得其立言之例，于人心为真切。①

对"恻隐"的解说，则是朱子之说所未备。此类文字，于《四书集注》颇有发明之功。

不过，书中也有不少失当之处，值得注意，《四库全书总目》曾予指出：

至于辨《公刘》"后稷之曾孙"一条，谓公刘避桀居邠，去后稷世远，非其曾孙。不知古人凡远祖多称高祖，《左传》郑子称"我高祖少皞"是也；凡远孙多称曾孙，《左传》蒯聩称"曾孙蒯聩敢昭告皇祖文王"是也。如此之类，则《注》不误而履祥反误，亦未尽确当不移。②

---

① 〔元〕金履祥：《孟子集注考证》卷二《公孙丑上》。
② 〔清〕永瑢等：《四库全书总目》卷三十五《论语集注考证　孟子集注考证》，第298页。

其二，金氏撰著《论孟集注考证》的一项重要工作，是对朱子注释中失误之处的指摘修正，故而履祥之说也就与《四书集注》多所牴牾。对于这个问题该怎样看？清人黄百家云：

> 仁山有《论孟考证》，发朱子之所未发，多所牴牾。其所以牴牾朱子者，非立异以为高，其明道之心，亦欲如朱子耳。朱子岂好同而恶异者哉！世为科举之学者，于朱子之言，未尝不锱铢以求合也。乃学术之传，在此而不在彼，可以憬然悟矣。①

这其实也正符合履祥的本意，用他自己的话说：

> 或疑此书不无微悟者，既是再考，岂能免此？但自我言之则为忠臣，自他人言之则为谗贼尔。此履祥将死真切之言，二三子其详之。②

也就是说，在履祥看来，即便书中有与《四书集注》牴牾之处，也是为了更好地维护朱子之说，决非有意诋毁。从这一点说开去，《四库全书总目》所谓"惟其自称此书不无微悟，自我言之则为忠臣，自他人言之则为谗贼，则殊不可训。夫经者古今之大常，理者天下之公义。议论之得失惟其言，不惟其人。使所补正者果是，虽他人亦不失为忠臣；使所补正者或非，虽弟子门人亦不免为谗贼。何以履祥则可，他人则必不可？此宋元间门户之见，非笃论也"③，也就需要辩证看待了。

---

① 〔清〕黄宗羲原著，〔清〕全祖望补修：《宋元学案》卷八十二《北山四先生学案》，第2738页。

② 〔元〕金履祥：《论孟集注考证跋》。

③ 〔清〕永瑢等：《四库全书总目》卷三十五《论语集注考证 孟子集注考证》，第298页。

另一方面，倘若我们对元代后期，尤其是明初《四书大全》刊刻以后四书学著述的情况有所了解的话，就会较为深切地感受到，《论孟集注考证》这类宗朱又不墨朱的四书学著述对于学术发展来讲，其实是极为宝贵的。《四库全书总目·四书类存目案语》云：

> 古书存佚，大抵有数可稽。惟坊刻《四书》讲章，则旋生旋灭，有若浮沤，旋灭旋生，又几如扫叶，虽隶首不能算其数。盖讲章之作，沽名者十不及一，射利者十恒逾九。一变其面貌，则必一获其赢余；一改其姓名，则必一趋其新异。故事同幻化，百出不穷。取其书而观之，实不过陈因旧本，增损数条，即别标一书目，别题一撰人而已。如斯之类，其存不足取，其亡不足惜，其剽窃重复不足考辨，其庸陋鄙俚亦不足纠弹。①

这主要是针对明清以来四书学著述状况而言的。可见，当学术发展仅仅是"陈因旧本，增损数条"的时候，它的生命力也就丧失殆尽了。而反观金履祥的《论孟集注考证》，它"对于《集注》也作了某些补充和修正，反映出金履祥对朱熹理学某些观点的深化和发展。……《考证》采用为《集注》作疏的方法，有其偏于保守的一面；但其中发挥的某些观点，又具有一定的创新精神。这从一个侧面说明，金华朱学在元代初期仍是一种具有相当活力的学说"②。

## 二、许谦与《读四书丛说》

许谦（1270—1337），字益之，自号白云山人，学者称"白云先

---

① 〔清〕永瑢等：《四库全书总目》卷三十七《四书类存目案语》，第320页。
② 徐远和：《理学与元代社会》，第五章，第151—152页。又，《四库全书总目》卷三十五《论语集注考证　孟子集注考证》云："然其旁引曲证，不苟异亦不苟同，视胡炳文辈拘墟回护，知有注而不知有经者，则相去远矣。"

生"。数岁而孤,幼从母陶氏授《孝经》、《论语》,入耳辄不忘。长而受业金履祥之门,居数年,尽得其奥。读《四书章句集注》,有《读四书丛说》八卷;读《诗集传》,有《诗集传名物钞》八卷;读《书集传》,有《读书丛说》六卷;其观史,则有《治忽几微》。他若天文、地理、典章、制度、食货、刑法、字学、音韵、医经、术数之说,靡不贯通。延祐初,居东阳八华山,学者翕然从之者千余人,北方学派臻于极盛。时人黄溍称:

> 文懿许公出于三先生(案:指何基、王柏、金履祥)之乡,克任其承传之重。三先生之学,卒以大显于世。然则程子之道得朱子而复明,朱子之道至许公而益尊,文懿许公之功大矣。①

许谦在学术上享有盛名,与北儒许衡并称"南北二许"。以下专就其四书学著述《读四书丛说》加以论述,以见其四书学思想。

1. 《读四书丛说》的卷数与体例

《读四书丛说》八卷,是许谦重要的四书学著作。弟子吴师道在该书序中称:"《读四书丛说》者,金华白云先生许君益之为其徒讲说,而其徒记之之编也。"② 董洪利先生则认为:

> 从内容看,此书自始至终都是用严整的文言写作,未杂有当时通行的口语白话,而且文句简练,结构严谨,所以不太像学生的听课笔记,而更像许谦经过整理的读书笔记。③

《读四书丛说》八卷,今有《经苑》本、《金华丛书》本、《四部

---

① 〔元〕许谦:《白云集·元史载白云先生行实》。
② 〔清〕朱彝尊:《经义考》卷二五四引,第1282页。
③ 董洪利:《孟子研究》下编,第十章,第267页。

丛刊续编》本、《丛书集成初编》本、《续修四库全书》本、北京图书馆藏元刻本、上海图书馆藏明刻本、浙江省图书馆藏明抄本及最新的《中华再造善本》本等。然而古代目录著作著录该书，卷数分歧却较大。明焦竑《国史经籍志》、《东山经籍考》，清金门诏《补三史艺文志》、钱大昕《补元史艺文志》、倪灿与卢文弨《补辽金元艺文志》、朱彝尊《经义考》等，均作"二十卷"；清黄虞稷《千顷堂书目》作"七卷，一作二十卷"①；明王圻《续文献通考》、《续通志》均著录"四卷"。钱大昕《补元史艺文志》称："二十卷，今存大学一卷、中庸二卷、孟子二卷。"②倪、卢《补辽金元艺文志》亦称："二十卷，今止四卷。"③此外，元人黄溍撰《白云许先生墓志铭》称："读《四书章句集注》，有《丛说》二十卷。"④《元史·许谦传》所载与之同。看来，"二十卷"之说由来已久。《经义考》注曰"读四书丛说二十卷，未见"⑤，但据《一斋书目》编入其名。这说明，《读四书丛说》一书"盖久在若存若亡间矣"⑥。即便后来《四库全书》收录，亦已残缺不全。不过"二十卷"之说值得怀疑，《四库全书总目》即曾发出这样的疑问：

> 此本凡《大学》一卷、《中庸》一卷、《孟子》二卷。《中庸》阙其半，《论语》则已全阙，亦非完书。然约计所存，犹有十之五六。即益以所阙之帙，亦不能足原目二十卷之数，殆后来已有

---

① 〔清〕黄虞稷：《千顷堂书目·经部·四书类》，上海古籍出版社1990年版，第91页。
② 〔清〕钱大昕：《补元史艺文志·经部·经解类》，《二十五史补编》第六册，中华书局1955年版，第8402页。
③ 〔清〕倪灿、卢文弨：《补辽金元艺文志·经部·经解类》，《二十五史补编》第六册，第8497页。
④ 〔元〕黄溍：《文献集》卷八下《白云许先生墓志铭》。
⑤ 〔清〕朱彝尊：《经义考》卷二五四，第1282页。
⑥ 〔清〕永瑢等：《四库全书总目》卷三十六《读四书丛说》，第299页。

所合并欤?①

其后,阮元编纂《宛委丛书》,曾"从元人刻本依样影抄"②许谦《读论语丛说》足本三卷,又"从吴中藏书家得元板《中庸丛说》足本二卷,又影录副本,以补前收之所未备"③。这样一来,八卷本《读论语丛说》便成完璧。由此,阮元认为:

> 黄溍为谦作《墓志》,载此书卷数二十,与本传相符。今所录者俱遵元板,《论语》三卷、《中庸》二卷,合之《大学》一卷、《孟子》二卷,得八卷,皆首尾完整。明《秘阁书目》所载《四书丛说》亦止四册,殆与今本相同,盖未可据《墓志》、本传而疑其尚阙佚也。④

在体例上,《读四书丛说》与《论孟集注考证》等著作殊有不同。它既非如《四书集编》、《四书纂疏》那样全录《四书集注》之经文及注文,又非如《论孟集注考证》那样用《经典释文》之体仅标举疑难字句,而是全然不录《四书集注》原文,只是依照"经文——朱子圈内注文——别家圈外之说"的大致顺序阐说自己的见解。《大学》、《中庸》之"丛说",往往注明"经一章"或"传某章"或"某章"之次序,《论语》、《孟子》之"丛说",往往先注明"某篇",再于每章标举二三字以代章名。如《读孟子丛说下》,首篇为《滕文公上》,所解各章依次为"问为国章"、"许行章"、"夷之章"。

---

① 〔清〕永瑢等:《四库全书总目》卷三十六《读四书丛说》,第299页。
② 〔清〕阮元:《读论语丛说》提要,《宛委别藏》本书前,江苏古籍出版社1988年版,影印本。
③ 〔清〕阮元:《读中庸丛说》提要,《宛委别藏》本书前。
④ 〔清〕阮元:《读中庸丛说》提要,《宛委别藏》本书前。

## 2.《读四书丛说》的内容特色

吴师道云:

> 今观《丛说》之编,其于《章句集注》也,奥者白之,约者畅之,要者提之,异者通之,画图以形其妙,析段以显其义。至于训诂名物之缺,《考证》补而未备者,又详著焉。①

这与许谦评价其师《论孟集注考证》的"先师之著是书,或隐括其说,或演绎其简妙,或摭其幽发其粹,或补其古今名物之略,或引群言以证之"之语,何其相似!可见,在《读四书丛说》的撰著上,许谦的确受了金履祥的很大影响。下依次分述之:

第一,"奥者白之"。此指许谦往往用口语化的语言或举日常生活中的事例,使《四书集注》原本深奥难懂的道理变得明白易晓。比如,《论语·学而》第十五章:"子贡曰:'贫而无谄,富而无骄,何如?'子曰:'可也。未若贫而乐,富而好礼者也。'"朱子注曰:

> 常人溺于贫富之中,而不知所以自守,故必有二者之病。无谄无骄,则知自守矣,而未能超乎贫富之外也。凡曰可者,仅可而有所未尽之辞也。乐则心广体胖而忘其贫,好礼则安处善,乐循理,亦不自知其富矣。子贡货殖,盖先贫后富,而尝用力于自守者,故以此为问。而夫子答之如此,盖许其所已能,而勉其所未至也。

许谦先疏解注文之意曰:

---

① 〔元〕吴师道:《读四书丛说序》。

> 此章贫富二者相对看，盖贫者见富者则卑屈，富者见贫者则矜肆。卑屈是容气言辞卑下屈伏，矜肆是容气言辞矜夸放肆。卑与肆反，屈与矜反。此二者，曲尽贫富之态，盖不期而然也。①

继而举例对"贫而无谄，富而无骄"之理加以说明：

> 往年目击一事，真有类此。乡土间有亲兄弟异居者，兄贫而弟富，弟每以钱财周其兄，实无阋墙之事。但一日二人相遇于途，兄揖其弟甚恭，而弟揖其兄甚倨，竟若易置兄弟然。稠人之中，彼此皆安之而无愧色。以礼律之，则弟当坐不弟之诛，而其兄亦有不能安分之罪。固无足道者，弟足以见常人贫富之态所必至。兄弟尚然，况他人乎？非君子不能自守也。②

例子形象恰当，有助于事理之理解。又如说《论语·为政》之首章云："此章为政，只如言为治，不必把'政'字重看。著个法制禁令来，都说不行。不然，则此'政'字先见，朱子何不于此立训，而于后章见之？"③用语亦极通俗。

第二，"约者畅之"。此指《四书》经文及朱子之《集注》文字往往词约意广，有的地方需要进一步疏释方可畅达其意旨。比如，朱子解"中庸"之题曰："中者，不偏不倚、无过不及之名。庸，平常也。"但凭此理解"中庸之道"嫌过于简略，许谦加以推阐道：

> "偏"则不在中而在一边，"倚"则斜迤而不正，"过"是越过于中，"不及"是未至于中。"不偏不倚"是竖说"中"字，指未

---

① 〔元〕许谦：《读论语丛说》卷上《贫富章》。
② 〔元〕许谦：《读论语丛说》卷上《贫富章》。
③ 〔元〕许谦：《读论语丛说》卷上《为政章》。

发之体而言;"无过不及"是横说"中"字,指已发之用而言。此皆是反说,以四旁影出"中"字。"平"如地之平,而无机阱危处;"常"者一定之理,无诡异,又常久而不可变易。惟其平正便可长久,奇异险怪便不可长久。"平"横说,"常"竖说,此是正解"庸"字。总而言之,惟中故可庸,中而又须可庸,乃中庸之道。①

其说未离朱子之意,却使其说更加明白。又如,《孟子·梁惠王上》第七章:"齐宣王问曰:'齐桓、晋文之事,可得闻乎?'"朱子的注释仅指明齐宣、齐桓、晋文三人之诸侯身份:"齐宣王,姓田氏,名辟疆,诸侯僭称王也。齐桓公、晋文公,皆霸诸侯者。"于宣王何以如此发问,并无交待,而这又关系到对全章意旨的理解,许谦乃说之曰:

文、武之道,幽、厉伤之。东迁之后,下陵上替,五霸迭兴,不惟道之不行,学士大夫亦且不讲。自是惟知霸业可尚,而桓文又霸之盛者。宣王心悦其事而诚服之,以孟子当时贤者,深知其说,故举以为问。其曰"可得闻乎",见其不易得闻,惟孟子知之,而又恐不易以告也。②

如此一来,隐含于宣王发问背后的深意就被发掘出来了。

第三,"要者提之"。此指许谦在《读四书丛说》中,往往将重点之处予以提炼概括,以引起重视,这是《读四书丛说》的一个突出特点。有时是提要关键字词,比如《孟子·梁惠王上》之"齐桓晋文"章,许谦曰:

---

① 〔元〕许谦:《读中庸丛说》卷上《解题》。
② 〔元〕许谦:《读孟子丛说》卷上《齐桓晋文章》。

此章之要，全在"推"字。姑使因爱牛之善端而推之，充扩其良心，以知仁民之为大。于其良心既启，则当先亲亲而推及于仁民，而又及于爱物，谓仁之施。爱物难而仁民易，今既能其难，而又得行之之术，何于其易者而不能也？仁民之所以易于爱物者，人既与我同类，其好恶不殊，所施者不过以己之所好恶者及之而已。况我亲其亲，人感之亦各亲其亲。其应之速，又不尽待我之推也。其终告以王道之大，亦不过尽不忍之心而已。①

有时是提要整章大旨，比如说《大学》之"传十章"曰：

　　此章大意，治天下在乎絜矩，而絜矩于用人取财处为要。然得失之几，全在忠信骄泰上。发于心者忠，接于物者信，则事皆务实，好善恶恶，皆得其正。而能尽絜矩之道，存于心者矜骄，行之以侈肆，必不得絜矩，则远正人，而谗谄聚敛之人进矣。故忠信骄泰，治乱之原也。②

又如说《论语·子张》之"百工居肆章"曰：

　　此章有两意，百工居肆，方能成其事；君子学，方能致其远。③

第四，"异者通之"。此指《读四书丛说》往往对《四书集注》在相似问题上的不同表达或相似表达上的不同含义，加以比较疏通，为这些异处作出恰当的解说。有的异处是在经与经之间，比如《论语·颜渊》前三章皆为孔子弟子"问仁"而孔子回答不同，首章："颜

---

① 〔元〕许谦：《读孟子丛说》卷上《齐桓晋文章》。
② 〔元〕许谦：《读大学丛说》。
③ 〔元〕许谦：《读论语丛说》卷下《百工居肆章》。

渊问仁。子曰：'克己复礼为仁。一日克己复礼，天下归仁焉。为仁由己，而由人乎哉？'"二章："仲弓问仁。子曰：'出门如见大宾，使民如承大祭。己所不欲，勿施于人。在邦无怨，在家无怨。'"三章："司马牛问仁。子曰：'仁者其言也讱。'"许谦通之曰：

> 首篇三章问仁，而所答不同，三人之才有高下故也。颜子见理已明，故告以全体，其言直捷简要。冉子未及颜子，故教之行恕若熟，亦便是仁。司马牛多言，故只就他病处说。①

有的异处是在朱子自身注文之间，比如《论语·先进》第十七章"柴也鲁"下，朱子注曰："柴，孔子弟子，姓高，字子羔。愚者，知不足而厚有余。"而同篇第二十四章"子路使子羔为费宰。子曰：'贼夫人之子'"下，朱子则注曰："贼，害也。言子羔质美而未学，遽使治民，适以害之。"许谦通之曰：

> 前章《集注》谓子羔"知不足而厚有余"，此章又言"质美而未学"，盖质美则厚有余，未学则知不足，其意一耳。②

有的异处是在朱子与所引他家之说之间，比如《论语·学而》第十二章："有子曰：'礼之用，和为贵。先王之道斯为美，小大由之。有所不行，知和而和，不以礼节之，亦不可行也。'"朱子注曰：

> 程子曰："礼胜则离，故礼之用和为贵。先王之道以斯为美，而小大由之。乐胜则流，故有所不行者，知和而和，不以礼节之，

---

① 〔元〕许谦：《读论语丛说》卷下《司马牛问仁章》。
② 〔元〕许谦：《读论语丛说》卷下《使子羔章》。

亦不可行。"范氏曰:"凡礼之体主于敬,而其用则以和为贵。敬者,礼之所以立也;和者,乐之所由生也。若有子可谓达礼乐之本矣。"愚谓严而泰,和而节,此理之自然,礼之全体也。毫厘有差,则失其中正,而各倚于一偏,其不可行均矣。

然而诸家之说实有细微区别,在朱子文中并未细究,许谦通之曰:

> 程子借《乐记》二语提掇起,说此章全体,范氏因程子之言而言,就礼中自有乐,然敬是礼之本体,故曰"礼之所以立";和是用礼处,故曰"乐之所由生"。"立"字、"生"字有轻重,细玩可见。朱子又进一层,说礼之全体中自有敬与和,所以又不曾说"乐"字,必合金先生"合同交通"之意者。"合同交通"虽是就制礼处言,然所行即所制之礼也。①

第五,"画图以形其妙,析段以显其义"。所谓"画图以形其妙",是指许谦在《读四书丛说》中绘制了数幅图表,以形象说明四书学义理。比如朱子于《大学章句序》首云:

> 《大学》之书,古之大学所以教人之法也。盖自天降生民,则既莫不与之以仁义礼智之性矣。然其气质之禀或不能齐,是以不能皆有以知其性之所有而全之也。一有聪明睿智能尽其性者出于其间,则天必命之以为亿兆之君师,使之治而教之,以复其性。

许谦遂据以绘制《复性图》以助说明:

---

① 〔元〕许谦:《读论语丛说》卷上《礼之用章》。

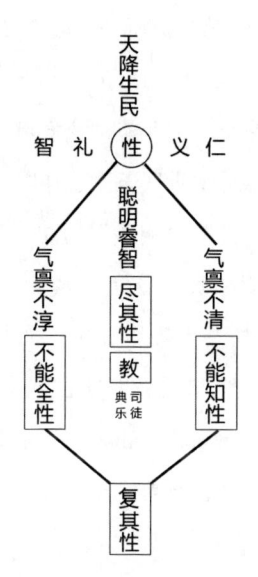

图 5.1 许谦制《复性图》

所谓"析段以显其义",是指许谦往往将《四书》本文分为数节数段,并提挈其要义。比如《读大学丛说》将《大学》之"传十章"分为四节,称:

> 此章分作四节看:自章首至"失众则失国"为一节,自"是故君子先慎乎德"至"不善则失之"为一节,自"《楚书》"至"骄泰以失之"为一节,自"生财有大道"至篇终为一节。四节中又分为小段看。

其中,"第一节专反复言絜矩,分五段","第二节言为人上者,明德为本,而财用为末。财固是国家所必用而不可无者,但当修德为本,絜矩而取于民有制。中分五段","第三节言用人,盖治天下之要,专在于用善人故也。中分七段","第四节言生财之道。前节但言内德而外财,此节直言生财之方,而生财当用君子,不可用小人。总上两节之意，中分五段"。又总结第二节所分五段之义曰：

> 第一段"君子先慎乎德"至"此有用"，言德明而人服，有土而有财。第二段"德者本也"至"施夺"，言当修德而絜矩，取民财有制。第三段"财聚"、"财散"两句。财聚民散，言不能絜矩，取于民无制之害。财散民聚，言能絜矩，取于民有制之利。散财不是要上之人把财与人，只是取其当得者而不过。盖土地所生，年年只有许多数目，上取之多，则在下少。第四段"言悖"、"货悖"四句。又以言之出入比货出入，不能絜矩，取于民无制之害。第五段引《书》以结之，与前文王《诗》相应。

经过如此析理，经文层次及其意义便更有条理，更加明晰。

第六，"训诂名物之缺，《考证》补而未备者，又详著焉"。许谦继承其师金履祥的四书学，对《四书集注》"训诂名物之缺"也多所考订。履祥《论孟集注考证》已备者不再详考，未备者多加考证。考订音义训诂者，如《孟子·万章上》首章："夫公明高以孝子之心，为不若是恝。"许谦指《集注》之误云："恝，古黠反，音与忧同。《集注》苦八反，误。"①又如《孟子·尽心下》第三章："以至仁伐至不仁，而何其血之流杵也。"对于"杵"字，许谦考订云：

> 《集注》："杵，春杵也。或作卤，楯也。"作"卤"者是，然亦非"楯"。若以为春杵与楯，苟非血深一二尺，岂能漂之？虽非武王杀之而商人自相杀，然亦不至如是之多也。盖"卤"乃"盐卤"之"卤"，谓地发蒸湿，言血渍于地，如卤湿然。②

---

① 〔元〕许谦：《读孟子丛说》卷下《万章问章》。
② 〔元〕许谦：《读孟子丛说》卷下《尽信书章》。

考订名物制度者,如《论语·八佾》第二十一章"哀公问社于宰我",许谦考证古代"社"之情形云:

> 《周礼》、《礼记》之文及诸儒之说,大抵社所以祭五土之示,而以勾龙配。勾龙者,古诸侯共工氏之子也,有平水土之功。王为群姓立社曰大社,王自为立社曰王社,诸侯为百姓立社曰国社,自为立社曰侯社,士大夫以下成群立社曰置社。王之大社,则土五色,而冒以黄。诸侯之国社,则受其方色之土于天子,而苴以茅。其位则中门之右,其壝则北面,其饰则不屋,其表则树其土之所宜木,遂以名其社。其坛方五丈,诸侯半之。唐以来,其主,则石为之;其祭,天子用太牢,诸侯用少牢;其日,用甲。①

其他又如《论语·学而》篇考"井田之法"②,《孟子·梁惠王下》考古代"明堂制"之说③等,皆持之有故。

### 3.《读四书丛说》的学术评价

对于《读四书丛说》八卷,许谦弟子及后世学者都给予了很高的评价。如弟子吴师道云:

> 欲通《四书》之旨者,必读朱子之书;欲读朱子之书者,必由许君之说。兹非适道之津梁,示学者之标的欤?④

黄溍《白云许先生墓志铭》亦云:"先生《丛说》,敷绎义理,惟

---

① 〔元〕许谦:《读论语丛说》卷上《问社章》。
② 〔元〕许谦:《读论语丛说》卷上《千乘章》。
③ 〔元〕许谦:《读孟子丛说》卷上《明堂章》。
④ 〔元〕吴师道:《读四书丛说序》。

务平实。"① 而且，许谦本人也是以非常严肃谨慎的态度对待该书的，据吴师道《读四书丛说序》载：

> 先是，君未没时，西州人有得其书而欲刊之者，君闻亟使人止之，且恐记录之差也。则自取以视，因得遂为善本。

许谦曾教人曰：

> 圣贤之心尽在《四书》，而《四书》之义备于朱子。顾其立言，辞约义广，读者或得其粗而不能悉究其义，或以一偏之致自异，而初不知未离其范围。……童而习之，白首不知其要领者何限，其可以易心求之哉？②

这种不可"易心求之"的态度，在《读四书丛说》中得到了较好体现，他的"奥者白之，约者畅之，要者提之，异者通之，画图以形其妙，析段以显其义。至于训诂名物之缺，《考证》补而未备者，又详著焉"等工作，对于《四书集注》的普及与传播，有着不小的贡献。《四库全书总目》评价云：

> 书中发挥义理，皆言简义该。或有难晓，则为图以明之，务使无所凝滞而后已。其于训诂名物，亦颇考证，有足补《章句》所未备。于朱子一家之学，可谓有所发明矣。③

尤其是其中对于《四书集注》训诂名物的考证，更不乏可贵的学

---

① 〔元〕黄溍：《文献集》卷八下《白云许先生墓志铭》。
② 〔元〕黄溍：《文献集》卷八下《白云许先生墓志铭》。
③ 〔清〕永瑢等：《四库全书总目》卷三十六《读四书丛说》，第299页。

术价值，阮元即称：

> 今考是书，发明朱子之学，旁引曲证，不苟异，亦不苟同。"泰伯"章云："王文宪谓《集注》朱子因旧传修入，未及改。""美玉"章云："沽，去声，训卖，若平声则训买，于此义不相合。""川上"章云："舍，去声，止息也，见《楚辞辨证》，《集注》未及改。""割不正不食"节则云："古者燕飨有大脔，曰截。"又云："其余牲体，骨脊及肠胃肺心，割截各有一定，所谓不正则不合乎度者。"颇有根据，皆足以资考证也。①

"不苟异，亦不苟同"，本是《四库全书总目》评价金履祥《论孟集注考证》的话，阮元却把它用在了许谦的《读四书丛说》上。应当说，许谦对于《四书集注》训诂名物之缺的考订的确不乏精密之处，对于《四书集注》中义理的阐发也偶有突破朱说之处。比如《孟子·滕文公下》第九章："公都子曰：'外人皆称夫子好辩，敢问何也？'孟子曰：'予岂好辩哉？予不得已也。天下之生久矣，一治一乱。……'"朱子注曰："一治一乱，气化盛衰，人事得失，反复相寻，理之常也。"许谦不苟同朱子之说，申说云：

> 《集注》气化盛衰，人事得失，反复相寻。窃谓气化盛，人事得，则天下治；气化衰，人事失，则天下乱。是固然矣，然孟子此章答好辩之问，而孟子之辩专为辟杨墨而发，则易乱为治，全赖人事，以补天道之不足，反气化之衰而至于盛也。观尧禹之治水，则以人事而回气化；武王、周公诛纣伐奄，孔子作《春秋》，则以人事而救衰失。所以孟子亦于衰失之时辟杨墨，以回气化、

---

① 〔清〕阮元：《读论语丛说》提要，《宛委别藏》本书前。

正人事也。此正圣贤作用，参天地赞化育之功。读此章，当如此会《集注》之意。①

如此理解，似乎比《集注》更合《孟子》本意。不过从整体上说，许谦《读四书丛说》的这种创新之处甚少，大多沿袭朱子之说，而且有流于烦琐之弊。廖云仙先生批评《读四书丛说》曰：

《语说》（案：指《读论语丛说》）详疏朱《注》，既是优点，也是缺点。……缺点则是易犯叠床架屋、说理作文的毛病，颇违当年朱子注书时崇尚简明的原则。②

当然，这与许谦所主张的研读朱子之书的方式直接相关，他曾教人曰：

学者于朱子之书，当句读字求，必若朱子之用功，而后足以得其心。③

简言之，如果说金履祥的《论孟集注考证》还具有一定创新精神，表明金华朱学在元代初年还有一定学术活力的话，那么，几十年后的许谦撰《读四书丛说》则逐渐流于保守，这实际上表明了北山学派学风的一种转变，清人全祖望即称：

婺中之学，至白云而所求于道者，疑若稍浅，渐流于章句训

---

① 〔元〕许谦：《读孟子丛说》卷下《好辩章》。
② 廖云仙：《许谦〈读论语丛说〉序说》，载杨晋龙主编：《元代经学国际研讨会论文集》，第39页。
③ 〔元〕吴师道：《读四书丛说序》。

诂，未有深造自得之语，视仁山远逊之，婺中学统之一变也。①

## 三、元代北山学派四书学的学术特征

以金履祥、许谦为代表的元代北山学派的四书学，具备这样的学术特征：

1. "纯然得朱子之学髓"

清人黄百家曾云：

> 勉斋（黄榦）之学，既传北山（何基），而广信饶双峰（鲁）亦高弟也。双峰之后，有吴中行、朱公迁亦铮铮一时，然再传即不振。而北山一派，鲁斋（王柏）、仁山（金履祥）、白云（许谦）既纯然得朱子之学髓，而柳道传（贯）、吴正传（师道）以逮戴叔能（良）、宋潜溪（濂）一辈，又得朱子之文澜，蔚乎盛哉！是数紫阳之嫡子，端在金华也。②

这说明，即便在学术传承上同样出自朱子，也未必能保持朱学之纯正。从元代北山学派的四书学研究看，称该学派为"朱学嫡脉"，大概符合历史实际。

在对待朱子之学的态度上，履祥、许谦等人都是极力维护恪遵，无有半点差池。比如金履祥在《论孟集注考证跋》中所谓"或疑此书不无微悟者，既是再考，岂能免此？但自我言之则为忠臣，自他人言之则为谗贼尔"，固然表现出一定的"门户之见"，但恰也充分表明了其恪守朱学的坚定立场。金氏的这番话，是他告诫学生的"将死真切

---

① 〔清〕黄宗羲原著，〔清〕全祖望补修：《宋元学案》卷八十二《北山四先生学案》，第2801页。

② 〔清〕黄宗羲原著，〔清〕全祖望补修：《宋元学案》卷八十二《北山四先生学案》，第2727页。

之言"①，弟子许谦也真正将其拿来作为了自己学术指导，吴师道云：

> 其或异义微牾，则曰"自我言之则为忠臣，自他人言之则为谗贼"。金先生有是言也，此可以见其志之所存矣。②

而且，他们的这种基本立场也很好地落实到了各自的四书学著作中去。他们较为自觉地为《四书集注》作"疏"，无论是《大学章句疏义》《论孟集注考证》，还是《读四书丛说》，都是为了使朱子的《四书集注》更为合理完满，不致使学者产生理解上的障碍或疑问。

在通过疏释《四书》而体现出来的一些基本理学观念上，履祥、许谦等也得朱子正传，并竭力维护宣扬之。比如朱子天理论中有一个核心观念，即"理一分殊"或"一本万殊"，意指天下万事万物皆归于一理，而这个"理"就是程朱理学所认为的天下本源——"天理"或曰"太极"。《朱子语类》卷九十四所谓"太极非是别为一物，即阴阳而在阴阳，即五行而在五行，即万物而在万物，只是一个理而已"，说的就是这个道理。朱子曾用这一理论来注释《四书》，如《四书章句集注》于《论语·里仁》"曾子曰：'夫子之道，忠恕而已矣'"下注曰："盖至诚无息者，道之体也，万殊之所以一本也；万物各得其所者，道之用也，一本之所以万殊也。以此观之，一以贯之之实可见矣。"又于《中庸》第三十章"万物并育而不相害，道并行而不相悖。小德川流，大德敦化，此天地之所以为大也"下注曰："天覆地载，万物并育于其间而不相害；四时日月，错行代明而不相悖。所以不害不悖者，小德之川流；所以并育并行者，大德之敦化。小德者全体之分，大德者万殊之本。"元代北山学派的四书学者，也将天理或太极作为其哲学最高

---

① 〔元〕金履祥：《论孟集注考证跋》。
② 〔元〕吴师道：《读四书丛说序》。

范畴,并用"理一分殊"之论来解说《四书》。比如金履祥解说《大学》之"三纲领"曰:

> 明明德、新民,皆当止于至善之地而不迁,是必有以尽夫天理之极,而无一毫人欲之私也者。盖天理散在事物,则莫不各有本然一定之则在焉,是其极好处也。①

又于《论语·里仁》解说孔子所谓"吾道一以贯之"曰:

> 此章要实见得理是何物。文公好说个"恰好处",理只是恰好处。此便是中,便是至善。自古圣贤相传,只是这个。天下万事万物,各各不同,而就每事每物中,又自各有个好处。故事理虽不同,到得恰好处则一,此所谓万殊而一本。然其一本者,非有形象在一处,只是一个恰好底道理在事事物物之中,此所谓一本而万殊。②

许谦也于《论语》该章下论说云:

> 一贯,譬如以索贯钱,虽千万钱之多,只一索可以尽贯。天下事物虽无穷,却只是一个道理贯串在里面。理之原出于天,在天地虽浑然至大,而事事物物各自不同,其理亦流行寓其中。每事物中理虽不同,然只是天理一个大源头分析来,所以谓之一理贯万事。③

---

① 〔元〕金履祥:《大学章句疏义》。
② 〔元〕金履祥:《论孟集注考证》卷二《里仁》。
③ 〔元〕许谦:《读论语丛说》卷上《一贯章》。

由之可见，北山学派的四书学代表人物的确探骊而得到了朱学之珠。正因为此，许谦才称誉履祥曰："《集注》有《考证》，则精朱子之义，而孔孟之道章章乎人心矣。"① 吴师道才称誉许谦曰："欲读朱子之书者，必由许君之说。"②

2. "有探讨之实者不能无所疑，有是非之见者不容无所辨"

王柏在《诗十辨》序中曾说：

……紫阳朱夫子出，而推伊洛之精蕴，取圣经于晦蚀残毁之中，专以《四书》为义理之渊薮，于《易》则分还三圣之旧，于《诗》则掇去《小序》之失。此皆千有余年之惑，一旦汛扫平荡，其功过孟氏远矣。然道之明晦也皆有其渐，盖非一日之积。集其成者不能无赖于其始，则前贤之功有不可废；正其大者不能无遗于其小，则后学之责有不可辞。大抵有探讨之实者不能无所疑，有是非之见者不容无所辨。苟轻于改而不知存古以缺疑，固学者之可罪；狃于旧而不知按理以复古，岂先儒所望于后之学者？虽后世皆破裂不完之经，而人心有明白不磨之理。纵未能推人心之理，以正破裂不完之经，何忍徇破裂不完之经，以坏明白不磨之理乎？③

这大概可以算作王柏疑经辨伪精神的一个"宣言"！这一精神为金履祥及其他门人弟子很好地继承，成为元代北山学派四书学一个颇具特色的学术特征。那么，该怎样理解这一疑经"宣言"呢？

首先，王柏历数朱子的疑经辨伪成就，并大加赞赏，他的疑经思想也正是从朱子那里直接得来的。北山学派中，王柏的疑经改经达到了极致，比如关于《诗经》的篇目，他就有这样的疑问："今之所谓

---

① 〔元〕许谦：《论孟集注考证序》。
② 〔元〕吴师道：《读四书丛说序》。
③ 〔南宋〕王柏：《鲁斋集》卷十六《诗十辨》。

三百篇者，皆周公、夫子之旧乎？"① 更有甚者，他以不合乎圣人之道为由，主张将《召南·野有死麕》、《卫风·氓》等三十一篇②所谓"淫诗"从《诗经》中删掉，遭到了后世学者的强烈批判。对于《诗经》篇目的这种删削固然有失草率轻妄，但王柏"宣言"中的"有探讨之实者不能无所疑，有是非之见者不容无所辨"一句却值得注意，这说明在他的初衷里，对于经典的"疑"、"辨"是有一个"有探讨之实"和"有是非之见"的前提的。王柏对《四书》及朱子《集注》也有怀疑，比如他认为："因见《汉志》有'《中庸说》二篇'五字，心颇异之。求于诸子之列，已有《子思》二十三篇。窃意《大学》、《中庸》当在二十三篇之内矣。"③ 又认为朱子之《大学》"格物"补传不当："'致知格物'传未尝亡也，自'知止而后有定'以下，合'听讼'一章，俨然为'格致'一传。"④ 弟子金履祥较好地继承了他的这种疑经精神，主要体现在其四书学著作《论孟集注考证》一书中。

其次，同王柏相比，金履祥的疑经辨伪从态度上相对和缓平实一些，所得结论也往往较为信实。比如怀疑经文，《孟子·滕文公上》第二章"三年之丧，齐疏之服"，朱子注曰："齐，衣下缝也。不缉曰斩衰，缉之曰齐衰。疏，粗也，粗布也。"履祥云：

> 按礼为父斩衰，为母齐衰。至若疏衰，则又次于此。如《杂记》云："三年之丧，庐垩室之中。"下文曰："疏衰皆居垩室，不庐。"又曰："疏衰之丧，人请见之则见，唯父母之丧，不辟涕泣而见人。"则疏衰又斩齐之次也。今滕定公薨，文公当为斩衰之

---

① 〔南宋〕王柏：《鲁斋集》卷十六《毛诗辨》。
② 一说，三十二篇。参见洪湛侯：《诗经学史》，中华书局2002年版，第三编，第五章，第391页。
③ 〔南宋〕王柏：《鲁斋集》卷十《中庸论上》。
④ 〔南宋〕王柏：《鲁斋集》卷九《大学沿革论》。

服,而云"齐疏",似亦可疑,岂古者天下诸侯斩衰之布,升数多于常人,止用疏布为之欤?又按,上文曰"吾尝闻之矣",则此三句亦古语。昔鲁缪公之卒,使人问于曾子,对曰:"申也闻诸申之父曰,哭泣之哀,齐斩之情,饘粥之食,自天子达。"此数句,与此正同。盖古语传诵之讹,孟子引之尔。当作"齐斩之服"。①

又如怀疑注文,《论语·乡党》末章:"山梁雌雉,时哉,时哉!"朱子引诸家之说曰:"邢氏曰:'梁,桥也。时哉,言雉之饮啄得其时。子路不达,以为时物而共具之……'晁氏曰:'《石经》嗅作戛,谓雉鸣也。'刘聘君曰:'嗅,当作臭,古阒反。张两翅也。见《尔雅》。'"履祥云:"此疏说也,比诸说平顺,故《集注》以为正说。但既曰'雌雉','时哉'当作字育之时。后二说存疑尔。"②皆可备一家之说。

需要指出,履祥高弟许谦在经书怀疑精神上却表现得不够突出,甚至逐渐趋于保守。这与许谦生活时代元朝已复科举,四书学官学地位制度已经确立的政治文化背景有着极大的关系。徐远和先生称:

> 北山学派以其学统上的师承谱系和株守朱说而著称,较多地保留着正统朱学的色彩。这个特点,至许谦表现得尤为突出。因为在许谦从事学术活动的时期,朱熹理学已被元代统治者奉为官方哲学。官方哲学所要求和显示出来的权威,使理学原有的那种理论上的创造性逐渐消失,而越来越多地表现出保守性。③

一个饶有兴味的现象是,许谦本人疑经特色不鲜明,他的四书学弟子却不乏疑经辨经著作问世,比如蒋玄的《四书笺惑》、吕洙的《大

---

① 〔元〕金履祥:《孟子集注考证》卷三《滕文公上》。
② 〔元〕金履祥:《论语集注考证》卷五《乡党》。
③ 徐远和:《理学与元代社会》,第五章,第163—164页。

学辨疑》、吕溥的《大学疑问》等，大概都属于这类著作。①

再次，王柏、金履祥等人疑《四书》、疑《集注》，是为了推翻朱子之说或有意立异吗？显然不是。非但不是为了推翻朱子之说，反而是竭力维护之，这从他们的四书学著作的思想倾向中可以得到充分证明。王柏在《答叶通斋》一通中曾说：

> 朱子于《四书》，至死修改，未毕。因门人之疑而修改者，历历可考。此朱子迁善之盛德而不可泯没者。但学者不可妄有指议，苟有证据，不妨致疑于其间，是勉斋《通释》之例云尔。今不曰"可疑"而径曰"疵"，此大病也。②

"可疑"与"疵"之区分，恰好是尊崇朱说而疑与排抑朱说而疑的区别之所在，这也可以作为此一问题的注脚。应当说，北山学派学者疑经的真正目的，"是要求按照宋代理学的观点改造传统的经学，以便将其纳入理学的思想体系"③，实现经学的理学化。另一方面，正如黄百家评价王柏之疑经所言：

> 鲁斋之宗信紫阳，可谓笃矣，而于《大学》则以为"格致"之传不亡，无待于补；于《中庸》则以为《汉志》有《中庸说》二篇，当分"诚明"以下别为一篇；于《太极图说》则以为"无极"一句当就图上说，不以无极为无形、太极为有理也；其于《诗》、《书》，莫不有所更定，岂有心与紫阳异哉！欧阳子曰："经非一世之书，传之谬，非一人之失；刊正补缉，非一人之能也。学者各极其所见，而明者择焉，以俟圣人之复生也。后世之宗紫阳者，不能

---

① 这些书均已亡佚，此处仅据书名初步判断。参本书附录《元代四书类著述考》。
② 〔南宋〕王柏：《鲁斋集》卷八《答叶通斋》。
③ 侯外庐等主编：《宋明理学史》第二编，第二十三章，第665页。

入郭廓,宁守注而背经,而昧其所以为说,苟有一言之异,则以为攻紫阳矣。然则,鲁斋亦攻紫阳者乎?甚矣,今人之不学也!"①

也就是说,正因为北山学派的疑经辨经,才使其在很大程度上保持了蓬勃的学术活力,促进着四书学的发展。从这一角度讲,四库馆臣所谓"柏何人斯?敢奋笔而进退孔子哉!……后人乃以柏尝师何基,基师黄榦,榦师朱子,相距不过三传,遂并此书(案:指《诗疑》二卷)亦莫敢异议。是门户之见,非天下之公义也"②,倒是真的带有一点门户之见了。

3."由传注以求经,由经以知道"

"朱陆之辩"是理学史上的一桩公案,为历代学者所论议。在治学路径上,朱子大体倾向于"尊德性",陆子大体倾向于"道问学",陆九渊的诗句道出了这种差别:"易简工夫终久大,支离事业竟浮沉。"③不过,朱陆之学的主要分歧起初并不在此,而在于理学基本观念上的"心即理"与"性即理"的分歧,"发明本心"与"即物穷理"的分歧。并且就朱子而言,绝非只主"尊德性"而废弃"道问学",却是两方面都很看重,认为二者实质是统一的。④淳熙二年(1175)朱陆"鹅湖之会"后,朱子还对自己过去学问偏于"支离"的倾向进行了深刻反省

---

① 〔清〕黄宗羲原著,〔清〕全祖望补修:《宋元学案》卷八十二《北山四先生学案》,第2733页。
② 〔清〕永瑢等:《四库全书总目》卷十七《诗疑》,第138页。
③ 〔南宋〕陆九渊:《象山集》卷二十五《鹅湖和教授兄韵》。
④ 比如南宋黎靖德编《朱子语类》卷一一八《训门人六》载:"问曰:'先生云"一个字包不尽",极是。但大道茫茫,何处下手?须有一个切要可以用工夫处。'先生乃举《中庸》'大哉圣人之道'至'敦厚以崇礼'一章,诵讫,遂言:'尊德性道问学,致广大尽精微,极高明道中庸,温故知新,敦厚崇礼,只从此下工夫理会。'曰:'何者是德性,何者是问学?'曰:'不过是居处恭,执事敬,言忠信,行笃敬之类,都是德性。至于问学,却煞阔,条项甚多。事事物物皆是问学,无穷无尽。'……曰:'如先生之言,"道"字莫只是训"行"否?'先生颔之而曰:'自尊德性而下,虽是五句,却是一句总四句;虽是十件,却两件统八件。''如何是一句总四句?'曰:'尊德性道问学这一句为主。'"(《朱子全书》册十八,第3742页)

和纠正。① 陆九渊也曾一反一贯主张，强调读书的重要性，这表明了两人作为理学大师的开阔气度。然而到后来，由于陆门弟子的狂妄而引起了朱陆门人间的激烈论争，朱陆二人又分别对对方的"尊德性"或"道问学"予以否定，最后"尊德性"和"道问学"逐渐演化成了朱陆间相隔水火的主要分歧。② 作为朱学嫡脉的元代北山学派的四书学，也正是在这一学术背景下发生展开的。

黄宗羲云：

> 当仁山、白云之时，浙、河皆慈湖（杨简）一派，求为本体，便为究竟，更不理会事物，不知本体未尝离物以为本体也。③

黄百家也称：

> 慈湖之下，大抵尽入于禅，士以不读书为学，源远流分，其所以传陆子者，乃其所以失陆子也。④

这正是金履祥、许谦当时所处的学术环境。为续朱子学脉，与陆学相抗衡，履祥奋而撰著《大学章句疏义》一卷、《论孟集注考证》十七卷，从体式到内容都体现了朱学"道问学"的特色。而高弟许谦身上的朱学正统色彩就更浓厚，他撰《读四书丛说》八卷，竭力羽翼朱说，并对自己的治学路径有理论上的阐说：

---

① 参见束景南：《朱子大传》第九章。
② 参见陈来：《朱熹哲学研究》，中国社会科学出版社1988年版，第四部分"朱陆之辩"。
③〔清〕黄宗羲原著，〔清〕全祖望补修：《宋元学案》卷八十二《北山四先生学案》，第2759页。
④〔清〕黄宗羲原著，〔清〕全祖望补修：《宋元学案》卷八十七《静清学案》，第2913页。

> 道固无所不在，圣人修之以为教，故后欲闻道者必求诸经。然经非道也，而道以经存；传注非经也，而经以传显。由传注以求经，由经以知道，蕴而为德行，发之为文章事业，皆不倍乎圣人，则所谓行道也。传注固不能尽圣经之意，而自得者亦在熟读精思之后尔。今一切目训诂传注为腐谈，五代以前姑置勿论，则程、张、朱子之书皆赘语尔。又不知吾子屏绝传注，独抱遗经，其果他有得乎未也？不然，则梯接凌虚，而遽为此诃佛骂祖耳。①

在许谦看来，对于"道"的求索，应当沿着"传—经—道"这样一条路径进行。他重视传统的训诂传注，反对舍弃传注而直求本经，这显然是对陆学一系只讲"尊德性"，而主张"六经注我"②的极大反动。需要指出，许谦的重视训诂传注与刘因的重视"传注疏释"有着很大区别：刘因虽然重视"传注疏释"，却轻视理学"议论之学"（参见第四章第三节）；许谦的重视训诂传注，却只是将其作为求"道"的必要途径，他的学问归属仍是理学之"道"，他对"议论之学"是极力维护推尊的。

由于北山学派得朱学之正传，由于许谦时代《四书》已为朝廷"悬为令甲"，由于许谦疑经色彩的淡薄，由于许谦要弟子对于朱子之书数十万言要"句而诵，字而求"③，最终导致了"许谦力图通过传注以维护朱学，实则把朱学引向'在注脚中讨分晓'（傅山语）的末路"④。全祖望称其学"渐流于章句训诂"，也正是从这一意义上而发。而从四书学著作的类型上考察，"许谦以注疏羽翼朱学的做法为同时代学者所承认与肯定。元代以后，《四书》注释类著作泛滥，汗牛充栋，金履

---

① 〔元〕许谦：《白云集》卷三《与赵伯器书》。
② 〔南宋〕陆九渊：《象山集·象山语录》卷一。
③ 〔元〕许谦：《白云集》卷三《答吴正传书》。
④ 侯外庐等主编：《宋明理学史》第二编，第二十三章，第663页。

祥、许谦实有以启之"①。

## 第三节　吴澄与草庐学派的四书学

吴澄（1249—1333），字幼清，抚州崇仁（今江西崇仁）人。幼而好学，尝举进士不中。元初，程钜夫奉诏求贤江南，荐至京师。未几，以母老辞归。至大元年（1308），召为国子监丞。皇庆元年（1312），升司业。英宗即位，迁翰林学士，进阶太中大夫。泰定元年（1324），为经筵讲官。至治末，请老而归。元统元年卒，年八十五。追封临川郡公，谥文正。初，澄所居草屋数间，程钜夫题曰"草庐"，学者因称"草庐先生"。主要著作有《五经纂言》、《吴文正集》一百卷等。

吴澄所开创的草庐学派，与北方鲁斋学派、静修学派鼎足而立，是元代的三大理学派别之一。历代学者都给予吴澄以很高的学术地位，如揭傒斯为其撰《神道碑》称："皇元受命，天降真儒，北有许衡，南有吴澄。所以恢宏至道，润色鸿业，有以知斯文未丧，景运方兴也。"②黄百家亦称："有元之学者，鲁斋、静修、草庐三人耳。"③今人钱穆更以为："然论学问著述，惟草庐堪称巨擘。"④在《五经》和《四书》之间，吴澄明显倾力于《五经》。他以理学解说《五经》，于《易》、《书》、《仪礼》、《礼记》、《春秋》皆为《纂言》，代表了其学术上的最高成就。黄百家因此称：

---

① 徐远和：《理学与元代社会》，第五章，第176页。
② 〔元〕吴澄：《吴文正集》附录。
③ 〔清〕黄宗羲原著，〔清〕全祖望补修：《宋元学案》卷九十一《静修学案》，第3021页。
④ 钱穆：《吴草庐学述》，载钱穆：《中国学术思想史论丛》卷六，安徽教育出版社2004年版，第54页。

考朱子门人多习成说，深通经术者甚少，草庐《五经纂言》，有功经术，接武建阳（案：指朱子），非北溪（案：指陈淳）诸人可及也。①

受其影响，草庐学派门人弟子中治《四书》者亦甚寥寥，有著述可考者仅解观（著《四书大义》）、包希鲁（著《点四书凡例》）、袁明善（著《四书日录》）、傅定保（著《四书讲稿》）、刘霖（著《四书纂释》）等有限几家，且诸书均已亡佚，无法详究其貌。

对于吴澄，黄孝光先生称：

吴澄虽是元初大儒，但在四书学上并没留下任何著作。这是很可惜的，使我们无法获悉他与朱子看法不同的地方。②

这个说法并不甚准确，《吴文正集》卷一《杂著》中有《中庸纲领》一篇，虽篇幅不长，却可算作一部专门的四书学著作。另外，《吴文正集》卷三《答海南海北道廉访副使田君泽问》中，也保留了较集中地论述《大学》一书的文字。通过这些文字，我们还是大概可以看出他对待《四书》的态度及其学术主张的；同时可以发现，他对《四书》的这种态度其实有着深刻的历史和学术背景。

## 一、"朱子训释《四书》，微辞密意，日星炳如"

吴澄弟子虞集所撰吴澄《行状》载：

（澄）七岁，《论语》、《孟子》、《五经》皆成诵，能著律赋。

---

① 〔清〕黄宗羲原著，〔清〕全祖望补修：《宋元学案》卷九十二《草庐学案》，第3037页。
② 黄孝光：《元儒四书学的师承与特色》，载黄孝光：《元代的四书学》，第32页。

九岁，乡邑课试，每中前列。十岁，始得朱子《大学》等书而读之，恍然知为学之要。日诵《大学》二十过，如是者三年。次第读《论语》、《孟子》、《中庸》，专勤亦如之，昼诵夜惟，弗达弗措。十三岁，大肆力于群书。①

这说明，吴澄从小就打下了坚实的四书学基础，"为学之要"正是从朱子《大学章句》而悟得的，就连他习学《四书》的顺序也是按照朱子规定的次第来的。吴澄还曾于咸淳四年（1268），在他二十岁的时候作《读四书》一章②，惜其不传。对于《四书》及《四书集注》，他曾予以大力表彰，并常常劝勉他人问学也当由此入。

吴澄认为：

《四书》，进学之本要也。知务本要，趋向正矣。③

又称：

况人之为学，宜又先后次第。足下有资有志，政当于《四书》用功。字通而句悟，心体而身验之，于此洞然无疑，则它书有如破竹之势。倘忽此以为俾近，而曰人人能读，初无深微，则是粗心大眼，入头处草草放过。本之不立，讵可躐等而通它书也哉？④

又称：

---

① 〔元〕吴澄：《吴文正集》附录《行状》。又参"附录"载门人危素所编吴澄《年谱》。
② 〔元〕吴澄：《吴文正集》附录《年谱》。
③ 〔元〕吴澄：《吴文正集》卷二十五《赠学录陈华瑞序》。
④ 〔元〕吴澄：《吴文正集》卷十一《答邓以修书》。

> 读圣经者先《四书》，读《四书》者先《大学》。①

这些，都与朱子的基本观点无异。在《临川草庐吴先生道学基统》中，吴澄为学者开列书目，在第一个层次的"本言"里，先列《五经》，后列《四书》，又列《孝经》。方旭东先生认为：

> 本来，到宋代就大体已形成的"十三经"即已涵盖"四书"内容，吴澄将"四书"单列于经之外的做法，反映了他一遵程朱重视"四书"的传统。②

与此相关的一个问题是，吴澄撰《礼记纂言》三十六卷，《原序》称：

> 若其篇第，则《大学》、《中庸》，程子、朱子既表章之，《论语》、《孟子》并而为《四书》，固不容复厕之《礼》篇。

姜广辉先生认为：

> 至于《四书》，并不在吴澄的礼学体系中，他以《大学》、《中庸》入《四书》，虽说是将二书升格为圣贤之书，而与《论语》、《孟子》合编在一起，但无论是单从《礼记》的角度看，还是从其整个礼学体系的角度看，都应视为一种删削。这无疑是受了朱子的影响。假若吴澄当时能将《大学》、《中庸》还归于《礼记》中，那在《礼记》学史上将构成一个了不起的事件，也就不会有清代陈确"还《学》、《庸》于戴《记》"呐喊了。③

---

① 〔元〕吴澄：《吴文正集》卷九《何自明仲德字说》。
② 方旭东：《吴澄评传·绪论》，南京大学出版社2005年版。
③ 姜广辉：《评元代吴澄对〈礼记〉的改编》，载杨晋龙主编：《元代经学国际研讨会论文集》，第574—575页。

对于《四书章句集注》，吴澄毫不吝惜其溢美之词，称："朱子训释《四书》，微辞密意，日星炳如。"① 又劝金溪陈洪范"当以朱子所训释之《四书》，朝暮昼夜，不懈不辍，玩绎其文，探索其义"②。不过，与许谦等人对《四书集注》的墨守不同，吴澄更以一种客观分析的批判态度指出《四书集注》的诸种不足或弊端。比如清江人周良佐曾撰《四书人名考》，对《四书集注》中人名及其事实进行考证，吴澄为之作序，对良佐的这项工作给予了充分肯定：

> 朱子之释《四书》，义理精矣。然所引用人名及其事实，初学或有所未详。清江周良佐博考备述，俾人名事实坦然明白，间又发挥其辞语，通畅其旨趣，于读者诚有资。予虽老，亦愿得此编常寘书案间，岂特可为初学之益而已哉？③

又为庐陵人刘惟思《中庸简明传》作序曰：

> 《中庸》，传道之书也。汉儒杂之于记《礼》之篇，得存于今者，幸尔。程子表章其书，以与《论语》、《孟子》并，然蕴奥难见，读者其可易观哉！程子数数为学者言，所言微妙深切，盖真得其传于千载之下者，非推寻测度于文字间也。至其门人吕、游、杨、侯，始各有注。朱子因之著《章句》、《或问》，择之精，语之详矣。唯精也，精之又精邻于巧；唯详也，详之又详流于多。其浑然者巧则裂，其粲然者多则惑。④

---

① 〔元〕吴澄：《吴文正集》卷八十九《祭张达善文》。
② 〔元〕吴澄：《吴文正集》卷二十七《送陈洪范序》。
③ 〔元〕吴澄：《吴文正集》卷二十《四书名考序》。
④ 〔元〕吴澄：《吴文正集》卷二十《中庸简明传序》。

以朱子之相关注说"邻于巧"、"流于多",这种批评还是十分严厉的。

此外,吴澄还对《四书集注》中的考证失误之处予以指摘,比如《汤盘又新字说》一篇考《集注》"盘"字之误曰:

> 盘从皿,或从木,所以承盥手余水。将欲盥手,别以一器盛水,实手盘上,用枓斟器中之水沃之。所沃余水落在盘中,故盥文从水从臼从皿,两手加于皿而以水沃其手也,皿即盘也。《内则》曰:"少者奉盘,长者奉水,请沃盥。"盘不以盛盥水,而以承其余水。武王铭诸器载在《大戴礼记》,于"盘"曰"盥盘",明盘之为盥器,而非沐器浴器也。考之《玉藻》,浴盖用杅;考之他书,沐盖用盆。盆也,杅也,皆以盛水渍发于盆之内,裸身于杅之内。渍发裸身,既亵且污,不可刻文;盥盘承余水者,不亵不污,故可刻文而铭也。按《内则》,凡家之夫妇,上而父母,下而男女及内外使令之人,每日晨兴必盥,故曰"日新",不特晨兴一盥而已。虽无事,一日大约五盥。有事而行礼,又不止五也。至若沐浴五日,然后请浴三日,然后具沐,亦或过三日五日之期,无一日一沐一浴之礼。不日日而沐浴,不可谓"日新"矣。汤所铭之盘,与武王所铭之盘,皆谓盥盘也。《郑注》但言"刻戒于盘",不言盘之为何用。《孔疏》乃以盘为"沐浴之盘",朱子仍袭其误,盖考之未详而不及修改也。①

这段考证精详透辟,于《集注》可资订正。尽管如此,吴澄还是认为"此其疵之小也,不害其为大醇"②,对于朱子《四书》注释的基本

---

① 〔元〕吴澄:《吴文正集》卷八《汤盘又新字说》。
② 〔元〕吴澄:《吴文正集》卷二十《中庸简明传序》。

立场，还是肯定和尊崇的。

## 二、"中古之统"、"近古之统"

元人虞集所撰吴澄《行状》载：

> 十九岁著说曰："道之大原出于天，圣神继之。尧舜而上，道之元也；尧舜而下，其亨也；洙泗鲁邹，其利也；濂洛关闽，其贞也。分而言之，上古则羲皇其元，尧舜其亨乎？禹汤其利，文、武、周公其贞乎？中古之统，仲尼其元，颜曾其亨，子思其利，孟子其贞乎？近古之统，周子其元也，程张其亨也，朱子其利也，孰谓今日之贞乎？未之有也。然则可以终无所归哉？盖有不可得而辞者矣。"

> 又尝与人书曰："天生豪杰之士不数也。夫所谓豪杰之士，度越一世而超出等夷也。战国之时，孔子徒党尽矣，充塞仁义，若杨墨之徒，又滔滔也。而孟子生乎其时，独愿学孔子而卒得其传。当斯时也，旷古一人而已，真豪杰之士哉！孟子没，千有余年，溺于俗儒之陋习，淫于老佛之异教，无一豪杰之士生于其间。至于周、程、张、邵，一时迭出，非豪杰其孰能与于斯乎？又百年，而朱子集数子之大成，则中兴之豪杰也。以绍朱子之统自任者，果有其人乎？"①

此处所录两段文字，实际上道出了吴澄的"道统论"。这里，先让我们对"道统论"的历史脉络作一简单梳理。所谓"道统"，是指儒家圣人之道承传相继的统系。这种统系如何排定，关系到对儒家之道的认识，因此历来为学者所重视。儒家的道统论发端于孔子，《论语》末

---

① 〔元〕吴澄：《吴文正集》附录《行状》。

篇《尧曰》云：

> 尧曰："咨！尔舜！天之历数在尔躬。允执其中。四海困穷，天禄永终。"舜亦以命禹。

尧以"允执其中"传舜，舜亦以"允执其中"传禹，这便形成了儒家道统的最初传授；而"允执其中"之"中"，其意为"无过不及之名"①，正是圣人之道的最高境界。《孟子》末篇《尽心下》云：

> 由尧舜至于汤，五百有余岁，若禹、皋陶，则见而知之；若汤，则闻而知之。由汤至于文王，五百有余岁，若伊尹、莱朱，则见而知之；若文王，则闻而知之。由文王至于孔子，五百有余岁，若太公望、散宜生，则见而知之；若孔子，则闻而知之。由孔子而来至于今，百有余岁，去圣人之世，若此其未远也；近圣人之居，若此其甚也，然而无有乎尔？则亦无有乎尔。

这里，孟子序列尧舜至于孔子的承传谱系，并表达了对道统失传的忧虑。唐代韩愈在《原道》一篇中，较为系统地提出了儒家的"道统论"，他认为：

> 尧以是传之舜，舜以是传之禹，禹以是传之汤，汤以是传之文、武、周公，文、武、周公传之孔子，孔子传之孟轲。轲之死，不得其传焉。②

---

① 〔南宋〕朱熹：《论语集注》卷十。
② 〔南宋〕魏仲举编：《五百家注昌黎文集》卷十一《原道》。

这里所代代相传的,正是指"先王之道"。但孟子之后道统"不得其传"的局面,对于儒学发展终究非常不利。当时为回应当时佛、道二教的挑战,朱子提出了他的新"道统论",这集中体现在《中庸章句序》中:

盖自上古圣神继天立极,而道统之传有自来矣。其见于经,则"允执厥中"者,尧之所以授舜也。"人心惟危,道心惟微,惟精惟一,允执厥中"者,舜之所以授禹也。尧之一言,至矣,尽矣!而舜复益之以三言者,则所以明夫尧之一言,必如是而后可庶几也。……

夫尧、舜、禹,天下之大圣也。以天下相传,天下之大事也。以天下之大圣,行天下之大事,而其授受之际,丁宁告戒,不过如此。则天下之理,岂有以加于此哉?自是以来,圣圣相承:若成汤、文、武之为君,皋陶、伊、傅、周、召之为臣,既皆以此而接夫道统之传。若吾夫子,则虽不得其位,而所以继往圣、开来学,其功反有贤于尧舜者。然当是时,见而知之者,惟颜氏、曾氏之传得其宗。及曾氏之再传,而复得夫子之孙子思,则去圣远而异端起矣。子思惧夫愈久而愈失其真也,于是推本尧舜以来相传之意,质以平日所闻父师之言,更互演绎,作为此书,以诏后之学者。盖其忧之也深,故其言之也切;其虑之也远,故其说之也详。其曰"天命率性",则道心之谓也;其曰"择善固执",则精一之谓也;其曰"君子时中",则执中之谓也。世之相后,千有余年,而其言之不异,如合符节。历选前圣之书,所以提挈纲维、开示蕴奥,未有若是其明且尽者也。自是而又再传以得孟氏,为能推明是书,以承先圣之统,及其没而遂失其传焉。则吾道之所寄,不越乎言语文字之间,而异端之说日新月盛,以至于老佛之徒出,则弥近理而大乱真矣。然而尚幸此书之不泯,故程夫子兄弟者出，得有所考，以续夫千载不传之绪；得有所据，以斥夫二家似是之非。盖子思之功于是为大，而微程夫子，则亦莫能因其语而得其心也。

朱子的道统论有这样几个特点：第一，"在道统思想发展史上，朱熹第一次把'道统'这一名词概念与'道统'所指的实际内涵结合起来"①。第二，"从《论语·尧曰篇》捡来'允执厥中'四个字，从《尚书·大禹谟》捡来'人心惟危，道心惟微，惟精惟一，允执厥中'十六个字，明确标出这就是道统心传。这是一个发展"②。第三，认为孟子之后，宋代二程兄弟续千载不传之绪，道统实际并未中断，"这是又一个发展"③。需要特别指出的是，"道统论"不仅是朱子理学体系的重要内容，也是其四书学体系的重要组成部分。

与韩愈道统论的一个很大区别是，朱子大大强调了道统传承中孔子和孟子之间"曾子"、"子思"的存在及作用。而这又与朱子对《大学》、《中庸》二篇作者的认定直接相关。《大学》、《中庸》的作者问题历来纷纭聚讼，朱子则认为："(《大学》)经一章，盖孔子之言，而曾子述之。其传十章，则曾子之意而门人记之也。"④其《大学章句序》亦称："三千之徒，盖莫不闻其说，而曾氏之传独得其宗，于是作为传义，以发其义。"《中庸章句序》则称："《中庸》何为而作也？子思子忧道学之失其传而作也。"而曾子是孔子的学生，子思是孔子的嫡孙，又相传受业于曾子，孟子则曾受业于子思之弟子，这样一来，人从孔子到曾子到子思到孟子，书从《论语》到《大学》到《中庸》到《孟子》的学术关联，便自然形成了。朱子能够将《大学》、

---

① 蔡方鹿：《朱熹经学与中国经学》，人民出版社2004年版，第五章，第273页。
② 邱汉生：《四书集注简论》，中国社会科学出版社1980年版，"本论二"，第125页。
③ 邱汉生：《四书集注简论》，"本论二"，第125页。
④ 〔南宋〕朱熹：《大学章句》。

《中庸》二篇从《礼记》中单独抽出并纳入其四书学体系，便有了一个坚实的依托。① 朱子"孔、曾、思、孟"道统承传说的学术影响在于：

> 人们在提到儒家道统的时候就不再像以前那样一下子从孔子接到孟子，而不能忽视朱熹所认为的孔孟之间的曾子和子思，也不能不特别重视儒家典籍《大学》和《中庸》，《四书》和道统紧密联系而不可分割了。②

再让我们回过头来考察一下吴澄"道统论"与四书学的关联。吴澄将整个道统传承分为上古、中古、近古三个历史时期，在每个时期内又依照《周易》"元、亨、利、贞"的顺序，分为四个小的阶段，这基本符合历史实际，也是他道统论的一个特点。三个历史时期中，中古时期以及中古和近古之间的人物排定，与四书学关联最为密切。关于"中古之统"，吴澄称："仲尼其元，颜曾其亨，子思其利，孟子其贞乎？"孔、孟之间加入了颜子、曾子和子思，这与朱子说解是相吻合的。吴澄还在其他场合重申了这一立场，如《刘尚友文集序》称："道统之传称孔孟，而颜、曾、子思固在其中，岂三子不足以绍孔而劣于孟哉？"③

关于中古和近古之间的人物排定问题，是不同学术传统下的"道统论"分歧最大的地方。朱子认为孟子之后，道统是失传了"千四百年"的，至北宋的二程兄弟才得以承继。关于这点，《中庸章句序》已说得非常明白。在《孟子集注》的末尾，朱子更是引用程颐推赞其兄

---

① 这是依照四部书的时代先后说的，与朱子主张读《四书》时应当按照《大学》、《论语》、《孟子》、《中庸》的次序出发点不同。
② 顾歆艺：《四书章句集注研究》，北京大学1999年博士论文，第六章，第143页。
③ 〔元〕吴澄：《吴文正集》卷二十二《刘尚友文集序》。

的话表明这种认识：

> 周公殁，圣人之道不行；孟轲死，圣人之学不传。……先生（程颢）生乎千四百年之后，得不传之学于遗经，以兴起斯文为己任。辨异端，辟邪说，使圣人之道涣然复明于世。盖自孟子之后，一人而已。

那么，为什么朱子认为孟子之后道统失传了呢？这其实又是一个朱子的"汉学观"问题。因为道统失传了的这"千四百年"，正是中国历史上的汉魏六朝隋唐时代。在朱子看来，汉唐时期的"训诂注疏"之学是未能探得圣人之旨的，比如《朱子语类》卷五十一称：

> 汉唐诸人说义理，只与说梦相似，至程先生兄弟方始说得分明。唐人只有退之说得近旁，然也只似说梦。①

又如同书卷九十二称：

> 自尧舜以下，若不生个孔子，后人去何处讨分晓？孔子后，若无个孟子，也未有分晓。孟子后数千载，乃始得程先生兄弟发明此理。今看来，汉唐以下诸儒说道理见在史策者，便直是说梦。只有个韩文公依稀说得略似耳。②

至于作为唐人的韩愈亦认为"轲之死，不得其传焉"，恰恰也是因

---

① 〔南宋〕黎靖德编：《朱子语类》卷五十一《孟子一》，见《朱子全书》册十五，第1682页。
② 〔南宋〕黎靖德编：《朱子语类》卷九十二《孔孟周程》，见《朱子全书》册十七，第3096页。

为他对汉唐繁琐章句的反动和扫除。① 在上引吴澄文字中，"中古之统"与"近古之统"之间并未排定其他人物，而是直接从孟子到周、程、张、朱。由吴氏其他文字证明，他正是认为宋代的周、程、张、朱乃是续孟子千载不传之绪的，这亦与朱子观点毫无二致。比如《评郑夹漈〈通志〉答刘教谕》云：

儒者之学分而三，秦汉以来则然矣，异端不与焉。有记诵之学，汉郑康成、宋刘原父之类是也；有词章之学，唐韩退之、宋欧阳永叔之类是也；有儒者之学，孟子而下，周、程、张、朱数君子而已。②

又如《俨斋记》云：

修己治人之道，一言而撮其要，曰"敬"而已。俨者，敬之形于外者也。自昔圣贤教人为学，莫不由此而入门。孟子而后，吾夫子之道不得其传。汉唐名卿巨儒，或资质之暗合，或言议之偶中，而能的然知学之有要者，其谁乎？宋河南二程子，续孔孟不传之学于千载，提一言以开后觉。新安夫子究竟发挥，而其学益以显时，则伊洛之学独明于南土。③

---

① 陈寅恪《论韩愈》："唐太宗崇尚儒学，以统治华夏，然其所谓儒学，亦不过承继南北朝以来正义义疏繁琐之章句学耳。又高宗、武则天以后，偏重进士词科之选，明经一目仅为中材以下进取之途径，盖其所谓明经者，止限于记诵章句，绝无意义之发明，故明经之科在退之时代，已全失去政治社会上之地位矣。南北朝后期及隋唐之僧徒亦渐染佛生之习，诠释内典，袭用儒家正义义疏之体裁，与天竺诂解佛经之方法殊异，如禅学及禅宗最有关之三论宗大师吉藏、天台宗大师智顗等之著述，与贾公彦、孔颖达诸儒之书，其体制适相冥会。新禅宗特提出直指人心见性成佛之旨，一扫僧徒繁琐章句之学，摧陷廓清，发聋振聩，固吾国佛教史上一大事也。退之生值其时，又居其地，睹儒家之积弊，效禅侣之先河，直指华夏之特性，扫除贾、孔之繁文，《原道》一篇中心旨意实在于此。"（陈寅恪：《金明馆丛稿初编》，上海古籍出版社1980年版，第287页）
② 〔元〕吴澄：《吴文正集》卷二《评郑夹漈〈通志〉答刘教谕》。
③ 〔元〕吴澄：《吴文正集》卷四十《俨斋记》。

综上所述我们不难推论：在四书学"道统论"上，吴澄是不折不扣的"宗朱"一派。

那么，元代学者论儒家道统，是否有与吴澄这样的"宗朱"一派相左的说法呢？回答是肯定的，而且这种不同，恰恰折射出了南北学术传统的差异。这里，让我们"兵分三路"进行考察：

第一路是浙江金华的"北山学派"。北山学派号称得朱子正传，在道统论上也沿袭朱子之说，如金履祥《祭北山先生文》曰：

> 夫自尧舜以至孔、曾、思、孟，又千五六百年，而后有程朱。前者曰以是传之，后者曰得其传焉，不知所传者何事欤？盖一理散于事物之间，皆真实而非虚，事事物物莫不各有自然之处。此所谓万殊而一本，一本而万殊。①

金氏不但所论道统谱系与朱子同，而且"道"之内涵也得朱子之正解。又如许谦《送胡古愚序》曰：

> 夫圣人之道，常道也，不出于君臣、父子、夫妇、昆弟、朋友、应事、接物之间。致其极，则中庸而已尔。非有绝俗离伦，幻视天地，埃等世故如老佛氏之所云者，其道虽存于方册，而不明于世久矣。周、程、张、朱诸子出，而辟邪扶正，破昏警愚。秦汉以来千五百年英才多矣，而有昧于是。吾侪生于斯时，未必能躐于千五百年之才，而独有见于圣人之道如是其明也。幸而生于诸子之后，固当平气虚心，随而求之，阶之梯之，以达乎上。顾实有益于己而止，何庸倔强自意，撼奇务新，力与作者争衡，

---

① 〔元〕金履祥：《仁山文集》卷四《祭北山先生文》。

又将轹而践之哉！①

许谦对待汉唐之学的态度，亦一如朱子。
第二路是北方的赵复一派。《元史·赵复传》载：

> （赵）复以周、程而后，其书广博，学者未能贯通，乃原羲、农、尧、舜所以继天立极，孔子、颜、孟所以垂世立教，周、程、张、朱氏所以发明绍续者，作《传道图》，而以书目条列于后。

这里道出的正是赵复的"道统论"。在北方，作为"江汉所传"的"鲁斋学派"的代表人物许衡，虽无专门文字集中论述"道统"，但从其四书学"一以朱子之言为师"②判断，在道统谱系排定上不会与朱子相牴牾。况且，有其弟子的议论评价可以作为旁证，比如玉田张儒云：

> 论其道，远接乎孔、曾、思、孟之统；推其学，近衍乎周、程、张、朱之澜。③

又如门人许约云：

> 迄于周衰，笃生圣人。有德无位，遭时之屯。周流天下而不我用，乃独任乎斯文。明王道于已晦，振纲常而再新。颜、曾再传而得子思，至孟子独不迷其津。泯泯棼棼，历岁时之既久；承承继继，乃寥廓而无闻。迨乎有宋，实生周子，画无极之大原，为万物之根柢，扶泰山已摧之巅，发千古不传之秘，渊源河洛，

---

① 〔元〕许谦：《白云集》卷二《送胡古愚序》。
② 〔元〕许衡：《鲁斋遗书》卷十四《先儒议论·姚氏牧庵语》。
③ 〔元〕许衡：《鲁斋遗书》卷十四《先儒议论·玉田张儒文》。

大畅斯旨。天理之微，人事之著，鬼神之幽，至于子朱子而大备。天眷皇元，我文正公实有得于此也。①

需要指出，为北方"鲁斋学派"所宗的江汉赵复，虽然是在北方完成了他的四书学传播，但从学术渊源上讲却是"程朱续传"，他与南方朱学嫡传的"北山学派"实际可以视为一源同宗。值得特为关注的是，同样作为"江汉所传"的北方"静修学派"的代表人物刘因，论述"道统"却与赵复及"鲁斋学派"迥乎不同，在"道统论"上，他实际另有所宗，这也正是我们所考察的第三路。

刘因在《叙学》中论"诸子之学"云：

> 贾谊、董仲舒、刘向皆有书，惜其犹有战国纵横之余习。惟董子《三策》明白纯正，孟轲之亚，非刘、贾所企也。文中子生于南北偏驳之后，隋政横流之际，而立教河汾，作成将相，基唐之治，可谓大儒矣。其书成于门弟子董、薛、姚、窦之流，故比拟时有太过，遣辞发问，甚似《论语》。而其格言至论，实汉儒所未道者，亦孟轲氏之亚也。韩子之书，删去靡丽，李唐一代之元气也，与汉氏比隆矣。其诋斥佛老，扶持周孔，亦孟轲氏之亚也。诸子既治，宋兴以来诸公之书，周、程、张之性理，邵康节之象数，欧、苏、司马之经济，往往肩汉唐而踵三代，尤当致力也。②

这里，刘因将汉代的董仲舒、隋代的文中子、唐代的韩愈列为"孟轲之亚"，认为他们"明白纯正"、"扶持周孔"，显然将其作为周、

---

① 〔元〕许衡：《鲁斋遗书》卷十四《先儒议论·门人许约题从祀告文》。
② 〔元〕刘因：《静修先生文集》卷一《叙学》，《丛书集成初编》本。

程、张、朱之前接续孟子之传的道统人物①，这便与程朱一派所谓"孟轲死，圣人之学不传"之说有了很大的区别。刘因的这种"道统论"，却与作为"南北方理学的早期汇合者"②的泽州陵川（今山西陵川）人郝经（1223—1275）之说，一脉而相承。郝经认为：

> 扩充圣人之道者，莫如孟轲氏。《六经》火于秦，而士复坑戮。汉兴，高帝过鲁，即以太牢祠孔子，使后王后帝北面而师事之，开其基统，发其渊源。又使陆贾说《诗》、《书》以明帝王之学，启人心于未然，故尊圣人之道者，莫如汉高帝。曹参相齐，受教于盖公，启窦氏黄老之学。晁错诸人当文景之盛，而挟申韩之术，战国余习，几于复振。董仲舒出，而孝武方隆儒，乃请罢黜百家，表章《六经》，尊孔氏，明仁义，圣人之道复立，存人心于欲亡，故明圣人之道者，莫如董仲舒。厥后分裂于三国，偏驳于两晋，蠹食于南北。西方之诞幻盛行，南朝之纤艳相尚，人心遂亡，天理亦灭。而文中子立教河汾，推明义理，建立皇极，而佐佑《六经》，修饰礼乐，开唐之治，存人心于既亡，故存圣人之道者，莫如文中子。唐业中衰，所尚者诗文，所尊者佛老，学士大夫习以成俗，后王君公竟为崇饰，中国将遂为西域矣。韩文公起，横身而争之，累九鼎而不移，触万死而不回。收人心于既流，然后圣人之道巍然自立，故立圣人之道者，莫如韩文公。厥后陵夷于晚唐，夺攘于五季。宋兴，欧、苏则为之藻饰，周、邵则为之推明，司马则为之经济，程、张则为之究竟。天理昭明，人心泰定，故羽翼圣人之道者，莫如宋诸公。如是则圣人之道虽大，

---

① 元人刘因《静修集》卷十五《乡先生汉韩太傅婴墓》即云："章句区区老益坚，百年轲死已无传。《四诗》今并毛公废，《三策》聊存董相贤。"
② 徐远和：《理学与元代社会》，第一章，第21页。

非诸君则亦委地矣,固不在于土木也。①

在郝经看来,孟子之后传圣人之道的,又有汉高帝、董仲舒、文中子、韩愈及欧、苏、周、邵、司马、程、张等有宋诸公。若追本溯源,郝经的这种道统观,其实又来源于他的老师元好问,元好问《赠答刘御史云卿四首(其三)》诗即曾云:

> 我观唐已还,斯文有伊周。
> 开云揭日月,不独程张俦。
> 圣途同一归,论功果谁优。
> 户牖徒自开,胶漆本易投。
> 九原如可作,吾欲起韩欧。②

若与学术渊源联系起来考察则可以发现,就"道统论"而言,从元好问到郝经到刘因,实际体现了北方一贯的重汉唐训诂而轻宋儒议论的学术传统。如前所述,刘因认为治学当自《六经》始,而非如程朱一派所言始于《四书》。他主张"议论之学自传注疏释出"③,对汉唐传注之学格外推崇,因此他将董仲舒、文中子、韩愈列入儒家道统,就是情理之中的事了。郝经更是反对宋儒所谓"汉唐诸儒皆不知道"之说,对宋代"道学"提出了严厉批评,甚至认为"异日祸天下,必有甚于宋氏者"。他将"孟、荀、扬、王、韩、欧、苏、司马之学"与"尧、舜、禹、汤、文、武、周、孔之学"并列,显然认为汉唐时期的

---

① 〔元〕郝经:《陵川集》卷二十六《去鲁记》。
② 〔金〕元好问:《遗山集》卷一《赠答刘御史云卿四首(其三)》。
③ 〔元〕刘因:《静修集》续集卷三《叙学》。

扬雄、王通、韩愈也是"道统"中人①,这与他在《去鲁记》中对"道统"的表述实相一致②。

最后,如果要我们对元代四书学"道统论"的以上三个路向略作区分的话,不妨可以下这样的论断:北方的赵复、鲁斋学派一系及南方的北山学派、草庐学派一系,乃在程朱四书学体系之内;北方的郝经及静修学派一系,则大体在程朱四书学体系之外。

### 三、"于朱陆二氏之学互有发明"

在南宋末年的学术界,出现了一股"和会朱陆"的风潮。所谓"和会朱陆",就是指不再认为朱陆两家之学判若水火,而是采取了一种折衷调和的态度。比如江西南丰人刘壎撰《朱陆合辙序》云:

> 朱陆之学,本领实同,门户小异。故陆学主于超卓,直指本心,而晦翁以近禅为疑;朱学主于著书,由下学以造上达,而象

---

① 元人郝经《陵川集》卷二十三《与北平王子正先生论道学书》云:"始,宋濂溪周先生深于《易》学,谨于操履,志夫三代之际,作图著书,以述仲尼、孟轲之志。继以明道、伊川二程先生、横渠张先生,传继授受,其学遂盛。而康节邵先生推衍象数,明伏牺先天之本末,始有'道学'之名也。及其徒欲神其说,分宗别派,谓之伊川之学、康节之学、伊洛之学,引而自高,揭然以'道学'为名,谓一世之人皆不知道。又谓汉唐诸儒皆不知道,直以为仲尼、孟轲复出,论说蜂起,党与交攻,投窜贬斥,竟成宣政之乱。秦、韩当国,遂谓之'伪学',又谓之'奸学',衣冠之祸,古所未有,皆标置立名之激之也。周、邵、程、张之学,固几夫圣而造夫道矣,然皆出于大圣大贤孔孟之书,未有过夫尧、舜、禹、汤、文、武、周、孔之所传者。独谓之'道学',则尧、舜、禹、汤、文、武、周、孔之学不谓之道学,皆非邪?孟、荀、扬、王、韩、欧、苏、司马之学不谓之道学,又皆非邪?故'儒家'之名立,其祸学者犹未甚;'道学'之名立,祸天下后世深矣,岂伊洛诸先生之罪哉?伪妄小人私立名字之罪也。其学始盛,祸宋元氏者百有余年。今其书自江汉至中国学者,往往以'道学'自名,异日祸天下,必有甚于宋氏者!"

② 元人郝经《陵川集》卷三有《子思墓》诗云:"王陵象尼山,窣皇拟天阙。白石六十四,方正相倚迭。卿云绕龙隧,修竹生马鬣。前却三代祖,宛与圣人列。乃是子思子,道贯祖孙一。颜夭曾始传,心授相世及。《大学》宏纲举,《中庸》性理切。浩气有孟轲,《六经》复为七。向微三大贤,圣统几废绝。尔来一千年,晦没无人说。韩李端绪开,伊洛本根据。万古唐虞心,日月光且睫。不必挥金锤,拜墓即亲炙。"郝经认为自唐代的韩愈、李翱开始,接孟轲千载不传之绪,而未向上溯及汉代诸儒,在"道统论"上与他处之说略异。因该诗所作年代无考,未知是否为其前期观点,姑阙疑。

山翁又以支离少之。门分户别，伐异党同，末流乃至交排互诋，哗竞如仇敌，遂令千古圣学之意，滋郁弗彰矣。当是时，克堂包公（案：包扬）崛起盱江，出入二宗师门下，其子枢密宏斋先生（案：包恢）亲侍讲贯，每谓二家宗旨券契籥合，流俗自相矛盾。①

江西贵溪人龚霆松也"慨朱陆二家之徒议论不一，因穷源委作《四书朱陆会同注释》。三年书始成，时称'朱陆忠臣'"②。袁桷为该书作序称：

> 曩朱文公承绝学之传，其《书序》疑非西京，于《孝经》则刊误焉。《诗》去其序，《易》异程氏，《中庸》疑于龟山杨氏。程、杨、朱子，本以传授者也，审为门弟子，世固未有以病文公也。陆文安公生同时，仕同朝，其辨争者，朋友丽泽之益。朱、陆书牍具在，不百余年，异党之说兴，深文巧辟，而为陆学者不胜其谤，屹然墨守。是犹以泥丸而障流，杯水而止燎，何益也？淳祐中，番易汤中氏合朱陆之说，至其犹子端明文清公汉，益阐同之，足以补两家之未备。抑又闻之，当宝庆、绍定间，黄公榦在，朱子门人不敢以先人所传为别录。黄既死，夸多务广，有《语录》焉，有《语类》焉，望尘承风，相与刻梓，而二家矛盾大行于南北矣。广信龚君霆松，始发愤为《朱陆会同》，举要于《四书》，集陆子及其学者所讲授，俾来者有考。删繁会精，予于龚君复有望焉。③

由此可见，折衷朱陆在南宋末年确实已经形成了一股风潮，而且

---

① 〔元〕刘埙：《水云村稿》卷五《朱陆合辙序》。
② 《江西通志》卷二十二《书院二》。
③ 〔元〕袁桷：《清容居士集》卷二十一《龚氏四书朱陆会同序》。

这种风潮吹至元代,诸多学者都加入了"和会朱陆"的行列,草庐吴澄就是其中最为著名的一位。

吴澄是如何加入到"和会朱陆"的行列中去的呢?在他看来,宋末以来,朱学末流暴露出了种种弊端,亟须拯救,如其《尊德性道问学斋记》云:

> 逮夫周、程、张、邵兴,始能上通孟氏而为一。程氏四传而至朱,文义之精密,句谈而字议,又孟氏以来所未有者,而其学徒往往滞于此而溺其心。夫既以世儒记诵词章为俗学矣,而其为学,亦未离乎言语文字之末,甚至专守一艺,而不复旁通它书;掇拾腐说,而不能自遣一辞。反俾记诵之徒嗤其陋,词章之徒议其拙。此则嘉定以后朱门末学之弊,而未有能救之者也。①

以何者救之?吴澄认为当属陆子"尊德性"之学,门人虞集所撰澄之《行状》即载:

> 先生尝为学者言:"朱子道问学工夫多,陆子静却以尊德性为主。问学不本于德性,则其弊偏于语言训释之末。果如陆子静所言矣,今学者当以尊德性为本,庶几得之。"②

在《尊德性道问学斋记》中,吴澄更是对自己以往治学偏重"道问学"的倾向作出了深刻反省:

> 澄也钻研于文义,毫分缕析,每犹以陈为未精,饶为未密也。

---

① 〔元〕吴澄:《吴文正集》卷四十《尊德性道问学斋记》。
② 〔元〕吴澄:《吴文正集》附录《行状》。

堕此科臼之中垂四十年，而始觉其非。因子之请，惕然于岁月之已逝，今之语子，其敢以昔之自误者而误子也哉！自今以往，一日之内子而亥，一月之内朔而晦，一岁之内春而冬，常见吾德性之昭昭，如天之运转，如日月之往来，不使有须臾之断间，则于尊之之道，殆庶几乎。①

如何救之？吴澄认为应当将朱陆两家之学和衷统一。比如他教导金溪人陈洪范习学朱子《四书集注》时，便要求他既要"读书讲学"，又要"真知实践"：

> 且子之乡，陆子之乡也。陆子何如人哉？亦尝颇闻其遗风乎？夫朱子之教人也，必先之读书讲学；陆子之教人也，必使之真知实践。读书讲学者，固以为真知实践之地；真知实践者，亦必自读书讲学而入。二师之为教，一也。而二家庸劣之门人，各立标榜，互相诋訾，至于今学者犹惑。呜呼！甚矣，道之无传而人之易惑难晓也！为子之计，当以朱子所训释之《四书》，朝暮昼夜，不懈不辍，玩绎其文，探索其义。文义既通，反求诸我。书之所言，我之所固有，实用其力，明之于心，诚之于身，非但读诵讲说其文辞义理而已。此朱子之所以教，亦陆子之所以教也。然则其要安在？外貌必庄，中心必一。不如是，不可以读书讲学，又岂能真知实践也哉？②

"二师之为教，一也"，这说明在吴澄的观念中，朱陆两家之学是本无差异的。

---

① 〔元〕吴澄：《吴文正集》卷四十《尊德性道问学斋记》。
② 〔元〕吴澄：《吴文正集》卷二十七《送陈洪范序》。

吴澄因纠偏朱学末流之弊而推赞陆氏，会不会让人认为吴氏之学成了陆子之学呢？这种质疑不无道理，吴澄当时就曾面临过这种指责，虞集所撰《行状》载："议者遂以先生为陆学，非许氏尊信朱子之义。"① 这里的"许氏"，即指在北方及元代朝廷中有极大影响的许衡。显然，时人乃以是否与许衡观念相同作为衡量是否为朱学的唯一标准，吴澄提倡"尊德性"，自然与之出入很大。

不过，吴澄对这种指责并不以为然，他认为时人对于朱陆之学其实并未深知，其《故临川逸士于君玉汝甫妻张氏墓志铭》曰："余每慨临川金溪之士，口有言辄尊陆子，及讯其底里，茫然不知陆子之学为何如。虽当时高弟门人，往往多有实行，盖未有一人能得陆子心法者。"② 虞集《行状》亦称："然为之辞耳，初亦莫知朱陆之为何如也。"③ 吴澄对陆氏之学有自己的见解，其《仙城本心楼记》云：

> 今人谈陆之学，往往曰以本心为学，而问其所以，则莫能知陆子之所以为学者何如。是"本心"二字，徒习闻其名而未究竟其实也。夫陆子之学非可以言传也，况可以名求之哉！然此心也，人人所同有，反求诸身，即此而是。以心而学，非特陆子为然，尧、舜、禹、汤、文、武、周、孔、颜、曾、思、孟，以逮邵、周、张、程诸子，盖莫不然。故独指陆子之学为本心之学者，非知圣人之道者也。④

在他看来，陆子之学源自尧、舜、禹、汤、邵、周、张、程同样深得圣人之道。由吴澄上述言论可以推断，他对时人指其为"陆学"

---

① 〔元〕吴澄：《吴文正集》附录《行状》。
② 〔元〕吴澄：《吴文正集》卷八十六《故临川逸士于君玉汝甫妻张氏墓志铭》。
③ 〔元〕吴澄：《吴文正集》附录《行状》。
④ 〔元〕吴澄：《吴文正集》卷四十八《仙城本心楼记》。

的辩解,并非有明确的以此证明自己属于"朱学"的用意。他的确是在试图消泯时人根深蒂固的"朱陆对立"观念,将被时人排斥在"正统"之外的陆学也纳入到他的理学体系中,"确立一个更合理的理学架构,以适应时代的需要"①。

在吴澄的四书学中,这种"和会朱陆"观也有一定的表现。如前所述,在对待《四书》及《四书集注》的基本观念上,在四书学的道统观上,吴澄均未跳脱朱子四书学的体系。又如其《中庸纲领》,以程朱"理一分殊"说分析《中庸》一篇之逻辑关系,便是典型的朱学观点:

> 程子谓:"始言一理,中散为万事,末复合为一理。"盖尝思之,以首章而论之,始言一理者,天命之性、率性之道是也;中散为万事者,修道之教以至戒慎恐惧、慎独与夫发而中节、致中和是也;末复合为一理者,天地位、万物育是也。以一篇而论之,始言一理者,首章明道之源流是也;中散为万事者,自第二章以下说中庸之德、知仁勇之事、历代圣贤之迹,及达道五、达德三、天下国家有九经、鬼神祭祀之事,与夫诚明、明诚、大德、小德是也;末复合为一理者,末章无言不显以至笃恭,而归乎无声无臭是也。今又分作七节……今复述首末章之意,以尽为学之要。首章先说天命、性、道、教为道统,中说戒慎恐惧为存养慎独、为克治,后说致中和,则功效同乎天地矣,盖明道之源流也。末章则先教次克治而后存养,继说其效终则反乎未命之天矣,盖入道之次序也。此《中庸》一本之全体大用无不明矣,学者所宜尽心玩味也。②

---

① 徐远和:《理学与元代社会》,第四章,第122页。
② 〔元〕吴澄:《吴文正集》卷一《中庸纲领》。

不过，在他教后学如何研读《四书》的问题上，就很难说其中哪是朱学哪是陆学了。教导金溪人陈洪范是一个例子，教导学录陈华瑞也是一例。吴澄曾对陈华瑞说：

> 读《四书》有法，聊为子言之：必究竟其理而有实悟，非徒诵习文句而已；必敦谨其行而有实践，非徒出入口耳而已。朱子尝谓《大学》有二关：格物者，梦觉之关；诚意者，人兽之关。实悟为格，实践为诚。物既格者，醒梦而为觉，否则，虽当觉时亦梦也；意既诚者，转兽而为人，否则，虽列人群，亦兽也。号为读《四书》，而未离乎梦，未免乎兽者盖不鲜，可不惧哉！物之格在研精，意之诚在慎独，苟能是，始可为真儒，可以范俗，可以垂世百代之师也，岂仅可以掌一郡之教乎？①

在这里，吴澄同样主张读《四书》时，既要注重朱学的"读书讲学"，又要注重陆学的"真知实践"，而且，二者是合而为一的了。

那么，该如何看待吴澄的"和会朱陆"观呢？首先，倘若拿吴澄的四书学主张与稍后许谦的四书学主张略加对比不难发现，他的"和会朱陆"观与许谦对于《四书》的"句诵字求"，在学术品格上有着很大的差异。前者会使朱陆两家之学在元代前期均弊端毕现、沦为末流的情形下可能找到一些新的出路，后者则只能使朱学"在注脚中讨分晓"，从而丧失学术活力。正是从这一角度讲，"在有元一代的思想领域中，真正比较值得注意的不是朱学，也不是陆学，而是朱、陆混合的潮流"②。同时，我们也不能因为"他的理学思想是折衷朱陆的中介产物"，就断定这种学说"缺少自己的独立品格"③。恰恰相反，因时制

---

① 〔元〕吴澄：《吴文正集》卷二十五《赠学录陈华瑞序》。
② 陈高华：《元代陆学》，载陈高华：《元史研究论稿》，第358页。
③ 张立文、祁润兴：《中国学术通史·宋元明卷》，人民出版社2004年版，第九章，第445页。

宜，采两家之长，"于朱陆二氏之学互有发明"①，才是一种真正宝贵的独立品格。

其次，关于吴澄等"和会朱陆"的学术史意义，《宋明理学史》曾列专章对"元代的朱陆合流"情况进行考察，他们认为：

> 元代不少理学家，不管原来是朱学的人还是陆学的人，他们在朱陆合流中，对朱陆的取舍，都以一种肯定的态度去谈论并且兼取陆学的本心论。所以，陆学的本心论，在派别不同的理学家那里，事实上是不同程度的被张扬了。尤其是陆学的本心论，被一些朱学的人所兼融，因而使境遇日下的陆学反而借朱学而得以薪传。②

正是因为有了这样的学术铺垫，明代的王阳明才有可能"不仅远绍陆象山的本心论，而且也融会了朱学的一些内容。王阳明这种兼融朱、陆的情况，不过是承接元代朱陆合流的趋势。因此，元代的理学，实为从南宋的陆学到明代的王学之间的过渡环节"③。

再次，由吴澄"和会朱陆"观引发的对吴氏学术归属的认定问题，历来颇受争议。比如《四库全书总目》认为："澄学出象山，以尊德性为本。"④清人全祖望认为："草庐出于双峰，固朱学也，其后亦兼主陆学。盖草庐又师程氏绍开，程氏尝筑道一书院，思和会两家。然草庐之著书，则终近乎朱。"⑤王梓材则据以推定："先生本为陆学而和合朱学者也。"⑥今人金春峰先生则认为：

---

① 〔元〕赵汸：《东山存稿》卷三《与袁诚夫先生论〈四书日录〉疑义书》。
② 侯外庐等主编：《宋明理学史》第三编，第二十七章，第755页。
③ 侯外庐等主编：《宋明理学史》第三编，第二十七章，第765—766页。
④ 〔清〕永瑢等：《四库全书总目》卷一四六《道德真经注》，第1243页。
⑤ 〔清〕黄宗羲原著，〔清〕全祖望补修：《宋元学案》卷九十二《草庐学案》，第3036页。
⑥ 〔清〕黄宗羲原著，〔清〕全祖望补修：《宋元学案》卷八十四《存斋晦静息庵学案》，第2849页。

相对于朱陆这种党同伐异，说史蒙卿、吴澄等是和会朱陆是可以的，但如果认为朱陆本来在心学大方向上就是势如水火，金履祥、许谦、史蒙卿、吴澄是以陆解朱，屈为调和，则是完全不符合实际的。①

他甚至认为在吴澄身上根本不存在所谓"和会朱陆"的问题，他一生讲学突出"尊德性"三字，"恰恰是承继黄榦不论门户之见而以恢复朱熹思想之本来面目为己任的"②。其实，理解这一问题的关键有二：一是要注意到吴澄治学乃从朱子《四书》之学入，后又受陆学的极大影响，是一个流动的过程；其二，要把吴澄的"和会朱陆"当作一个有别于朱学和陆学的"独立品格"来看待，而不可斤斤于"述朱"或"祖陆"。正如钱穆先生所言：

> 至大元年，草庐在国子监，有《题四书后》一篇，提出《四书》罪人之说。当时以俗学利欲之心读《四书》，是不仅为《四书》罪人，亦朱子之罪人也。而草庐当时，乃每每避去朱子《四书》不谈，故谓其论学仍为述朱，已若不然。然谓其转在祖陆，则尤更失之。能设身处地了解草庐之时代，乃始可与论草庐之学术也。③

从吴澄的学术实际考察，全祖望的论断似乎更合理些。

---

① 金春峰：《朱熹至元儒对〈大学〉的解释及所谓"朱陆合流"问题》，载杨晋龙主编：《元代经学国际研讨会论文集》，第794页。
② 金春峰：《朱熹至元儒对〈大学〉的解释及所谓"朱陆合流"问题》，载杨晋龙主编：《元代经学国际研讨会论文集》，第786页。
③ 钱穆：《吴草庐学述》，载钱穆：《中国学术思想史论丛》卷六，第72页。

## 附录：袁明善《四书日录》佚文辑录

案：袁明善①，字诚夫，江西临川人。师事吴澄，著有《征赋定考》及《文集》若干卷。四书学著作有《四书日录》及《大学中庸日录》二部。《大学中庸日录》当属《四书日录》，二书皆已不存。据元人赵汸《春秋师说·题跋》金居敬跋曰：

> 袁公诚夫，吴文正公高第弟子也。集其师说为《四书日录》，义多与朱子异。求先生校正其书，先生悉摘其新意，极论得失异同，与诚夫袁公多所更定。

赵汸《东山存稿》卷三有《与袁诚夫先生论〈四书日录〉疑义书》，于《四书日录》原文有所举列并有品评。又，明人叶盛《水东日记》卷四载：

> 宋黄震东发尝采董槐丞相之说，以《大学》经文"知止而后有定"至"则近道矣"两节，并"知本"、"听讼"一节为"致知格物"之传矣。后来王巽卿又以"近道"两节释"格物致知"，"听讼"一节添释"新民"。草庐吴先生《答田副使书》固已深非之，至谓不识文义，譬之打破玉盘，为言当矣。或者又谓草庐尝摘此三节为传之五章，见其门人袁明善所述《大学中庸日录》中，何耶？

由此亦可推知《大学中庸日录》面目。兹据赵汸文字列制表格，

---

① 《元史》卷一八一有《元明善传》，称字复初，大名清河（今河北清河西）人，鲜卑拓跋氏后裔。官至翰林学士，参议中书省事。著《清河集》。亦曾问学吴澄，然与《四书日录》作者袁明善为非一人也。黄孝光先生以《大学中庸日录》的作者为"元明善"，误。

辑录佚文，并附赵汸评语，以明见解之异。因袁氏所录即为吴澄所讲，故所辑佚文于考察言论本来就较为缺乏的吴澄的四书学，又具宝贵文献价值。

表 5.1　袁明善《四书日录》佚文辑录表

| 篇目所属 | 《四书日录》佚文 | 赵汸评语 | 资料来源 |
|---|---|---|---|
| 论语日录 | "从"与"不逾"属天地，"心"与"矩"属圣人。 | 在圣人分上，固有此理，但非此章之义。如必用此说，则是从"心"上元阙却"天地"两字也。 | 与袁诚夫先生论《四书日录》疑义书 |
| 大学日录 | 明德、新民各有至善，其为至善，各有分限。明之新之者，循其分限而不相侵越，是为止于至善。 | 如曰明德、新民各有分限，是明至善可也；今由其为至善，各有分限，是于至善上更有分限矣。《大学》经传于明明德、新民未尝各出"至善"二字，微旨可见。 | |
| | 当乎理而妙于事 | 释之精矣。 | |
| | 格物、致知、诚意、正心、修身以下工夫，各欲止于至善， | 恐非《大学》本旨。 | |
| | 有定者意诚，能静者心正，能安者身修，能虑则齐家治国平天下在其中矣。 | 近日前辈多有同此说者，窃谓有定则意可得而诚矣，定未底于诚也；能静则心可得而正矣，静非正之谓也；能安能虑则身可得而修，凡举而措之者无不宜矣。安固不可以言修而曰齐曰治曰平者，乃所虑之事，而非能虑之云也。 | |
| | 知所先后，则进为有叙，而不拂乎《大学》之方法矣。 | 以方法训"道"字，是欲与第一句"道"字相应，然既曰知所先后，则是已得其方法，不可但谓之近，"不拂"亦非近字之义。 | |
| | 修身之功在省察其身之所行，而整饬其过不及之差。 | | |
| | 欲人于此，动辄省察其身之所行，免致五者之辟。 | | |

续表

| 篇目所属 | 《四书日录》佚文 | 赵汸评语 | 资料来源 |
|---|---|---|---|
| 孟子日录 | 正心即《大学》之正心，言勿强正其心。 | 必加"强"字，作"勿强正其心"，而后语意可通，则非《大学》之正心矣。 | 与袁诚夫先生论《四书日录》疑义书 |
| | 所行皆直，则吾之动作与天地同运，而天地之气即吾气矣。 | 谓非心正身修之验，可乎？然其所以至此者，岂有他哉？义者，人心之裁制而形于事；道者，天理之自然而具于心。得是气以为之配，则内外昭著，充周不穷，而心无不正，身无不修矣。 | |
| | 万古一理，千圣一心，世虽远而心之神明实相接迹，虽异而心之天理实无不同。 | 有以见万古为一理，则不必言相接，相接者，两物相连及之义也；有以见千圣一心，则不必言无不同，无不同者，两物相似之名也。将欲一之，适以二之，盖亦语病之一端乎？ | |
| 中庸日录 | 道，污坏之道。未可，未尝须臾离。 | 夫道以自然之理言，《日录》则以污坏释之；不可者，儆戒之辞，《日录》则以自然之理释之，其非此书宗旨甚明。 | |
| 四书日录 | | （案：总论《四书日录》）——特为精密，多所发明，惟首章之义为一书大纲，而未易通解如此。故中间虽有微文小节不能无惑者，皆不及遍举。 | |

## 第四节  陈栎、胡炳文、倪士毅与新安学派的四书学

新安，郡名，三国时所置，宋宣和三年（1121）改称徽州。宋、元、明、清时期，以徽州籍理学家为主体形成了一支理学派别，习惯上被称作"徽州学派"或"新安学派"。今天安徽的休宁、歙县，江西的婺源等地，元代时均辖于徽州路，皆属"新安学派"的范围。朱子虽生于福建，祖籍却是徽州婺源，宋理宗即曾为婺源朱子庙亲笔题额"文公阙里"，朱子本人也曾多次到新安故里聚徒讲学。因之南宋以来，新安理学逐渐形成并在元代有所发展，而朱子被奉为开山宗师。明代休宁人程曈曾撰《新安学系录》十六卷，收集自宋至明一百一十二位新安学人的碑传、行状、墓表、遗事等资料，以朝代为纲，以人为目，贯穿成篇，对新安理学进行了很好的总结，其《自序》即云：

孟子没，而圣人之学不传千有余岁。至我两夫子，始得之于遗经，倡以示人。辟异端之非，振俗学之陋，而孔孟之道复明。又四传至我紫阳夫子，复溯其流，穷其源，折衷群言，集厥大成，而周程之学益著。新安为程子所从出，朱子之阙里也。故邦之人于程子则私淑之，有得其传者；于朱子则友之事之，上下议论，讲劘问答，莫不充然各有得焉。嗣时以还，硕儒迭兴，更相授受，推明羽翼，以寿其传。由宋而元以至我朝，贤贤相承，绳绳相继，而未尝泯也。①

由于徽州学者视朱子为乡邦大儒，对朱子之学怀有一种特殊的崇敬之情，新安学派的四书学也因此具有了鲜明的"宗朱"特点。

元代新安学派的四书学，以休宁人陈栎及其弟子倪士毅和婺源人胡炳文为代表。陈栎（1252—1334），字寿翁，一字定宇，学者称"定宇先生"，撰《四书发明》三十八卷、《四书考异》十卷、《论语训蒙口义》、《中庸口义》一卷等。倪士毅（1303—1348），字仲宏（一作仲弘），学者称"道川先生"，撰《四书辑释》三十六卷、《重订四书辑释》四十五卷等。胡炳文（1250—1333），字仲虎，号云峰，学者称"云峰先生"，撰《四书通》二十六卷、《四书辨疑》、《大学指掌图》一卷等。其中，又以陈氏《四书发明》、胡氏《四书通》、倪氏《四书辑释》三部著作影响为最大。

## 一、"戾于朱夫子者删而去之"

元人邓文原于泰定三年（1326）为胡炳文《四书通》作序云：

---

① 〔明〕程曈：《新安学系录·自序》，载张林川、周春健编：《中国学术史著作序跋辑录》，崇文书局2005年版，第14页。

> 《四书》之学,初表章于河南二程先生,而大阐明于考亭朱夫子。善读者先本诸经,而次及先儒论著,又次考求朱夫子取舍之说,可与言学矣。然习其读而终莫会其意,犹为未善也。《纂疏》、《集成》博采诸儒之言,亡虑数十百家,使学者贸乱而无所折衷,予窃病焉。近世为图为书者益众,大抵于先儒论著及朱夫子取舍之说,有所未通而遽为臆说,以炫于世。余尝以谓昔之学者常患其不如古人,今之学者常患其不胜古人。求胜古人而卒以不如,予不知其可也。今新安云峰胡先生之为《四书通》也,悉取《纂疏》、《集成》之戾于朱夫子者删而去之,有所发挥者则附己说于后。

邓氏这段话的主要意思,固然是想表达《四书通》的"戾于朱夫子者删而去之"、维护朱学正统的基本思想倾向,却同时也道出了《四书通》在著述体式上的一个特点,即与《纂疏》、《集成》相类,都属于那种"集编体"或"集释体"的著作。

这里的《纂疏》、《集成》,分别指宋末赵顺孙的《四书纂疏》二十八卷和吴真子的《四书集成》。吴氏之书已佚,赵氏之书今存,二书体例相似。关于《四书纂疏》的体例,撰者自有说明:

> 子朱子《四书》注释,其意精密,其语简严,浑然犹经也。顺孙旧读数百过,茫若望洋,因遍取子朱子诸书及诸高第讲解有可发明注意者,悉汇于下,以便观省。间亦以鄙见一二附焉,因名曰"纂疏"。①

可见,《四书纂疏》乃是以朱子《四书章句集注》为蓝本,博采朱子他书之说及众弟子之说汇次于下,末申己意。所谓"朱子诸书",包

---

① 〔南宋〕赵顺孙:《四书纂疏序》。

括《四书集注》、《或问》、《语录》、《文集》、《易本义》、《诗集传》、《太极解》、《通书解》、《西铭解》等。所谓"诸高第讲解有可发明注意者",包括黄榦、辅广、陈淳、陈孔硕、蔡渊、蔡沈、叶味道、胡泳、陈埴、潘柄、黄士毅、真德秀、蔡模等十三家之说。因这种增益《四书集注》之文的著述体式导源于黄榦的《论语通释》和真德秀的《四书集编》(参见本章第二节),故通常称之为"集编体"或"集释体"。元代新安学派陈栎的《四书发明》、胡炳文的《四书通》及倪士毅的《四书辑释》,就都属于这类著作。朱彝尊《经义考》曾引万授一论《四书辑释》曰:

> 朱子《集注》既行,当时儒者惧后学诵习之难,因各诠释。于是勉斋有《通释》;而采《语录》附录于《大学》章句之下,始自西山真氏,名曰《集义》;祝氏宗道《四书附录》,仿而成之;格庵赵氏有《纂疏》;克斋吴氏有《集成》;定宇陈氏有《发明》;云峰胡氏有《四书通》;仁山金氏有《指义》。由宋迄元,不下数十家。而义理明备,采择精当,莫如道川倪氏之《辑释》。①

朱氏所梳理的,便正是"集编体"体式演化的历史。

《四书发明》今已亡佚,无由睹其面目。《四书通》及《四书辑释》今存。内容方面,在《纂疏》、《集成》的基础上,《四书通》主要做了这样两项工作:

其一,拓展取材范围。除保留朱子《四书集注》所引用的贾谊、董仲舒、周敦颐、二程等五十六家之说及赵顺孙《四书纂疏》所引用的黄榦、辅广等十三家之说外,又增胡瑗、曾巩、张载、邵雍、程颢、程颐、张庭坚、陆佃、孔文仲、邓名世、游酢、侯仲良、张栻、洪兴

---

① 〔清〕朱彝尊:《经义考》卷二五五,第1286页。

祖、项安世、林之奇、胡寅、胡宏、叶梦得、吕祖谦、张九成、袁甫、郭忠厚、邵甲、钱时、顾元常、陈文蔚、倪氏、李道传、李东窗、李氏、叶适、卫湜、陈知柔、陈亮、陈用之、林夔孙、方悫、谭惟寅、周谞、何梦桂、潘时举、郑汝谐、王炎、薛氏、李闳祖、欧阳谦之、诸葛泰、胡次焱、黄继道、虞氏、张玉渊、王回、黄渊之说，以及祝洙《四书集注附录》、王柏《批点标注四书》、程若庸《性理字训》、饶鲁《石洞纪闻》及《讲义》、卢孝孙《大学通义》、沈贵瑶《正蒙解》、谢枋得《文集》、齐梦龙《语解》、许衡《文集》及《遗书》、冯椅《论语解》、方逢辰《中庸大学释传》、金履祥《大学疏义》、杜瑛《语孟旁通》、薛延年《四书引证》、黄仲元《四书讲稿》、熊禾《四书标题》、吴浩《大学口义》、陈栎《四书发明》、吴仲迂《语类次》，共计七十三家之说，极大地丰富了全书内容。

其二，删正《纂疏》、《集成》二书的舛误之处。主要包括三个方面：一是训释之误，一是笔误，一是解说舛谬。而删正的原因，正是由于这些地方"戾于朱夫子"。《四书通·凡例》云：

> 《纂疏》引胡氏曰："某之为言某也，前无训释，特发此以明其义。"愚按：德之为言得也，政之为言正也，本《记》曰："德者，得也。"《语》曰："政者，正也。"谓前无训释，可乎？盖如"说，喜意也"，犹是以"喜"字训"说"字。"学之为言效也"，"学"之为字即是"效"字。按《说文》，古"斅"字从文，则"学"字即是"斅"字，"效"、"斅"通。今如《纂疏》此类，皆删之。
>
> 《纂疏》、《集成》有笔误者，如《颜回》"好学"章，《集注》载"所好何学"论，辅氏曰：古所谓七情者，喜、怒、哀、乐、爱、恶、欲也。今程子以"惧"字易"乐"字，盖嫌"喜"、"乐"二字相似而不及于惧也，其义精矣。愚按：《礼记·中庸篇》以喜

怒哀乐四者言,《礼运篇》以喜怒哀惧爱恶欲七情言。程子之论,正本《礼运》,初未尝以"惧"字易"乐"字也。似此笔误者删之。

《纂疏》、《集成》有舛谬者,如"子游洒扫应对"章,《集注》记程子之说凡五条,末曰:"后四条皆以明精粗本末,其分虽殊,其理则一。学者当循序而渐进,不可厌末而求本。盖与第一条之意实相表里,非谓末即是本,但学其末而本便在此也。"赵氏曰:"学其末而本便在此者,理贯于万事,不以事之近小而理有不该也。"其说正与《集注》相反。盖不看上文有"非谓"两字,即以下文"学其末而本便在此"为是也。他似此不可胜举,皆删之。炳文指擿前人,深愧非是,然不明言之,恐误后学,盖亦不得已而为尔。

至于《四书辑释》,则是倪士毅欲合《四书发明》与《四书通》为一书的产物,而这也正是其师陈栎的一个心愿。汪克宽《重订四书辑释序》云:

> 近世儒者惧诵习之难,于是取子朱子生平之所以语学者,并其弟子训释之辞,疏于朱子注文之左。真氏有《集义》,祝氏有《附录》,赵氏、蔡氏有《集疏》、《纂疏》相继成编,而吴氏《集成》最晚出,盖欲博采而统一之。但辨论之际未为明备,去取之间颇欠精审,览者病焉。比年以来,家自为学,人自为书,架屋下之屋,迭床上之床,争奇炫异,窃自附于作者之列,锓于木而传诸人,不知其几,益可叹矣。同郡定宇陈先生、云峰胡先生,睹《集成》之书行于东南,辗转承误,莫知所择,乃各摭其精纯,刊剔繁复,缺略者足以己意。陈先生著《四书发明》,胡先生著《四书通考》,皆足以磨刮向者之散。而陈先生晚年且欲合二书而一之,而未遂也。友人倪君仲宏,实从游于陈先生,有得于讲劘

授受者盖稔且详。乃会萃二家之说，字求其训，句探其旨，鸠僝精要，考订讹舛，名曰《四书集释》。①

可见在体例上，《四书辑释》与《四书发明》及《四书通》并无不同，只是取材有异，去取有别，增损考订，荟萃归精而已。②

不过，我们的视野所及决不能仅限于《四书通》等书的著述体式层面，更值得关注的是由这种著述体式所透露出来的学术讯息。朱子殁后，学术界出现了这样一种现象，那就是学者纷纷编辑汇录其《文集》及《语录》，以致《文集》有《前集》、《后集》、《续集》、《别集》诸目；《语类》有《池录》、《饶录》、《建录》、《蜀类》、《徽续类》之别。③这样做的目的，是为了使大家对于朱子学说的习学有一个完整的资料汇集。继而，为使学者准确把握朱学大旨，又涌现出了《语录》的节本、选本一类书籍，如叶士龙编纂的《晦庵先生语录类要》等；或荟萃朱子言论、提挈朱子学说一类的书，如王佖编纂的《紫阳宗旨》，张洪、齐熙合编的《朱子读书法》等。

然而，这类书籍流传到元代却发生了变化，也因此带来了四书学研究的新趋向。正如朱鸿林先生所分析的那样：

> （《晦庵先生语录类要》和《朱子读书法》二书，）虽在元代均有重刻，反映了它们仍受重视，但元人却未见有同类的著作可

---

① 〔清〕朱彝尊：《经义考》卷二五五引，第1286页。
② 《续修四库全书总目提要》述其大要云："首《凡例》，次《引用姓氏书目》。先是，士毅之师陈栎撰《四书发明》，同时胡炳文亦撰《四书通》。栎又摘《四书通》之说，附入其书，仅及《大学章句》。栎殁，士毅绍其师业，以陈说为主，胡说不全录。别增入朱子《文集》、《语录》、《辑略》、《集义》，旁及诸家所引之说。惟融贯删节，不尽依原文。注文之下，又增入音释。此其大略也。"
③ 参见束景南：《朱熹文集编集考》、《朱熹语录编集考》，载束景南：《朱熹佚文辑考》，第561—591页。

考。推而言之，宋元学者对朱子学的用心注意之处，已经发生变化而有所不同了。考察文献的结果，我们可以发现，元人对于朱子学的从事，其实别有所好。治朱子学者的主要趋向，是增益丰富朱子之言，而不是精简要约朱子之言，而且多数学者的功夫，都是花在朱子《四书集注》的集释之上。这现象并非到了元代才突然出现的，其实宋末已经开始，只是元代更加变本加厉，而且性质也渐渐有所不同而已。时代因素是造成这种现象的主要原因。朱子遗文和讲学遗言的编集，透过《文集》、《语录》、《语类》等的各种编纂，到了南宋末叶，已经没有用功从事的必要和余地了，学者注意力的别转，是自然之事。随着宋末朝廷尊崇朱学和元代科举的特重程朱传注，朱子学者所关心的，便不期然汇聚于与科举尤有关连的朱子著述上去了。朱子对《四书》的传注，成了学者用功的焦点，而晚宋真德秀的《四书集编》和赵顺孙的《四书纂疏》又为他们提供了典型。《四书集编》的做法，是引用朱子的《四书或问》和《语类》、《文集》所载关于《四书》的言论，对《四书集注》本身再加添注，以收澄清发明之效。《四书纂疏》在同样的基础上，又旁引了朱门十三家相关之说为曲证。这类以朱子文字或朱门后学的阐说对朱注《四书》作补充的工作，元代继续蓬勃发展，其中素质较高的，有胡炳文的《四书通》和詹道传的《四书纂笺》，而早期刘因的《四书集义精要》和末年史伯璇的《四书管窥》，则因能对诸家所说的自相矛盾之处，并加刊削和别白，成就尤其突出。①

这一考察，颇能反映南宋至元四书学著述体式的嬗变。

---

① 朱鸿林：《丘濬〈朱子学的〉与宋元明初朱子学的相关问题》，载朱鸿林：《中国近世儒学实质的思辨与习学》，第136—137页。

## 二、"惧诸家之说,乱朱子本真"

程曈《新安学系录·自序》又云:

> 盖朱子之没,海内学士群起,著书争奇炫异,各立门户,浸失其真。诸先哲秉相传之正印,起而间之,故笔躬行之实,心得之妙,乃于圣人之经、濂洛诸书具为传注,究极精微,阐明幽奥。朱子之所未发者扩充之,有畔于朱子者刊去之,由是朱子之学焕然于天下。①

这里,"乃于圣人之经、濂洛诸书具为传注",正是指《四书发明》、《四书通》、《四书辑释》一类著作的撰著;而"有畔于朱子者刊去之",也正与邓文原所谓"悉取《纂疏》、《集成》之戾于朱夫子者删而去之"之意相合。这表明,元代新安学派四书学最鲜明的特点便是"惟朱是从,排斥异说"②。值得注意的是,同样是对朱子之学的推尊,新安学派的"宗朱"与金履祥、许谦等北山学派学者的"宗朱",其实又有不同:其一,新安学派将对朱子之学的尊崇发展到了一个极端,对他说坚决排斥,门户色彩更浓。其二,大致说来,北山学派"宗朱"的学术背景是面临陆学的挑战,而新安学派"宗朱"的学术背景则是朱学内部的"争奇炫异,各立门户,浸失其真"。正因为如此,新安学派四书学者在各自著述中无一例外地申明了他们"惧诸家之说,

---

① 〔明〕程曈:《新安学系录·自序》,载张林川、周春健编:《中国学术史著作序跋辑录》,第14页。

② 李霞《论新安理学的形成、演变及其阶段性特征》认为:"入元以后,新安理学发生了较大变化,主要是舍弃了南宋新安理学的包容性,将宗朱发展到极端,排斥一切异说,构筑起了坚固的门户堡垒,以维护朱子学纯洁性,此为元代新安理学的阶段性特征。"(《中国哲学史》2003年第1期)

乱朱子本真"①的深刻用意。

比如，关于《四书发明》之作，揭傒斯《定宇先生墓志铭》曰：

> 以有功于圣人莫盛于朱子，惧诸家之说，乱朱子本真，乃著《四书发明》、《书传纂疏》、《礼记集义》等书余数十万言。其畔朱子者刊而去之，其微辞隐义引而伸之，其所未备补而益之，于是朱子之学焕然以明。方是时，惟江西吴先生澄以经学自任，善著书，独称陈先生有功朱子。②

汪炎昶亦云：

> 先生于朱子《四书》，贯穿出入，涵濡已久，简牍斯形。乡先达曹公泾序其《论语口义》，以"文公忠臣"称之。由今以观，世有《纂疏》、《集成》，虽皆为《四书》羽翼，然《语录》无新旧之分，众说有泛切之混，《章句》、《集注》反为所汩没，读者盖深病之。及《发明》出而此弊始扫，谓之"忠臣"，不亦宜乎？③

关于《论语训蒙口义》之作，陈栎自序云：

> 读《四书》之序，必以《大学》为先。然纲三目八，布在十有一章，初学未有许大心胸包罗贯穿也。《论语》或一二句、三数句为一章，照应犹易，启发侗蒙，宜莫先焉。朱子《集注》浑然犹经，初学亶未易悟。坊本句解率多肤舛，又祇为初学语，岂为可哉？栎沉酣《四书》三十年余，授徒以来，可读《集注》者固

---

① 〔元〕揭傒斯：《定宇先生墓志铭》，《定宇集》卷十七。
② 〔元〕揭傒斯：《定宇先生墓志铭》，《定宇集》卷十七。
③ 〔清〕朱彝尊：《经义考》卷二五四引，第1281页。

授之,唯谨遇童生钝者,困于口说,乃顺本文,推本意,句释笔之。其于《集注》,涵者发,演者约,略者廓,章旨必揭,务简而明。旬积月累,累以成编,袭名《论语训蒙口义》。①

关于《中庸口义》之作,陈栎自序云:

> 愚每患从学者未尝精通夫《大学》、《语》、《孟》之三书,而遽欲及夫《中庸》之书。授以朱子之《章句》、《或问》,往往难入,不得已,紬绎朱子之意而句解之,复述读此书之大略于此云。②

由此观之,陈氏所"惧"的内容,不仅有学者对《四书》的阐说之乱,还有学者研习《四书》的顺序不当。

又如,胡炳文作《四书通》,这种"惧乱"的心理表现得似乎更为忧切和自觉。其自序云:

> 《四书通》何为而作也?惧夫读者得其辞未通其意也。《六经》,天地也;《四书》,行天之日月也。子朱子平生精力之所萃,而尧、舜、禹、汤、文、武、周、孔、颜、曾、思、孟之心之所寄也。其书推之极天地万物之奥,而本之皆彝伦日用之懿也。合之尽于至大,而析之极于至细也。言若至近而涵至永之味,事皆至实而该至妙之理。学者非曲畅而旁通之,未易谓之知味也;非用力之久而一旦豁然贯通焉,未易谓之穷理也。予老矣,潜心于此者余五十年,谓之通矣乎?未也。独惜乎疏其下者或泛或舛,将使学者何以决择于取舍之际也?呜呼,此予所以不得不会其同

---

① 〔元〕陈栎:《定宇集》卷十七《论语训蒙口义自序》。
② 〔元〕陈栎:《定宇集》卷十七《中庸口义自序》。

而辨其异也。会之庶不失其宗，辨之庶不惑于似也。

邓文原《四书通序》亦云：

> 今新安云峰胡先生之为《四书通》也，悉取《纂疏》、《集成》之戾于朱夫子者删而去之，有所发挥者则附己说于后。如谱昭穆以正百世不迁之宗，不使小宗得后大宗者，惧其乱也。

一个有意思的细节是，陈、胡二人虽然均以维护朱学本真为己任，然而胡炳文的名作《四书通》却遭到了陈栎的批评，理由恰恰是因为这部书有不合朱学本意之处。陈栎曾撰《四书考异》一书，认为当以歙县人祝洙《四书附录》为定本，《续修四库全书总目提要》曰：

> 士毅谓兴国间所刊《四书》，乃朱子晚年绝笔所更定本，惟祝氏《附录》依兴国本[①]，他本皆依旧本。栎书遵祝本，又尝著《四书考异》一卷，辨祝本与他本之得失，大节有三：其一则《大学》经中释"诚意"处，其二则《论语》"为政以德"章释"德"字处，其三则《中庸》首章第一节下断语是也。[②]

《四书通》所据则非祝本，故而陈栎指责道："胡仲虎《四书通》，庭芳委校之，且令是否之。好处尽有，但鸡子讨骨头处甚多，最是不以祝本为定本，大不是。"[③] 而在这点上，陈栎弟子倪士毅是赞同其师主

---

[①] 徐德明《还覆宋淳祐本〈四书章句集注〉的原貌》称："据元陈栎《四书发明》引朱熹嫡孙朱鉴的话，晚年定本在朱熹死后曾刊于江西兴国县，此本现已不可得见。"（徐德明等：《朱熹著作版本源流考》，中国文联出版社2000年版，第65页）

[②] 《续修四库全书总目提要·经部·四书类》，中华书局1993年版，第938页。

[③] 〔元〕陈栎：《定宇集》卷十《答吴仲广甥》。

张的，撰著《四书辑释》即以祝本为定本。

物极必反，这真的是一条颠扑不破的真理。当新安学派的四书学把朱学推崇到极致的时候，便开始走向了它的反面。如果说北山学派的四书学因为"宗朱"而导致只能"在注脚处讨分晓"和"渐流于章句训诂"的话，那么，新安学派的四书学则因为"宗朱"而导致"拘墟回护，知有注而不知有经"[①]了。《四库全书总目》即认为《四书通》"凡朱子以前之说，嫌于补朱子之遗，皆斥不录，故所取于《纂疏》、《集成》者仅十四家。二书之外，又增入四十五家，则皆恪守考亭之学者也。大抵合于经义与否非其所论，惟以合于《注》意与否定其是非"[②]，这同样使四书学大大失去了学术活力。于是到了元末明初，就有新安学者开始对这种门户之弊进行反思检讨，而提倡一种"惟真是从、和会朱陆"的新学风，代表人物便是号称"明代新安理学三大家"的朱升、郑玉和赵汸。[③]

## 三、"其详其简或多不如倪氏"

明成祖朱棣继位后，大兴文化事业。除去编成大型类书《永乐大典》外，还下令编纂了《五经大全》、《四书大全》和《性理大全》三部大书，共计二百六十卷。三部《大全》的纂修，标志着明初朱学统治地位的确立，是宋明理学史上的重要事件。《四书大全》全称为《四书集注大全》，计三十六卷，可以视为朱子《四书集注》的"增广本"。清初顾炎武论《四书大全》一书时称：

---

① 〔清〕永瑢等：《四库全书总目》卷三十五《论语集注考证 孟子集注考证》，第298页。

② 〔清〕永瑢等：《四库全书总目》卷三十六《四书通》，第299页。《四库全书总目》对胡炳文多所批评，又如蔡节《论语集说》提要云："然出入者不过此数条，其余则皆诠释简明，词约理该，终非胡炳文等所及焉。"再如景星《大学中庸集说启蒙》提要云："《中庸》三十二章注，引鄱阳李氏之说，皆与《章句》异同，亦非胡炳文等坚持门户者比，盖犹能自抒心得者也。"

③ 参见李霞：《论新安理学的形成、演变及其阶段性特征》，《中国哲学史》2003年第1期。

自朱子作《大学中庸章句》、《或问》、《论语孟子集注》,之后,黄氏有《论语通释》,而采《语录》附于朱子《章句》之下,则始于真氏。祝氏仿之,为《附录》。后有蔡氏《四书集疏》、赵氏《四书纂疏》、吴氏《四书集成》。论者病其泛滥,于是陈氏作《四书发明》、胡氏作《四书通》,而定宇之门人倪氏合二书为一,颇有删正,名曰《四书辑释》。永乐所纂《四书大全》特小有增删,其详其简或多不如倪氏。《大学中庸或问》则全不异,而间有舛误。①

顾氏在这里也梳理了朱子殁后"集编类"四书学著作的简明沿革,同时点明了明代《四书大全》与倪氏《四书辑释》间的学术关系:其一,《四书大全》乃是在《四书辑释》的基础上增删而成,也就是说,《四书辑释》是《四书大全》编撰的蓝本;其二,《四书大全》在学术质量上不如《四书辑释》。这两点都关乎对《四书辑释》自身价值及其在四书学史上的地位评价,而这两点恰恰又都在学者间产生了认识上的误差。兹略加辨正。

首先,《四书大全》的编纂乃以士毅《四书辑释》为蓝本,这一点毋庸置疑。顾炎武是这样说的,朱彝尊《经义考》卷二五五引万授一之说曰:"明永乐间,诏诸臣纂《大全》,实本其书。"《四库全书总目》卷三十六《四书大全》提要亦云:"其书因元倪士毅《四书辑释》稍加点窜。"《四书大全》之"凡例"更可以作为有力证明:

《四书》大书,朱子《集注》诸家之说,分行小书。凡《集成》、《辑释》所取诸儒之说有相发明者,采附其下,其背戾者不取。凡诸家《语录》、《文集》内有发明经注而《集成》、《辑释》

---

① 〔清〕顾炎武:《日知录》卷十八《四书五经大全》。

遗漏者，今悉增入。

其中所谓"《辑释》"，即指倪士毅之《四书辑释》。问题是《四书辑释》问世以来，有多种版本流传，顾永新先生曾对这一过程作出过精密考证：

> 倪士毅《四书辑释》于元至正二年由日新堂初刻完成。之后倪氏又加重订，并由汪克宽作序，但重订本当时并未刊行。明初永乐四年坊间出现了与程复心《四书章图纂释》合编本（并有王元善所作之《通考》）。这样，两部在元代已负盛名的《四书》类著述合二为一，不过，此本的《辑释》仍是未经倪氏重订的初纂初刻本。宣德、正统间，王逢、刘剡在明初已有的《辑释》、《章图》合编本的基础上，访得倪氏重订本，又参照金履祥《大学疏义》、许谦《读四书丛说》、朱公迁《四书通旨》、《四书约说》、史伯璇《四书管窥》等元代著名的《四书》类著作，使其内容更加丰富，成为一个集锦式的《四书通义》，由詹氏进德书堂刊行以广其传。①

那么，明初编纂《四书大全》时所据到底是何种版本呢？《四库全书总目》将倪氏《重订四书辑释》一书归入"四书类存目"，提要云：

> 士毅受业于陈氏，因成此书。至正辛巳，刻于建阳。越二年，又加刊削，而克宽为之序。卷首有士毅《与书贾刘叔简书》，述改刻之意甚详，此《重订》所由名也。此本改题曰《重订辑释章图

---

① 顾永新：《从〈四书辑释〉的编刻看〈四书〉学学术史》，《北京大学学报（哲学社会科学版）》2006 年第 2 期。

通义大成》，首行列士毅之名，次列新安东山赵访同订，次列鄱阳克升朱公迁《约旨》，次列新安林隐、程复心《章图》、莆田王元善《通考》，次列鄱阳王逢订定《通义》。书中亦糅杂蒙混，纷如乱丝，不可复究其端绪。是已为书贾所改窜，非士毅之旧矣。然陈栎、胡炳文本因吴真子之书，士毅又因陈、胡之书。究其由来，实转相稗贩，则王逢因人成事，亦有所效法，不足为讥。至明永乐中诏修《四书大全》，胡广等又并士毅与逢之书，一概窃据，而《辑释》、《通义》并隐矣。①

著名目录学家王重民先生曾指出这则提要中的两处错误：

> 考王逢字原夫，号松坞，乐平人，师事洪初。初之学得于朱公迁，迁得于吴中行，中行得于饶鲁，鲁得朱子正绪。新安、鄱阳两系，均为能传朱子之学者。逢后于士毅约百年，故能重订其书，《提要》未达于此，一则以逢书而谓为士毅书，以为为书贾所改窜；再则谓"永乐中诏修《四书大全》，胡广等又并士毅与逢之书，一概窃据"。逢著书后于胡广，广焉得窃而据之？此由馆臣不知王逢年代故也。②

由此推论，"《四书大全》所依据的倪氏《辑释》的内容，并不包含王逢和刘剡重订的内容；所据底本绝非进德书堂刊本，当系元至正初刻本或明永乐四年所刻合编本"③。

其次，顾炎武对《四书辑释》的评价并非妄下断语，而是有充分

---

① 〔清〕永瑢等：《四库全书总目》卷三十七《重订四书辑释》，第309页。
② 王重民：《中国善本书提要·经部·四书类》，上海古籍出版社1983年版，第41—42页。
③ 顾永新：《从〈四书辑释〉的编刻看〈四书〉学学术史》，《北京大学学报（哲学社会科学版）》2006年第2期。

证据。比如他证《四书大全》于《四书辑释》"《大学中庸或问》则全不异,而间有舛误"时,举例曰:

《大学》"格致"章,《或问》:"是亦不待七十子丧而大义已乖矣。"《辑释》引《汉书》刘歆《移太常书》有曰:"及夫子没而微言绝,七十子终而大义乖。"又《孔子家语后序》中亦有此二句。《大全》则去其所引刘歆书,但云出《家语后序》,则失其本矣。《中庸》"九经"章,《或问》引贾捐之对元帝语,《辑释》引《汉书》本传文曰:"夫后宫色盛则贤者隐微,佞臣用事则诤臣杜口,而文帝不行。"此捐之之言,谓文帝不听后宫幸臣之请尔。《大全》则改云"元帝不行",既不知古书,又不辨语气。①

其说均极为确当。事实上,明清以来,学者们对《四书辑释》一直有较高的评价。比如明人杨士奇跋《四书辑释》曰:"朱子集注《四书》,之后儒先君子著述推广发明之者,无虑十数家。而今读《集注》者,独资《集成》及此书为多,他盖不能悉得也。《集成》博而杂,不若此书多醇少疵也。"②薛瑄曰:"《四书集注章句》之外,倪氏《集释》最为精简。"③清人黄虞稷引汪克宽之说曰:"荟萃胡云峰《通考》、陈寿翁《发明》之说,字求其训,句探其旨,鸠僝精要,考订讹舛。"④《文渊阁四库全书》本《四书大全》卷首提要亦云:

顾炎武谓其中特少有增删,其详其简或多不如倪氏。《大学中庸或问》则全不异,而间有舛误。朱彝尊亦讥其专攘成书,盖诸

---

① 〔清〕顾炎武:《日知录》卷十八《四书五经大全》。
② 〔明〕杨士奇:《东里集续集》卷十七《四书辑释》。
③ 〔清〕朱彝尊:《经义考》卷二五五引,第1286页。
④ 〔清〕黄虞稷:《千顷堂书目》卷三,第92页。

臣承命纂排，不能详搜博采，而仅取已成旧帙，塞责抄誊，宜其启后人之訾议。惟是倪氏原书最为审要，其义理明备，采择精醇，实迥出他家之上，则当日诸臣据以编订，亦不为无因。

然而，不同的声音恰恰出自后来采集库本各书前提要而成的《四库全书总目》，《四库全书总目》卷三十六《四书大全》提要云：

考士毅撰有《作义要诀》一卷，附刻陈悦道《书义断法》之末，今尚有传本，盖颇讲科举之学者。其作《辑释》，殆亦为经义而设，故广等以凤所诵习，剽剟成编欤？初与《五经大全》并颁，然当时程序以《四书》义为重，故《五经》率皆庋阁，所研究者惟《四书》，所辨订者亦惟《四书》。后来《四书》讲章浩如烟海，皆是编为之滥觞。盖由汉至宋之经术，于是始尽变矣。特录存之，以著有明一代士大夫学问根柢具在于斯，亦足以资考镜焉。

如此一来，《四书辑释》就成了一部专为科考而撰的"帖括"之书，与明代诸家及库本书前提要所谓"义理明备，采择精醇"的评价实在是相隔天壤。因此，《四库全书》把它列入"存目"，而未入正编。这一立场迥异的更动，大概出自纪昀之手。我们不禁要问：他为什么要这样做？他的这种更动合理吗？

《续修四库全书总目提要》对之是大力批判的，《四书辑释大成》提要称：

明永乐间修《大全》，当据此本。曾见明刊重订本，过于繁杂，当又有后人增入者，似不如原本之约而得要。顾炎武《日知录》谓《大全》详简不如倪氏，且多舛误。窃谓重订本又不如原本，亦多舛误。《四库》乃取《大全》而遗《辑释》，徒以士毅有

《作义要诀》一书，硬断是书亦为经义而设，实大谬也。兹特表章是本，使不为《大全》所湮没焉。①

如此，则"过于繁杂"者当属重订本，而不属倪士毅之原本。其实，纪昀如此做法的原因正在提要文字中，"盖由汉至宋之经术，于是始尽变矣。特录存之，以著有明一代士大夫学问根柢具在于斯，亦足以资考镜焉"，正表明了清代学者对汉学的推崇和对明学的反动。纪昀对《四书大全》持否定态度，因之也及于《大全》所本的《四书辑释》，这大概可以算作学术史上"厌屋及乌"的一例吧？

与此密切相关的一个问题是，《续修四库全书总目提要》既言"兹特表章是本，使不为《大全》所湮没焉"，则《四书辑释》的长期不显确是一个事实。万授一即称："明永乐间，诏诸臣纂《大全》，实本其书。厥后《大全》行，而学者罕知有《辑释》矣。"②《四库全书总目》所谓"至明永乐中诏修《四书大全》，胡广等又并士毅与逢之书一概窃据，而《辑释》、《通义》并隐矣"，除去前所辨析的史实错误之外，所言也符合实际。这里有两点需作说明：其一，《四书辑释》因《四书大全》盛行而长期隐晦不显，并不能证明《四书辑释》毫无学术价值，这是文献流传中遭受淘汰的一种常见方式；其二，本之于《四书辑释》的《四书大全》在明清两代大兴，也并非由于其在学术上的"后出转精"，而是因为它是皇帝的钦定之作，它是士子科考的唯一依据。一部"剽窃成编"的繁冗之作，却因政治上得天独厚的优势而使无数砣砣学子奉若神明，摩挲诵习，委实令人觉得不可思议。然而，这就是历史，政治对学术的影响和制约就是这样让人无奈和耐人寻味……

---

① 《续修四库全书总目提要·经部·四书类》，第 938 页。
② 〔清〕朱彝尊：《经义考》卷二五五引，第 1286 页。

# 结　语

## 一、元代四书学的学理价值及学术史地位

　　元代百年，以《大学》、《论语》、《孟子》、《中庸》为对象的《四书》之学得到了相当程度的发展，具备一定的学理价值，并在学术史上占有独特的地位。

　　第一，《四书》及《四书集注》的地位空前提高。元人丘葵《周礼全书》(一名《周礼补亡》)自序云："今圣朝新制，以《六经》取士，乃置《周官》于不用，使天下之士习《周礼》者，皆弃而习他经。"[①]考《元史·选举志》所规定的科考科目，涉及经典的，除《诗》、《书》、《礼记》、《易》、《春秋》五经外，即为《四书》，故而《四库全书总目》由此推论"元丘葵《周礼补亡序》称'圣朝以六经取士'，则当时固以《四书》为一经"[②]，不为无理。其实，在元代又不惟"以《四书》为一经"，连朱子的注释《四书》之作，也在实际上被人当作经书来看待。宋末赵顺孙撰《四书纂疏》二十八卷就曾称："子朱子《四书》注释，其意精密，其语简严，浑然犹经也。"[③]元代学者秉承了这一理念，而且逐渐达成一种共识，比如休宁陈栎《论语训蒙口义自序》即云：

---

① 〔清〕朱彝尊：《经义考》卷一二五引，第664页。
② 〔清〕永瑢等：《四库全书总目》卷三十五《四书类小序》，第289页。
③ 〔南宋〕赵顺孙：《四书纂疏序》。

"朱子《集注》浑然犹经,初学亶未易悟。"① 汪克宽《重订四书集释序》亦称:

> 我紫阳子朱子且复集诸儒之大成,扩往圣之遗蕴,作为《集注》、《章句》、《或问》,以惠后学,昭至理于暾日,盖皞皞乎不可尚已。而其词意浑然犹经,虽及门之士,且或未能究其精微,得其体要……②

《四书》及《四书集注》地位的空前提高,为元代以及明清两代四书学的发展奠立了一个良好的学术基础。

第二,在赵复、杨惟中、姚枢、许衡等汉族儒士的积极传播下,在历代蒙古可汗尤其是元世祖忽必烈"以儒治国"文化政策的感召推动下,在一种政治和文化上"各取所需"的潜规则的支配下,四书学逐渐为元代最高统治者所接受,并最终在"延祐科举"中将朱注《四书》列为首要的考试科目,实现了四书学官学地位的制度化。这是在朱子生前身后的南宋时代未曾收到的效果,在四书学史上具有划时代的意义。正是因为官学地位制度化的实现,才使元代四书学具有了鲜明的"科举化特征";正是因为官学地位制度化的实现,才使更多士子因为仕途的"诱惑"转而潜研《四书》,使《四书》在社会各阶层得到极大程度的普及。更为重要的是,元代科举对朱注《四书》的这种规定,为后来的明、清两代所沿袭,并对人们的社会生活和思想观念产生了极为深远的影响。不过需要指出:

> 南宋四书学是传统儒学的经典本文与宋代理学义理发挥之学

---

① 〔元〕陈栎:《定宇集》卷十七《论语训蒙口义自序》。
② 〔元〕汪克宽:《环谷集》卷四《重订四书集释序》。

的合构成果。四书学者为这一学术成果形成提供了认知和使命支持。四书学者多为进士为仕的政务实践者，他们自觉地将《四书》实理付诸自身任职的区域社会政治实践，促进了《四书》思想与社会民众心理和人文观念的契接，由此实现了《四书》思想的社会应用。①

如果说南宋时期四书学的社会应用是建立在当时四书学者怀有"忠诚于儒家思想学说的发展和承传、以此约己而推惠于人、潜心穷理而经世致用"的"自觉的责任意识"②基础之上的话，那么，元代中后期以来尤其是到了明、清两代，四书学更广泛的社会应用，则在一定程度上缘于国家科考科目对《四书》的规定所产生的对于广大士子的无限诱惑力了。在这一趋势下，学术层面上的四书学渐趋淡漠。

第三，对于元代学术，人们一般评价不高，比如清人皮锡瑞称：

> 宋儒学有根柢，故虽拨弃古义，犹能自成一家。若元人则株守宋儒之书，而于注疏所得甚浅。③

马宗霍亦云：

> 元代举业，虽兼用古注疏，但元儒解经，则仍不能出朱子之范。④

这当然与元代属少数民族政权、儒学基础相对薄弱不无关系。从总体上说，元代四书学的确也很难说有多少理论创新，更未取得如宋

---

① 陆建猷：《四书集注与南宋四书学》，陕西人民出版社2002年版，第九章，第267页。
② 陆建猷：《四书集注与南宋四书学》，第九章，第243页。
③ 〔清〕皮锡瑞：《经学历史·九》，中华书局2004年版，第205页。
④ 马宗霍：《中国经学史》第十一篇，商务印书馆1998年版，第129页。

代周、张、程、朱、邵、陆等理学大师那样能够在学术史上开宗立派的学术成就。即便是号称"朱学嫡派"的金履祥和许谦等人的四书学著作，也只能是对朱子《四书集注》做一些"补正、畅达"的工作，在四书学基本观念上并无大的突破。但通过本书对元代四书学南北诸学派代表学者及代表著作的考察，我们却可以得到这样一个深刻印象：

元代四书学决非一无是处，而是有其宝贵的独立学术品格。与明清时期那种"坊刻《四书》讲章，则旋生旋灭，有若浮沤，旋灭旋生，又几如扫叶"①的情况相比，元代四书学"犹有研究古义之功"②，未曾脱离学术太远，因而有值得肯定之处。更为难能可贵的是，元代四书学者还在《小学》与《四书》观（如许衡）、《四书》与《六经》观（如刘因），四书学道统观（如刘因、吴澄）等方面，均提出了自己的新颖见解，成为元代四书学的理论亮点。尤其需要大力表彰的是，从宋末元初的龚霆松到元代中期的吴澄等人，都敏锐地注意到朱学与陆学的弊端，并有意识地做着"和会朱陆"的工作。比如吴澄，在他的四书学中，发明本心，"尊德性"与"道问学"并重，实际上使朱学和陆学都获得了生机。"于朱陆二氏之学互有发明"，既是这批学者的宝贵品格，也搭建了从宋代理学通往明代心学的桥梁，元代四书学在学术史上继往开来的"过渡性"作用十分明显。

## 二、元代汉儒的"夷夏观"与元代四书学

"夷夏之辨"，是中国古代一个非常重要的思想观念。《论语·八佾》云："夷狄之有君，不如诸夏之亡也。"《孟子·滕文公上》也说："吾闻用夏变夷者，未闻变于夷者也。"可见，从儒学宗师孔孟开始，

---

① 〔清〕永瑢等：《四库全书总目》卷三十七《四书类存目案语》，第320页。
② 〔清〕永瑢等：《四库全书总目》卷三十六《四书类案语》，第307页。

就设立了夷夏之防,以中原文明为中心,而轻视边远少数民族文明。然而有这样一个事实却不容回避:作为元代四书学三大流派代表人物的许衡、刘因、吴澄,都曾任元廷高官,许、吴二人还曾先后任掌管国子监教育的国子祭酒之职,大力推行《四书》。尽管三人的任职历程并不顺利,他们的心理也充满了矛盾①,但依然会引发我们这样的疑问:元朝属处于"夷地"的蒙古族建立的政权,作为传统儒家知识分子的他们为何同元廷实现了这种权力上的合作,并积极从事四书学的研究与传播?他们已经消泯了传统的"夷夏之防"了吗?

这里,先让我们把时间定格在赵复被元军所俘接受姚枢劝说从而最终实现四书学北传的那个"月色皓然"的夜晚,姚枢的劝辞以及赵复的抉择——北上"传道"以保持儒家道统于不坠,表明赵复头脑中依然存有较为浓重的"夷夏之防"观念。不过,到了稍后的许衡、郝经等人那里,情形发生了较大变化。尤其是郝经,有几段著名的论述:

> 虽然,天无必与,惟善是与;民无必从,惟德之从。中国而既亡矣,岂必中国之人而后善治哉?圣人有云:"夷而进于中国,则中国之。"苟有善者,与之可也,从之可也,何有于中国于夷?故苻秦三十年而天下称治,元魏数世而四海几平,晋能取吴而不能遂守,隋能混一而不能再世,以是知天之所与不在于地而在于人,不在于人而在于道,不在于道而在于必行力为之而已矣。②
>
> 今主上在潜开邸,以待天下士,征车络绎,赍光丘园,访以治道,期于汤武。岁乙卯,下令来征,乃慨然启行。以为兵乱四十余年,而孰能用士乎?今日能用士而能行中国之道,则中国之主也。士于此时而不自用,则吾民将膏鈇钺、粪土野,其无孑

---

① 参见〔美〕杜维明:《刘因儒家隐逸主义解》等文,载〔美〕杜维明:《道、学、政:论儒家知识分子》,钱文忠、盛勤译。
② 〔元〕郝经:《陵川集》卷十九《辨微论·时务》。

遗矣！①

"天无必与，惟善是与"，"何有于中国于夷"，表明郝经已经意识到了"夷夏之防"观念的狭隘之处，并试图对这一传统观念作出修正；"能行中国之道，则中国之主"，表明郝经为蒙古政权在中原统治的合法性找到了一个恰当的理论借口；而"士于此时而不自用"的劝勉和召唤，则为广大汉族儒士仕于元廷、维护道统铺平了道路。这是元代新型社会形势下产生的一种新型"夷夏观"，它在思想史上的进步意义在于：

> 在他们那里，这种民族界限已经泯灭，而文化差异也已经不清楚了，因为，在蒙元权力拥有者也相当热衷地推行程朱理学的时候，这种知识与思想已经成了共同的真理，只要服膺这种真理的都是一家，于是，真理可以超越民族界限，道统可以贯穿着不同政权。②

在这段话当中，其实又包含着相反相成的两方面的意义：一方面，以许衡、刘因、吴澄等人为代表的广大汉族儒士，正是在这一新型"夷夏观"的理论支持下为推进四书学的传播作着不懈的努力；另一方面，以元世祖忽必烈为代表的蒙元统治者，也开明地意识到了四书学对于加强政权统治的重大意义，于是顺应历史潮流，对四书学表现出了相当程度上的接受与支持。元代四书学也正是在这种合力的推动下，在较为广阔的社会范围内实现着它的流行与传播。

从这一点说开去，元代四书学百年历程，还给予我们以这样的启

---

① 〔元〕郝经：《陵川集》卷三十七《与宋国两淮制置使书》。
② 葛兆光：《中国思想史》第二卷第二编，第285页。

示：一方面，就人类历史进程而言，马克思所谓"野蛮的征服者总是被那些他们所征服的民族的较高文明所征服"的过程中，"征服"与"被征服"其实不能简单地理解为"权力取胜"与"文化取胜"的对立，它们实际是促进历史共同发展的和谐统一。另一方面，道统传承、文化之脉，实在具有无穷的穿透力！它用事实告诉我们，文化对于一个民族的生存和发展是何等的重要，为文化的传承和普及而不遗余力的知识分子们，其品质是何等的令人敬仰！

# 主要参考文献

## 一、古籍（以经史子集为序）

〔南宋〕朱熹:《四书章句集注》,中华书局,1983 年。
〔南宋〕赵顺孙:《四书纂疏》,《文渊阁四库全书》本。
〔元〕赵悳:《四书笺义》,《文渊阁四库全书》本。
〔元〕刘因:《四书集义精要》,《文渊阁四库全书》本。
〔元〕陈天祥:《四书辨疑》,《文渊阁四库全书》本。
〔元〕金履祥:《论孟集注考证》,《文渊阁四库全书》本。
〔元〕金履祥:《大学章句疏义》,《文渊阁四库全书》本。
〔元〕金履祥:《大学疏义》,《丛书集成初编》本。
〔元〕许谦:《读四书丛说》,《文渊阁四库全书》本。
〔元〕张存中:《四书通证》,《文渊阁四库全书》本。
〔元〕袁俊翁:《四书疑节》,《文渊阁四库全书》本。
〔元〕王充耘:《四书经疑贯通》,《文渊阁四库全书》本。
〔元〕萧镒:《四书待问》,《宛委别藏》本。
〔元〕胡炳文:《四书通》,《文渊阁四库全书》本。
〔元〕倪士毅:《重订四书辑释》,《四库全书存目丛书》本。

〔南宋〕佚名:《续编两朝纲目备要》,中华书局,1995 年。

〔南宋〕刘时举：《续宋编年资治通鉴》，《文渊阁四库全书》本。

〔元〕脱脱等：《宋史》，中华书局，1977年。

〔元〕脱脱等：《金史》，中华书局，1975年。

〔元〕苏天爵：《元名臣事略》，《文渊阁四库全书》本。

〔明〕宋濂等：《元史》，中华书局，1976年。

〔明〕冯从吾：《元儒考略》，《文渊阁四库全书》本。

〔明〕杨士奇等：《历代名臣奏议》，《文渊阁四库全书》本。

〔明〕孙承泽：《元朝典故编年考》，《文渊阁四库全书》本。

〔明〕陈邦瞻：《宋史纪事本末》，中华书局，1977年。

〔明〕陈邦瞻：《元史纪事本末》，中华书局，1979年。

〔清〕黄虞稷：《千顷堂书目》，上海古籍出版社，1990年。

〔清〕黄宗羲原著，〔清〕全祖望补修：《宋元学案》，陈金生、梁运华点校，中华书局，1986年。

〔清〕朱彝尊：《经义考》，中华书局，1998年。

〔清〕永瑢等：《四库全书总目》，中华书局，1965年。

〔清〕毕沅等：《续资治通鉴》，中华书局，1957年。

〔清〕徐乾学：《资治通鉴后编》，《文渊阁四库全书》本。

〔清〕李清馥：《闽中理学渊源考》，《文渊阁四库全书》本。

〔清〕孙星衍：《孙氏祠堂书目外编》，《丛书集成初编》本。

〔清〕金星轺：《文瑞楼藏书目录》，《丛书集成初编》本。

〔清〕王懋竑：《朱熹年谱》，中华书局，1998年。

〔清〕皮锡瑞：《经学历史》，中华书局，2004年。

〔清〕《山西通志》，《文渊阁四库全书》本。

〔清〕《湖广通志》，《文渊阁四库全书》本。

〔清〕《江西通志》，《文渊阁四库全书》本。

柯劭忞：《新元史》，民国九年天津退耕堂刻本。

《钦定续文献通考》，《文渊阁四库全书》本。

《钦定续通志·艺文略》，《文渊阁四库全书》本。

《大元圣政国朝典章》，《续修四库全书》本。

《庙学典礼》，浙江古籍出版社，1992年。

《通制条格》，浙江古籍出版社，1986年。

〔清〕王梓材、冯云濠辑：《稿本宋元学案补遗》，北京图书馆出版社，2002年。

《古今图书集成·理学汇编·经籍典》，中华书局，1934年影印本。

《二十五史补编》（六），中华书局，1955年。

《明代书目题跋丛刊》，书目文献出版社，1994年。

《清人书目题跋丛刊》（二、三、四、五），中华书局，1990年。

《清人书目题跋丛刊》（八、九），中华书局，1993年。


〔南宋〕李心传：《道命录》，《丛书集成初编》本。

〔南宋〕樵川樵叟：《庆元党禁》，《丛书集成初编》本。

〔南宋〕黎靖德编：《朱子语类》，上海古籍出版社、安徽教育出版社，2002年。

〔元〕程端礼：《读书分年日程》，《文渊阁四库全书》本。

〔元〕陶宗仪：《辍耕录》，《文渊阁四库全书》本。


〔北宋〕程颢、程颐：《二程集》，中华书局，2004年。

〔南宋〕朱熹：《晦庵先生朱文公文集》，上海古籍出版社、安徽教育出版社，2002年。

〔南宋〕王柏：《鲁斋集》，《文渊阁四库全书》本。

〔金〕王若虚：《滹南集》，《文渊阁四库全书》本。

〔金〕元好问：《遗山集》，《文渊阁四库全书》本。

〔元〕耶律楚材：《湛然居士集》，《文渊阁四库全书》本。

〔元〕郝经：《陵川集》，《文渊阁四库全书》本。

〔元〕许衡：《鲁斋遗书》，《文渊阁四库全书》本。

〔元〕刘因：《静修集》，《文渊阁四库全书》本。

〔元〕刘因：《静修先生文集》，《丛书集成初编》本。

〔元〕姚燧：《牧庵集》，《文渊阁四库全书》本。

〔元〕虞集：《道园学古录》，《文渊阁四库全书》本。

〔元〕苏天爵：《滋溪文稿》，《文渊阁四库全书》本。

〔元〕欧阳玄：《圭斋文集》，《文渊阁四库全书》本。

〔元〕金履祥：《仁山文集》，《文渊阁四库全书》本。

〔元〕许谦：《白云集》，《文渊阁四库全书》本。

〔元〕吴澄：《吴文正集》，《文渊阁四库全书》本。

〔元〕苏天爵：《元文类》，《文渊阁四库全书》本。

〔元〕王恽：《秋涧集》，《文渊阁四库全书》本。

〔元〕袁桷：《清容居士集》，《文渊阁四库全书》本。

〔元〕陈栎：《定宇集》，《文渊阁四库全书》本。

〔元〕吴师道：《礼部集》，《文渊阁四库全书》本。

〔元〕安熙：《默庵集》，《文渊阁四库全书》本。

〔元〕张养浩：《归田类稿》，《文渊阁四库全书》本。

〔元〕王祎：《王忠文集》，《文渊阁四库全书》本。

〔元〕戴表元：《剡源文集》，《文渊阁四库全书》本。

〔元〕柳贯：《待制集》，《文渊阁四库全书》本。

〔元〕黄溍：《文献集》，《文渊阁四库全书》本。

〔元〕赵汸：《东山存稿》，《文渊阁四库全书》本。

〔明〕程敏政：《新安文献志》，《文渊阁四库全书》本。

《全元文》，凤凰出版社，2005年。

## 二、近现代论著（以出版先后为序）

侯外庐等：《中国思想通史》，人民出版社，1956年。

黄孝光：《元代的四书学》，台北西南书局股份有限公司，1978年。

邱汉生：《四书集注简论》，中国社会科学出版社，1980年。

陈垣：《励耘书屋丛刻》（上），北京师范大学出版社，1982年。

［美］陈荣捷：《朱学论集》，台北学生书局，1982年。

王重民：《中国善本书提要·经部》，上海古籍出版社，1983年。

蒙培元：《理学的演变：从朱熹到王夫之戴震》，福建人民出版社，1984年。

宋慈抱：《两浙著述考》，浙江人民出版社，1985年。

［美］陈荣捷：《朱子新探索》，台北学生书局，1988年。

陈来：《朱熹哲学研究》，中国社会科学出版社，1988年。

陈高华：《元史研究论稿》，中华书局，1991年。

束景南：《朱熹佚文辑考》，江苏古籍出版社，1991年。

徐远和：《理学与元代社会》，人民出版社，1992年。

周良霄、顾菊英：《元代史》，上海人民出版社，1993年。

《续修四库全书总目提要·经部》，中华书局，1993年。

陈正夫、何植靖：《许衡评传》，南京大学出版社，1995年。

侯外庐等主编：《宋明理学史》（上），人民出版社，1997年。

董洪利：《孟子研究》，江苏古籍出版社，1997年。

马宗霍：《中国经学史》，商务印书馆，1998年。

雒竹筠遗稿，李新乾编补：《元史艺文志辑本》，北京燕山出版社，1999年。

［美］杜维明：《道、学、政：论儒家知识分子》，钱文忠、盛勤译，上海人民出版社，2000年。

杨晋龙主编：《元代经学国际研讨会论文集》，台北"中国文哲研究所"筹备处，2000年。

徐梓：《元代书院研究》，社会科学文献出版社，2000年。

束景南：《朱熹年谱长编》，华东师范大学出版社，2001年。

葛兆光：《中国思想史》，复旦大学出版社，2001年。

朱汉民等：《中国学术史·宋元卷》，江西教育出版社，2001年。

关长龙：《两宋道学命运的历史考察》，学林出版社，2001年。

刘晓：《耶律楚材评传》，南京大学出版社，2001年。

朱维铮：《壶里春秋》，上海文艺出版社，2002年。

陆建猷：《四书集注与南宋四书学》，陕西人民出版社，2002年。

［美］田浩：《朱熹的思维世界》，陕西师范大学出版社，2002年。

束景南：《朱子大传》，商务印书馆，2003年。

姜广辉：《中国经学思想史》第一卷，中国社会科学出版社，2003年。

钱穆：《中国学术思想史论丛》卷六，安徽教育出版社，2004年。

［美］余英时：《朱熹的历史世界：宋代士大夫政治文化的研究》，生活·读书·新知三联书店，2004年。

张立文、祁润兴：《中国学术通史·宋元明卷》，人民出版社，2004年。

蔡方鹿：《朱熹经学与中国经学》，人民出版社，2004年。

何俊：《南宋儒学建构》，上海人民出版社，2004年。

刘海峰、李兵：《中国科举史》，东方出版中心，2004年。

邓洪波：《中国书院史》，东方出版中心，2004年。

赵琦：《金元之际的儒士与汉文化》，人民出版社，2004年。

沈松勤：《南宋文人与党争》，人民出版社，2005年。

朱鸿林：《中国近世儒学实质的思辨与习学》，北京大学出版社，2005年。

查洪德：《理学背景下的元代文论与诗文》，中华书局，2005年。

方旭东：《吴澄评传》，南京大学出版社，2005年。

胡务：《元代庙学——无法割舍的儒学教育链》，巴蜀书社，2005年。

李兵：《书院与科举关系研究》，华中师范大学出版社，2005年。

顾宏义、戴扬本：《历代四书序跋题记资料汇编》，上海古籍出版社，2010年。

## 三、学术论文（以发表先后为序）

姚大力：《金末元初理学在北方的传播》，载元史研究会编：《元史论丛》第二辑，中华书局，1983年。

周良霄：《赵复小考》，载蔡美彪主编：《元史论丛》第五辑，中国社会科学出版社，1993年。

张帆：《元代经筵述论》，载蔡美彪主编：《元史论丛》第五辑，中国社会科学出版社，1993年。

魏崇武：《赵复在北方传播理学的意义和贡献》，《殷都学刊》，1995年第2期。

杨昶：《元代"四书类"典籍述略》，《文献》，1996年第1期。

刘泽亮：《从〈五经〉到〈四书〉：儒学典据嬗变及其意义》，《东南学术》，2002年第6期。

李霞：《论新安理学的形成、演变及其阶段性特征》，《中国哲学史》，2003年第1期。

罗贤佑：《许衡、阿合马与元初汉法、回回法之争》，《民族研究》，2005年第5期。

[美]余英时：《试说科举在中国史上的功能与意义》，《二十一世纪》，2005年10月号。

顾永新：《从〈四书辑释〉的编刻看四书学学术史》，《北京大学学报》，2006年第2期。

王建军:《教养化育与科举主导:元代国子监办学模式的演变》,《河北师范大学学报(教育科学版)》,2006年第2期。

顾歆艺:《四书章句集注研究》,北京大学1999年博士论文。

朱修春:《四书学史研究》,中国人民大学2003年博士论文。

# 附　元代四书类著述考

## 例　言

1. 此《著述考》是全书立论之基础，书中关于元代四书学的地域分布、学术师承以及南北学派的划分等，皆以此为基本依据。

2. 依照书籍研究对象的不同，将《元代四书类著述考》分为五个大类，分别为：《四书》合刻总义之属（一百七十三种）、《大学》之属（三十七种）、《论语》之属（三十种）、《孟子》之属（二十三种）、《中庸》之属（二十八种）。每一类中之书籍，大致按作者年代先后排列。

3. 原有书名篇名者径录，原无书名篇名者笔者另加，上加引号，以示区别，如何异孙"四书问对"二卷、陈栎"四书讲义"四篇等。

4. 每书之下，考察书名、卷数、作者所属及学术生平、版本、存佚、著录等，辑录佚文，并录序跋及前人评语。所录序跋中，先排自序、他序，再排自跋、他跋。

5. 所引明清及近现代书目悉采简称，简称如下：

　　明·焦竑《国史经籍志》，简称《焦志》。

　　明·王圻《续文献通考》，简称《王续通考》。

　　明·杨士奇《文渊阁书目》，简称《文渊阁》。

　　明·陈第《世善堂藏书目录》，简称《世善堂》。

　　明·朱睦㮮《万卷堂书目》，简称《万卷堂》。

　　明·梅鷟《南雍志经籍考》，简称《南雍志》。

　　明·孙能传等《内阁藏书目录》，简称《内阁目录》。

明《东山经籍考》，简称《东山考》。

清·黄虞稷《千顷堂书目》，简称《千顷堂》。

清·钱大昕《补元史艺文志》，简称《钱补志》。

清·金门诏《补三史艺文志》，简称《金补志》。

清·倪灿、卢文弨《补辽金元艺文志》，简称《倪卢补志》。

清·瞿镛《铁琴铜剑楼藏书目录》，简称《铁琴铜剑楼》。

清·孙星衍《孙氏祠堂书目外编》，简称《孙氏外编》。

清·耿文光《万卷精华楼藏书志》，简称《万卷精华》。

清·周中孚《郑堂读书记》，简称《郑堂记》。

清·金星轺《文瑞楼藏书目录》，简称《文瑞楼》。

清·丁丙《善本书室藏书志》，简称《善本书志》。

清·张金吾《爱日精庐藏书志》，简称《爱日精庐》。

清·沈德寿《抱经楼藏书志》，简称《抱经楼》。

清乾隆间《钦定续文献通考》，简称《续通考》。

清乾隆间《钦定续通志·艺文略》，简称《续通志》。

清乾隆间《文渊阁四库全书》，简称《四库全书》。

宋慈抱《两浙著述考》，简称《两浙考》。

雒竹筠、李新乾《元史艺文志辑本》，简称《雒李辑本》。

《续修四库全书总目提要》，简称《续修四库提要》。

## 一、《四书》合刻总义之属

**四书集注附录十一册，祝洙撰，佚。**

《经义考》注曰"未见"。《焦志》、《东山考》著录，不具册数。《千顷堂》著录"祝氏咏《四书集注附录》十一册"，注曰："祝穆子，登宋宝祐四年进士。因宰执程元凤，进所著书，授迪功郎。兴化军涵江书院山长。""咏"当为"洙"字之误。《江南通志·艺文志》以撰者为"歙祝穆"，亦误。《江南通志·文苑三》曰："祝穆，字和父，歙人。与弟癸同事朱子于云谷。著《事文类聚》、《方舆胜览》诸书。子洙，尝著《四书集注附录》。"

可证其事。又，顾炎武《日知录》卷十八曰："自朱子作《大学中庸章句》、《或问》、《论语孟子集注》之后，黄氏有《论语通释》，而采《语录》附于朱子《章句》之下，则始于真氏。祝氏仿之，为《附录》。"其中"祝氏"即指"祝洙"，"《附录》"即指《四书集注附录》一帙。

《稿本宋元学案补遗·沧洲诸儒学案补遗》列祝氏为"祝氏家学"，曰："祝洙，字安道，歙人。宝祐进士，景定中为涵江书院山长。郡守徐直谅荐其趋向不凡，学问有本。其祖姑实晦庵之母，而其父穆尝从晦庵于云谷之间。征言绪论，目染耳濡。先生在家庭，讲论精密。比来涵江，阐扬师训，发明经旨，士论称之。"事迹又见《闽中理学渊源考》卷二十（列为"朱子建宁门人并交友"）、《福建通志·名宦二》等。

**四书增释，胡升撰，佚。**

《经义考》注曰"未见"。《江南通志·艺文志》著录。无卷数。

明程敏政《新安文献志》卷七十九曰："平生著述，片纸无遗，尝为《四书增释》。访求朋旧间，得所抄《中庸》、《大学》、《论语》矣，而《孟子》终不可复得。斯文者，盖皆公之手笔也。夫人学圣贤之学，悟性命之理，而又闻世故、更患难，文之精奥，不言可知。"

《万姓统谱》卷十曰："吴（案："吴"为"胡"字之误）升，字潜夫，婺源人。淳祐庚戌，以布衣领荐，登壬子进士第。入史馆，授国史编校。尝以知县洪从龙属撰《星源图志》。晚号定庵，所著有《四书增释》，又注朱子《感兴诗》及《丁巳杂稿》，卒年八十四。"《新安文献志·先贤事略上》亦述其生平。

**四书讲义，江恺撰，佚。**

《经义考》注曰"佚"。《江南通志·艺文志》著录。无卷数。

《宋元学案·介轩学案》列江氏为"山屋门人"，曰："江凯，字伯几，婺源人，为许月卿之婿。不求仕进，所居号'雪矶'，有涧泉林木之胜。与其友汪炎昶赋诗饮酒，上下古今，以相娱乐，盖有宋遗民也。"《江南通志·隐逸二》亦述其生平。

**四书管窥，胡仲云撰，佚。**

《经义考》注曰"未见"。《山堂肆考·文学》著录。无卷数。

《稿本宋元学案补遗·晦翁学案补遗》曰："胡仲云，字从甫，高安人。入太学，率诸生伏阙上书，论罢京尹余晦。蔡适为祭酒，先生与弟仲霖师之，尽得朱氏之学。宝祐登进士，以江万里荐，除太学正。既而家居，起为国子监簿，摄吏部左侍郎，又摄尚书右司，黜为浙东提刑，兼权绍兴安抚。"冯云濠案曰："《经义考》引《江西通志》，言从甫将避地南海，至庐陵，卒。所著有《六经蠡测》、《周易见一》、《四书管窥》等书，总百余卷。"《江西通志》卷七十一、《明一统志》卷五十七、《万姓统谱》卷十一等亦述其生平。

**四书句解钤键，陈普撰，佚。**

《经义考》注曰"佚"。《福建通志·艺文一》著录。《千顷堂》书名作"四书句解"。无卷数。

陈普，字尚德，福建宁德人。所居有石堂山，学者称石堂先生。稍长，负笈入会稽从韩翼甫先生游。入元，开门授徒，以斯道自任，四方及门年数百人。朝廷三辟为本省教授，不赴。晚讲学于莆中，影响甚巨。尝曰："性命、道德、五常、诚敬等事，在《四书》、《六经》中，如斗极、列宿之在天，五岳、四渎之在地，舍之不求，更学何事？"延祐乙卯（1315）卒，年七十二。所著有《四书句解钤键》、《学庸旨要》、《孟子纂要》、《周易解》、《尚书补微》、《四书六经讲义》、《浑天仪论》、《天象赋》、《咏史诗断》，凡数百卷，又有《石堂先生遗集》二十二卷。事具《闽中理学渊源考》卷四十（专立"福宁陈石堂先生普学派"）、《福建通志》卷四十八。《宋元学案·潜庵学案》列为"絢斋门人"。

**四书讲义二卷，陈普撰，存。**

《经义考》注曰"存"。《福建通志·艺文一》著录"五经四书讲义"。无卷数。

朱彝尊案曰："《石堂四书讲义》附载《石堂集》，《大学》十篇、《中庸》二篇、《论语》十篇、《孟子》四篇。"

《续修四库全书》所收《石堂先生遗集》卷之一载《大学讲义》八题：大学、大学之道节、知止而后有定节、康诰曰克明德章、汤之盘铭章、听讼吾犹人也章、上老老而民兴孝节、孟献子曰畜马乘节。《中庸讲义》一题：武王未受命节。卷之二载《论语讲义》十题：学而时习之章、其为人也孝弟章、吾日三省吾身章、弟子入则孝章（合下章）、朝闻道章、君子之于天下也章、何为则民服章、公冶长合雍也一篇四十一章、宰我问三年之丧句、博学而笃志章。《孟子讲义》三题：设为庠序学校句、君子有三乐章、形色天性也。

**四书讲稿四卷，黄仲元撰，存。**

见《四如讲稿》卷一至卷四。《经义考》属名"黄渊"，注曰"佚"。《王续通考》、《东山考》著录。《钱补志》、《福建通志·艺文一》书名皆作"四书讲义"，后者注明"六卷"。各家名字皆作"黄仲元"。

黄仲元即黄渊，福建莆田人。《宋元学案·沧洲诸儒学案下》列黄氏为"德远家学"，曰："黄仲元，字善甫，涵江山长绩之子。咸淳中登第，陆秀夫荐充益王府撰述官，除武学谕、太常博士，兼闽、广宣抚司机宜，改国子主簿，兼福建招捕司参议，皆不赴。宋亡，改其名字曰渊，字天叟，又改其四如之号，而以'韵乡赘翁彦安'为称。穷居稽古，深入理奥，率以向上自处，不忝其父。年八十二卒。有《四书讲稿》、《经史辨疑》、《四如文稿》。"《闽中理学渊源考》卷三十四（列入"黄德远先生绩学派"）亦述其生平。

《四库全书总目》卷三十三于《四如讲稿》下曰："考《福建通志》暨《莆田县志》，皆载仲元有《四书讲稿》。今观是书，所讲实兼及诸经，不止《四书》。其说多述朱子之绪论，然亦时出新义，发前儒所未发。如'行夏之时'，则据《礼运》'孔子得夏时于杞'注，谓夏四时之书，而不取三正之说。……虽按之经义，不必一一吻合，要为好学深思，能自抒所见者也。"以《四书讲稿》即属《四如讲稿》。《四如讲稿》六卷今存，有《四库全书》本，卷一讲《论语》、《孟子》，卷二讲《孟子》、卷三讲《大学》、卷四讲《中庸》。

**四书指要二十卷，郑朴翁撰，佚。**

《经义考》注曰"未见"。《千顷堂》作"《四书指要》二十卷"，注曰："太学生。字宗仁，温州平阳人。入元不仕，与谢翱、吴思齐善。"《王续通考》、《东山考》及《钱补志》著录。

郑朴翁，浙江平阳人。《浙江通志》卷一九八曰："《平阳县志》：字宗仁，平阳人。弱冠入太学，咸淳末赐上舍释褐，历福州教授、国子正。与友人林景熙潜拾宋陵遗骸，瘗越中，归隐芗山瀑下。"又有《礼记正义》一卷、《续古杂著》二卷、《厚伦诗》一卷等。

**四书朱陆会同注释二十九卷，会要一卷，龚霆松撰，佚。**

《经义考》注曰"未见"。《千顷堂》、《钱补志》著录，"《会要》一卷"均作"《举要》一卷"。撰者姓名，《经义考》曰"或作张霆松"，《千顷堂》作"张霆松"。

元人袁桷序曰："五经专门之说不一，既定于石渠、鸿都，嗣后学者，靡知有异同矣。《易》学以辞象变占为主，得失可稽也。王辅嗣出，一切理喻，汉学几于绝息。宋邵子、朱子震始申言之，后八百余年而始兴者也。《春秋》家刘歆尊《左氏》，杜预说行，《公》、《穀》废不讲。啖、赵出，圣人之旨微见，刘敞氏、叶梦得氏、吕大圭氏，其最有功者也。尊王褒贬，则几于赘，是千余年而始著者也。《书》别于今文、古文，晋世相传，驯致后宋，时则有若吴棫氏、赵汝谈氏、陈振孙氏，疑焉有考，过千百年而能独明者也。《诗》本于大小《序》，诸家诗已废，毛公说独尊。苏辙氏始删，郑樵氏悉去之，朱子祖之，此又几二千年而置议焉者。《三礼》守郑玄氏《正义》，皆旁证曲附。唐赵匡氏始知其非，宋诸儒驳郑，几不能以立，甚者疑《周官》非圣人书。卓识独见，虽逾千百世，亘万古而不泯，是则宁能以一时定论为是哉？曩朱文公承绝学之传，其《书序》疑非西京，于《孝经》则刊误焉，《诗》去其序，《易》异程氏，《中庸》疑于龟山杨氏。程、杨、朱子，本以传授者也，审为门弟子，世固未有以病文公也。陆文安公生同时，仕同朝，其辨争者，朋友丽泽之益。朱陆书牍具在，不百余年，异党之说兴，深文巧辟，而为陆学者不胜其谤，屹然墨守，是犹以泥丸而障流，杯水而止燎，何益也？淳祐中，番易汤中氏合朱陆之说，至其犹子端明文清公汉，益阐同之，足以补两家之未备。抑又闻之，当宝庆、绍定间，黄公榦在，朱子门人不敢以先人所传为别录。黄既死，夸多务广，有《语录》焉，有《语类》焉，望尘承风，相与刻梓，而二家矛盾大行于南北矣。广信龚君霆松，始发愤为《朱陆会同》，举要于《四书》，集陆子及其学者所讲授，俾来者有考。删繁会精，予于龚君复有望焉。夫事定于千百年则罔有异论，故历举兴废之说若是。噫！龚君之书，有俟夫后，若予言，亦殆将得以同传也。至治二年八月辛未袁桷序。"(《清容居士集》卷二十一《龚氏四书朱陆会同序》)

《江西通志》卷二十二曰："理源书院在贵溪县五十七都，宋儒龚霆松讲学处。霆松号艮所，慨朱陆二家之徒议论不一，因穷源委作《四书朱陆会同注释》。三年书始成，时称'朱陆忠臣'。明万历三十九年，知县钱邦伟额之曰'真儒道脉'。"

龚霆松，江西贵溪人。《千顷堂》注曰："宋咸淳乡举。元郡县上所著书于省，省闻之朝，授汉阳教授，不就。"

**四书疏义，董鼎撰，佚。**

《经义考》注曰"佚"。无卷数。

董鼎，字季亨，别号深山。江西鄱阳人。介轩董梦程之族弟（一说其徒），私淑黄榦之学。所著《尚书辑录纂注》六卷，吴澄极称之。另有《四书疏义》、《书诗二经训释》、《孝经大义》等。《宋元学案·介轩学案》列为"介轩家学、朱江三传"。《明一统志》卷五十、《江西通志》卷八十八等亦述其生平。

**四书衍义，丘渐撰，佚。**

《经义考》注曰"佚"。《王续通考》、《东山考》著录，"渐"作"潮"，误。《浙江通志·经籍二》亦著录。无卷数。

《浙江通志·儒林中》曰："《赤城新志》：字子木，黄岩人。讲明道学，为后进所宗。与清献杜公为布衣交，乡人尊之曰木居先生。著有《四书衍义》。"《宋元学案·南湖学案》列为"南湖门人"。

**四书衍义，周焱撰，佚。**

《经义考》注曰"佚"。无卷数。

《经义考》引《宝祐登科录》曰："周焱，字养晦，小名寿孙，小字九龄。本贯吉州吉水县。"

元人王义山序曰："晦翁《四书》与《六经》并行于天地间，'为天地立心，为生民立命，为前圣继绝学，为万世开太平'，此书也。盖自洙泗而后，汉唐以来，《论》、《孟》、《庸》、《学》，虽老师宿儒无有过而问焉者。汉多训诂之儒，唐多词章之士，病在此也。至宋始有伊洛诸大儒出，有功于《六经》不细。而言《论》、《孟》者，或不及于《庸》、《学》；言《庸》、《学》者，或不及于《论》、《孟》，未有知《四书》之为全书者。恭惟朱夫子，沉涵义理之精微，研覃性命之蕴奥，作为《四书》，所谓集大成者也，岂汉唐诸儒所可语此？尝谓宋理学汉唐所无，宋诸儒洙泗所有。於戏，盛哉！青原白鹭间，有学先师之学者，衡斋先生周君焱是也。衡斋取宋高第人，谓指日金马玉堂矣。衡斋薄蓬莱弗即，老于著书，有《通鉴论断》行于世。今又有《四书衍义》，不特史学精，于理学尤精也。近世真西山作《中庸大学衍义》，而不及《论》、《孟》，非若衡斋所衍为全书也。或曰：'《四书》之作，曾经圣人手，议论安可到？孔子作《春秋》，游、夏不能措一辞，非不能也，不敢也。先师尝曰：某为是书，极知僭逾，无所逃罪。先师且不敢，衡斋敢尔？'余曰：'衡斋非敢也，不过发明门人所问之未及。且先师《庸》、《学》二序，皆曰以俟后之君子。衡斋先生，所谓后之君子也。'"（《稼村类稿》卷六《周衡斋四书衍义序》）

《江西通志》卷七十六曰："周焱，吉水人，宝祐进士，官南昌知县。宋亡誓不复仕，闭门著书以娱老。有《通鉴论断》、《四书衍义》行于世。"

**四书发挥，吴梅撰，佚。**

《经义考》注曰"佚"。《东山考》著录，无卷数。《文渊阁》著录"《四书发挥》一部五册"，未知是否为此书。

《经义考》引《括苍汇纪》曰:"吴梅,字仁伯,丽水人。何北山弟子。咸淳乙丑进士,官浦江钱塘二县尉。"又《东山考》注曰:"《处州府志》:吴梅,字仁伯,丽水人。师事何基,著《四书发挥》。参质于鲁斋先生王柏,仕浦江县尉,改钱塘县尉。"

**四书补注,陈焕撰,佚。**

《经义考》注曰"佚"。无卷数。

《江西通志》卷六十七曰:"陈焕,字诗可,丰城人。博学和易,黄谦父重其人,为筑馆居之,两与乡漕荐。入元,隐居罐山,不仕。取生平著述,定为《易传宗》、《书传通》、《诗传微》、《礼记释》、《四书补注》。尝谓学者率信先儒而疑夫子,故讲说必原夫子之意,不苟随先儒议论。学者号为罐山先生。"

**四书解,曾子良撰,佚。**

《经义考》注曰"佚"。无卷数。

《江西通志》卷八十曰:"曾子良,金溪人。三岁不言,伯父容安教之诵诗,则点首应语。一夕见月,忽能成诵。及长,笃志性理之学,登咸淳第。奉母归养。入元,程钜夫以遗逸荐,不赴。扁'节居'二字于堂,以示志。学者称平山先生,所著有《易杂说》、《中庸大学语孟解》、《圣宋颂》、《百行冠冕诗》、《续言行录》、《诗广崇类稿》、《咸淳类稿》。"所著《中庸大学语孟解》,与《四书解》乃同一书。《宋元学案·存斋晦静息庵学案》列为"径畈门人"。

**四书考证,卫富益撰,佚。**

《经义考》注曰"佚"。《王续通考》、《东山考》、《浙江通志·经籍二》著录,无卷数。

《吴兴备志·经籍徵第十八》曰:"卫富益,著《四书考证》、《易经杂说》、《读史纂要》、《怡情录》,共若干卷。"

卫富益,浙江崇德人。先从金履祥游,深探《易》理,而卒业于许谦，洞究性理。绝意进取，隐居石人泾讲学，创设白社书院。至大中，书院遭毁，遂迁居金盖山，授徒不辍。所著有《四书考证》、《性理集义》、《易说》、《读史纂要》、《耕读怡情录》。至治中，始还故里，别署耕读居士。九十六岁卒，葬于金盖。学者称正节先生。《宋元学案·北山四先生学案》列为"白云门人"，《儒林宗派》卷十三列为"金氏门人"，皆有道理。《吴兴备志》卷十三、《江南通志·隐逸一》等亦述其生平。

**四书通纪，梁志道撰，佚。**

《经义考》注曰"佚"。无卷数。

梁志道，生平不详。《经义考》引《赤城新志》曰："梁志道，临海人。咸淳十年进士，官教谕。"

**四书提纲，胡一桂撰，佚。**

《经义考》注曰"佚"。《王续通考》、《东山考》、《钱补志》著录。无卷数。

《宋元学案·木钟学案》列胡氏为"庶善门人"，曰："胡一桂，字德夫，永嘉人也。从庶善翁氏游。德祐乙亥，上政府书，几万言，时莫能用。研究《周官》经国制度，参互考订，至忘寝食。故六官错简，咸贯通补正。有《古周礼》一百卷。学者称为人斋先生，以其学配郑伯谦。"冯云濠案语引全祖望《劄记》曰："先生著有《古周礼补正》一百卷、《四书提纲》、《孝经传赞》、《字义口义讲义》、《人斋存稿》。"又，《元史·儒学传一》所载胡一桂，字庭芳，徽州婺源人，号双湖先生，尤精于《易》，著《周易本义附录纂疏》等，与《四书提纲》作者非一人也。

**四书解说，何逢原撰，佚。**

《经义考》注曰"佚"。《王续通考》、《东山考》、《金补志》著录，无卷数。《雒李辑本》作"何逢源"，未知所据。

《浙江通志·儒林》曰："《两浙名贤录》：字文澜，分水人。咸淳中累官中书舍人，陈时政十事，言甚剀切，已而引疾去。至元中荐授福建儒学提举,辞不赴,卒于家。逢原端究经史,旁通阴阳、星历、医药之书,著有《易诗书通旨》、《四书解说》、《玉华集》若干卷,藏于家。"

**四书笺义纂要十二卷,纪遗一卷,赵悳撰,存。**

《经义考》注曰"存"。《王续通考》作"《四书笺义》□卷"。《千顷堂》、《倪卢补志》及《钱补志》皆著录。《千顷堂》先著录"赵悳《四书笺义》",无卷数,又著录"赵悳《四书笺义纂要》十二卷又《纂笺义纪遗》一卷",似以"赵德"与"赵悳"非一人(案:"悳"为"德"之异体),且以《四书笺义》与《四书笺义纂要》非一书也。

赵悳自序曰:"《四书笺义》者,笺《章句》、《集注》之义也。予尝置《四书》于几,有叩之者曰:'子习紫阳之说乎?'曰:'然。'曰:'《大学》序云,王宫国都以及闾巷,莫不有学,王宫之学何所考盘铭?'或问:'引刀剑户牖等铭,见于礼书者云何?'予则瞿然未知所对。于是温绎前传,采摭凡要,因其言以求所本,考其异以订所疑,汇笺成帙,因以课儿,且戒之曰:'朱子所释,盖群经子史之义皆有焉,苟以《四书》急决科利,而他书置所未暇,则凡昧于传注者,不特失其所未暇,遂并所急失之矣。然明辨必有博学,是笺也肤谫,岂能毕通?之后有同志补辑遗阙,删正缪戾,斯文厚幸乎哉。'致和戊辰夏五朏。"(《经义考》卷二五三引)

刘有庆序曰:"圣道散而为言,犹元气散而为物,未尝一日不灿然穹壤间。惟闭蛰于冬,晦冥于夜,则不能有见。秦灭学灭捐经,学者如穷冬厚夜,有目无睹,千五百余年而五星聚奎大儒继作,冬复春,夜复旦,然后万物形形色色元气之灿然复著,善观物者观此足矣。友人铁峰赵君悳雅是予言,一日,以所辑《四书笺义》示予,予爱之,曰:'是能羽翼传注,殆所谓无是书则是理有阙然者乎?'虽然,散在万物,元气之迹耳。执一物以议元气,不可也。学者能因迹以求其心,则精粗小大,孰非一贯之妙哉?不然,程子玩物丧志之言,不可不惧。泰定改元,岁甲子。"(《经义考》卷二五三引)

李粲序曰:"读书之法,必先通训诂,晓文义,而后可以通圣人之意。譬诸泝大江,必涉其流,而后可以达其源也。《四书》至文公尽矣,无用更加注脚。然其书中凡所援引证据，或有考于注疏音义，或有取于名物度数，务从简明，不复该载，读者犹或病之。南昌铁峰赵君，博学多闻，授徒之暇，搜辑经传子史百家之书，作为《笺义》，钩玄提要，本末兼备。要皆羽翼文公之说，非有异于文公也，赵君之用心亦勤矣。是编出，使家素乏书者得之，则免借痴之诮牙籤；富蓄者得之，则免检勘之劳，其有益于学者亦多矣。虽然，赵君之笺是书，盖欲学者由是而知文公之说，由是而通圣人之意，而造于圣人之道，非务为博洽而已。苟用心于枝叶而不究其本，则先儒买椟还珠之说可不戒哉，而亦非赵君之书之意也。泰定元年甲子九月。"（《经义考》卷二五三引）

曾翰序曰："韩文公谓《仪礼》难读，予谓惟《四书》为难读尔。有能虚心涵泳，切己省察，知圣人之所以为圣，而吾之所以未至于圣人者，精思而求之，至于浃洽贯通，真履实践，对是书而不愧作者，而后谓之善读，则《四书》之难读，岂不信邪？而读《集注》者，于其制度器数之本末，经史子集之事实，群公先儒之格言，有一事之不知，一语之未解，若无大相害也。然读之之际，不免于疑滞之患，则亦善读者之累也。铁峰赵先生以其难为忧，即凡《集注》之所引，皆笺释于其下，俾读《集注》者开卷了然，无复疑滞，而何难读之有？予读书于肖堂陈氏馆，知先生用力者二十年，然止欲以课儿，则先生之心亦狭矣。有能镂诸梓以公天下，则岂徒读者之幸，亦述者之幸也。泰定乙丑仲春月。"（《经义考》卷二五三引）

张存中《四书通证凡例》曰："《四书笺义》，赵氏所辑，与《旁通》、《标题》相类而过于繁冗。如《集注》本自明白者，不必引可也，今亦参考增附。"

朱彝尊案："铁峰赵氏《笺义》，昆山徐氏传是楼有雕本，前有序四篇，一承务郎江西等处儒学提举眉山刘有庆，一将仕郎抚州路崇仁县丞番阳李粲，一承事郎吉安路同知太和州事曾翰，一为德自序。其书虽遵朱子论说，而以《大学》为先，次以《论语》，又次《孟子》，又次《中庸》。"（《经义考》卷二五三引）

钱熙祚语曰："赵氏《四书笺义》十二卷《补遗》一卷，未经《四库》著录，《经义考》称有昆山徐氏传是楼雕本，《研经室外集》则称从元泰定间刊本影抄此本，系近人翻刻，颇多乌焉亥豕之讹，因重校付梓。朱子注《四书》，虽不沾沾于名物故训，然训释处言皆有本，未尝不由考证而来，其序《论孟集义》云：'汉魏诸儒，正音读，通训诂，考制度，辨名物，其功博矣。学者苟未先涉其流，则亦何以用力于此？'朱子之言如此，而后之学者高谈性理，束书不观，诋考证为末务，以自便其空疏之习，其又何足以读《章句》、《集注》哉？赵氏此书，遍征古籍，旁及诸儒，以通紫阳之说。其言曰：'朱子所释，盖群经子史之义，皆有可谓得其要领，即知见所穷，不无漏略，要未可以一眚掩也。'朱竹垞谓赵书虽遵朱子论说，而以《大学》为先，次以《论语》，又次《孟子》，又次《中庸》，似嫌其立异。不知此次序本于《语类》，亦朱子意也。然此本仍以《学》、《庸》、《论》、《孟》为次，与《序例》不合，又于《学》、《庸》则先以《章句笺义》，次以《或问笺义》，次以《注疏纂要》，于《论》、《孟》则无《或问笺义》，而间以《附录》。其标题亦参差不一，岂草稿未定耶，抑经后人窜乱耶？疑不能定，姑从其旧，当觅善本正之。辛丑小暑日，锡之钱熙祚识。"（《丛书集成初编》本《四书笺义》）

阮元《四库未收书提要》曰："宋赵惪撰。惪乃宋之宗室，博学工文。宋亡，遂隐居南昌之东湖，因号铁峰。是书载朱彝尊《经义考》，此从元泰定间刊本影写。宋时儒者，阐发《四书》之功为多。赵氏此书，一遵朱子，凡《章句》、《集注》所载，一事一言，必详考其本源，而各笺义于其下。笺义之后，继以附录；附录之后，继以注疏纂要。宋淳熙己酉以前，学者确遵旧注，自是以后，几不知注疏为何物矣。此册载朱子《论孟序》云：'汉魏诸儒，正音读，通训诂，考制度，辨名物，其功博矣。'惪亦以《四书》之学必先观注疏，而后知朱子发明之精，因作《纂要》。其所论说，本末兼赅，使《章句》、《集注》之义豁然无遗。较之杜氏之《旁通》、熊氏之《标题》，有过之无不及也。曾翰称其二十年之功力汇笺成帙，李粲称其由是而知朱子之说，由是而通圣人之道，洵不诬矣。"（《研经室集》卷五十四《外集》卷一）

赵惪，《千顷堂》注曰"号铁峰"，《雒李辑本》曰"字铁峰"，盖误。朱倬《诗疑问》成德序曰："赵德者，故宋宗室，举进士，入元不仕，隐居豫章东湖。于诸经皆有辨说，《诗》其一耳。嗟嗟，倬以义烈著。德以高隐称,虽无经学,皆可表见,况著述章章若是乎?是不可以无传也已。"有《诗辨说》一卷。

孙殿起《贩书偶记·四书类》著录"四书笺义十二卷补遗一卷续遗一卷",注曰:"元豫章赵悳撰。嘉庆间钱唐何元锡翻元刊巾箱本。《大学》三卷、《中庸》三卷、《论语》三卷、《孟子》三卷、《补遗》一卷、《续遗》一卷。此书《四库》未收,阮元抚浙时以抄本进呈。"

《四书笺义》今有《宛委别藏》本,题名"《四书笺义》十二卷《纪遗》一卷";《守山阁丛书》本、《续修四库全书》本,题名"《四书笺义纂要》十二卷《补遗》一卷《续遗》一卷";《丛书集成初编》本,系据《守山阁丛书》本影印。

**四书标题,熊禾撰,未见。**

《经义考》注曰"佚"。《千顷堂》、《钱补志》著录,《东山考》作"标题四书"。无卷数。

瞿镛《铁琴铜剑楼》曰:"题'朱子章句集注,建安后学熊禾标题'。凡《大学》一卷;《中庸》缺,存《或问》一卷;《论语》十卷;《孟子》七卷。全书刻朱注,《学》、《庸》后有《或问》,其中字句与今通行本有异者,悉同宋本《四书》。所谓'标题'者,皆列上方。《学》、《庸》则分节以释之,《论》、《孟》则每章标出学与身、心、家、国、天下诸目,诸目中更分细目,又分事与义以释之。事则略举典故,义则以己意发明书旨。或引旧说,语简而该,如《论语》'山梁'节,引'穆生以不设醴而去,诸葛待先主而后起';《孟子》'视君如寇仇'句,引《书》'虐我则仇'为证,皆有卓见。案是书流传绝少,惟见《菉竹堂书目》、胡氏《四书通》曾引及之,其余各家俱未著录。旧为汲古阁藏本(卷首有'毛扆之印'、'斧季'、'毛氏图史子孙永保之'诸朱记)。"

《四库未收书目提要续编》曰:"宋熊禾撰。禾有《勿轩易学启蒙图传通解》,是编已著录。此书全用朱注,《学》、《庸》后有《或问》。凡《大学》一卷;《中庸》缺,存《或问》一卷;《论语》十卷;《孟子》七卷。其中字句与今通行本异者,悉与宋本合。标题皆列上方,《学》、《庸》则分节以释之，《论》、《孟》则每章标出'学'与'身'、'心'、'家'、'国'、'天下'诸目，诸目中更分细目，又分'事'与'义'以释之。'事'则略举典故，'义'则发挥己意，或引旧说，如《论语》'山梁'节，引'穆生以不设醴而去，诸葛待先主而后起'；《孟子》'视君如寇仇'句，引《书》'虐我则仇'为证，尚属简明。传本绝少，胡炳文《四书通》曾及其说。此瞿氏所藏元刊本。《四库》所录《勿轩集》中有《四书标题》一卷，非全书也。"

《续修四库提要》刘思生曰："宋熊禾撰。禾别有《勿轩集》，已著录，《四库》入别集类。事迹并已详前。此则《四书标题》也。首题'朱子章句集注，建安后学熊禾标题'。凡《大学》一卷；《中庸》缺，存《或问》一卷；《论语》十卷；《孟子》七卷。全书刻朱注，《学》、《庸》后有《或问》。其中字句与今通行本有异者，悉同宋本《四书》。所谓'标题'者，皆列上方。《学》、《庸》则分节以释之，《论》、《孟》则每章标出'学'与'身'、'心'、'家'、'国'、'天下'诸目，诸目中更分细目。又分事与义以释之，事则略举典故，义则以己意发明书旨。或引旧说，语简而赅，如《论语》'山梁'节，引'穆生以不设醴而去，诸葛待先主而后起'；《孟子》'视君如寇仇'句，引《书》'虐我则仇'为证，皆有卓见。案是书流传绝少，惟见《菉竹堂书目》，胡氏《四书通》曾引及之，其余各家俱未著录。旧为汲古阁毛氏藏本，今则久归瞿氏。且此书明世刻本，已并《四书标题》于《勿轩集》内，即《四库全书》之所录者。《提要》云'《勿轩集》八卷，凡《易学图传》二卷、《春秋通义》一卷、《四书标题》一卷、诗文三卷、补遗一卷，盖明天顺中旧刻，犹为完帙'云云，是则已并《标题》于集内，复合十九卷为一卷矣。又《提要》云'集前有许衡序，称其晚年修《三礼通解》，将脱稿，竟以疾卒。平生著述，独《四书标题》、《易经讲义》、《诗选正宗》、《小学句解》传于世。嗣孙澍家藏遗稿，存十一于千百。族孙孟秉类次成帙，厘为八卷，传诸二世孙斌，授梓以传，求予序'云云，末署至元十七年。考至元为元世祖年号，而禾卒于仁宗皇庆元年，自至元迄皇庆相距三十余年，何以先称其疾卒？年月错谬，依托显然，盖其后人伪撰此文，借名炫俗，不知禾亦通儒，固不必以衡重也。'今删除此序，庶不以伪乱真'云云，辨集前许序为后人所伪撰，而不知《勿轩集》亦为后人所重编。观于

《四书标题》之合并，即其一例。微元本在，几无以辨明刻之非矣。"

《四库全书》所收《勿轩集》八卷为"福建巡抚采进本"，《四库全书总目》曰："近时仪封张伯行尝刊是集，多所刊削，殊失其真。是书凡《易学图传》二卷、《春秋通义》一卷、《四书标题》一卷、诗文三卷、补遗一卷，盖明天顺中旧刻，犹为完帙。"然检《四库全书》之《勿轩集》，不惟不见《四书标题》一卷，亦不见《易学图传》、《春秋通义》等书，全集仅收录熊氏所作序跋、记、文疏、启札、说、祭文及诗词等若干，则《四库全书总目》所述与库本不相一致，且库本定非明刻也。张伯行《正谊堂全书》本及《丛书集成初编》本之《熊勿轩先生文集》六卷，亦不见《四书标题》诸书，且篇目与《四库全书》本有所出入。

又《宋元学案·潜斋学案》列熊氏为"刘氏门人"，曰："熊禾，字去非，一字退斋，建阳人。志濂、洛之学，乃访考亭之门人辅氏而从游焉。咸淳十年，登进士第，授汀州司户参军。入元，不仕。谢枋得闻而访之，相与讲论而别。束书入武夷，筑洪源书堂讲学，凡一星终，乃归故山，筑鳌峰书堂，及门者甚众。……先生于《六经》，只《仪礼》、《外传》未为成，余皆有集疏。每经取一家之说为主，哀众说以证明之。已而《春秋通解》厄于火。今所传者，《易义》、《大学讲义》而已。皇庆元年卒，年六十。学者称为勿轩先生。"《福建通志》卷四十七亦述其生平。熊禾著作，《千顷堂》著录七种：《易学图传》一卷、《尚书口义》三十卷、《大学口义》、《春秋论考》、《四书标题》、《正蒙句解》二卷、《勿轩集》八卷。

**四书集疏，熊禾撰，佚。**

见《史传三编》卷七，《经义考》及各家目录未见著录。

《史传三编·名儒传六》曰："于《易》、《诗》、《书》、《春秋》皆为之集疏，每经取一家之说为主，而哀众说以疏之。复著《小学、四书集疏》，以为之阶梯。"

**"四书问对"二卷，何异孙撰，存。**

见何氏《十一经问对》卷一、卷二。

杨士奇《东里集续集》卷十七曰:"《十一经问对》,此书为小学设。所谓十一经者,《书》、《诗》、《春秋》、《仪礼》、《周礼》、《礼记》、《论语》、《孝经》、《大学》、《中庸》、《孟子》。不及于《易》者,非小学所及也。"

黄虞稷《千顷堂》注曰:"设为经疑,以为科场对答之用。"

《四库全书总目》曰:"旧本题何异孙撰,不著时代。考其第二卷中论《孟子》彻法、助法,称大元官制承宋职田,则当为元人。第一卷中论《论语》'暮春'者,称王稼村先生于杭州府学讲此一章。稼村为王义山之号,义山,宋景定中进士。入元,官江西儒学提举。异孙及见其讲经,则当在元初。故论《孟子》'恒心'、'恒产'一条,谓老儒犹读'恒'为'常',避宋真宗讳,今当读'胡登反',是宋亡未久之证也。所说凡《论语》、《孝经》、《孟子》、《大学》、《中庸》、《诗》、《书》、《周礼》、《仪礼》、《春秋三传》、《礼记》十一经。其叙次先后,颇无伦理;又以《大学》、《中庸》各为一经,亦为杜撰,皆颇不可解。其书皆仿朱子《或问》之体,设为问答。《大学》、《中庸》、《论语》、《孟子》大致用《章句集注》,而小有异同。如'君子居之,何陋之有',则以为箕子曾居其地,至今礼义教化与中州同,不可谓之为陋(案:郑汝谐《论语意原》已先有此说,异孙盖与之暗合)。至于'日至之时皆熟矣',则以为夏至;'君子不亮,恶乎执',以'恶'字读去声,皆不为无理。……然其间随文生义,触类旁通,用以资幼学之记诵,亦不为无益。其论赵岐注《孟子》曰'《六经》、《论语》、《孟子》,前后凡经几手训解,宋儒不过集众说以求一是之归。如说《易》便骂王弼,讲《周礼》便责郑康成、贾公彦,解《尚书》便驳孔安国,伤乎已甚,毕竟汉儒亦有多少好处。赵岐在夹柱中三年注一部《孟子》,也合谅他勤苦'云云,尤平心之论也。"

何异孙,生平无考。《十一经问对》五卷,《续通考·经籍考》书名作"十一经问答"。卷一为《论语》问对,卷二为《孝经》、《孟子》、《大学》、《中庸》问对。今有《通志堂经解》本、《四库全书》本、《摛藻堂四库全书荟要》本等。

**四书集义精要二十八卷，刘因撰，存。**

《经义考》注曰："《四书集义精要》三十卷，未见。"《焦志》、《王续通考》、《千顷堂》、《金补志》、《钱补志》均作"三十卷"，《续通考》及《续通志》均作"二十八卷"。《东山考》题名"《四书精要》三十卷"。

张萱曰："元学士刘梦吉会萃朱子《或问》及门人记录论辨之书，凡三十卷。"（《经义考》卷二五四引）

苏天爵《滋溪文稿》卷八《静修先生刘公墓表》曰："初，朱子于《四书》凡诸人问答与《集注》有异同者，不及订归于一而卒。或者辑为《四书集义》数万言，先生病其太繁，择为《精要》三十卷，简严粹精，实于《集注》有所发焉。"

袁桷《清容居士集》卷三十《真定安敬仲墓表》曰："皇元平江南，其书捆载以来，保定刘先生因笃志独行，取文公书，会粹而甄别之。其文精而深，其识专以正。盖隆平之兴，使夫道德同而风俗一，承熄续绝，不在于目接耳受而有嗣也。"

孙奇逢《四书近指原序》曰："刘静修著有《四书精要》，惜久失传。"

李瑞徵《容城三贤集序》曰："静修学贯天人，理邃河洛，为一代钜儒。……羽翼经传，尤在《四书精要》一书，惜其湮没而不传也。"

《四库全书总目》曰："《四书集义精要》二十八卷，元刘因撰。因字梦吉，号静修，容城人。世祖至元十九年，征授承德郎、右赞善大夫，未几辞归。再以集贤学士征，不起，事迹具《元史》本传。朱子为《四书集注》，凡诸人问答与《集注》有异同者，不及订归于一而卒。后卢孝孙取《语类》、《文集》所说辑为《四书集义》，凡一百卷。读者颇病其繁冗，因乃择其指要，删其复杂，勒成是书。张萱《内阁书目》作三十五卷，《一斋书目》则作三十卷。考苏天爵作因《墓志》，亦称是书三十卷，则萱所记误矣。此本仅存二十八卷，至《孟子·滕文公上》篇而止，其后并久缺佚，已非完帙。然朱彝尊《经义考》注云未见，则流传颇罕，亦元人遗笈之仅存者，不以残缺病也。其书芟削浮词，标举要领，使朱子之说不惑于多岐，苏天爵以'简严粹精'称之，良非虚美。盖因潜心义理，所得颇深，故去取分明，如别白黑，较徒博尊朱之名，不问已定未定之说，片言只字无不奉若球图者，固不同矣。"

傅增湘《藏园群书经眼录》曰:"《四书集义精要》三十六卷。元至顺元年江南行省官刊本,九行十七字,线黑口,四周双阑。版心下有刊工人名(首页刊生谢文炳),前有江浙等处儒学提举司官牒,后列供给、缮写、对读及官吏衔名十行,录如后:'……钦维国家近年以来开设科举取士,以明经为本,明经以《四书》为先,然《四书》止有朱氏《集注》,其他门人记录之语,或论辩之书,所以倡明《四书》、羽翼《集注》者,尚多有之。朱氏既殁,时人会粹为《四书集义》,其书数万言,中间或有朱氏未定之说,读者病焉。故集贤学士刘公梦吉,以高明之资,思广道术,始即其书删烦撮要为三十卷,名《四书集义精要》。盖圣贤之道具在《四书》,《四书》之旨得《集注》而后著,《集注》之说得《精要》而益详。若将此书于江南学校钱粮内刊板印行,流布于世,使学者因《精要》以求《集注》之说,因《集注》以明《四书》之旨,则圣贤之学庶几传布者广,其于国家设科取士之制,明经化俗之方,岂曰小补?具呈。照详得此,本院看详:上项《四书精要》有益圣经,可裨世教,如准属官所言,移咨江南行省开板,相应具呈。照详得此,都省议得:故集贤学士刘梦吉《四书集义》发明经旨,宜广其传,以淑后学,合允所请。今将本书随此发去,咨请照验,移请本省提调官,仍委儒进官员,依上如法缮写成秩,校勘对读无差,于各路赡学钱粮内刊梓印布施行。'

《宋元学案》卷九十一设《静修学案》,列刘氏为"江汉别传",曰:"刘因,字梦吉,雄州容城人。初从国子司业砚弥坚视训诂疏释之说,辄叹曰:'圣人精义,殆不止此。'后于赵江汉复得周、程、张、邵、朱、吕之书,始曰:'我固谓当有是也。'至元十九年,诏征为承德郎、右赞善大夫,教近侍子弟。未几,以母疾辞归。二十八年,以集贤学士、嘉议大夫召,固辞不就。帝曰:'古所谓不召之臣者,其斯人之徒与!'三十年卒,年四十五。赠翰林学士、资德大夫、上护军,追封容城郡公,谥文靖。学者称为静修先生。"《元史》有传,言其"所著有《四书精要》三十卷,诗五卷,号《丁亥集》,因所自选。又有《文集》十余卷及《小学、四书语录》,皆门生故友所录,惟《易系辞说》乃因病中亲笔云。"《元儒考略》卷二、《史传三编》卷八等亦述其生平。

《四书集义精要》，今有《四库全书》本，存二十八卷。台湾地区刊元至顺本为《四书集义精要》之完本。

### 四书语录，刘因撰，佚。

见《金补志》，无卷数。

元儒苏天爵作刘因《墓表》曰"其他《小学、四书语录》，亦皆门生所录"，为《元史·刘因传》所采。

### 四书选注二十六卷，陈天祥撰，佚。

《经义考》注曰"佚"。《钱补志》著录。

陈天祥，字吉甫，其先赵州宁晋（今河北大名）人，因兄陈天祐总管河南而徙家洛阳。任监察御史、奉训大夫、吏部郎中、治书侍御史、朝请大夫等职，受仁宗器重。延祐三年（1316）四月二十六日，得疾而卒，年八十七。赠资德大夫、中书左丞、上护军，追封颖川郡公，谥文靖。曾被害入狱，摧胁百至，而恬不为动。凡幽囚四百余日，惟取《四书》环披遍考，心究而身体之，有所疑即著论以辨略，不以死生祸福纤介。后会赦乃出。著有《四书选注》二十六卷、《四书辨疑》十五卷、《田居集》八卷等。事具张养浩《归田类稿》卷十《资德大夫中书右丞议枢密院事陈公神道碑铭》。

### 四书集注辨疑十五卷，陈天祥撰，存。

《经义考》注曰"存"。《倪卢补志》、《钱补志》、《孙氏外编》皆题名"《四书辨疑》十五卷"。《续通考》属名"不注撰人名氏"，《续通志》属名"元陈天祥撰"。

张养浩《归田类稿》卷十曰："或谓《四书辨疑》公虽不作亦可，窃谓人非生知，孰能无疑，疑而辨焉，乃讲学之事。昔司马温公疑《孟子》，欧阳文忠公疑《系辞》，固不害其为大贤也。"

朱彝尊案曰："《四书辨疑》，元人凡有四家：云峰胡氏，偃师陈氏，黄岩陈成甫氏、孟长文氏。是书专辨《集注》之非。曾见吴中范检讨必英藏本，乃元时旧刻，不著撰人姓氏。绎注中语，于'置邮传命'曰：'今之传舍曰馆驿，亦曰马站，又曰马铺，步递之舍曰急递铺。中原多事之日，曾三十里置一马铺，大概十里一铺为常。'于'鲁平公将出'章，据中原古注本以定南方本传写之误。又曰'自宋氏播迁江表，南北分隔才一百五六十年，经书文字已有不同'云云。成甫、长文并浙人，注辞不类。若云峰《四书通》一宗朱子，不应互异，其为偃师陈氏之书无疑。且其卷数亦合，遂定以为天祥著。天祥字吉甫，官至集贤大学士、中书右丞，卒谥文靖。又案，苏伯修撰《安熙行状》曰：'国初有传朱子《四书集注》至北方者，溥南王公雅以辨博自负，为说非之。赵郡陈氏独喜其说，增多至若干言。及来为真定廉访使，出其书以示人，先生惧焉，为书以辨之，其后陈公深悔而焚其书。'《元史》列传亦云然，则范氏所藏乃陈氏焚余本也。"（《经义考》卷二五四）

《四库全书总目》曰："《四书辨疑》十五卷。不著撰人名氏。书中称'自宋氏播迁江表，南北分隔才百五六十年，经书文字已有不同'，则元初人所撰矣。苏天爵《安熙行状》云：'国初有传朱子《四书集注》至北方者，溥南王公雅以辨博自负，为说非之。赵郡陈氏独喜其说，增多至若干言。'是书多引王若虚说，殆宁晋陈天祥书也。朱彝尊《经义考》曰：'《四书辨疑》，元人凡有四家：云峰胡氏、偃师陈氏、黄岩陈成甫氏、孟长文氏。成甫、长文并浙人，云峰一宗朱子，其为偃师陈氏之书无疑。'所说当矣。其曰偃师者，《元史》称天祥因兄祐仕河南，自宁晋家洛阳，尝居偃师南山故也。天爵又谓安熙为书以辨之，其后天祥深悔而焚其书。今此本具存，或天爵欲张大其师学，所言未足深据也。凡《大学》十五条，《论语》一百七十三条，《孟子》一百七十四条，《中庸》十三条。其中如驳'汤盘'非沐浴之盘，谓盘乃浅器，难容沐浴，是未考《礼·丧大记》郑《注》有'盘长二丈，深三尺'之文，颇为疏舛。又多移易经文以就己说，亦未见必然。然亦多平心剖析，各明一义，非苟为门户之争。说《春秋》者三传并存，说《诗》者四家互异，古来训诂，原不专主一人。各尊所闻，各行所知，固不妨存此一家之书，以资参考也。"

《四库全书总目》卷三十六《论语稽求篇》提要曰："然其中如谓宁俞不仕文公及禄去公室三世、政逮大夫四世之类，考据特详；解'为政以德'

之类，持论亦正。较陈天祥《四书辨疑》徒推寻于文句之间以难朱子者，固自胜之。"

又《四库全书总目》卷一六六《滹南遗老集》提要曰："观其称陈天祥宗若虚之说，撰《四书辨疑》，因熙斥之，遂焚其稿。今天祥之书具存，无焚稿事，则天爵是说，特欲虚张其师，表章朱子之功耳，均非实录也。"

耿文光《万卷精华》曰："通志堂本。范翰林秋涛元本，前后无序跋。《大学》十五条，《论语》一百七十三条，《孟子》一百七十四条，《中庸》十三条。元人著《四书辨疑》者四家，云峰胡氏、偃师陈氏、黄岩陈成甫氏、孟长文氏。此书为吴中范检讨藏本，乃元时旧刻，不著撰人名氏。朱氏绎注中语，知为偃师陈氏所撰。天祥字吉甫，官至集贤大学士、中书右丞，卒谥文靖。朱氏曰：'苏伯修撰《安熙行状》曰：国初有传朱子《四书集注》至北方者，滹南王公雅以辨博自负，为说非之。赵郡陈氏独喜其说，增多至若干言。及来为真定廉访使，出其书以示人，先生惧焉，为书以辨之，其后陈公深悔而焚其书。《元史》列传亦云然，则范氏所藏乃陈氏焚余本也（《经义考》案语）。'文光案：《五经》虽有异同，乃各抒所见，未必互相非薄。是书之作，专驳《集注》，意不在于著述。凡书之分门太琐者，其中必有安顿不妥之处，如《四书通旨》是已；凡书之专主攻驳者，其中必有强词夺理之处，如此书是已。读者宜分别观之，每读一书，何处为精要语，何处为躐驳语，何处疏漏，何处赅博，宜细心辨别，慎勿为古人所欺。按朱考是书为焚余之本，则不存可也。昔姚广孝著《道余录》二卷，专诋程朱，语无忌惮，其友人张洪谓人曰'少师与我厚，今死矣，无以报之，但见《道余录》，辄为焚弃'，见《姑苏志》。其书之荒谬，更胜于《辨疑》，虽亲睦者不能曲讳也。"

周中孚《郑堂记》曰："《通志堂经解》本。元陈天祥撰（天祥字吉甫，宁晋人，徙偃师，近缑山，学者称缑山先生。大德中，官至集贤大学士、中书右丞。谥文靖）。《四库全书》著录，倪氏、钱氏《补元志》，朱氏《经义考》俱载之。朱氏作《四书集注辨疑》，又有《四书选注》二十六卷，注曰'佚'。钱氏亦载之。此本不著撰人名氏，今从《提要》及倪、钱、朱三家著之。其书凡《大学》十四条、《论语》一百七十三条、《孟子》一百七十四条、《中庸》十九条。其以《中庸》殿后，实本朱子之说。然于《章句集注》，或摘一二句，或摘数句，或摘数行，列于经文之下，辨其可疑于后，皆平心剖析，各抒己见，不如后来毛西河《经说》专以强词夺理也。《经义考》载张（养浩）曰：'或谓《四书辨疑》虽不作亦可，窃谓人非生知，孰能无疑，疑而辨焉，乃讲学之事。昔司马温公疑《孟子》，欧阳文忠疑《系辞》，固不害其为大贤也。'此真持平之论，无门户之见者也。"

《四书辨疑》十五卷，今有《通志堂经解》本、《四库全书》本、《摛藻堂四库全书荟要》本等。

**四书引证，薛延年撰，佚。**

《经义考》注曰"未见"。《千顷堂》著录，题名"四书引记"，《东山考》、《钱补志》、《倪卢补志》著录。无卷数。

胡炳文《四书通证·序》曰："北方杜缑山有《语孟旁通》、平水薛寿之有《四书引证》，皆失之太繁，且其中各有未完处，观者病焉。"

《经义考》卷二五四引张存中曰："薛氏引《四书》互证《四书》，训诂太繁。"

《千顷堂》注曰："临汾人，安西王文学。"《钱志》注曰："字寿之，平水人。"曾为金人张行简《人伦大统赋》作注。《山西通志·经籍志》载其著作有《四书引证》、《小学纂图》、《竹轩文集》等。胡炳文撰《四书通》，列薛氏《四书引证》为引用书目之一。

**四书辨疑，吕溥撰，佚。**

见《两浙考》，无卷数。《经义考》未著录。

《宋元学案·北山四先生学案》列吕氏为"白云门人"，曰："吕溥，字公甫，永康人。从学白云，讲究经旨。为文落落有奇气，诗动荡激烈可喜。冠昏丧祭，一依朱子所定礼行之。所著有《大学疑问》、《史论》、《竹溪集》。"《两浙考》曰："溥，字公甫，号竹溪。从学许文懿之门，《永康县志》有传。此书见应石门撰传，今佚。又有《大学疑问》一卷，见《千顷堂书目》及《元史艺文志补》，亦佚。但均误作永嘉人。"

**四书发明三十八卷，陈栎撰，佚。**

《经义考》注曰"未见"。《王续通考》不具卷数，《千顷堂》作"二十八卷"，《焦志》、《东山考》、《金补志》、《倪卢补志》、《钱补志》皆作"三十八卷"。

胡元序曰："予夙闻新安为朱文公阙里，学子必有能传其学者。出守兹郡，闻属邑之士休宁陈君栎，字寿翁，延祐甲寅科举初兴，乡试与选，将会试，以病不果行，遂老于家。得大肆其力于《四书》，一以文公绝笔更定之本为正而发明之。儒学录山阴王君汝锡为之校正，谓其所编能发宗旨精微，而蔑只字冗泛，无坊本语徒详、择不精之弊。造物厄之于前而昌之于后，不为无意者。当今表章理学，启迪士心，使尽得观之，而讲习有助焉。提调学校，宣明教化，予职分内事也。将索而刊之，以寿其传，其于世教，亦岂小补哉！泰定三年丙寅六月朔旦，正议大夫徽州路总管兼管内劝农事邢台容斋胡元序。"（陈栎《定宇集》卷十七《胡容斋四书发明序》）

汪炎昶曰："先生于朱子《四书》，贯穿出入，涵濡已久，简牍斯形。乡先达曹公泾序其《论语口义》，以'文公忠臣'称之。由今以观，世有《纂疏》、《集成》，虽皆为《四书》羽翼，然《语录》无新旧之分，众说有泛切之混，《章句》、《集注》反为所汩没，读者盖深病之。及《发明》出而此弊始扫，谓之'忠臣'，不亦宜乎？"（《经义考》卷二五四引）

《定宇集·年表》曰："（延祐）四年丁巳，先生六十六岁，在珰溪馆，编《四书发明》。"又："（泰定）三年丙寅，先生七十五岁。在珰溪馆。六月朔，胡容斋为先生作《四书发明序》。"

《宋元学案·沧洲诸儒学案下》列陈氏为"草窗门人"，曰："陈栎，字寿翁，一字定宇，晚称东阜老人，徽之休宁人。学以朱子为宗，所著有《百一易略》、《四书发明》、《书传纂疏》、《礼记集义》等书。时双湖、东阜最称宿儒。延祐初，诏以科举取士，有司强之乡闱，中选，竟不复赴礼部。先生性孝友刚介，日用之间，动中礼法，善诱学者，江东士人就学草庐者，尽遣而归。先生年八十三卒。"《元儒考略》卷三、《史传三编》卷八、《江南通志·儒林二》等亦述其生平。又，胡炳文撰《四书通》，列《四书发明》为引用书目之一。

**四书考异十卷，陈栎撰，佚。**

《经义考》注曰"未见"。《焦志》、《千顷堂》、《金补志》、《倪卢补志》、《钱补志》皆著录。

《续修四库提要》伦明于《四书辑释大成》下曰："（栎）又尝著《四书考异》一卷，辨祝本与他本之得失，大节有三：其一则《大学》经中释'诚意'处，其二则《论语》'为政以德'章释'德'字处，其三则《中庸》首章第一节下断语是也。"

《定宇集》卷十《与汪古逸书》曰："今春领台翰，详密殊甚，而持书人去急匆匆，仅拜答数字，不能道所蕴之万一，当缄去。《四书考异》一小帙，惜所刊不免有误字，不便台览，想能以意会之，不审合尊意否耳？答书初准拟暇时从容作之，而匆匆无宁日，便鸿无我过者，迄今不能如愿，愧甚，愧甚！"

**"四书讲义"四篇，陈栎撰，存。**

见陈栎《定宇集》卷十三。

《定宇集》卷十三有"讲义"四篇，分别为"大学之道全章"，讲《大学》之首章；"天命之谓三句"，讲《中庸》之首章首节；"好名之人一节"，出自《孟子·尽心上》；"子贡问为仁一章、一乡之善士一章"，出自《论语·卫灵公》及《孟子·万章下》。《定宇集》十六卷，今有《四库全书》本。

**"四书试文"二则，陈栎撰，存。**

见陈栎《定宇集》卷十三。

《定宇集》卷十三有"试文"数则，其中有二则涉及《论》、《孟》、《中庸》，分别为："问：曾子曰：'夫子之道，忠恕而已矣。'《中庸》曰：'忠恕，违道不远。'同一忠恕也，而圣人学者异焉。先儒谓迹虽同而心实异，其论准矣。然此直为诸己而不愿，亦勿施于人者言之尔。至若我不欲人之加诸我也，吾亦欲无加诸人，则与勿施于人异矣。使子贡果及此，可谓与圣人之心不异乎？其犹有间乎？毋率尔而对，将以观深造焉。"又，"问：子以四教文行忠信，又曰行有余力，则以学文。行先于文欤？文先于行欤？"

《定宇集》十六卷，今有《四库全书》本。

**"四书经疑"四则，陈栎撰，存。**

见陈栎《定宇集》卷十三。

《定宇集》卷十三有"经疑"历试卷数则，以《四书》为据发问者四则，分别为："《论语》曰'温故而知新，可以为师矣'，《记》乃云'记问之学，不足以为人师'，《孟子》曰'人之患，在好为人师'，《师说》又云'巫医乐师百工之人，不耻相师'，其义如何？毋隐。""人生八岁入小学，而教之以洒扫、应对、进退之节，礼、乐、射、御、书、数之文。十五而入大学，教之以穷理、正心、修身、治人之道。此为学之序。或有偶失其序，寖是年长，奈何即欲进而躐等于大学之事，则时过后学，不无勤苦难成之忧。又欲退而俯循其小学之事，则与先生并行，必不屑为。将命之童，外而师友之讲明，内而父兄之教诏，使之入小学、大学各得其宜，何说而可？""伯鱼过庭，闻《诗》闻《礼》。孟子，学孔子者也，乃曰'君子之不教子'，'古者易子而教'，何耶？""人心惟危，道心惟微，惟精惟一，允执厥中。"

**四书通二十六卷，胡炳文撰，存。**

《经义考》注曰："或作三十四卷，存。"《焦志》、《东山考》、《千顷堂》、《金补志》、《倪卢补志》、《钱补志》著录，均作三十四卷。《千顷堂》注曰"一作《四书通考》二十六卷，正饶鲁之说与朱子异者"，《倪卢补志》注曰"一作二十六卷"。《孙氏外编》、《文瑞楼》、《续通考》、《续通志》作"二十六卷"。

胡炳文自序曰："《四书通》何为而作也？惧夫读者得其辞未通其意也。《六经》，天地也；《四书》，行天之日月也。子朱子平生精力之所萃，而尧、舜、禹、汤、文、武、周、孔、颜、曾、思、孟之心之所寄也。其书推之极天地万物之奥，而本之皆彝伦日用之懿也，合之尽于至大，而析之极于至细也。言若至近而涵至永之味，事皆至实而该至妙之理。学者非曲畅而旁通之，未易谓之知味也；非用力之久而一旦豁然贯通焉，未易谓之穷理也。予老矣，潜心于此者余五十年，谓之通矣乎？未也。独惜乎疏其下者或泛或舛，将使学者何以决择于取舍之际也？呜呼，此予所以不得不会其同而辨其异也。会之庶不失其宗，辨之庶不惑于似也。予不敢自谓能通子朱子之意，后之通者，傥恕其僭而正其所未是，则予之所深冀也。泰定甲子九月旦日，新安胡炳文序。"（《四库全书》本书前）

邓文原序曰："《四书》之学，初表章于河南二程先生，而大阐明于考亭朱夫子。善读者先本诸经，而次及先儒论著，又次考求朱夫子取舍之说，可以言学矣。然习其读而终莫会其意，犹为未善也。《纂疏》、《集成》博采诸儒之言，亡虑数十百家，使学者贸乱而无所折衷，予窃病焉。近世为图为书者益众，大抵于先儒论著及朱夫子取舍之说，有所未通而遽为臆说，以炫于世。余尝以谓昔之学者常患其不如古人，今之学者常患其不胜古人。求胜古人而卒以不如，予不知其可也。今新安云峰胡先生之为《四书通》也，悉取《纂疏》、《集成》之戾于朱夫子者删而去之，有所发挥者则附己说于后。如谱昭穆以正百世不迁之宗，不使小宗得后大宗者，惧其乱也。汉世定论经传于白虎阁，因名曰《白虎通》；汉末封司马迁后为'史通'，'通'之为义尚矣。若夫习其读而会其意，此又学者之事，庶无负先生名书之旨云。泰定三年良月朔旦，巴西邓文原叙。"（《四库全书》本书前）

张存中跋曰："泰定三年冬，存中奉江浙儒学提举志行杨先生命，以胡先生《四书通》能删《纂疏》、《集成》之所未是，能发《纂疏》、《集成》之所未发，大有功于朱子，深有益于后学，委令赍付建宁路建阳县书坊刊印，以广其传。为此来兹书府，承志安余君命工绣梓度，越三稔始克就。复以坊中诸本《四书》校勘，如《集成》、《标题》经注善本，改'亦曰学之正'之'曰'为'由'，增'莫春和煦之时'、'咏歌也'之类，皆好事者妄加增改。今以《纂疏》、《通释》、《集疏》、《附录》为正，《庸学或问》不敢分析，失朱夫子本意，编附于《章句通》后。又于《集注》字之奇者增入释文，事之隐者附以通证，先儒姓氏类而纪之，庶初学之士亦便于考索云。天历二年己巳秋八月壬辰，新安后学张存中书于余氏勤有堂。"（《四库全书》本书前）

陈栎《定宇集》卷十《答吴仲广甥》曰："胡仲虎《四书通》，庭芳委校之,且令是否之。好处尽有,但鸡子讨骨头处甚多,最是不以祝本为定本,大不是。"

《宋元学案·介轩学案》黄百家案曰:"云峰于朱子所注《四书》用力尤深。饶双峰从事朱学,而为说多与朱子抵牾。云峰因而深正其非,作《四书通》,悉取《纂疏》、《集成》之戾于朱子者删去之,有所发挥者,则附己说于其后。"

《四库全书总目》曰:"《四书通》二十六卷。元胡炳文撰。……是编以赵顺孙《四书纂疏》、吴真子《四书集成》皆阐朱子之绪论,而尚有与朱子相戾者,因重为刊削,附以己说,以成此书。凡朱子以前之说,嫌于补朱子之遗,皆斥不录,故所取于《纂疏》、《集成》者仅十四家。二书之外,又增入四十五家,则皆恪守考亭之学者也。大抵合于经义与否非其所论,惟以合于《注》意与否定其是非。虽坚持门户,未免偏主一家,然观其《凡例》,于'颜渊好学'章、'哀乐'、'哀惧'一字之笔误,亦必辨明;于'为政以德'章,初本作'行道而有得于身',祝洙本作'行道而有得于心',改本又作'得于心而不失',刊本先后之差,亦悉加考正。其于一家之学,用心亦勤且密矣。《章句集注》所引凡五十四家,今多不甚可考。蔡模《集疏》间有所注,亦不甚详。是书尚一一载其名字,颇足以资订证。然如《集注》以'有妇人焉'为邑姜,所引'刘侍读曰'者即刘敞《七经小传》之说也,炳文独遗漏不载。盖敞在北宋,闭户穷经,不入伊洛之派。讲学之家,恶其不相攀附,遂无复道其姓名者。故朱子虽引之,而炳文不知为谁也,是亦各尊所闻之一验矣。"

瞿镛《铁琴铜剑楼》曰:"题'朱子章句集注,后学胡炳文通',前有泰定戊辰自序,次列邓文原序,次列泰定甲子自序、朱子《四书》引用姓氏、《四书通》引用姓氏及新安张存中跋,通志堂本即从此出。跋谓'泰定三年,存中奉浙江儒学提举志行杨先生命,以胡先生《四书通》能删《纂疏》、《集成》之所未删,能发《纂疏》、《集成》之所未发,大有功于朱子。委令赍付建宁路建阳县书坊刊印,志安余君命工绣梓度,越三稔始克就'云云,此书第一刻本也。书中朱注与今通行本有异文异句,为朱子晚年改定本。每与淳祐本《四书》合。如《大学》'古之欲明明德于天下'节注'实其心之所发'句下，作'欲其一于善'，不作'欲其必自慊'。'先慎乎德'注作'先谨乎德'，讳'慎'为'谨'，与下'不可不谨'一例。《中庸》'天命之谓性'节注'若礼乐刑政之属是也'句下，作'盖人之所以为人，道之所以为道，圣人之所以为教，原其所自，无一不本于天而备于我。学者知之，则其于学知所用力而自不能已矣，故子思于此首发明之，读者所宜深体而默识也'，不作'人知己之有性'云云。'道也者'注'若其可离'句下，作'则为外物，而非道矣'，不作'则岂率性之谓哉'。'天下国家可均也'注'天下之至难也'句下，作'然不必其合于中庸，则质之近似者皆能以力为之。若中庸，则虽不必皆如三者之难，然非义精仁熟而无一毫人欲之私者，不能及也'，不作'然皆倚于一偏'云云。'上天之载'注所言'上天之事'，不作'上天之载'。《论语》'为政为德'注'德之为言得也'句下，作'得于心而不失也'，不作'行道而有得于心也'。'据于德'注'执守之意'句下，作'德者，得也，得其道于心而不失之谓也'，不作'德则行道而有得于心者也'。'莫春者'注无'莫春和煦之时'六字、'咏歌也'三字。'夫子之得邦家者'谢氏注'盖不离于圣而有不可知者存焉'句下，无'圣而进于不可知之之神矣'十一字。《孟子》'二老者'注'暗与此合'上，无'其意'二字。'富岁子弟多赖'注'故有所顾藉而为善'，不作'赖藉'。'抱关击柝'注'柝，行夜所击木'，不作'夜行'。惟王厚斋云《大学章句》'咏叹淫液'，刊本误作'淫佚'；《论语集注》'公孙拔'误作'公孙枝'。阎百诗云《孟子集注》'自武丁至纣凡九世'，误作'七世'。此元时传写之误，是本亦同。旧为汲古阁藏书（每卷末有'汲古阁'、'毛子晋氏'二朱记）。"

耿文光《万卷精华》曰："通志堂本。前有泰定三年邓文原序、《大学》朱子序、泰定甲子炳文自序、《凡例》八条、朱子《四书》引用姓氏（五十二家，多不可考，《提要》作五十四家，误）、《四书通》引用姓氏书目（取《纂疏》、《集成》十四家，又增入七十一家，《提要》增入四十五家，误）、泰定三年张存中跋。宋赵顺孙著《四书纂疏》、吴真子著《四书集成》，皆阐朱子之绪论。云峰胡氏取二书之戾于朱子者删而去之，有所发挥者则附己说于后，或取朱子用意处及朱子所谓其间有极要紧处，发明一二。名曰'通'者，取《白虎通》、'史通'之义（汉定论经传于白虎阁，汉末封司马迁后为'史通'）。是书于朱子一家之学用功甚至，且多所考订，张氏跋（此跋书于余氏勤有堂，盖刊书跋也）谓'暮春和煦之时'、'咏歌也'为好事者所妄附，则朱注中妄增妄改之处，恐不止此。"

周中孚《郑堂记》曰："《通志堂经解》本。元胡炳文撰（炳文，婺源人。尝为信州道院山长，调兰谿州学正。世称云峰先生）。《四库全书》著录，倪氏、钱氏《补元志》俱作三十四卷。倪氏注云'一作《四书通考》二十六卷'，朱氏《经义考》作二十六卷，注云：'或作三十四卷。'按是书《大学》、《中庸》各一卷，《论语》十卷，《孟子》十四卷，其分作三十四卷。《经义考》又载有《四书辨疑》，无卷数，注云'未见'。钱氏亦载之，或即三十四卷之本耳。是编以《章句集注》为主，悉取赵氏（顺孙）《纂疏》、吴氏（真子）成之，戾于朱子者删而去之，有所发挥者则加附己说于后。《学庸或问》不为分析，以失朱子本意，编附于《章句通》后。又于《集注》字之奇者增入释文，事之隐者附以通证。于赵氏、吴氏所引一十四家之外，复增入七十一家，大都驱除异议，使尽归于一家之言。其于朱子之学，诚不愧'通'之一字矣。前有邓（文原）序、张（存中）跋及《自序》、《凡例》，又有《引用姓氏》。而于朱子所引，脱去郑氏、刘氏（敞），于《四书通》所引，脱去朱子《或问》，则未免为失之耳目之前矣。"

《元儒考略》卷二曰："胡炳文，字仲虎，婺源人。元初为信州书院山长，再调兰溪州学正。炳文以《易》名家，作《易本义通释》，而于朱子所注《四书》用力尤深。余干饶鲁之学本出于朱子，而其为说多与朱抵牾。炳文深正其非，作《四书通》。凡辞异而理同者合而一之，辞同而旨异者析而辨之，往往发其未尽之蕴。其所著又有《易春秋集解》、《礼书纂述》、《大学指掌图》、《四书辨疑》、《五经会义》、《尔雅韵语》、《云峰笔记》等书。东南学者因其所自号，称'云峰先生'，卒谥文通。《元史》入《儒学传》。"《宋元学案·介轩学案》列为"孝善家学"，《史传三编》卷八、《江南通志·儒林二》等亦述其生平。

《四书通》今有《通志堂经解》本、《四库全书》本、《摛藻堂四库全书荟要》本、北京图书馆藏元刻本等。《四库全书》库本包含《大学通》一卷、

《中庸通》三卷、《论语通》十卷、《孟子通》十四卷，计二十八卷。《总目》言二十六卷，与库本不一。

**四书辨疑，胡炳文撰，佚。**

《经义考》注曰"未见"。《王续通考》、《东山考》、《金补志》、《钱补志》著录。无卷数。

朱彝尊称"《四书辨疑》，元人凡有四家"，云峰胡氏列其一家。然胡氏书及陈成甫氏、孟长文氏书流传绝少，今存者唯陈天祥《四书辨疑》十五卷一部。

**四书归极一册，张𡒄撰，佚。**

见《文渊阁》卷一。《经义考》未著录。

《四川通志》卷八曰："张𡒄，灌县人，侨寓江左，从金华王柏学。《六经》、《语》、《孟》以及周、程、张、朱之书，靡不潜心讲究。至元中，行台中丞吴曼庆延至江宁学，远近翕然尊师之，称曰导江先生。有《经说》、《文集》行世。"《元史》入《儒学传》，《元儒考略》卷二亦述其生平。《宋元学案·北山四先生学案》列为"鲁斋门人"，黄百家案曰："吴正传言：'导江学行于北方，故鲁斋之名因导江而益著。盖是时北方盛行朱子之学，然皆无师授，导江以四传世嫡起而乘之，宜乎其从风而应也。'"

**四书拾遗，张淳撰，佚。**

《经义考》注曰"未见"。《王续通考》、《东山考》、《千顷堂》、《倪卢补志》、《钱补志》著录。无卷数。

《畿辅通志·高逸》曰："张淳，字子素，南乐人。志趣高远，学识宏博，以著述为业。至元中征辟不就，有《四书拾遗》及《文集》行世。"

**四书述，郭陞撰，佚。**

《经义考》注曰"佚"。《钱补志》著录。无卷数。

《经义考》卷一九四《春秋传论》注曰："陞，或作铛。"《闽中理学渊源考》卷三十五曰："郭隫，字德基，长乐人。父正子，号存斋，宋绍定中进士，教授廉州。著《春秋传论》十卷。隫幼孤，弱冠已为人师，至元中举遗逸，授泉山书院山长。迁兴化路教授，改吴江州，再调兴化，未行，卒。学者私谥曰纯德先生。为人疏通慷慨，谨直简易，为子以孝，为父以慈，与人交弥久而孚。谈经明白统贯，不刻凿为异。于《四书》、《易》皆有《述》，概诗若文，和平而沉深。著有《梅西集》二十卷。"又李清馥案曰："福州府《选举志》：郭正子字养正，绍定五年壬辰进士，登徐元杰榜。本州岛解元、廉州教授，《闽书》荚旧选举目次载亦同。及检阅朱氏《经义考·春秋汇》载郭氏隫小传云：《长乐县志》'郭隫字德基，宋绍定进士，至元中泉山书院山长'云云，竟遗却父郭正子名字，以绍定进士属之其子矣。盖郭正子宋人也，郭隫元人也。未知《经义考》引用时传写脱落，抑《长乐志》本属脱误。因恐读《经义考》者不详郭公隫出处大节，谨标出以待考订者审之。"程钜夫《雪楼集》卷十七有《纯德郭先生墓碣》及《郭德基阡表》，《福建通志·文苑》亦述其生平。

**四书纂释，刘霖撰，佚。**

《经义考》注曰"佚"。《王续通考》、《东山考》著录，"霖"作"林"，《钱补志》作"霖"。无卷数。

《元儒考略》卷三曰："安福人，少从虞集学，博通《五经》。元季寇陷安成，乃避地泰和。学者师尊之。性耿介，所著有《四书纂释》、《太极图解》、《易本义》、《童子说》、《杜诗类注》。"《江西通志》卷七十六曰"字云章"，《千顷堂》著录其所著《云章集》。

**四书演义，萧元益撰，佚。**

《经义考》注曰"佚"。《钱补志》著录。无卷数。

《千顷堂》著录萧元益《洙泗大成集》，注曰："字楚材，湖广安化人。"《经义考》则曰："《衡州府志》：萧元益，字楚材，安仁人，乡举。"安仁、安化皆湖南地名，或《千顷堂》"化"为"仁"字之误。《雒李辑本》引《经义考》曰"元益字楚村，安化人"，"村"、"化"二字皆误。

**四书家训，石鹏撰，佚。**

《经义考》注曰"佚"。《钱补志》著录。无卷数。《雒李辑本》曰"《经义考》著未见"，误。

王恽《义斋先生四书家训题辞》曰："义斋先生，姓石氏，讳鹏，字云卿。父璧自五台东徙唐封，家焉。世传儒业，中戊戌选，终保定路劝农使。先生早以文行，师范一方。至元丙子，用辞科魁多士，资纯笃，恬于世味，惟闭户读书，务为无所不窥。《四书》、《小学》尤所致力，集其所得，遂至成书。沉潜玩味者有年，反复更易，初不去手。易簀际，属其子承义等曰：'吾平昔精力尽在是书，藏之家塾，诒训子孙，吾世其庶几乎。'承宗奉遗命，以叙引来请。仆忆提宪燕南时，按行属县，与先生有一日之雅，今虽衰耄，忍靳一言，庸慰存没。夫《四书》所载性命道德之懿，修齐治平之方，道统所由传授，学者所以修习，推明天理，维持世教，如水火菽粟，日用而不可阙。伊洛名公后，宋诸儒《集解》、《纂疏》论之详矣。近年，上而公卿大夫，下而一邑一郡之士，例皆讲读，佥谓精诣理极，不可加尚。先生复能沉浸浓郁，含英咀华，发先儒之未及，附己意之所见，自为一家之说，其学与志可谓勤而知所务矣。盖士生斯世，不可虚拘，出则行道济时，隐则立言垂后，况性命之理、仁义之端，非由外铄，皆性分之所固有，职业之所当为尽，其在我者而已。初无先后浅深之间，故子贡曰'文武之道，未坠于地，在人，贤者识其大者'，子夏亦云'君子之道，孰先传焉，孰后倦焉'。是则先生著述之本意也。若祇以笃信好学，修辞明志，遗训子孙，启迪后学，折衷圣贤，则'义斋'之名亦当传闻于后，于是乎书。大德辛丑岁孟夏吉日题。"（《秋涧集》卷四十三）

石鹏又有《小学家训》，王恽亦曾为之作序，见《秋涧集》卷四十三。

**四书说，何安子撰，佚。**

《经义考》注曰"佚"。《雒李辑本》曰"《经义考》著未见"，误。《钱补志》著录。无卷数。

程钜夫跋曰："《四书》至朱子，注释精矣。然朱子修改，易簀未已，天假之年，则今本犹未为定本也。勉斋之说有朱子所未发者，双峰之说又有勉斋所未及者，亦可见义理之无穷矣。后之读者，于先儒之旨曾未贯彻，而或有妄肆诽议者焉，一也庸，一也妄，其失惟均。乡贡进士何定夫，能于朱子之说有所发明，不阿随，又不诡异，可谓善学者矣，惜乎泯泯无闻于世也。其子捧其父书求序引，欲以传于世。余嘉之，为书其后，他日当与黄、饶二先生之说并传。定夫名安子，自号志轩。"（《雪楼集》卷二十四《书何安子四书后》）

何安子，生平无考。

**四书辨疑，陈绍大撰，佚。**

《经义考》注曰"佚"。《雒李辑本》曰"《经义考》著未见"，误。《钱补志》著录。无卷数。

《浙江通志·儒林》曰："《两浙名贤录》：（陈绍大，）字成甫，黄岩人。以儒学名家。元初学者为文，竞循声律，绍大独以性理之学自任，为文章必传经义。治《尚书》，作《四书辨疑》。生徒至二百余人，并称之曰西山夫子。"《宋元学案·北山四先生学案》列陈氏为"静正同调"，王梓材案曰："《台州府志》载先生云：'世以儒业名家，其学出于紫阳门人。'天台潘时举又称其'从游者以百计，居断江西山下，躬耕乐道，不求仕进'云。《赤城新志》则言其'生徒二百余人，称之曰西山夫子'。"

**四书疑义，牟楷撰，佚。**

《经义考》注曰"佚"。《钱补志》著录。《王续通考》、《东山考》及《浙江通志·经籍二》著录，题名均为"四书疑义篇"。无卷数。

《宋元学案·北山四先生学案》列牟氏为"鲁斋续传"，曰："牟楷，字仲裴，黄岩人也。学者称为静正先生。刻志正心诚意之学，以养母不仕。时天台方行王鲁斋之学，先生不知师传所出，要亦其私淑也。所著有《九书辩疑》、《河洛图书说》、《春秋建正辩》、《深衣刊误》、《定武成错简》、《管仲子纠辩》、《致中和议》、《桐叶封地辩》、《四书疑义》。门人称曰'牟氏理窟'。"王梓材案曰："《台州府志》载：'先生号九溪，教授生徒至数百人。'"又《浙江通志》卷二十七载，牟氏曾讲学于茅畲九溪书院。

**四书提要，刘彭寿撰，佚。**

《经义考》注曰"佚"。《钱补志》著录。无卷数。《雒李辑本》著录"《四书提要》十九卷"，未知所据。

刘彭寿生平，柯劭忞《新元史》卷二三六载："刘彭寿，眉州人。父渊，经术深邃，事母以孝闻。著有《读易记》、《易学须知》、《春秋例义》、《春秋续传记》、《左氏记事本末》等书。用荐为永州路学正，卒。彭寿有俊才，延祐三年进士，授桂阳路平阳县丞，转岳州路行用库使，擢建德路淳安县尹。每月朔日，辄幅巾深衣，升座讲书，淳安士庶听讲无惰容。卒年六十四。彭寿教学者，必以经术为本。为文先义理而后词章，著有《四书提要》、《春秋泽存》、《春秋正经句释》。"

**四书人名考，周良佐撰，佚。**

《经义考》注曰"佚"。《钱补志》著录。无卷数。

吴澄序曰："朱子之释《四书》，义理精矣，然所引用人名及其事实，初学或有所未详。清江周良佐博考备述，俾人名事实坦然明白，间又发挥其辞语，通畅其旨趣，于读者诚有资。予虽老，亦愿得此编常置书案间，岂特可为初学之益而已哉？"（《吴文正集》卷二十《四书名考序》）

周良佐，生平无考，据吴澄序，知为清江人。书名三说：《经义考》、《钱补志》作"四书人名考"，吴澄序作"四书名考"，《雒李辑本》则作"四书人物考"。

**四书纂笺二十八卷，詹道传撰，存。**

《经义考》注曰："《四书纂笺》二十六卷，佚。"《孙氏外编》、《金补志》作"二十六卷"，《倪卢补志》、《钱补志》、《续通考》、《续通志》作"二十八卷"，《东山考》作"十四卷"。

胡一中序曰："《四书》之旨，自汉以来，晦蚀于训诂，迨朱子而大明，朗如日星。然其广大精微，殆有如象纬之有躔次，气候之有步推，读者茫乎未易窥测也。夫苟差于句读，则章之旨杌陧矣；讹于音释，则字之义怙懘矣。经传之援据，名物之本末，或昧焉，则卤莽而灭裂矣，理何自而明哉？

朱子尝言，不用圣贤许多工夫，则无以见圣贤之意，然则学者可不用朱子之功，而求朱子之意乎？临川詹君道传，用鲁斋先生所定之句读，会近代诸儒之笺释而参订之，名曰《四书纂笺》。藏于家塾，以授其徒。建阳陈君子善锓而行之，乃求为之序焉。是书也，亦既羽翼朱子而有功于圣门矣。其于读者之用力，又岂不易易然也哉！"（《经义考》卷二五四引）

《四库全书总目》曰："《四书纂笺》二十八卷。元詹道传撰。道传，临川人，其始末未详。是书略仿古经笺疏之体，取朱子《四书章句集注》、《或问》，正其音读，考其名物度数，各注于本句之下，亦间释朱子所引之成语。如'真积力久'出《荀子·劝学篇》，'孝子爱日'出《扬子·孝至篇》，皆为证其出处。其所援引，亦间有抵牾。如《论语》'夏瑚、商琏'，朱子本引包咸旧《注》（案：咸《注》久佚，此据何晏《集解》所引）。道传既引《明堂位》'夏后氏之四琏、殷之六瑚'，辨其异同，而复谓'夏曰瑚，商曰琏'本于《尔雅·释器》。今检校《尔雅》，实无此文，则道传杜撰附会也。又此书于朱子所引诸儒，皆详其名字、里居。而《孟子·尽心章》引陈氏'厌于嫡母'之说，实陈耆卿《孟子记蒙》中语。耆卿字寿老，临海人，见叶适《水心集》。此独失载，亦未免有所疏漏。然大致皆有根柢，犹元儒之务实学者。与张存中《四书通证》相较，固犹在其上矣。"

又《四库全书总目》"四书类案语"曰："《四书》定于朱子《章句集注》，积平生之力为之，至垂没之日，犹改定《大学》'诚意'章注，凡以明圣学也。至元延祐中用以取士，而阐明理道之书遂渐为弋取功名之路。然其时经义、经疑并用，故学者犹有研究古义之功。今所传袁俊翁《四书疑节》、王充耘《四书经疑贯通》、詹道传《四书纂笺》之类，犹可见其梗概。"

耿文光《万卷精华》曰："通志堂本。此李中麓元本，前有至正癸未胡一中序，次《凡例》。《大学》、《中庸》各二卷，《论语》十卷，《孟子》十四卷，实二十八卷。《经义考》（注曰佚）、《汇刻书目》（所著卷数多误）俱作二十六卷，误。朱子《集注》务从简明，汉魏诸儒所谓正音读、通训诂、考制度、辨名物者，不复致详。是书各笺证据于下方，所谓不涉其流，无由知其义，学者宜先用力于此矣。按胡序云，用鲁斋之句读例，亦云句读用王文宪所定及温州点本参订为之。此本止有音释，并无句读，盖刊书时去之也。胡氏序曰：'书之旨追朱子而大明，其广大精微未易窥测也。夫苟差于句读，则章之旨杌陧矣；讹于音训，则字之义怗懘矣。经传之援据，名物之本末，或昧焉，则卤莽而灭裂矣，理何自而明哉？临川詹君道传，用鲁斋先生之所定之句读，会近代诸儒之笺释而参订之，名曰《四书纂笺》。藏于家塾，以授其徒。建阳陈君子善锓而行之，求为之序。'"

周中孚《郑堂记》曰："《通志堂经解》本。元詹道传撰（道传，临川人，其始末未详）。《四库全书》著录，倪氏、钱氏《补元志》、朱氏《经义考》俱载之。朱氏作二十六卷，按是书《大学、中庸章句》各一卷、《大学、中庸或问》各一卷、《论语集说》十卷、《孟子集说》十四卷，则朱氏于《学》、《庸》偶遗其《或问》二卷矣。前有至正癸未胡元文（一中）序云：'《四书》之旨，追朱子而大明。苟差于句读，则章之旨杌陧矣；讹于音释，则字之义怗懘矣。经传之援据，名物之本末，或昧焉，则卤莽而灭裂矣，理何自而明哉？临川詹君，用鲁斋先生所定之句读，合近代诸儒之笺释而参订之，名曰《四书纂笺》。'其《凡例》亦言：'句读用王文宪所定及温州点本参订为之。读多者，欲其文理明；句长者，欲其血脉贯。字音参用诸儒所定，经文元有阙者，补入圈以别列之。朱子《四书》之说，于制度器数之本末，经史子集之事实，不复致详。今用各笺证据于下方。'今按其书，笺事及音读无一阙者，诚如序例所云。惟纳喇容若刊《经解》，例不用句读，则此书未免与序例所云不符。何义门《经解目录》评，于程时叔（端学）《春秋本义》，深惜其未刻句读点抹，独于是书不致惜，何也？其书援引间有疏漏，而大致皆有根据。考朱注之名物者，固莫备于是编矣。"

詹道传，临川人，生平无考。《四书纂笺》今有《通志堂经解》本（二十六卷）、《四库全书》本（二十八卷）、《摘藻堂四库全书荟要》本（二十八卷）等。

**四书通证六卷，张存中撰，存。**

《经义考》注曰"存"。《孙氏外编》、《文瑞楼》、《金补志》、《倪卢补志》、《钱补志》、《续通考》、《续通志》著录，《东山考》不具卷数。

《四书通证·凡例》曰："《四书集注》明理用事，简明为尚，至《集成》而理愈晦矣。云峰胡先生去其晦而取其明，则理通矣。今赵氏《笺义》出而事益繁，存中不揆僭越，去其繁而存其简，则事亦通矣。"

胡炳文序曰："北方杜缞山有《语孟旁通》，平水薛寿之有《四书引证》，皆失之太繁，且其中各有未完处，观者病焉。今友人张德庸精加雠校，删冗而从简，去非而从是，又能完其所未完者，合而名之曰《四书通证》，以附余《通》之后。学者于余之《通》，知《四书》用意之深；于《通证》，知《四书》用事之审。德庸此书，诚有补云。泰定戊辰正月壬辰，云峰老人胡炳文序。"（《四库全书》本书前）

《四库全书总目》曰："《四书通证》六卷。元张存中撰。存中字德庸，新安人。初，胡炳文作《四书通》，详义理而略名物。存中因排纂旧说，成此书以附其后，故名曰《四书通证》。炳文为之序，称北方杜缞山有《语孟旁通》，平水薛寿之有《四书引证》（案：杜缞山名瑛，金人。薛寿之名引年，元初人），皆失之太繁。存中能删冗从简，去非取是。又曰'学者于余之《通》，知《四书》用意之深；于《通证》，知《四书》用事之审'，推之甚至。今核其书，引经数典，字字必著所出。而《论语》'夏曰瑚，商曰琏'一条承包氏之误者，乃不引《礼记》以证之。又'时见曰会，众俯曰同'，与《周礼》本文小异。盖宋代讳'殷'，故改'殷'为'众'。乃但引《周礼》于下，而不辨其何以不同，皆不免有所回护。不知朱子之学在明圣道之正传，区区训诂之间，固不必为之讳也。《孟子》'与楚将昭阳战，亡其七邑'一条，存中谓'《史记》作八邑，未详孰是'，不知司马贞《史记索隐》明注《史记》古本作'七邑'。是朱子称'七邑'乃据古本，原非谬误。存中持疑不决，亦失于考核。又如'三让'引《吴越春秋》，泛及杂说。而于历代史事每多置正史而引《通鉴》，亦非根本之学。然大概征引详明，于人人习读不察者，一一具标出处，可省检阅之烦，于学者亦不为无补矣。"

耿文光《万卷精华》曰："通志堂本。此汲古阁元本，前有云峰老人胡炳文序、《凡例》、《群书总目》。胡书详义理，是书详名物，故相附而行。凡《四书通》已释者，此不复出；人人习读不察者，具标出处。存中字德庸，新安人。杜缞山有《语孟旁通》、薛寿山有《四书引证》，皆失之太繁。张氏删冗就简，去非从是，又完其所未备，合而名之曰《四书通证》（缑山名瑛，金人。寿之名引年，元和人，朱《考》作延年）。胡氏曰，'为政以德'，旧本作'行道而有得于身'，祝本（案：祝洙，字宗道，著《四书附录》）作'有得于心'，后本又改作'得于心而不失'，祝未之见也。朱子曰：'德字须用不失训，如得人，此物可谓得矣，才失之非得也。'此譬甚切，盖此句含两意，一谓得之于有生之初者，不可失之于有生之后；一谓昨日得之者，今日不可失之也。"

周中孚《郑堂记》曰："《通志堂经解》本。元张存中撰（存中，字德庸，新安人）。《四库全书》著录，倪氏、钱氏《补元志》、朱氏《经义考》俱载之。前有胡仲虎（炳文）序，称'北方杜缑山（瑛）有《语孟旁通》，平水薛寿之（引年）有《四书引证》，皆失之太繁，且其中各有未完处，观者病焉。今友人张德庸精加雠校，删冗而从简，去非而存是，又能完其所未完，而名之曰《四书通证》，以附余《通》之后。学者于余之《通》，知《四书》用意之深；于《通证》，知《四书》用事之审'云云，则此书实与胡氏《四书通》相辅而行者也。凡胡氏书内已注释者，此不复出，总以详其名物而略义理。其于《学》、《庸》，则并《或问》证之，不第《章句》也；于《论》、《孟》，则止证《集注》而已。引经数典，具标出处，诚有补于学者矣。前又有《自序》及《群书总目》。"

张存中，字德庸，新安人，生平无考。《四书通证》六卷，今有《通志堂经解》本、《四库全书》本、《摛藻堂四库全书荟要》本、《中华再造善本》本、北京图书馆藏元刻本、上海图书馆藏明抄本等。

**四书经疑贯通八卷，王充耘撰，存。**

《经义考》注曰"未见"。《千顷堂》、《倪卢补志》、《钱补志》、《续通考》、《续通志》著录。

《四库全书总目》曰："《四书经疑贯通》八卷。元王充耘撰。充耘有《读书管见》，已著录。是编黄虞稷《千顷堂书目》谓其已佚。此本为明范钦天一阁旧钞，尚首尾完具。惟第二卷中脱一页，第八卷中脱一页，无从校补，则亦仅存之笈矣。其书以《四书》同异参互比较，各设问答以明之。

盖延祐科举，'经义'之外有'经疑'，此与袁俊翁书皆程试之式也。其间辨别疑似，颇有发明，非'经义'之循题衍说可以影响揣摩者比。故有元一代，士犹笃志于研经。明洪武三年初行科举，其《四书》疑问以《大学》'古之欲明明德于天下者'二节与《孟子》'道在迩而求诸远'一节合为一题，问二书所言'平天下'大指同异（案：此题见《日知录》），盖犹沿元制。至十七年改定格式，而'经疑'之法遂废。录此二书，犹可以见宋元以来明经取士之旧制也。"

丁丙《善本书志》曰："黄虞稷《千顷堂书目》谓此书已佚，此从范氏天一阁藏本录出，经进四库馆校录事竣发还之书，故上有翰林院印。充耘著有《读书管见》，此以《四书》同异参互比较，各设问答以明之。盖延祐科举，经义之外有经疑，此书要为程试之式。有'古潭州袁卧雪庐收藏'印。"

《宋元学案·九峰学案》列王氏为"刘氏门人"，曰："王充耘，字耕野，江西人。元统初，以《书经》成进士，授同知永新州事。寻弃官养母。晚益潜心《尚书》，考订蔡《传》，名曰《读书管见》，凡二卷。外有《书义主意》、《书义矜式》各六卷。"又《千顷堂》卷一《读书管见》注曰："字与耕，吉水人，元统甲戌进士，授永州同知。以母老弃官归养，著是书。尚有《四书经疑贯通》及《两汉诏诰》，皆失传。"《四库全书总目》卷十二《读书管见》下曰："黄虞稷《千顷堂书目》称充耘字'与耕'，而《原序》及梅鹗《跋》并称'耕野'，疑虞稷误也。"然检明解缙《文毅集》卷十二《翰林院修撰王钦业先生墓表》曰"其祖与耕先生治《尚书》，学闻天下"，称"与耕"而不称"耕野"，则黄氏未必误也。《元儒考略》、《明一统志》、《江西通志》亦简述其生平。

《四书经疑贯通》八卷，今有《四库全书》本、《豫章丛书》本（附民国魏元旷《校勘记》一卷及胡思敬《校勘续记》一卷）。南京图书馆藏明抄本（《四库全书》底本），有清丁丙跋。

**四书指掌图，林处恭撰，佚。**

《经义考》注曰"佚"。《钱补志》著录。无卷数。

《宋元学案·水心学案下》列林氏为"舒氏门人"，曰："林处恭，临海人也。性行醇笃，受业于舒阆风。所著有《四书指掌图》，弟子极盛。水心之学，至阆风师弟后，无复存矣。"

**四书类编二十四卷，汪九成撰，佚。**

《经义考》注曰"未见"。《东山考》、《千顷堂》、《倪卢补志》、《钱补志》著录。《内阁目录》作"新安汪氏《四书编》四册全"。

邓文原序曰："《四书类编》者，新安汪君又善之所辑也。《四书》之学，始明于河南二程先生，而大阐于考亭朱夫子。今家有其书，学者传诵以熟，其于进道也有涯矣。然河南诸弟子之论不能无醇疵，学者不溯源而求，则亦莫知子朱子取舍之意。况后于子朱子，其流益滥，不会其极，曷从而折衷之？今汪君博采先儒之所纪著，区分汇列，纯而不杂，简而不疏，既以自淑，且以勖人。夫又善之用心亦勤矣。又善体《易》者也，吾为君举《易》以明其略：《萃》之《象》曰：'萃，聚也。观其所聚，而天地万物之情可见矣。'夫《复》可以见天地之心而不及其情，《大壮》见天地而不及万物。维《咸》、《恒》、《萃》，则天地万物之情皆可见，而《萃》又统《咸》、《恒》之万而归于一者也。其象泽上于地，若陂水以濡其盈，以沛厥施，与丽泽讲习之义可以类观，故学之有资于萃聚又如此。吾夫子之言曰：'既会通，以行其典礼。惟会故通，不会不通也。'后士始为类书以便学者，喜其捷而研索不精，适以咨肤剽陵躐之病。故吾于汪君，既嘉有讲学之益而爱是书，复虑学者因是书而废讲学之益，则非汪君成书意也。观吾言者，其亦有所警也夫。"（《巴西集》卷下《四书类编序》）

汪九成，字又善，新安人，生平不详。《新安文献志》卷四十七载汪氏《自警铭》曰："仆早岁受学于乡先生云峰胡公，粗闻绪论。一日读子朱子告君为学之格言，忽悟曰：'此与延平先生所传实相表里，为学之要，尽于此矣，又奚以他求为哉？'"

**四书大义，解观撰，佚。**

《经义考》注曰"佚"。《钱补志》著录。无卷数。

《宋元学案·草庐学案》列解氏为"草庐门人"，曰："解观，吉水人。

天历乡举，预修《宋史》。有《四书大义》行于世。"王梓材案曰："《春雨堂集》载先生初名子尚，字观我，入试名观，吴文正公更字之曰伯中。称其著《宋书》一千卷、天文星历一卷、地理若干卷、衍八阵图注《武经刑书考》一卷。又称其作《万分历》，推步如神。又作《儒家博要》、《周易义疑通释》。"《儒林宗派》卷十三亦列之为"吴氏门人"。《江西通志》卷七十六、《宋元学案补遗》卷三十六皆引《春雨堂集》为之传，解缙《文毅集》卷十一有《伯中公传》，详其生平。

**四书讲义，邵大椿撰，佚。**

《经义考》注曰"佚"。《东山考》、《千顷堂》、《钱补志》、《倪卢补志》著录。无卷数。

《浙江通志·儒林下》曰："《严陵志》：字春叟，寿昌人，号顾斋。年十二领乡魁，赴南省，不利，归益励志，明于理学。历寿昌龙游教谕，主晦庵书院山长。元初，士子溺于辞章之习，大椿倡明理学，以淑人心，学者始知所趋向。著有《四书讲义》若干卷。"《经义考》引李德恢曰："大椿字春叟，寿昌人。宋景定甲子年十二领乡荐，至元中为晦庵书院山长。"《宋元学案·慈湘学案》列邵氏为"邵氏家学"。

**点四书凡例，包希鲁撰，佚。**

《经义考》注曰"未见"。《千顷堂》、《倪卢补志》、《钱补志》著录。无卷数。

《江西通志》卷六十七曰："包希鲁，字鲁伯，进贤人。颖异绝伦，尝授今古文《尚书》于吴草庐。动履端严，为后进楷法。其教人先德行后文艺，士习为之一新。及殁，门人私谥曰忠文先生。所著有《四书凡例》、《易九卦衍义》、《诗小序辨》（《千顷堂》著录为《诗小序解》）、《说文解字补义》及《原教》、《说儒》等篇。门人傅箕、王槐最著。"《明一统志》卷四十九、《万姓统谱》卷三十一皆言其有《诸若文集》，《千顷堂》别著录有《诸子纂言》。《宋元学案·草庐学案》列包氏为"草庐门人"，称"及卒，门人私谥之曰文忠"，"文忠"或为"忠文"之误。

**读四书丛说八卷，许谦撰，存。**

《经义考》注曰："《读四书丛说》二十卷，未见。"《焦志》、《东山考》、《金补志》作"二十卷"，《千顷堂》作"七卷，一作二十卷"，《倪卢补志》作"二十卷，今止四卷"，《钱补志》作"二十卷，今存《大学》一卷、《中庸》二卷、《孟子》二卷"，均题名"四书丛说"。《续通考》、《续通志》作"《读四书丛说》四卷"。又，《王续通考》著录许谦著"《续四书丛说》二十卷"，"续"或为"读"字之误。今人李盛铎《木樨轩藏书题记及书录》著录清抄本"《读四书丛说》二十卷"，题记曰："《读四书丛说》，《四库》著录止四卷，诸家书目所载或元刊、或明刊、或旧抄，亦止《大学》一卷、《中庸》二卷、《论语》三卷、《孟子》二卷，共八卷。此本分为二十卷，不知源出谁氏。甲子（1924）四月，沪市有此帙，以其缮写精整，购归插架，惜无元刻足本一校异同也。"

吴师道序曰："《读四书丛说》者，金华白云先生许君益之为其徒讲说而其徒记之之编也。君师仁山金先生履祥，仁山师鲁斋王先生柏，从登北山何先生基之门，北山则学于勉斋黄公，而得朱子之传者也。《四书》自二程子表章，肇明其旨，至朱子《章句集注》之出，折衷群言，集厥大成，说者固蔑以加矣。门人高第不为不多，然一再传之后，不泯灭而就微，则畔涣而离真，其能的然久而不失传授之正，则未有如吾乡诸先生也。盖自北山取《语录》、《精义》以为《发挥》，与《章句集注》相发；鲁斋为标注点抹，提挈开示。仁山于《大学》有《疏义》、《指义》，《论》、《孟》有《考证》，《中庸》有《标抹》，又推所得于何、王者与其己意并载之。君上承渊源之懿，虽见仁山甚晚，而契谊最深，天资纯明而又加以坚苦笃实之功，妙理融于言表，成说具于胸中，问难开陈，无少凝滞，抑扬反复，使人竦听深思，随其浅深而有得焉。故自远方来从学者，至数百人，遂为一时之盛。今观《丛说》之编，其于《章句集注》也，奥者白之，约者畅之，要者提之，异者通之，画图以形其妙，析段以显其义。至于训诂名物之缺、考证补而未备者，又详著焉。其或异义微牾，则曰：'自我言之则为忠臣，自他人言之则为谗贼，金先生有是言也。'此可以见其志之所存矣。呜呼！欲通《四书》之旨者，必读朱子之书；欲读朱子之书者，必由许君之说。兹非适道之津梁，示学者之标的欤？先是，君未没时，西州人有得其书而欲刊之者，君闻，亟使人止之，且恐记录之差也。则自取以视，因得遂为善本。诸生谓予尝辱君之知，俾序其所以然。窃独惟念昔闻北山首见勉斋，临川将别，授以'但熟读《四书》'之训，晚年悉屏诸家所录，直以本书深玩，盖不忘付属之意。自是以来，诸先生守为家法，其推明演绎者，将以反朱子之约而已。故能传绪不差，闳大光明，式克至于今日也。又念某识君之初，尝以'持敬致知'之说质于君，君是之，复举朱子见延平时其言好恶同异、喜大耻小，延平语以'吾儒之学，理不患其不一，所难不殊耳'。朱子感其言，精察妙契，著书数十万言，莫不由此。学者于朱子之书，当句读字求，必若朱子之用功，而后足以得其心，此君之拳拳为人言者也。然则得君之《丛说》而读之者，其于君教人读书之法，尤不可以不知也，故因并著之。君名谦，其世系履行与凡他经论著，详具友人张枢子长所为《行述》，兹不复赘云。"（《礼部集》卷十五《读四书丛说序》）

黄溍作《墓志》曰："先生《丛说》，敷绎义理，惟务平实。尝曰：'圣贤之心尽在《四书》，《四书》之义备于朱子。顾其立言，辞约义广，读者或不能悉究其义，以一偏之致自异，初不知未离其范围，其可以易心求之哉？'"（《经义考》卷二五四引）

黄丕烈跋曰："此元刻残本，东阳许谦《读四书丛说》中《大学》一卷、《中庸》上下二卷、《孟子》上下二卷也。余于宋元经学不甚喜购，然遇旧刻，亦间收焉。惟此则甚乐之，为其《中庸》多一下卷故也。国朝《四库书目》止收四卷，故嘉定钱竹汀撰《补元史艺文志》，卷亦如此。今兹夏，余为竹汀先生刊《补志》一书。竹汀因余于元代艺文颇多搜罗，属为参校。适书友携此书至，知多一卷，强索重直。余许以缗钱二千易之而未果，告诸竹汀，汀已采入《志》中，改作五卷矣。越月有三，书贾持书易钱而去。爰记此缘起，以征信于后。余检《菉竹堂书目》载《四书丛说》四册，而卷数不详；又璜川《吴氏书目》收藏较近，则云七卷，然系抄白，未之敢信。余惟就所见之五卷为信可尔，倘异日《一斋书目》之二十卷尽出，不更快乎！庚申九月小晦日挑灯记，荛圃黄丕烈。"（《四部丛刊续编》本《读四书丛说》书后）

《四库全书总目》曰："《读四书丛说》四卷。元许谦撰。谦有《诗集传名物钞》，已著录。案《元史》谦本传：'谦读《四书章句集注》，有《丛说》二十卷。谓学者曰："学以圣人为准的，然必得圣人之心而后可学圣人之事。圣贤之心具在《四书》，而《四书》之义备于朱子。顾辞约意广，读者安可易心求之乎？"'黄溍作谦《墓志》，亦称是书敷绎义理，惟务平实，所载卷数与本传相同。明钱溥《秘阁书目》尚有《四书丛说》四册，至朱彝尊《经义考》则但据《一斋书目》编入其名，而注云'未见'，盖久在若存若亡间矣。此本凡《大学》一卷、《中庸》一卷、《孟子》二卷。《中庸》阙其半，《论语》则已全阙，亦非完书。然约计所存，犹有十之五六。即益以所阙之帙，亦不能足原目二十卷之数，殆后来已有所合并欤？书中发挥义理，皆言简义该。或有难晓，则为图以明之，务使无所凝滞而后已。其于训诂名物，亦颇考证，有足补《章句》所未备。于朱子一家之学，可谓有所发明矣。"

瞿镛《铁琴铜剑楼》曰："题东阳许谦。《大学》一卷、《中庸》上下二卷、《论语》上中下三卷、《孟子》上下二卷。前有吴师道序。其子元与门人俞实叟校。至正六年，门人南台监察御史白野普化帖睦尔与其僚大梁杨公惠移浙东廉访使，使锓板以传。廉访转移浙东宣慰使下属郡取校官羡财，与《诗名物钞》、《读书丛说》同时刊行。案是书传本绝稀，《四库》著录，《中庸》缺其半，《论语》全缺，黄荛圃藏本亦缺《论语》三卷，而假德清徐氏藏本钞补。徐氏原书，近为胡君心耘所得，以余家既得黄氏藏本，亦以赠余，遂为延津之合矣。"

张金吾《爱日精庐》曰："案《元史》本传载谦《四书丛说》二十卷，盖本黄溍所撰《墓志铭》也。《经义考》云'未见'。伏读《钦定四库全书总目》，云《四书丛说》，凡《大学》一卷、《中庸》一卷、《孟子》二卷。《中庸》阙其半，《论语》则已全佚，盖世已久不见全书矣。是本凡《大学》一卷、《论语》三卷、《中庸》、《孟子》各二卷，合八卷。首尾完整，并无阙佚，洵希有之书也。惟与《元史》'二十卷'之数不符，或经后人合并欤？"

清人朱绪曾《开有益斋读书志》曰："《四书丛说》八卷，元许谦撰。《大学》一卷、《论语》三卷、《中庸》二卷、《孟子》二卷。《四库全书》所收，《中庸》佚其半，《论语》全佚。此本八卷，有《中庸》、《论语》，与

《研经室外集》所说同。首有吴师道序，不言其卷数，惟黄溍所作《墓志》与本传皆云'二十卷'，数不同。明《南雍志》：《大学丛说》一卷，好版二十六面，坏版二块，余皆阙；《中庸》丛说一卷，好版六十四面，失十八面。许谦有《四书丛说》二十卷，今《语》、《孟》不存。此本为元人刊本，首尾完具，中有图有说，似非删节之本，岂后人有所合并欤？许白云师事金仁山，仁山有《论孟集注考证》，故《丛说》尤详典礼制度名物。千乘之国、三正、三分天下、南膴、绀緅，其训诂多存古义。'厌然'，引郑氏读为'黶'，陆氏有'乌斩'、'乌簟'两音，《说文》欧减反，释曰'中黑也'，正是暗晦意，宜读'乌斩'。'温故'，温，寻也。《左传》：盟可寻也，亦可寒也。郑注《中庸》读如'燖温'之'温'，则寻是温寻，旧熟食也，'温'字正训'寻'字。吴师道云，欲通《四书》之旨，必读朱子之书；欲读朱子之书，必由许君之说，良不诬也。"

周中孚《郑堂记》曰："仁和何氏刊本。元许谦撰（谦字益之，金华人。延祐中以讲学名一时，儒者称为白云先生）。《四库全书》著录作四卷，乃两江总督采进本。倪氏《补元志》止载《大学、中庸丛说》各一卷。《元史》本传及钱氏《补元志》、焦氏《经籍志》、朱氏《经义考》俱作《四书丛说》二十卷。朱氏云：'《一斋书目》有，未见。'钱氏云：'今存《大学》一卷、《中庸》二卷、《孟子》二卷。'《提要》本作'《大学》、《中庸》各一卷，《孟子》二卷。《中庸》阙其半，《论语》则已全佚'，盖世久不见完本矣。仁和何梦华（元锡）得旧抄本，凡《大学》一卷、《中庸》二卷、《论语》三卷、《孟子》二卷，皆完善无阙，因付诸梓。惟与史传及诸家书目所载卷数不符，疑刊者并其卷帙尔。益之尝以圣贤之心尽在《四书》，《四书》之义备于朱子。顾其立言，辞约意广，读者或不能悉究其义，故作是书，一以朱子为宗，发明义理，考证训诂，间为之图，使人易晓。其于《章句集注》之书，亦可谓尽心焉耳矣。前有吴正传（师道）序。考张氏《爱日精庐藏书志》载，此书之前，有元刊本六卷，云得之四美堂书坊，凡《论语》上下两卷，《中庸》、《孟子》各一卷，阙《大学》一卷、《论语》中一卷云。"

《续修四库提要》伦明曰："《读四书丛说》八卷。元许衡（案："衡"为"谦"字之误）撰。按此书已收入《四库》，据《提要》止有许谦《读四书丛说》四卷，其中《大学》一卷、《中庸》一卷、《孟子》二卷。《中庸》阙其半，《论语》全阙。阮元《四库未收书目提要》有《论语丛说》三卷，系依元刻影抄本重抄；又有《读中庸丛说》二卷，则从吴中藏书家得见元板《中庸丛说》足本二卷，合之遂成完璧。此本为嘉庆间何元锡所刊。元锡字梦华，浙江钱唐人，诸生，家多藏书，精鉴别。是本前有阮元作《何氏丛书序》，又有阮元作《何氏访书图题辞》，卷首有吴师道《原序》。首称谦师金仁山，仁山师王鲁斋，从登何北山之门，北山则学于黄勉斋，而得朱子之传者也。称《丛说》之于《章句集注》也，奥者白之，约者畅之，要者提之，异者通之，画图以形其妙，析段以显其义，训诂名物之缺、考证补而未备，又详著焉。又称'谦未没时，西州人有得其书而欲刊之者，君闻，亟使人止之，且恐记录之差也，则自取以视，因得遂为善本'云云。观此可知谦师承所自及著书之旨，与刊本之足贵矣。《四库》及阮氏《提要》俱未言及此序，想俱未见之也（案：阮氏《四库未收书提要·论语丛说三卷提要》曰："吴师道云：'欲读朱子之书，必由许君之说。'"即为吴氏序中语，则"俱未见之"之说不确也）。"

张元济跋曰："右元许谦撰，《读大学丛说》一卷，《读中庸丛说》二卷，《读论语丛说》三卷，《读孟子丛说》二卷。案《元史》本传，谦读《四书章句集注》，有《丛说》二十卷。《四库》著录：《大学》一卷，《孟子》二卷，《中庸》阙半仅一卷，《论语》全阙。《提要》谓约计所存犹有十之五六，即益以所阙之帙，亦不能足原目二十卷之数，殆后来已有所合并。阮文达续得影元抄本《论语》三卷，元板《中庸》二卷，先后奏进，谓为首尾完整，未可疑其尚有阙佚。是本卷数正同。阮氏《论语提要》云：'中有正文而误似注者，如中卷《昼寝章》、《衣敝章》，下卷《侍坐章》、《骥章》、《为邦章》、《性相近章》、《荷蓧章》，乃元代刻书陋习。'今按是本亦正如此。自可以阮氏之言，而证其为完整也。明《南廱志》'《大学丛说》一卷，好版二十六面，坏版二块，余皆阙。《中庸丛说》一卷，好版六十四面，失十八面。许谦有《四书丛说》二十卷，今《语》、《孟》不存'云云。是本《大学》二十四面，《中庸》二卷，亦仅四十四面，此为密行细字，颇疑《南廱》所存，行疏字大，故版面多而未全。此虽坊刻，且为完璧，不可谓非罕见之书矣。黄尧圃后跋,乃谓尚缺《论语》三卷者,或撰时尚未觅得。按《论语》所钤藏印,与其他三书不同,殆黄氏散出而后人续获者欤?海盐张元济。"(《四部丛刊续编》本《读四书丛说》书后)

许谦,字益之,其先京兆人,由平江徙金华。数岁而孤,甫能言,母陶氏口授《孝经》、《论语》,入耳辄不忘。长而受业金履祥之门,居数年,尽得其奥,谓"学以圣人为准的,然必得圣人之心,而后可学圣人之事。圣贤之心具在《四书》,《四书》之义备于朱子"。读《四书章句集注》,有《丛说》二十卷;读《诗集传》,有《名物钞》八卷;读《书集传》,有《丛说》六卷;其观史,有《治忽几微》。又有《自省编》,昼之所为,夜必书之,其不可书者则不为也。他若天文、地理、典章、制度、食货、刑法、字学、音韵、医经、术数之说,靡不该贯。又尝句读《九经》、《仪礼》及《春秋三传》。延祐初,居东阳八华山,学者翕然从之,著录者千余人,独不以科举之文授人,曰"此义利所由分也"。笃于孝友,处世不胶于古,不流于俗。至元三年卒,年六十八。尝以"白云山人"自号,世称白云先生,赐谥文懿。先是,何基、王柏及金履祥殁,其学犹未大显,至谦而其道益著,故学者推原统绪,以为朱熹之世适。江浙行中书省为请于朝,建四贤书院,以奉祠事。有《白云集》,《元史》入《儒学传》。《元儒考略》卷三、《史传三编》卷八、《浙江通志·儒林中》等亦述其生平。《宋元学案·北山四先生学案》列许氏为"仁山门人"。

《读四书丛说》八卷,今有《经苑》本、《金华丛书》本、《四部丛刊续编》本、《丛书集成初编》本、《中华再造善本》本、北京图书馆藏元刻本、上海图书馆藏明刻本、浙江省图书馆藏明抄本等。《续修四库全书》所收为嘉庆间何元锡刊本,前有吴师道序。《四库全书》所收为四卷本,含《大学》一卷、《中庸》一卷、《孟子》二卷。

**四书精要考异,安熙撰,佚。**

《经义考》注曰"佚"。《钱补志》著录。无卷数。《雒李辑本》题名一作"四书类要考异",未知所据。

安熙《与乌叔备书》之二:"《四书集义精要》,近因读《朱子文集》,

对校一过，尚多有疑误，别纸录呈。前书索写一部，为无善书者，不曾写得。幸因书来，将某前后录出纳上，可疑条段以一言可否之，使得有所据依改正纳上也。疑此书初脱稿，先生未使学者校勘，故多有此误。虽非大义所关，然亦不可不订正也。"（《默庵集》卷三）

《宋元学案·静修学案》列安氏为"静修私淑"，曰："安熙，字敬仲，藁城人。闻刘静修之学，心向慕焉。将造其门，而静修已殁，乃从静修门人乌叔备问其绪说。简静和易，务为下学之功。家居教授，垂数十年，来学者多所成就。既殁，乡人立祠于城西祀之。门人苏天爵为辑其遗文，而虞伯生序之曰：'使先生得见刘氏，廓之以高明，厉之以奋发，则刘氏之学，当益昌大于时矣。'"王梓材案曰："《儒林宗派》列先生于乌氏之门，然观其与乌叔备书，仅称叔备为尊兄，盖其自居静修私淑弟子，其于乌氏特学侣尔，不得径谓乌氏门人也。"著《诗传精要》、《续皇极经世书》、《四书精要考异》、《丁亥诗注》，有《默庵集》十卷，今存五卷。《元史》入《儒学传》。苏天爵《滋溪文稿》卷二十二有《默庵先生安君行状》，详其事迹。《元儒考略》卷二、《畿辅通志·儒学》等亦述其生平。

**四书章图纂释二十卷，程复心撰，存。**

《经义考》注曰："《四书章图》二十二卷，存。"《焦志》、《金补志》题名《四书章图纂释》二十二卷。《王续通考》、《东山考》题名"四书章图总要"，王圻注曰："会辅氏、黄氏之说而折衷之，章为之图，图为之说，故以名书。"《千顷堂》题名《四书章图隐括总要发义》二卷，又《纂释》二十卷"，注曰："取文公《四书集注》，分章析义，各布为图。又取《语录》诸书，辨证同异，增损详略，名曰《纂释》。"《倪卢补志》题名《四书章图隐括总要发义》二卷，又《四书纂释》二十卷"。《钱补志》题名"《四书章图》二十二卷，又《四书章图隐括总要发义》二卷"。

程钜夫序曰："夹漈郑氏谓古者书必有图，然稍见于《六经》传注之家，惟车服名数而已。余少学于临川，见双峰饶氏《大学中庸图》，始识古人立图之意。去今又五十余年，乃得吾宗子见《四书图》，章为之图，图为之释，有本有末，有终有始，如天之文、地之理，莫不合于自然，非深得古人之意不能也。世之谭神仙、学金鼎者，犹必假图说以达其旨，况为圣人之道者哉？此图之与书必不可已者也。子见书既成，上之朝，将畀之秩，慨然曰：'凡吾所以至此者，非以进取为也，欲俾天下知有吾书也。吾亲老矣，吾归养吾亲，复何求哉？'即以为乡郡教授致仕。呜呼！此所以为古人之学也。余既不能为子见留，乃序以送之。延祐改元，岁在甲寅。"（《经义考》卷二五五引）

王约序曰："集贤待制周君南翁，持诸君所作《四书图引》见示，且曰：'《图》乃吾乡士程子见进于有司者，子见年踰耳顺，以亲老授新安教授致仕归养，敢丐子言。'予因告南翁曰：'道学之称，肇于河南二程子；《四书》之目，起于考亭朱文公。在宋有川、洛、朔之党，互为诋訾，莫能相尚。要其归，但视主之者势力隆替耳。而公是公非，殆有不可掩者。逮我朝鲁斋先生许公出，道学、《四书》复盛，然从之者多而真知者寡，坐谈者易而行之者难。道也，《四书》也，皆吾夫子天包地载、范世立极、千万禩不易之良法也。盖人人得而知，人人得而有，人人得而用，同育而不相害，并行而不相悖。固不可标榜曰道学，分别曰《四书》，拘拘然，纤纤然，徒事虚文而已。顾言行相副，表里一致，而后可真知笃行之效也。噫！发源者初未必然，浚流者激而至此。予观子见撰述如此之富，去就如此之明，质诸所学而不诡，庶几服膺吾夫子之训者欤？'南翁愕曰：'异哉，子之说！请书以为子见南辕序。'"（《经义考》卷二五五引）

赵孟頫序曰："古今类书多矣，大而天地日月山岳河海，微而昆虫草木，以至人事之成败兴废、言语文字之等，莫不荟萃捃拾。人夸多而家竞富，其用也不过为词章而已，其于道德仁义则无有也。新安程子见，白首穷理于朱子之学，若饥之于食，渴之于饮，寒暑之于裘葛，昼不舍而夜不辍，贯穿精熟，于是类而为书，列而为图，道德、性命、仁义各以类从，使学者一览而尽得之。其有补于理学甚大，岂古今类书所能望也？予既读之，知其用心之笃。而子见引年而归，予甚高之，故书其篇首以致意云。延祐改元春三月十三日。"（《经义考》卷二五五引）

元明善序曰："理学至宋九大儒，言之可谓详且明矣。苟潜心于《四书》，发之以《近思录》，而后进于《易》、《书》、《诗》、《春秋》，何理不穷？以之修身治人，圣贤事业不外乎是。然理自难明，言之易差，非明师良友讲授之真，几何不有千里之缪哉？新安程君复心《四书章图》，取朱子《章句集注》，一一为之图，观者了然，即晓大义，深有补于初学。虽然，《四书》之旨深矣，有非《图》所能尽者。学者因是以求《章句集注》，因《章句集注》以得圣贤之心，圣贤之事业为可企及也欤？延祐改元清明后二日。"（《经义考》卷二五五引）

邓文原序曰："书之有图，犹天之历象。象本于自然，虽圣智不能加毫末；历则为之乘除赢缩，以求合乎天者也。故治历而不得其理，岁久必差；象则昭晰烜著，凡有目者皆可睹而定。书自《六经》而下，众言淆乱，有戾于圣人之道者矣，而图不能以强为，譬诸山川、草木、宫室、器物，日与人接，绘者一有讹谬，辄为众讪笑，夫图之难如此。《四书》始表章于濂洛，而大盛于考亭。朱子发幽阐微，旨义炳焕，使习其读者可以溯圣贤于数千载之上，若身列诸门弟子而授受焉也。新安程君子见复为之图，以惠学者，章分句析，巨细不遗。吾独惜君之生也后，不得亲取正于朱子也。又幸学者因图以求朱子之意，而有得于《四书》者，其效未有止也。虽然，吾独有说焉：自《四书》之学行，家传而人诵之矣。求诸致知而力行者，率千百不一二。更世之论，儒者常以是相诟病。凡道必有对待，自阴阳、刚柔、仁义引而伸之，不可殚尽。学者每有所偏，或举一而遗其二，从其易而不究其所难，故去道日远。听言视行，圣人犹为宰予而改，矧去圣人若是其远也哉！夫图也书也，致知之事也，而未及乎力行也。传之书者可图也，传之心者不可图也，必得传心之妙，而后可与学道。子见年才六十，朝廷旌用为郡博士，而子见以亲老乞致仕。其于进退出处，不亢不污，庶几乎力行之士矣。故予为序其编首而归之。"（《经义考》卷二五五引）

虞集序曰："右《四书章图纂要》者，新安程君复心之所著也。其为书也，盖取朱子《论语孟子集注》、《大学中庸章句》之说有对待者，若体用、知行之类；有相反者，若君子小人、义利之类；有成列者，若学问辨思行之类，随义立例，章为之图，以究朱子为书之旨，其意可谓勤且切矣。皇庆二年，有司以君与书荐于朝。明年，以徽州路儒学教授致仕而归，年才六十耳。间出其书以示集，使集识之，集曰：昔之为图者，盖未始有书也，姑假夫奇偶之画以拟其不测之迹，而著可见之象，引其方圆逆顺之体，而极夫消息变化之妙。简奥微妙，未易知也。后圣后贤有作，然后推以立言，而天地人之蕴尽矣，则书固所以明图者也。今君之图，则又以明夫书者也。盖孔门诸子叙述夫子所言，与曾子、子思、孟子之所述，焕乎大哉，昭如日星。又有周子、二程子、张子与其门人弟子相与讲明之，圣贤之微言大义，岂复有不尽者哉？及朱子为之《集注》、《章句》，然后会众说而归于一，其所以极博约之功者，千古所未有也。凡终始本末之说，内外精粗之辨，条分缕析，粲然有序。今其书家藏而人读之，然而习之而不察者，犹众也。夫舍朱子之言，则何以知《四书》之旨？然非有以贯通其条理而分别其节目，则朱子立言之意又何以得之也哉？然则君之为图也，可谓有功于考亭，有补于同志者矣。集不敏，三复三叹，敬识而归之。虽然，集尝闻之曰：书不尽言，图不尽意；又曰：体用一原，显微无间。呜呼！安得因子之图以得言而忘图，因言以得意而忘言者，而与之共论此乎？延祐元年三月甲午。"（《经义考》卷二五五引）

杨载序曰："《四书》者，王道之骨髓，《五经》之根柢也。自孟子后，无传于世。伊洛大儒始发其端，至于文公，遂寻而竟之。文公学者万余人，著名者数十人。文公虽贵为从官，而常自放于山林之中，极幽穷深，人迹所不到之处，优游终岁。研穷诂训，断离章句。至辞有曲折，意有难明，辄与其徒互相诘难，往复纰绎。五三圣人以道相传，而托之于文字，虽皋、夔、伊、傅之徒，盖仅有闻者而去之千载。将逆求其旨，岂非难哉？文公以希圣之才，曳踵伊洛，纂辑旧闻，性命道德，发无余蕴，纲纪大伦，使人道生生不遂灭息。其书亦既流出于八极之表。虽言语不通，文字不同，译之以象人，无间中国。然而文公造事弘大，网罗万殊，沉思默虑，昼夜不辍，至于属纩犹有所更定。补而辑之，使无缺遗，亦文公之所望于后人者也。程先生生文公之乡里，授受此书，具有师法。惧学者务以谀词破碎大道，或掇拾一二妄肆诋毁，考凡辞见异同、义涉疑似者，列而为图，使学者于文公之言了然于心，欲疑无所。盖有为都邑之游者，念其乡人之不能至也，作《都邑志》以遗之。或者又因其《志》绘而为图，既绘而图，则览之者知益易矣。程先生行义甚备，盖所谓真知而实践之者，故其为言综核深固，有所据依。

学者观焉，如伐邓林而假利于斤斧，则其所获不多且逸哉？延祐元年后三月十一日。"（《经义考》卷二五五引）

臧梦解序曰："混沌未凿，鸿蒙兹萌，固未有图也。自宓牺氏之王天下也，河出龙马负图焉。圣人以此发造化之机，阐鬼神之秘，两仪生四象，四象生八卦，而生生不穷之理，实肇于此。于是《易》有图一百二十有二，《书》有图七十有七，《诗》有图七十有六，《礼》有图一百一十有二，《记》有图九十有八，《春秋》有图一百二十有六，而《六经》之图备矣。其他五行有图，天文有图，地理有图，《三礼》有图，绍运有图，器物制度亦各有图。图非不多也，惟《四书章句集注》未有为图者。林隐程君，生文公之乡，志文公之学，而自得乎孔、曾、思、孟之心，用力《四书》，阐微析幽，分章纂图，垂三十年而书始成。又间出己见，以发明文公未尽之说，名曰《四书章图纂释》。后学之士，苟能因图以求解，因解以求经，则《四书》义理了然于胸中矣，岂非后学之指南，读书之捷径也欤？予尝闻诸文公之教学者，有曰：'学问须以《大学》为先，次《论语》，次《孟子》，次《中庸》。'又曰：'《大学》、《中庸》、《语》、《孟》四书，道理灿然，人只是不去看，若理会得此四书，何书不可读？何理不可究？何事不可处也？'旨哉言乎！以文公之言，验林隐之图，见者易晓，卓然有补于世教矣。矧今天子嘉惠斯文，勉励学校，宣明教化，东宫喜听经书，尊儒重道，乐善好贤，予以是知林隐之图可以自见矣。进之于朝，非惟斯文之幸，抑斯世之幸也，故喜书而乐道之。至大三年六月六日。"（《经义考》卷二五五引）

袁桷序（案：袁桷题名《四书图训序》，以书名为《四书图训》，当即《四书章图》）曰："象数可以图言，名意不可以图言。以图言之，其亦有所本乎？昔者圣人观象著图，因图为书，范围发挥，由书而始通。则夫图之秘，非书不能以尽，是书之明于图者也。后圣继述，遵文演图，器度物象之微，刚柔善恶之应，若天旋之默，运于枢纽，其不可以绘画得之者，犹因名以立义，此图之辅于书而不可废焉者也。二者之用，各有先后，合而言之者，吾不知其说也。自正心诚意之说兴，茫无畔岸。朱子忧之，遂以其可据依者为之主，而体用知行之说，实切于学者之功用。后百余年，《五经》废弃，遂复剿取其近似，端坐涂饰，而根柢原委悉不能考。礼主于敬，理主于善,一言以蔽,讲学之法糜烂而不可救矣。新安程子见取《论》、《孟》、《中庸》、《大学》之书,切于吾身者析而为图,以辅翼朱子之教,抑亦使夫人知为学之叙,非字义之可尽,条分目举,必有能笃行而亲识之者。斯足以尽夫斯道之要,其勤且备,可谓能矣。昔真文忠公作《读书记》,仁义性命之说,各以类从。先正肃公作书上之曰:'使若书成,学者将得以自肆。'今是书具在,视今之言理者,与古贤无异,论其所学,则又甚于朱子之忧矣。子见之《图》,其必有以拯诸?"(《经义考》卷二五五引)

薛瑄曰:"程复心《四书章图》,破碎义理,愈使学者生疑。《姓谱》:婺源人,会辅氏、黄氏之学而折衷之,章为之图,图为之说,名曰《四书章图总要》。"(《经义考》卷二五五引)

《元儒考略》卷四曰:"程复心,字子见,婺源人。自幼沉潜理学,会辅氏、黄氏之说而折衷之,章为之图,图为之说。书成,名曰《四书章图总要》。仕元,为徽州路教授,后以母老辞归。"又《江南通志·儒林二》曰:"师朱洪范,友胡炳文,尝著《四书章图》,又著《纂释》二十卷,以发濂洛诸儒之旨。至大间,行省献其书于朝,荐授徽州路教授。"《续通志》载其有《孔子论语年谱》、《孟子年谱》,《王续通考》卷一六四案曰:"此二书为曹溶《学海类编》所载,疑出伪撰。"《宋元学案补遗》卷二十六《潜庵学案补遗》列为"辅氏私淑"。

是书书名颇异,卷数不一,除上述外,《江南通志·艺文志》作"四书章图",无卷数。《续通志》、《天禄琳琅书目》均作"四书章图纂要",无卷数。《新安文献志》作"《四书章图纂释》二十卷"。然实皆包含"章图"及"纂释"二类内容,与题名"四书章图隐括总要发义"或"四书章图隐括总要"者有别。

《四书章图纂释》二十卷,据《中国古籍善本书目》,今有北京图书馆、山东省博物馆藏元刻残本,存六卷,含《中庸》一卷、《孟子》一至二卷、五至七卷。

**四书章图隐括总要发义二卷,程复心撰,存。**

《经义考》未著录。《千顷堂》、《倪卢补志》、《钱补志》著录。《文瑞楼》著录有"程复心《四书章图》一卷"。

上海图书馆、中国科学院图书馆藏明正统五年詹氏进德书堂《重订四书辑释》四十五卷,子目有《四书章图隐括总要发义》二卷。

**四书章图隐括总要四卷,程复心撰,存。**

是书北京图书馆藏有元刻本二册,原题"林隐程复心子见学",王重民曰:"此本书题无'发义'二字,犹是倪士毅、王逢以前旧本,为可宝也。"又,北京图书馆藏明初刻本《四书辑释》四十三卷(收入《四库全书存目丛书》),题名"倪士毅撰,程复心章图,王元善通考",《中庸章图隐括总要》、《大学章图隐括总要》、《论语章图隐括总要》、《孟子章图隐括总要》四卷,依次分附《四书》之下。

**四书语录纂释,程复心撰,佚。**

见《江南通志·艺文志》,无卷数。

《经义考》及各家目录均未见著录。

**四书中说,冯珵撰,佚。**

《经义考》未著录。《千顷堂》、《倪卢补志》著录,无卷数。

《万姓统谱》卷一曰:"冯珵,字允庄,陉阳(《千顷堂》注曰'泾阳')人。贡入太学,一夕梦母病,觉心惕,明日即驰归见母,果母病之日,自是遂奉母不仕。往郊得遗金及布,坐以待之。所著有《五经正议》、《四书中说》等书。"

**四书语录,吴存撰,佚。**

《经义考》注曰"佚"。《千顷堂》、《倪卢补志》、《钱补志》著录。无卷数。

《宋元学案·双峰学案》列吴氏为"梧冈同调",曰:"吴存,字仲退,鄱阳人。私淑双峰之学,部使者劝以仕,不答。延祐元年,设科总管,史烜曰:'是不可无吴先生。'强起之。选授本路学正,不及代,归。又调宁国教授，未久引年。七年，聘主本省乡试，寻卒。……所著有《程朱传义折衷》、《月湾集》。"全祖望案曰："先生当与朱梧冈父子同辈。饶之《志乘》妄言先生为王逢原之徒，谬矣。"《千顷堂》著录其著述有《程朱易传本意折衷》、《四书语录》、《鄱阳续志》、《月湾溪诗稿》四种。

**四书讲义，薛大猷撰，佚。**

《经义考》注曰"佚"。《雒李辑本》曰"《经义考》著未见"，误。《王续通考》题名"薛公《四书讲义》"，《钱补志》著录。无卷数。

《河南通志·儒林》曰："元薛大猷，字嘉甫，汤阴人。至正间第进士，弃而不仕。隐居教授，学者多宗之。著《四书讲意》。"《明一统志》卷二十八、《万姓统谱》卷一一八等亦述其生平，书名均作《四书讲义》。

**四书仪对二卷，戚崇僧撰，佚。**

《经义考》注曰"佚"。《钱补志》、《浙江通志·经籍二》著录。《两浙考》著录"《四书像对》二卷"，"像"当为"仪"字之误。

《宋元学案·北山四先生学案》列戚氏为"白云门人"，曰："戚崇僧，字仲咸，金华人，贞孝先生绍之孙也。家学出于吕氏。先生年二十七，始从白云讲道，同门推为高第，清苦自处，不以时尚改度，每谓：'人知富贵之可欲，而不知贫贱之可乐也。'……居常默坐一室，环书数百卷，非有故不出，人称朝阳先生。所著有《春秋纂例原旨》三卷、《四书仪对》二卷、《后复古编》一卷、《昭穆图》一卷、《历代指掌图》二卷。先生精于篆学，尝以篆法缮写《易》、《诗》、《书》、《礼》、《春秋》、《孝经》、《论语》、《学》、《庸》、《孟子》，将献之朝，以《仪礼》一经未及竟，不果上。又尝为书言时政，将诣阙陈之，亦不果行。黄晋卿曰：'人见君高蹈物表，目以为畸人静者，而不知其未始忘情斯世，第不苟售耳。'"黄溍《文献集》卷九下有《戚君墓志铭》，详其生平。戚氏之名，诸家目录、传记均仅作"戚崇僧"，《雒李辑本》曰一作"戚重僧"，未知所据。

**四书待问二十二卷，萧镒撰，存。**

　　《经义考》注曰"《四书待问》八卷，存"。《千顷堂》、《倪卢补志》著录。《钱补志》作"八卷"，注"一作二十二卷"。

　　萧镒自序曰："《四书》有疑，朱门师友辨之详矣，而散出于其所自为书，观者难于历揽，从未有集之者。天朝取士，以经疑为试艺之首，盖欲吾党之士强勉学问，以求圣贤立言之微意。而或者昧焉，若《大学》'道'字训'言'而以为'道理'之道，性善贤愚同得而谓愚者得其偏，博文约礼重在行而曰主于知，详说反约专言知而曰主于行。亦既得隽乡闱策名天府矣，则眵迂眵之故也。比客建城，与友人欧阳养正读书之次，随时采集，因成是编。述先儒之遗言绪论，及时文之不倍师说者，间亦附以一二鄙语及养正所述，则以'荟蕞'、'自修'别之。凡五百四十问、七百一十七则，以经之篇章为之次，目曰《四书待问》。非敢拟诸如撞钟者，以是待有司之问焉，则庶几其应不匮。比类而求之，则凡经之所疑，皆可旁通而尽得之耳。是书之集，本为举子观揽之便，然由是而得其义，则于穷理尽性之功为尤大，而于进取又其余事矣。泰定甲子日南至，临江萧镒季南金甫书。"（《宛委别藏》本书前）

　　季存《荟蕞丛述序》曰："异时，经义、声律之学之盛，凡一题之出，一卷之入，则主司举子将相与角其艺于拔新领异之域。彼以难穷人，此以巧应敌，日长月盛，顾亦安所底止哉？一变而阁束者四十年，亦其势之所必至者也，晦翁固言之矣。嗟乎！自表章之诏下，而《四书》之天定矣。自吾幼时，亦惟声律是习，方其汲汲于斯也，日不暇给，于《四书》乎何有？当是时，为子弟而十五六之间，弗此之成也，则父兄觖焉，朋友弗齿之矣，此岂有《四书》岁月哉？余于是愧焉多矣。今余以场屋陈人，微幸昔者之一试，而得与渝之士游也，亦天也。为妍为杰，往往于季课间得之，如月西萧君南金，盖妍杰之叠见者也。及尽观其平日所为经疑类，皆简明峻絜，本于朱说而以己意贯之，盖邃于《四书》者也。而他文称是，其用心亦勤矣。且吾闻君甲寅宾兴之初，尝贡于乡，既而以漏字黜，识者憾焉，君独益自厉弗替。嗟乎月西，吾何足以知君？吾所知者，有《四书》之天在。延祐丁巳中秋前三日，长沙季存谨书。"（《宛委别藏》本书前）

季存《荟蕞续抄序》曰:"余在渝,盖尝读月西之文,而寄吾意于编末矣。又三年,月西书来长沙,复征余叙,言其续稿。嗟乎月西,其以余真足以知君哉!自圣门称颜子问寡问不能,而后世之学者知义理真无穷、物我真无间,而为学之律令格例始定,此真为百世之师也。月西其闻风而兴者欤,吾愧君多矣。淮阴侯功盖一世而北面师其人,此亦人道之常,顾今人弗能耳,吾何敢以为月西多?自吾少时,尝有志于上下四方,弱冠之际,先老犹多在。而荏苒岁华,怵惕世故,自堕其身于空荒晻霭之域,以至此幽闃无聊,薜荔可者一笑,则抚髀浩歌,击壶欲缺,反成狂疾,亦徒为旁观怪惊而已。吾知月西善学,不以功名有无动其心,惟知天理之当尽;吾知月西真能学颜子之学而为仆者,当虎帅以听;吾知月西用意千载之上而□□□□□□□(案:原缺九字)者不足贵。月西之文固当自有知者,余之卷卷斯言,所以表君意之古,而凡学者当如是也。至治新元上巳,邵陵冷掾季存谨书。"(《宛委别藏》本书前)

阮元《四库未收书提要》曰:"元萧镒撰。镒字南金,临江人。是书因当时取士以经疑为试艺之首,历采宋元诸儒如朱晦庵、张南轩一十三家之说而折衷之,亦间取时文之不倍师说者设为问答之义。书前有邵陵冷掾季存所为《荟蕞述》及《续抄》两序,称其于甲寅宾兴之初尝贡于乡,既而以漏字黜,则此为其发科决策之作。大旨以新安朱子之说为主,而以己意贯串之,于《四子书》意颇多发明。近时目录家所载甚少,惟黄虞稷《千顷堂书目》中有'萧镒《四书待问》二十二卷,泰定甲子序',即是此本。兹就元时刻本影抄,前有《四书互义》,后分列《论语》、《大学》、《中庸》、《孟子》,凡五百四十问、七百一十七则。书中各条之下有注'荟蕞'者,即镒自作;有注'自修'者,则为龙江欧阳蒙所序。镒序所谓'比客建城,与友人欧阳养正读书之次,随时采集,因成是编',即其人也。"

张金吾《爱日精庐》曰:"凡《四书互义》五卷,《论语》七卷,《大学》、《中庸》各二卷,《孟子》六卷。注'荟蕞'者,镒所自作;注'自修'者,则龙江欧阳蒙所作也。'互义'者,以《四书》同异参互比较,故曰互义。明洪武三年初行秋举,其《四书》疑问以《大学》'古之欲明明德于天下者'二节与《孟子》'道在迩而求诸远'一节合为一题,问二书所言天平天下大指同异（见《日知录》），盖沿元代经疑旧制。经疑者，辨别疑似，或阐义理，或用考证，非融会贯通、迎刃而解者不能，此《互义》所为作也。所采凡朱子、张宣公、谢谔、黄榦、陈淳、辅广、陈傅良、陈孔硕、蔡渊、陈埴、真德秀、叶味道、蔡模一十三家，大率以朱子之说为主，而以己意贯穿之，于《四子书》颇多发明，勿以场屋之书而忽诸。《千顷堂》、《传是楼》两家书目俱著录，《经义考》、钱氏《补元史艺文志》止载八卷，殆未见足本欤？"

清人瞿镛《铁琴铜剑楼》曰："元萧镒编并序，又李存序。镒字南金，事迹未详，所著又有《荟蕞丛述》，即见是书中。元时以经疑试士，是编因之而作，采宋元诸儒朱子以下十三家之说而折衷之，凡五百四十问，七百十七则，以经之篇章为次，于书义颇有发明。见《千顷堂书目》。"

《雒李辑本》曰"镒字南全，江西临江人"，"全"当为"金"字之误。《四书待问》二十二卷，今有《宛委别藏》本、《续修四库全书》本、北京图书馆及上海图书馆藏清抄本等。

**四书释疑，欧阳侊撰，佚。**

《经义考》注曰"佚"。《钱补志》著录。无卷数。

《闽中理学渊源考》卷三十五曰："欧阳侊，字以大，长乐（今福建福州）人。隐居著述，动循礼法，学者师焉。著《四书释疑》、《五经旨要》、《性理字辨》、《格物启蒙》、《忠孝大训》、《女范》、《幼学》等书。子潮举莆田教谕，通《五经》，称'五经先生'。"又，《福建通志·艺文一》著录侊有"《四书释疑》十卷、《性理字辨》二卷、《格物启蒙》二卷、《忠孝大训》二卷、《女范》一卷、《幼学》一卷、《五经旨要》"。

**四书一贯四十卷，黄清老撰，佚。**

《经义考》注曰"未见"。《王续通考》、《金补志》作"数十卷"。《千顷堂》作"十卷"，《世善堂》、《倪卢补志》作"四十卷"，《钱补志》作"四十卷，一作十卷"。《东山考》不具卷数。

《福建通志·文苑》曰："黄清老，字子肃，邵武人。泰定初，浙江乡举第一。明年,登李黻榜进士。曹尚书元用、马学士祖常请留馆阁,历应奉翰林文字、同知制诰、国史院编修,转湖广儒学提举。名公卿子弟皆踵门受业,四方士无远不至,学者称为樵水先生。著有《樵水集》、《春秋经旨》、《四书一贯》等编。"苏天爵《滋溪文稿》卷十三有《元故奉训大夫湖广等处儒学提举黄公墓碑铭》,言其著"《四书一贯》若干卷"。《闽中理学渊源考》卷三十九(列入"邵武黄存斋诸先生学派")、《明一统志》卷七十八、《万姓统谱》卷四十七等亦述其生平,皆言"《四书一贯》数十卷"。

**四书通辨,陈刚撰,佚。**

《经义考》注曰"未见"。《王续通考》著录,"刚"作"纲",《东山考》同,误。《千顷堂》、《倪卢补志》、《钱补志》亦著录。无卷数。《两浙考》曰:"是书明以来久无传本,惟史文玑《四书管窥》引其说十余条,多论胡云峰《四书通》之误,疑专为辨正《四书通》而作者。《经义考》注云未见。"

《浙江通志·儒林下》曰:"《两浙名贤录》:字公潜,平阳人。受业胡石塘(长孺)之门,昼夜研索,遂通《易》、《诗》、《书》三经旨要。尝著《五经问难》、《四书通辨》、《浑天仪说》、《历代官制说》、《禹贡洪范手钞》。文章学西京,诗赋效魏晋。父母皆八十,孝养至笃。教授弟子,堂上之席尝满,乡里皆称曰潜斋先生。"《宋元学案·木钟学案》列为"石塘门人"。

**四书训诂,王桂撰,佚。**

《经义考》注曰"未见"。《钱补志》著录,无卷数。《浙江通志·经籍二》作"十卷"。

王桂,字仲芳,自号月溪。其先汲人,宋渡江初,五世祖王琳避地南迁,家于婺州东阳。少而刻意于学,为文操笔立就。工于歌诗乐府、骈四俪六之语。善楷书,得颜柳遗法。官处州丽水县主簿,受而不赴。自是绝意仕进,徙居别室,开门授徒。惠宗至元五年(1339)卒,年八十八。著《四书训诂》十卷、《诗文杂稿》十卷、《随笔》一卷。事具黄溍《文献集》卷八上《外舅王公墓记》。

**四书文字引证九卷，何文渊撰，佚。**

《经义考》注曰"未见"。《焦志》、《东山考》作"四书事文引证"。《文渊阁》卷一著录有"《四书事文引证》一部四册"。《内阁目录》作"《四书字文引证》四册全"，注曰："元泰定间何文渊纂，皆采《四书》正文及注疏字义，旁引类证。"《万卷堂》著录"《四书引证》九卷，何文渊"，当指此书。《千顷堂》、《倪卢补志》、《钱补志》著录，无卷数。

何文渊，生平无考。《千顷堂》注曰"泰定间河南人"。

**四书集解，陈尚德撰，佚。**

《经义考》注曰"未见"。《王续通考》、《东山考》、《千顷堂》、《金补志》、《倪卢补志》、《钱补志》著录。无卷数。

《元儒考略》卷四曰："陈尚德，字阙。福州宁德人，号惧斋，隐居不仕。其学以《四书》、《五经》为本，而尤精通律吕、天文、地理、算数之说。著述有《四书集解》、《书传补遗》、《易经解注》、《咏史诗》。"《经义考》朱彝尊案曰："石堂陈氏，字尚德，亦宁德人。不闻其号惧斋，或别是一人。"

**四书阙疑，赡思撰，佚。**

《经义考》注曰"佚"，署名"瞻思"。《王续通考》题名"四书阐疑"，注曰："真定詹思著。按'詹'宜作'赡'"。《千顷堂》作"瞻思"，《东山考》、《金补志》、《倪卢补志》、《钱补志》皆作"赡思"。无卷数。

赡思，字得之，其先大食国人，后家真定。幼而好学，就正于翰林学士承旨王思廉之门，博极群籍，为乡邦推重。延祐复科举，不试。泰定三年，以遗逸征。天历三年，召入为应奉翰林文字。至顺四年，除国子博士，不赴。至正十年，召为秘书少监。十一年，卒于家，年七十四。二十五年，追封恒山郡侯，谥文孝。遂于经，于《易》学尤深。著有《四书阙疑》、《五经思问》、《奇偶阴阳消息图》、《老庄精诣》、《镇阳风土记》、《续东阳志》、《重订河防通议》、《西国图经》、《西域异人传》、《金哀宗记》、《正大诸臣列传》、《审听要诀》及《文集》三十卷。《元史》入《儒学传》。《畿辅通志·名臣亦述其生平。《宋元学案补遗·萧同诸儒学案补遗》收录，其师王思廉列为"元氏门人"。

**"四书经训要义"，李好文撰，未见。**

见《千顷堂》。

《千顷堂》注曰："至正九年，顺帝以皇太子渐长，开端本堂教皇太子，命好文以翰林学士兼谕德。好文因取《孝经》、《大学》、《中庸》、《语》、《孟》，删其要略，释以经义。又取史传及先儒论说有关治体而协经旨者，加以所见。仿真德秀《大学衍义》，为书表进。"

《元史·李好文传》曰："好文言欲求二帝三王之道，必由于孔氏，其书则《孝经》、《大学》、《论语》、《孟子》、《中庸》。乃摘其要旨，释以经义，又取史传及先儒论说有关治体而协经旨者，加以所见，仿真德秀《大学衍义》之例，为书十一卷，名曰《端本堂经训要义》。奉表以进，诏付端本堂，令太子习焉。"

李好文，字惟中，东明人。至治元年进士，官至光禄大夫，河南行省平章政事致仕，以翰林学士承旨一品禄终其身。著有《长安志图》三卷、《太常集礼》五十卷、《端本堂经训要义》十一卷等。《元史》入《儒学传》。《畿辅通志·名宦》、《明一统志》等亦述其生平。

**四书明辨，祝尧撰，佚。**

《经义考》注曰"佚"。《千顷堂》、《倪卢补志》、《钱补志》著录。无卷数。

《江西通志》卷八十五曰："祝尧，字君泽，上饶人。博学能文，延祐进士，授南城丞，改江山令，升萍乡州同。所著有《大易演义》、《四书明辨》、《策学提纲》、《古赋辨体》。"《千顷堂》注曰："字均泽，广信人，南城丞。"《经义考》卷四十六引《广信府志》曰："尧字君泽，萍乡州同知。"

**四书断疑，涂溍生撰，佚。**

《经义考》注曰"未见"。《千顷堂》、《钱补志》、《倪卢补志》著录。

《钱补志》"潜"作"摺",盖误。

《江西通志》卷八十一曰:"涂潜生,字自昭,宜黄人。邃于《易》学。时行省乡试,额取二十三人,潜生三举,上春官,授赣州濂溪书院山长。所著有《四书断疑》、《易义矜式》等,尝行于世。"

王重民《中国善本书提要》著录涂潜生撰"四书经疑主意",北京图书馆藏元明间刻残本,存四卷,一册,曰:"此本书题作《四书经疑主意》,或作《四书拟题经疑主意》,专为科举而作。阮氏《四库未收书目》有潜生《周易经疑》三卷,阮氏亦未见此书,则传本之稀可知矣。"又,黄孝光《元代的四书学》"附录"曰:"台湾'中央'图书馆藏涂缙生著《四书经疑主义》,存四卷一册,明初刊黑口本存卷二—四、卷六,应即此本。"

**四书笺惑,蒋玄撰,佚。**

《经义考》注曰"未见"。《王续通考》、《东山考》、《浙江通志·经籍二》著录。《钱补志》署名"蒋子晦"。无卷数。

蒋玄,字子晦,一字若晦,浙江东阳人。从许谦游,不仕。至正四年,终于家学,年四十七。学者私谥"贞节先生"。所著有《四书笺惑》、《大学章句纂要》、《四书述义通》、《中庸注》、《治平首策》二卷、《学则》二十卷、《韵原》六十卷等。宋濂《文宪集》卷二十有《东阳贞节处士蒋府君墓铭》,详其生平。《宋元学案·北山四先生学案》列其为"白云门人",作"蒋元",盖避"玄"字之讳。王梓材案曰:"先生姓原本作'薛',复抹去,改作'蒋'。考先生之祖蒋沐,筑横城精舍以延方蛟峰,则以为蒋氏者是也。华阴薛元,字微之,号庸斋,与辛愿、姚枢等讲贯古学者,别一人。"《两浙考》曰:"《经义考》误'蒋'作'薛'"。

**四书述义通,蒋玄撰,佚。**

《经义考》未著录。《王续通考》、《东山考》著录,《浙江通志·经籍二》作"四书述义"。无卷数。

**四书答疑，马莹撰，佚。**

《经义考》注曰"佚"。《钱补志》著录。无卷数。

马莹，字仲珍，世家建德县之新亭乡。精研经史，旁连诸子百家，下逮山经、地志、谣俗、方言，朝披夕揽，搴华啄英，乡邻子弟多从其学。延祐复科举，始用《春秋》举上，不利，后更用《礼记》，亦不利。汇次所著《五经大义》、《四书答疑》及自问自答策合若干篇，题曰《因天集》。又尝手选《唐五百家诗》五卷、《宋南渡诸家诗》一卷，别有《讲义》、《读书记》各二卷，藏于家。元统元年（1333）十一月卒。事具柳贯《待制集》卷十一《马仲珍墓志铭》。

**四书本旨，陈樵撰，佚。**

《经义考》注曰"未见"。《千顷堂》、《倪卢补志》、《钱补志》著录。无卷数。

《浙江通志》卷一九三曰："宋濂《鹿皮子墓志》：东阳人，字君采。人因其衣鹿皮，故又号为鹿皮子。其先居睦之富春，宋之中叶徙东阳。幼学于家庭，继受《易》、《书》、《诗》、《春秋》大义于李直方。文辞于状物写情尤精，自出机轴，不蹈袭古今遗辙。性至孝，父患风岚之疾，扶之以行。后为风痰所侵，气弱不能吐，截竹为莆，时吸而出之。母郭夫人没，见其遗衣，辄奉之呜呜而泣。生平未尝言利，家素饶，遇岁俭，辄竭粟赈里间。尝发所藏锡为器，工人持归，乃白金也，悉易之。或以告，一笑而已。"所著书有《易象数新说》、《洪范传》、《经解》、《四书本旨》、《孝经新说》、《太极图解》、《通书解》、《圣贤大意》、《性理大明》、《答客问》、《石室新语》、《淳熙纠缪》、《鹿皮子》、《飞花观小稿》，合数百卷。宋濂《文宪集》卷二十二有《元隐君子东阳陈公先生鹿皮子墓志铭》，详其生平。《宋元学案·沧洲诸儒学案下》列其为"舣翁家学、复庵门人"。《元儒考略》卷四等亦述其生平。

**四书图，吴成大撰，佚。**

《经义考》注曰"佚"。《王续通考》署名"吴成"，《东山考》同。《钱补志》作"吴大成"。无卷数。

《两浙考》曰:"成夫,字浩然,登至治元年第,授永嘉县丞,嘉庆《瑞安志》有传。《经义考》误作'吴成大',《元史艺文志》误作'吴大成'。原书今佚。"

**四书讲稿,傅定保撰,佚。**

《经义考》注曰"未见"。《王续通考》、《东山考》、《千顷堂》、《倪卢补志》、《钱补志》、《福建通志·艺文一》著录,无卷数。

傅定保,字季谟,号古直。晋江人。宋咸淳中,礼部奏赋第四,知贡举。大德初,提学吴涛荐授漳州路学正,首以《太极图》、《西铭》合而讲之,听者悦服。改三山书院山长,阅三月辞归,授徒养母。至治中,以平江路儒学教授致仕。所著有《四书讲稿》及诗文若干卷。事具《闽中理学渊源考》卷三十六、《元儒考略》卷二。《宋元学案补遗》卷三十六列其入《草庐学案补遗》,称其"六岁能解《大学》"。

**四书直解,冯华撰,佚。**

《经义考》注曰"未见"。《钱补志》著录。无卷数。

冯华,字君重,福州闽县人。少力学,工为文,从父伯震深器重之。伯震在太学,华不远千里负笈从游,所接识皆一时巨儒望士,由是学益博,文益奇。曾任南剑州儒学教授。大德四年卒,年六十。所著有《四书直解》若干卷,文三卷,诗五卷,乐府一卷,藏于家。事具黄溍《文献集》卷八下《冯君墓志铭》。

**四书辑释三十六卷,倪士毅撰,存。**

《经义考》注曰"存"。《千顷堂》、《钱补志》、《倪卢补志》著录。《焦志》不著撰者,未知是否为一书。《王续通考》、《东山考》不具卷数,《文渊阁》卷一著录"《四书辑释》一部六册",《江南通志·艺文志》著录"《四书辑释》四十卷"。《雒李辑本》注曰:"《存目》有《重订四书辑释》二十卷,《浙采目》三十六卷,《存目》误。"

杨士奇跋曰："《四书辑释》，倪士毅编。朱子集注《四书》，之后儒先君子著述推广发明之者，无虑十数家。而今读《集注》者，独资《集成》及此书为多，他盖不能悉得也。《集成》博而杂，不若此书多醇少疵也。忆余少贫，得书甚难，十二三从里人刘文璧乞得《论语辑释》半部，盖断简也，宝之如拱璧。后授徒武昌，始得此本，凡九册。夫知吾少时得书之难，其必知所爱重也。"(《东里集续集》卷十七《四书辑释跋》)

薛瑄曰："《四书集注章句》之外，倪氏《集释》最为精简。"(《读书录》卷八)

黄虞稷《千顷堂》注曰："字仲弘，休宁人。授徒于黟，为邑人所崇信。会萃胡云峰《通考》、陈寿翁《发明》之说，字求其训，句探其旨，鸠僝精要，考订讹舛。学者称道川先生。至正丙戌，汪克宽序。"

万授一曰："朱子《集注》既行，当时儒者惧后学诵习之难，因各诠释。于是勉斋有《通释》；而采《语录》附录于《大学》章句之下，始自西山真氏，名曰《集义》；祝氏宗道《四书附录》，仿而成之；格庵赵氏有《纂疏》；克斋吴氏有《集成》；定宇陈氏有《发明》；云峰胡氏有《四书通》；仁山金氏有《指义》。由宋迄元，不下数十家。而义理明备，采择精当，莫如道川倪氏之《辑释》。道川，元末人，为陈定宇高弟。隐居新安，与赵东山、汪环谷为友。明永乐间，诏诸臣纂《大全》，实本其书。厥后《大全》行，而学者罕知有《辑释》矣。"(《经义考》卷二五五引)

顾炎武《日知录》卷十八曰："自朱子作《大学中庸章句》、《或问》、《论语孟子集注》，之后，黄氏有《论语通释》，而采《语录》附于朱子《章句》之下，则始于真氏。祝氏仿之，为《附录》。后有蔡氏《四书集疏》、赵氏《四书纂疏》、吴氏《四书集成》。论者病其泛滥，于是陈氏作《四书发明》、胡氏作《四书通》，而定宇之门人倪氏合二书为一，颇有删正，名曰《四书辑释》。永乐所纂《四书大全》特小有增删，其详其简或多不如倪氏。《大学中庸或问》则全不异，而间有舛误。"

《宋元学案·沧洲诸儒学案下》列倪氏为"定宇门人"，曰："倪士毅，字仲宏，隐居徽州祁门山，定宇陈氏弟子也，学者称为道川先生。生平事亲至孝，接物以诚，非仁义道德之说、素论定于郡先师朱子者，不以教人，故黟人信其言而尊其行。与赵东山、汪环谷朝夕讲学，时称'新安三有道'。尝言：'朱子《四书集注》既行，当时儒者惧后学诵习之难，因各为诠解。'于是勉斋有《通释》；而采《语录》附于《大学章句》之下，始自西山真氏，名曰《集义》。祝氏宗道《四书附录》，放而成之；格斋赵氏有《纂疏》；克斋吴氏有《集成》；定宇陈氏有《发明》；云峰胡氏有《四书通》；仁山金氏有《指义》。由宋迄元，不下数十家，而义理未为明备，著《四书辑释》三十六卷，环谷为之序。"著述又有《作义要诀》一卷、《尚书作义要诀》四卷、《帝王传授图说》、《道川集》等。《新安文献志·先贤事略上》有赵汸撰《倪仲弘先生改葬志》，《元儒考略》卷四、《江南通志·儒林二》等亦述其生平。

《四书辑释》三十六卷，今有上海图书馆藏元刻残本、北大图书馆藏元日新书堂刻残本。

**四书辑释大成三十卷，倪士毅撰，存。**

见《雒李辑本》。《经义考》未著录。

《续修四库提要》伦明曰："《四书辑释大成》不分卷，元倪士毅撰。首《凡例》，次《引用姓氏书目》。先是，士毅之师陈栎撰《四书发明》，同时胡炳文亦撰《四书通》。栎又摘《四书通》之说，附入其书，仅及《大学章句》。栎殁，士毅绍其师业，以陈说为主，胡说不全录。别增入朱子《文集》、《语录》、《辑略》、《集义》，旁及诸家所引之说。惟融贯删节，不尽依原文。注文之下，又增入音释。此其大略也。士毅谓兴国间所刊《四书》，乃朱子晚年绝笔所更定本，惟祝氏《附录》依兴国本，他本皆依旧本。栎书遵祝本，又尝著《四书考异》一卷，辨祝本与他本之得失，大节有三：其一则《大学》经中释'诚意'处，其二则《论语》'为政以德'章释'德'字处，其三则《中庸》首章第一节下断语是也。故以《考异》卷中要语各附于本处，使观者相参而得之。按士毅作《凡例》，题至元三年丁丑，阅三年，至正辛巳重订补，《凡例》亦改作，弁以门人刘用章所辑《源流本末》。明永乐间修《大全》，当据此本。曾见明刊重订本，过于繁杂，当又有后人增入者，似不如原本之约而得要。顾炎武《日知录》谓《大全》详简不如倪氏，且多舛误。窃谓重订本又不如原本，亦多舛误。《四库》乃取《大全》而遗《辑释》，徒以士毅有《作义要诀》一书，硬断是书亦为经义而设，实大谬也。兹特表章是本，使不为《大全》所湮没焉。"

《四书辑释大成》三十卷，今有北京大学图书馆藏日本文化覆刻元至正二年日新书堂刻本；《四书辑释大成》不分卷，今有元至正刊本。又，据王重民《中国善本书提要》，北京大学图书馆藏日本翻元刻本《论语辑释》二十卷，"即日本翻刻《四书辑释大成》之零本也"。

**重订四书辑释四十五卷，倪士毅撰，存。**

《续通考》作"二十一卷"，《续通志》作"二十卷"。《经义考》未著录。

汪克宽序曰："《四书》者，《六经》之阶梯，东鲁圣师以及颜、曾、思、孟传心之要，舍是无以他求也。孟子殁，圣经湮晦千五百年。迨濂洛诸儒先抽关发蒙，以启不传之秘，而我紫阳子朱子且复集诸儒之大成，扩往圣之遗蕴，作为《集注》、《章句》、《或问》，以惠后学，昭至理于皦日，盖皜皜乎不可尚已。而其词意浑然犹经，虽及门之士，且或未能究其精微，得其体要，矧初学之昧昧乎？近世儒者惧诵习之难，于是取子朱子生平之所以语学者，并其弟子训释之辞，疏于朱子注文之左。真氏有《集义》，祝氏有《附录》，赵氏、蔡氏有《集疏》、《纂疏》相继成编。而吴氏《集成》最晚出，盖欲博采而统一之。但辨论之际未为明备，去取之间颇欠精审，览者病焉。比年以来，家自为学，人自为书，架屋下之屋，迭床上之床，争奇炫异，窃自附于作者之列，锓于木而传诸人，不知其几，益可叹矣。同郡定宇陈先生、云峰胡先生，睹《集成》之书行于东南，辗转承误，莫知所择，乃各摭其精纯，刊剔繁复，缺略者足以己意。陈先生著《四书发明》，胡先生著《四书通考》，皆足以磨刮向者之敝。而陈先生晚年且欲合二书而一之，而未遂也。友人倪君仲宏实从游于陈先生，有得于讲劘授受者，盖稔且详。乃会萃二家之说，字求其训，句探其旨，鸠僝精要，考订讹舛，名曰《四书集释》。学者由是而求子朱子之意，则思过半矣。至正辛巳，建阳刘叔简得其本而刻之。后二年，倪君犹虑其有未底于尽善者，爰即旧本重加正是，视前益加精密。间出是书，请予序其所以然者。余窃以为书固不可不解，解固不可不详，然理贵玩索，始有自得之功。读是书者，苟不能沉潜反复，求其义而反诸身，而徒资口耳之用，则非子朱子所望于后学也。倪君曰'然'，乃序而书之以志卷颠云。时至正丙戌长至后七日，新安汪克宽谨书。"（《环谷集》卷四《重订四书集释序》）

《四书全书》将该书列入"四书类存目"，《四库全书总目》曰："《重订四书辑释》二十卷。元倪士毅撰。士毅字仲宏，歙县人。是书前有至正丙戌汪克宽《序》，称近世儒者取朱子平日所以语诸学者及其弟子训释之词，疏于《四书》之左。真氏有《集义》，祝氏有《附录》，蔡氏、赵氏有《集疏》、《纂疏》，相继成编，而吴氏最晚出。但辨论未为完备，去取颇欠精审。定宇陈氏、云峰胡氏因其书行于东南，辗转承误，陈氏因作《四书发明》，胡氏因作《四书通》，陈氏晚年又欲合二书为一而未遂。士毅受业于陈氏，因成此书。至正辛巳，刻于建阳。越二年，又加刊削，而克宽为之序。卷首有士毅《与书贾刘叔简书》，述改刻之意甚详，此《重订》所由名也。此本改题曰《重订辑释章图通义大成》，首行列士毅之名，次列新安东山赵汸同订，次列鄱阳克升朱公迁《约旨》，次列新安林隐、程复心《章图》、莆田王元善《通考》，次列鄱阳王逢订定《通义》。书中亦糅杂蒙混，纷如乱丝，不可复究其端绪。是已为书贾所改窜，非士毅之旧矣。然陈栎、胡炳文本因吴真子之书，士毅又因陈、胡之书。究其由来，实转相稗贩，则王逢因人成事，亦有所效法，不足为讥。至明永乐中诏修《四书大全》，胡广等又并士毅与逢之书一概窃据，而《辑释》、《通义》并隐矣。有明一代，尊《大全》为蓍龟。沿及近代讲章，亦无非依傍《大全》，变换面貌。乌知其渊源所自，不过如斯哉！"

丁丙《善本书志》曰："《重订辑释章图通义大成》，《大学章句》一卷《或问》一卷、《中庸章句》一卷《或问》一卷、《论证集注》二十卷、《孟子集注》十四卷、《四书章图隐括总要发义》二卷、《新刊重订辑释通义源流本末》一卷（元刊本）。《大成》题新安道川倪士毅《重订辑释》，题新安东山赵汸同订，鄱阳克升朱公迁约说，题新安林隐、程复心章图，莆田后学王元善通考，后学鄱阳王逢订定。《总要》题林隐、程复心了见，《经进源流》题松陬门人京兆刘用章辑。有至正丙戌长至后七日新安汪克宽序及《重订姓氏》、《凡例源流》。惜已残阙，仅《总要》二卷全耳。"

《重订四书辑释》四十五卷，据《中国古籍善本书目》，今有上海图书馆、中国科学院图书馆、南京图书馆藏明正统五年詹氏进德书堂刻本，具名"元倪士毅撰，元程复心章图、元王元善通考、明王逢通义"，子目为《新刊重订辑释通义源流本末》一卷、《四书章图隐括总要发义》二卷、《大学朱子章句序重订辑释通义大成》一卷、《大学章句重订辑释章图通义大成》一卷、《朱子大学或问重订辑释通义大成》一卷、《中庸朱子章句序重订辑释通义大成》一卷、《中庸章句重订辑释通义大成》一卷、《中庸或问重订辑释通义大成》一卷、《论语集注序说重订辑释通义大成》一卷、《论语集注重订辑释通义大成》二十卷、《孟子集注序说辑释通义大成》一卷、《孟子集注重订辑释章图通义大成》十四卷。又，《四库全书存目丛书》及《续修四库全书》皆收录《四书辑释》四十三卷本，所据为北京图书馆藏明初刻本，具名"元倪士毅撰，程复心章图、王元善通考"。《续修四库提要》所述版本与《续修四库全书》实录之本不符。

**四书管窥八卷，史伯璇撰，存。**

《经义考》注曰："《四书管窥》五卷，未见。"《王续通考》及《东山考》不具卷数，《焦志》、《千顷堂》作"五卷"，《倪卢补志》、《钱补志》、《续通考》、《续通志》皆作"八卷"。

史伯璇自序曰："伯璇幼时废学，岁辛酉，春秋二十三，始知以书籍自课。自以过时之学，悠缓则莫能有成，于是聚经史百氏之书凡二十种，杂然而日习之。如是者一二年，竟无所得。然后专取《四书》及《书》、《易》数经而熟读焉，有余力乃及它书。始焉，于诸说有同异处，未知所适从也。既而反复研究，又一二年，晃然若有所见，而未敢自信，姑以笔诸各编之首而已。元统改元，遂以《四书通》、《纂疏》、《集成》、《辑讲》四编编首所笔者聚为一帙。又其后四年，再得《发明》、《考证》、《丛说》三编观之，辄又以三编所见共为一帙。维时同志勉其合之二帙而一之者，名以'管窥'，则后至元丙子所序是也。自是以来，精力日以耗，目力日以昏，自揆不能复有所发挥于此矣。辛巳秋，又闻新安倪士毅合《通旨》与《发明》二编以为《辑释》,意其去取必精当,剖释必详明,则愚所述《管窥》可以覆诸瓿矣。又三年始得见之,则其于二编差谬之小者,虽亦删润一二;其节目之大者,往往一如其旧,无所可否。于是复取丙子所合之帙而增损之,且以《辑释》之不当存者附焉,备遗忘也。愚自温理是书,逮今垂三十年,所见编帙不下十数家,而皆无以大相过也如此。今又闻北方颜氏《四书通》者出,犹未知去取之当否,果何如也?嘻!世代愈久,编帙愈繁,然能有所别白者绝少,而紊之者间又出于其间。吾不知孔、曾、思、孟之言,《集注》、《章句》之旨,果何时而尽明于天地之间也?至正丙戌孟夏朔旦,后学史伯璇谨志。"(清孙诒让《温州经籍志》卷六经部引)

陈高序曰:"圣贤之言,夫岂徒言而已哉?道所存也。故凡求道者,不可不得其言,不得其言而欲以明道,譬之适国而不由其途,未有能至焉者矣。然圣贤之于言也,或近而指远,或约而义微,大而无乎不周,细而无乎不贯,载诸方册,宏深简奥,而其理实具于吾心。学者不可以其易而观之,亦不可以僻而求之也。夫以易而观,则卤莽而疏略;以僻而求,则穿凿而牵附。若是则日诵其言而不达其意,其于求道也,不亦远乎?孔、曾、思、孟之书,载道之言也。自朱子为《集注》、《章句》,释其义理,要其指归,而其说大明于世。其辞详以密,其趣悠以长,天下学士所共尊信。至于受业私淑之徒,又为之发其绪余,演释增广,纷然间见而层出,背而违者,亦或有焉。文日繁而辨日起,岐愈多而道愈幽,使读之者不舍源而寻流,则弃同而即异,君子盖病之也。吾乡乡先生史君文玑,苦求于学,笃信坚守朱子之说,反复研究,殆三十年。遂取诸家纂辑之编而去取焉,乖戾者折而阙之,隐昧者引而伸之,旁道曲畅,著于简牍,名曰《管窥》,抑可谓有功于朱子也已。呜呼!立异以为高,好奇以为尚,为学之大弊也。《管窥》之作,盖为是欤?孟子曰:'博学而详说之,将以反说约也。'学者由是以明朱子之说,然后自详而反约,以究圣贤之言,则其为道也庶几矣。"(《不系舟渔集》卷十《四书管窥序》)

杨士奇跋曰:"……《四书管窥》四册,永嘉史伯璇文玑著,盖出饶氏《辑讲》、何氏《集成》、胡氏陈氏《发明》、金氏《考证》、许氏《丛说》、倪氏《辑释》之后。其论诸家之失,皆平正的确。刻板在永嘉郡学,吾得之黄宗豫学士。闻黄州郡学近尝刻此书，不知何如也。"又曰："《四书管窥》旧刻板在永嘉。叶琮，洪武乙丑进士，知黄州府，又刊置府学。吾友吉水周君公明为黄冈县教谕，从求而得之，总五册，二本，余皆有之。于是补阙正误，得互相资也。"（《东里集续集》卷十七《四书管窥三集》）

《四库全书总目》曰："《四书管窥》八卷。元史伯璇撰。伯璇字文玑，温州平阳人。据所作《管窥外篇》成于至元丁未，即元亡之年，计其人当已入明，然始末不可考矣。是编见于《秘阁书目》者五册，杨士奇《东里集》则称有四册，刻版在永嘉郡学。永嘉叶琮知黄州府，又刊置府学。是明初所行，已有二本。然刊本皆散佚不传，故朱彝尊《经义考》注云'未见'。此本乃毛晋汲古阁旧钞，《大学》、《中庸》、《孟子》尚全，惟《论语》阙《先进篇》以下，盖传写有所佚脱。然量其篇页，厘而析之，已成八卷。《经义考》乃作五卷，或误以五册为五卷欤？其书引赵顺孙《四书纂疏》、吴真子《四书集成》、胡炳文《四书通》、许谦《四书丛说》、陈栎《四书发明》及饶氏、张氏诸说，取其与《集注》异同者，各加论辨于下。诸说之自相矛盾者，亦为条列而厘订之，凡三十年而后成。于朱子之学，颇有所阐发。考朱子著述最多，辨说亦最夥。其间有偶然问答未及审核者，有后来考正未及追改者，亦有门人各自记录，润色增减，或失其本真者。故《文集》、《语录》之内，异同矛盾，不一而足。即《四书章句集注》与《或问》亦时有抵牾，原书具在，可一一覆按也。当时门人编次，既不敢有所别择，后来读朱子书者，遂一字一句奉为经典，不复究其传述之真伪与年月之先后。但执所见一条，即据以诋排众论，纷纭四出，而朱子之本旨转为尊信者所淆矣。夫载宝而朝，论南宫者有故；越境乃免，惜赵盾者原诬。述孔子之言者，尚不免于舛异，况于朱门弟子断不及七十二贤，又安能据其所传，漫无厘正？伯璇此书，大旨与刘因《四书集义精要》同。而因但为之刊除，伯璇更加以别白。昔朱子尝憾孔门诸子留《家语》作病痛，如伯璇者，可不谓深得朱子之心欤？"

丁丙《善本书志》曰："按伯璇字文玑，温州平阳人。《提要》据所作《管窥外篇》成于至元丁未，即元亡之年，计其人当已入明，然始末不可考。且以原本残阙，惟《大学》、《中庸》、《孟子》尚全，《论语》则十一篇以下佚，故析为八卷。此则《论语·先进》至《尧曰》不佚。前有《管窥大意》十一条。又至正丙戌伯璇自志云：'幼而废学，辛酉，春秋二十有三，始以书籍自课。'自辛酉至丙戌，历二十四年成此书，时年四十八岁。下数至丁未，则已六十九矣。《提要》谓其人已入明代，信不诬也。其书取《四书通》、《纂疏》、《集成》、《辑讲》四编篇首所笔者聚为一帙。后又得《发明》、《考证》、《丛说》三编观之，又以三编所见共为一帙。合此二帙而一之，名以《管窥》，则后至元丙子所成也。其书于与《集注》异同者各加论辨于下，论说之矛盾者亦为条列厘订，于朱子之学颇有阐发。周宏祖《古今书刻》载，浙江温州府、湖广黄州府并有刊本。此不知从何本录出者。"

《四库未收书目提要续编》曰："元史伯璇撰。案，是书《四库》已著录，惟所据本《论语》阙《先进》篇以下，因析为八卷。此江南图书馆所藏抄本，乃全帙也。前有'管窥大意'十一则。又至正丙戌自志，称'幼而废学，辛酉，春秋二十有三，始以书籍自课'云云。《提要》称其书引诸说与《集注》异同者，各加论辨于下，矛盾者亦为条列厘订，于朱子之学，颇有所阐发。此说已得其大概。今案：自辛酉上溯，伯璇当生于大德三年己亥，自辛酉下推至丙戌，凡历二十四年，时年四十八岁。《提要》'三十年后成'之说，盖举其大数。丁氏《藏书志》以为后至元丙子所成，则当为三十八岁，然与丙戌自志不合。《提要》又据所《管窥外编》成于至正丁未，即元亡之年，计其人当已入明，则时年当六十有九。入明之说，当自不诬，但未知终于何岁耳。杨士奇《东里集》称是书刻版在永嘉郡学，永嘉叶琮知黄州府，又刊于府学。此本无序跋，亦未知从何本传录云。"

《浙江通志·儒林下》曰："《万历温州府志》：字文玑，平阳人。幼嗜学强记，博通经史及诸子百家之说。精究《四书》，深得朱子之旨。时说与朱子背驰者多，乃著《四书管窥》以辨明之。又著《管窥外编》，论诸经史天文地理古今制度名物，学者传诵焉。人劝之仕，则曰：'读书本以善身，为仕而学，岂吾志也？'遂隐居终身。"所著书又有《庸岩先生遗稿》，《千顷堂》著录。《宋元学案·木钟学案》列为"朱学之余。"《元儒考略》卷三、《万姓统谱》卷七十四等亦述其生平。

《四书管窥》八卷，今有《四库全书》本；《四书管窥》十卷，今有《敬乡楼丛书》本;《四书管窥》不分卷,今有瑞安玉海楼藏清初抄本。

**管窥外篇二卷,史伯璇撰,存。**

见《王续通考》、《东山考》,无卷数。《经义考》未著录。

史伯璇自序曰:"始愚既述《管窥》于《四书》,亦欲以是施于他常所读之书而未果也。因循老矣,多病之余,精力耗而目力昏矣。精力耗,则向之得于师友者,莫之记忆非一日矣;目力昏,则向之得于方册者,失于温理非一日矣。废置荒弃,一至于此!自揆余龄,于儒者之学必不能再有所窥测而得言之矣。今同志则莫予谅也,往往多有纵搜其旧闻以为编者。愚虽不敏,自知稍明,又何敢妄有所述,以取诮让于当代有识之士哉?至正丁亥春,始因朋友有所问辨,辄录之以备遗忘,且以为他日就正有道之张本也。岁月既久,积累成册,题曰《管窥外篇》,盖欲与所述于《四书》者有别耳。但其所辨之事,或大或小,或泛或切,杂然而举,初无伦类,则以一时之言,多臆度附会之私,无考核研究之实,未必有可观也。故但因所录以为编,而亦不敢漫为之次第也。后三年,岁庚寅仲秋之望,后学东昆史伯璇文玑序。"

《四库全书总目》曰:"《管窥外篇》二卷,元史伯璇撰。伯璇有《四书管窥》,已著录。是书成于至元丁未,盖继《管窥》而作。皆条记友人问答,以阐发其余义,大抵皆辨证之文,不主于诠释文句,故曰'外篇',实即伯璇之语录。《经义考》'四书类'中惟列《管窥》而不载此书,盖由于此,非彝尊疏漏也。然《管窥》所论,犹仅于胡炳文、陈栎之流参稽同异。此书于天文、历算、地理、田制,言之颇详,多有所援据考证,则较炳文及栎见闻稍博,尚非暖暖姝姝,守一家之语录者。惟论天象疑月星本自有光,不待日以受光之类,未免仍涉臆断,是则宋元间儒者之积习消除未尽耳。自明以来,未有刊本。康熙乙亥,其邑人吕宏诰始以付梓,雍正壬子王灵露等复续补成之,乃得行于世云。"

是书书名卷数不一,《千顷堂》及《浙江通志·经籍五》皆作"《管窥外编》五卷"。《管窥外篇》二卷,今有《四库全书》本及《敬乡楼丛书》本。

**四书述义，朱谧撰，佚。**

《经义考》注曰"未见"。《王续通考》、《东山考》、《千顷堂》著录。《浙江通志》书名作"四书述解"。无卷数。

《经义考》引《温州府志》曰："朱谧，字思宁，永嘉人。洪武初贡士，仕邳州学正。"《浙江通志·经籍志》载其著述又有《易学启蒙述解》二卷、《太极图解》一卷、《西铭解》、《正蒙述解》、《庸言集》等。

**四书标注四卷，韩信同撰，佚。**

《经义考》注曰"佚"。《钱补志》著录，无卷数。《宋元学案》称"四卷"。

《宋元学案·潜庵学案》列韩氏为"陈氏门人"，曰："韩信同，字伯循，福宁人。陈石堂普以道学倡，士未有信之者，独先生与其友杨琬白圭、黄裳彦山执弟子礼。刊落旧闻，贯穿周、程、张、朱之说，毫分缕析。建安聘主云庄书院，以《四书》、《六经》为课试。属科目未兴，学者方务词赋，为之哗然。先生谓之曰：'文公《四书》，天心所在也。科举极弊于宋，废必复，复则文公《私议》必行。'延祐甲寅，科举法行，众始翕然以服，弟子日益进。至顺壬申卒，年八十一。……学者称为古遗先生，又号中村。所著有《四书标注》四卷、《易诗三礼旁注》、《书集解》、《书讲义》、《诸史类纂》若干卷、诗文集十余卷。"《元儒考略》卷四、《闽中理学渊源考》卷四十、《福建通志·文苑》等亦述其生平。

**四书辑义六卷，马豫撰，佚。**

《经义考》注曰"未见"。《千顷堂》作"十六卷"，《钱补志》、《倪卢补志》皆作"六卷"。

《经义考》引张萱曰："马豫《四书辑义》，内阁所藏凡十四册。"

马豫，生平无考。

**四书集疏，汪炎昶撰，佚。**

《经义考》注曰"佚"。无卷数。

《经义考》引《徽州府志》曰："汪炎昶，字懋远，婺源人。取朱子

《四书》，旁采博择，而发挥其微旨，每有所得则疏之，积成卷帙，名曰《四书集疏》。"

汪炎昶，字懋远，新安婺源人。自号古逸民，学者称古逸先生。幼有奇志，刻苦自励。其学渊源《六经》，得程朱性理之要。取朱子《四书》，采择群书，发挥微旨，每有得则疏之，不汲汲于成书。不随流俗，绝意当世，与江凯友善（参见《宋元学案·介轩学案》）。惠宗至元四年（1338），终于家，年七十八。所著有《四书集疏》及《古逸民诗集》等，《新安文献志》载其文多篇。事具赵汸《东山存稿》卷七《汪古逸先生行状》、宋濂《文宪集》卷十九《汪先生墓铭》。《江南通志·儒林二》亦述其生平。

**四书问答一卷，赵迁撰，佚。**

《经义考》注曰"未见"。《千顷堂》、《倪卢补志》、《钱补志》著录。

赵迁，生平无考。

**四书辨疑，孟梦恂撰，佚。**

《经义考》注曰"未见"。《王续通考》、《东山考》、《千顷堂》、《金补志》、《倪卢补志》、《钱补志》著录。无卷数。

《元史·周仁荣传》曰："仁荣同郡有孟梦恂者，字长文，黄岩人。与仁荣同师事杨珏、陈天瑞。梦恂讲解经旨，体认精切，务见行事，四方游从者皆服焉。部使者荐其行义，署本郡学录。至正十三年，以设策御寇救乡郡有功，授登仕郎，常州路宜兴州判官。未受命而卒，年七十四。朝廷赐谥号曰康靖先生。所著有《性理本旨》、《四书辨疑》、《汉唐会要》、《七政疑解》及《笔海杂录》五十卷。"《宋元学案·北山四先生学案》列为"简斋门人、南村门人"，《元儒考略》卷四、《浙江通志·儒林中》等亦述其生平。

**四书疑节十二卷，袁俊翁撰，存。**

《经义考》注曰"未见"。《千顷堂》题名《新编待问集四书疑节》十二卷"。《倪卢补志》、《钱补志》、《续通考》、《续通志》皆作"四书疑节"。

袁俊翁自序曰："强学待问，儒者分内事也。顷科场文兴，文台以经史疑为课集。愚生平癖嗜研究之学,庠序书考,有问必对。科目行,首以《四书》设疑,次以经史发策,公试私课,时与门生儿子相讲肄。积而之久,稿帙滋繁。暇日因取新旧稿合而为一,《四书》、经史,门分而类析之。问举其纲,答提其要,往往首尾有未完,脉络有未贯,姑存大略耳。编成,总题曰《待问集》。时至治改元中和日,钤北晚学袁俊翁书。"(《四库全书》本书前)

黎立武序曰:"经史疑多,汉儒曰'疑者丘盖不言',此由内不能辨,托是说而逃焉者也。吁!汉已然,况后汉千余禩,文籍日生,承讹袭谬,虽欲无辨得乎?结屋蒙巅,山静日长,每于阴阳造化之机,性命道德之蕴,经史义理之会有未合,共同志商之。投卷所得,缕析脉分,如老吏断案,辄手之不释。而袁之袁氏为多,一则隽翁,二则隽翁,余亦昆弟子侄。其文温腻,其语详缜,其引类曲而畅,其立论超而诣,余甚爱之。隽翁曾不是足,录前后所得为若干帙,袖以见过,若将犹有所是正者。余曰:'子亦疑吾言乎?凡吾所以藉子文重吾榜者,为其道之合也,义之明也。非其义也,非其道也,求一幸吾选,不可得也。凡吾所以嘉子文者,千言非多,一言非少,为书帙端以归,吾易东矣。'时大德庚子中秋,渝黎立武序。"(《四库全书》本书前)

李应星序曰:"读书未到康成,安敢高谈?夫汉儒且未易议,况经史乎?经史固多疑,然圣贤千言万语,至理而止。切患不明理,理一明,随事剖析,如庖丁解牛,恢乎余刃。里之袁兄隽翁,家学渊源,读书多而知理明,阐微纠误,卞是非如数黑白,非胸中洞洞属属、见地明而理(原阙)者不能也,其亦识时之俊杰欤!盖时之所尚在是,故于山学郡邑庠序间,凡有问,未尝倦于对。而有司每每表而出之,以为斯文重。煜煜魁文,如大羹元酒,孰不知为美味?王公大人,盖有手之不释而藉以重吾榜,岂特价增三倍而已?同宗秋涧欲广其传,相与义率勉之,绣于梓。一日缄示所作,予因读其文爱其才,重为乡邦有人贺,而亦感乎时之未遇也。嗟乎!士有皓首穷经、抱膝山林、不求利达于当世者,志也。兹诸公勉俊翁以所长见于世,非微名也,实欲后学得所传也,于是乎书。时大德庚子腊月上浣,洏水李应星序。"(《四库全书》本书前)

彭元龙序一曰："天人至理，经史奥义，自汉唐诸儒、先宋诸老，探索剔决，宜无复疑。然有疑者疑以增，无疑者疑以生。嗟乎！近取诸身，目之所以视，耳之所以听，自不能知，况太极前六合外乎？精体详说，至朱子极。然纪录传讹，老壮见异，况六籍百家乎？传疑、阙疑可也。惟科举废，学校存，疑义有问，斯文之钩发系焉。书眼如月，罅隙所到，的然有见，质前圣证后学，岂无所望？奈何泛然如问，率尔对，非穿凿则首鼠模棱，不浮沉则牛神蛇鬼，□皮而羽，附涂以土，否则寻□道，作逃计，殊落吾事。一日，族人野舟视以敏斋袁兄俊翁刊稿一编，兄盖野舟之李汉也。慨慕已久，盥露庄讽，正论森严，实见超卓，如老医治众治不治之疾，人皆服其有识；如老吏断屡断不断之狱，人自以为不冤。质前圣证后学，于是乎在，岂但为寄翁重山学之榜而已？时野舟方哭子，余拱曰：'不知车之为金根，何必昌黎之有子；知文为贯道之器，深羡昌黎之有婿。'敬书卷末，以志斯文之未丧。至大辛亥闰中元日，友生虚寮彭元龙序。"（《四库全书》本书前）

彭元龙序二曰："朱子曰：'看文字不是于那疑处看，政须于那无疑处看。'又曰：'无疑者须教有疑，有疑者却要无疑。'今之从事经疑者，必如此用力，能如此者，目中惟敏斋袁兄俊翁。其于《四书》，直欲从一圣三贤腹中过，尽见一圣三贤肺肝。故见一题，便如庖丁见牛之无全牛，奏刀铿然，动中宫商。观其文者，当观其学。文学如此，言、行、政、事四科一以贯之矣，岂但称雄科场而已？延祐乙卯夏，五老友生虚寮彭元龙序。"（《四库全书》本书前）

魏元旷跋曰："此书初刊于溪山家塾，其自序云：'强学待问，儒者分内事也。顷科场未兴，文台以经史疑为课习。愚生平癖嗜研究之学，庠序书考，有问必对。科目行，首以《四书》设疑，案以经史策，公试私课，时与门生儿子相讲肄。积而之久，稿帙滋繁。暇日因取新旧稿合而为一，《四书》、经史门分而类析之。问举其纲，答提其要，往往首尾有未完，脉络有未贯，姑存大略耳。编成，总题曰《待问集》。时至治改元中和日。'观此，尚有《经史疑》不传，此特集中一种。是书引类曲畅，多本诸新安《集注》，足征《集注》之精。朱子成书于宋，罹道学之禁，至是天下乃大尊信，咸宗其说。此为元时科目文体，承宋经义之变，有明乃别为制艺之文，则以疑问易尽，久则互相剿袭，势不得不再变耳。虽为试课之作，然于《四书》疑义发挥殆尽，惜不得读其全集，而观经史诸疑也。卷首有渝黎立武、沔水李应星文二篇，乃序《待问集》者。虚寮先生亦有序《待问集》文一篇，并不录。丁巳十一月南昌魏元旷跋并校。"(《豫章丛书》本书后)

胡思敬跋曰："右书与王氏《经疑贯通》同一机杼，而缕晰条分，较王氏尤为详尽。原钞传自钱塘丁氏，卷一有序一则，编在目录之后。魏氏削去，但于跋尾中见之，非是。黎、李、彭三先生之文，传于今者盖寡，今并补入，用存溪山家塾之旧。三先生与作者同时，《四库总目》全据其序文立说，去此则不能通矣。戊午三月胡思敬识。"(《豫章丛书》本书后)

《四库全书总目》曰："《四书疑节》十二卷。元袁俊翁撰。俊翁字敏斋，袁州人。前有黎立武、李应星序，又有彭元龙序二篇。应星、元龙序，皆称'俊翁'，独立武序作'隽翁'，盖传写字异也。其仕履无可考。立武序称以'重吾榜'，应星序亦称'奕奕魁文'，知尝首举于乡矣。立武、应星序及元龙前一序，并侧注'经史疑义'字。元龙后一序，又侧注'四书经疑'字。而卷首标题，则作'待问集四书疑节'，互相参错。考俊翁题词，称科目以《四书》设疑，以经史发策，因取《四书》经史门分而类析之。盖《待问集》者其总名，《经史疑义》、《四书经疑》其中之子部。今《经史疑义》已佚，故序与书两不相应也。惟'疑节'之名不甚可解。卷首有'溪山家塾刊行'字，或重刻时有所删节，故改题曰'节'欤？朱彝尊《经义考》中载之，注曰'未见'。此本犹从元版传钞，其例以《四书》之文互相参对为题，或似异而实同，或似同而实异，或阐义理，或用考证，皆标问于前，列答于后，盖当时之体如是。虽亦科举之学，然非融贯经义，昭晰无疑，则格阂不能下一语，非犹夫明人科举之学也。"

丁丙《善本书志》曰："《新编待问集四书疑节》十二卷。此书为元袁俊翁撰。俊翁，字敏斋，袁州人。前有大德庚子黎立武序，谓'吾所以藉子文重吾榜者，为其道之合也'。次有同时李应星序，称其'奕奕魁文'，是尝举于乡也。又有至大辛亥延祐乙卯彭元龙两序及至治改元俊翁自序。卷前题有'溪山家塾刊行'六字，盖犹元椠旧式也。惟黎、李、彭序中并称'经史疑义'，又曰'四书经疑'，似当时所著不止《疑节》一书。首标'新编待问集',或其总名。所称'经义'及'经疑'俱已佚失,仅存此帙。或《四书疑节》原书甚富,此为节本欤?其例以《四书》之文互对为题,或同而异,或异而同,或阐义理,或用考证,设问设答,皆循当时科举之学。有'十万卷楼藏书'、'端履图书小榖'诸图记。"

袁俊翁,字敏斋,袁州人,生平无考。《四书疑节》十二卷,今有《四库全书》本、《豫章丛书》本(附民国魏元旷《校勘记》一卷及胡思敬《校勘续记》一卷)、中山大学图书馆藏清抄本等。南京图书馆藏清吟雪山房抄本,有丁丙跋,题名"《新编待问集四书疑节》十二卷"。《雒李辑本》著录"《新编待问集四书疑节》十二卷",注曰"有《四库》本、《豫章》本",然《四库全书》、《豫章丛书》所录之本皆题名"《四书疑节》十二卷"。

**四书类辨,曾贯撰,佚。**

《经义考》注曰"佚"。《钱补志》著录。无卷数。《文渊阁》著录"《四书类辨》一部一册"。

《江西通志》卷七十六曰:"曾贯,字传道,泰和人。绍兴照磨、监州辟,御龙泉寇,战于观背,死之。所著有《周易变通》、《四书类辩》、《庸学标著》,行于世。"又,杨士奇《东里集续集》卷四《曾氏耕读轩记》曰:"曾氏,泰和著姓,余家与之有连。异时,鸥江先生文学行,义名重一邑。传道先生以《易经》为学者所宗,所著书有《易变通》、《四书类辩》、《庸学标注》。官至绍兴路照磨,后遇乱死。"

**四书节义,边昌撰,佚。**

《经义考》注曰"佚"。《钱补志》著录。无卷数。

边昌,生平不详。《经义考》引卢熊曰:"昌,字伯盛,吴人。隐居教授。张氏据吴,以礼招致,勿就。"

**四书附纂,黄宽撰,佚。**

《经义考》注曰"佚"。《钱补志》、《福建通志·艺文一》著录。无卷数。

《闽中理学渊源考》卷四十曰:"黄宽,字洵饶,福宁人。力学古文,耿介自重，能怡其亲。世乱避兵，归益贫，父母兄嫂四丧，不能葬，以忧感卒，无后。袁天禄并其四丧，葬之于石潭，宣城贡师泰为志铭。所著有《四书附纂》、《时事直纪》。"《宋元学案·潜庵学案》列为"古遗门人"。

**四书一贯录，杨维桢撰，佚。**

《经义考》注曰"未见"。《千顷堂》、《钱补志》、《浙江通志·经籍二》著录。无卷数。

杨维桢为元末明初人，《明史》入《文苑传》。《浙江通志·文苑三》曰："《两浙名贤录》：字廉夫，诸暨人。泰定丁卯进士，授天台尹，罢去。张士诚据浙西，累使求致，不能屈。明太祖登位，敦迫至京，作《老客妇谣》以见意。笑而遣之，还淞江，卒。维桢初游甬东，得《黄氏日抄》，归，学业日进。居铁崖山下，自号铁崖先生。好吹铁笛，亦号铁笛子。与人交，无疑贰，尤喜接引后生，识不识称为长者。惜不得大用，然亦以是得肆力于文章，崖镌野刻，布列东南。宋濂有言曰：'元之中世，有文章巨公起于澜河之间，曰铁崖先生。声光殷殷，摩戛霄汉。抚其论撰，如睹商敦周彝，云雷成文，而寒芒横逸，夺人目睛。于诗尤号名家，震荡凌厉，神施鬼设，其文中之雄乎！'所著诸集，通数百卷。"著述甚丰，有《春秋合题著说》三卷、《史义拾遗》二卷、《东维子集》三十卷、《铁崖古乐府》十卷、《乐府补》六卷、《复古诗集》六卷、《丽则遗音》四卷、《铁崖文集》五卷等。《宋元学案·艮斋学案》列为"倪氏门人"、《东发学案》又列为"东发续传"。宋濂有《杨铁崖墓铭》，详其事迹，见《明文海》卷四二九。《吴兴备志》卷十三等亦述其生平。

**四书通旨六卷，朱公迁撰，存。**

《经义考》注曰"存"。《焦志》、《王续通考》、《东山考》、《千顷堂》、《金补志》、《倪卢补志》、《钱补志》等皆著录。

朱彝尊案曰："《通旨》一书，以类编之，其目九十有八：曰天，曰天地，曰命，曰性，曰仁，曰义，曰礼，曰知，曰信，曰仁义礼知，曰仁义，曰仁知，曰礼义，曰知仁礼，曰知仁勇，曰德，曰道德，曰中，曰中和，曰中庸，曰敬，曰一，曰诚，曰心，曰身，曰志，曰意，曰思，曰情，曰耻，曰乐，曰好恶，曰刚，曰勇，曰道，曰孝弟，曰忠恕，曰恕，曰忠信，曰圣，曰气，曰气质，曰才，曰鬼神，曰礼乐，曰乐，曰礼制，曰权，曰人，曰人品，道统，曰尧舜禹汤文武周公，孔子，孔门弟子，曰子思，曰孟子，曰古今人物，大人，曰君子，曰士，曰善人，曰狂狷，曰乡原，曰君子小人，曰教，曰学，曰行，曰师道，曰诸经，曰义利，曰祭祀，曰丧祭，曰文质，曰文，曰言行，曰言辞，曰过，曰节操，曰名闻，曰异端，曰人伦，曰父子，曰君臣，曰君位，曰君道，曰臣道，曰朋友，曰名分，曰世俗，曰知人，曰用人，曰交际，曰义命，曰富贵贫贱，曰困穷患难，曰辞受取予，曰出处去就，曰治道。读者微嫌其繁。公迁字克升，鄱阳人。"（《经义考》卷二五三）

《四库全书总目》曰："《四书通旨》六卷。元朱公迁撰。公迁有《诗传疏义》，已著录。是编取《四书》之文，条分缕析，以类相从，凡为九十八门。每门之中，又以语意相近者联缀列之，而一一辨别异同，各以'右明某义'云云标立言之宗旨。盖昔程子尝以此法教学者，而公迁推广其意以成是书。其间门目既多，间涉冗碎，故朱彝尊《经义考》谓读者微嫌其繁。又如'樊迟请学稼'，不过局于末业，乃列之于'异端门'，与许行同讥。上士一位、中士一位、下士一位，本周室班爵之制，乃列之于'士门'，与处士一例，亦颇伤踳驳。尧、舜、禹、汤、文、武、周公、孔子、孔门弟子、子思、孟子诸门，以人隶事，体近类书，尤为无所发明。然于天人性命之微，道德学问之要，多能剖其疑似，详其次序，使读者因此证彼，涣然冰释。要非融会贯通，不能言之成理如是也。所引诸家之说，独称饶鲁为饶子，其渊源盖有自矣。明正统中何英作《诗传疏义序》，称永乐乙酉，因阅《四书通旨》而语及《疏义》，则是书行世，在《疏义》之前。顾明以来说《四书》者罕见征引，近《通志堂经解》始刊行之，盖久微而复出也。句下间列异同，如'喜怒哀乐'一条，谓'右以体言'，而注'亦曰以性言'字；'允执其中'一条，谓'右以用言'，而注'亦曰以事理言'字。如是者不一，疑刊是书者参校诸本所附，非公迁之旧。其出自谁手，则不可考矣。"

丁丙《善本书志》曰："是书取《四书》之文，规分缕析，各从其类，为九十八门。每门中又以语意相近者联缀胪列，一一辨别异同，各以'右明某意'云云，标立言之宗旨。昔程子尝以此法教学者，而公迁推广以成之也。公迁别著《诗传疏义》。"

耿文光《万卷精华》曰："通志堂本。是书流传甚罕，征引者亦少。此本不知所据，前后无序跋。取《四书》之文，条分缕析，以类相从，凡目（如天字命字之类）大书（占两行，降一格），愚谓（降二格）以下自立说，辨别同异。公迁字克升，番阳人。'维天之命，於穆不已，盖曰天之所以为天也'（《中庸》二十六章）；'上天之载，无声无臭'（《中庸》卒章）；'天何言哉，四时行焉，百物生焉，天何言哉'（《阳货》。以上顶格写）。右以理言在天之天也（另行，降一格。以下右以理言在人之天，右以理言事物所当然之则，右以分定言，右以主宰言，右兼形体与理言。其体例如此）。朱氏曰：……（案：此处录《经义考》朱氏案语，同上，略）。文光案：是编在《四书》解中别为一体，非学问深纯不能融贯。惟门目太多，颇伤繁冗，正如《通鉴》总类（二百七十门），略似类书。但用功者必须如此剖析，于仁义道德等字方能详明，且可作《性理字训》观（《字训》多不切，全氏《学案》犹称之，不足数也），并可合《北溪字义》，读之大有益处。余集《四书》中说仁义道德者为一类，意在分别异同，而朱氏已有其书；又欲绘《毛诗图》，坊间已有其书。今人用功，多收多读而已，实不必妄有著作。既难比肩古人，徒形识见未广，然更一番手，另有一番境界，与看成说者不同，用功人当自知之。"

周中孚《郑堂记》曰："《通志堂经解》本。元朱公迁撰（公迁，字克升，乐平人。至正辛巳备浙江乡试，官处州学正）。《四库全书》著录，倪氏、钱氏《补元志》俱载之，又俱有《四书约说》四卷。朱氏《经义考》止载《通旨》，不及《约说》，则其书已佚矣。是编取《四书》之文，各分门类，每门各标大字，而以经义类从。自'天地'以迄'治道'，其目凡九十有八，并为解释，以辨别其异同，而又不免于踳驳。然于诸家之说，颇能贯串，故条理仍自分明也。前后俱无序跋，《经义考》亦无载及之者，岂原本所无耶？"

朱公迁，字克升，江西乐平人，梧冈先生朱以实之子。《宋元学案·双峰学案》列为"梧冈家学"，曰："有家学，历婺、处二州教授。辟兵转徙徽、栝、歙、信之间，已而以病归里。先生有笃行，里人乘乱喜戕人者，闻其来，为之止杀，先生曰：'是可化也。'力疾访之，其人感悟，然病遂以是笃，五日而卒。先生尝题其室曰'高明之所'，学者称为'明所先生'。所著有《四书通旨》、《四书约说》、《余力稿》、《诗经疏义》。"《元儒考略》卷四、《江西通志》卷八十八等亦述其生平。

《四书通旨》六卷，今有《通志堂经解》本、《四库全书》本、《摛藻堂四库全书荟要》本等。

**四书约说四卷，朱公迁撰，佚。**

《经义考》未著录，《雒李辑本》注曰："《经义考》著录未见"，误。《千顷堂》、《倪卢补志》、《钱补志》著录。《王续通考》、《东山考》作"《四书约说》四篇"。

《元朝典故编年考》卷八《录用名儒》保存有朱公迁《四书约说序》部分佚文，曰："公迁于经传、子史、百氏之书，礼乐、律历、制度、名物之数，无不通贯而悉究之。用力于圣贤之道，以正心诚意为学，真知实践为功。天性仁孝，勤于著述，所著有《朱子诗传疏义》二十卷、《四书约说》四卷、《四书通旨》六卷。……其序《四书约说》云：'博学而详说之，将以反说约也。'详说之余，能反说约，则举其概而无不尽矣。子朱子序《大学》则曰：'古之大学所以教人之法也。'序《中庸》则曰：'子思子忧道学之失其传而作也。'二书之约如此，而《论语》、《孟子》则又不然。记录之词，章各有旨，不能说约，虽详何益哉？故必一一要其归趣而言之也。虽然，详说有毫厘之差，则约说有千里之谬。详说云乎哉？可不悉致其精乎？详而必精，精而后约，则脉络合于统体，其于讲求也几矣。"

**四书集注，不著撰者，佚。**

《经义考》注曰"未见"。无卷数。《钱补志》等未著录。

杨士奇跋曰："右《四书集注》，其句读旁抹之法，兼取勉斋黄氏、北山何氏、鲁斋王氏、导江张氏诸本之长。宣城张师曾为之参校，加以音考，盖今最善本也。刻板在常州府学，此集六册。永乐十年二月，余奉命考会试，常州府学教授金原祺时预同考，余从求而得之者也。其刊刻亦间有错误。"又曰："右《四书集注》三册，刻板在鄞。句读一用黄勉斋法，又有熊勿斋《标题》，便于学者，盖善本也。勉斋名榦，字直卿，朱门高第；勿斋名禾，字去非，受学进斋徐几子与。子与学于节斋蔡渊伯静，渊源之正如此。此书吾得之春坊司谏周冕汝服，盖鄞人云。"

**四书附录十一册，不著撰者，佚。**

《经义考》注曰"佚"。朱彝尊引张萱曰："莫详编次姓氏。"

书之内容及撰者无考。

**四书旁注十九卷，朱升撰，佚。**

《经义考》注曰"存"。《千顷堂》著录。

朱升为元末明初人，《明史》有传，曰："朱升，字允升，休宁人。元末举乡荐，为池州学正，讲授有法。蕲、黄盗起，弃官隐石门。数避兵逋窜，卒未尝一日废学。太祖下徽州，以邓愈荐，召问时务，对曰：'高筑墙，广积粮，缓称王。'太祖善之。吴元年，授侍讲学士，知制诰，同修国史。以年老，特免朝谒。洪武元年进翰林学士，定宗庙时享斋戒之礼。寻命与诸儒修《女诫》，采古贤后妃事可法者编上之。大封功臣，制词多升撰，时称典核。逾年，请老归，卒，年七十二。升自幼力学，至老不倦，尤邃经学。所作诸经旁注，辞约义精。学者称枫林先生。"所著有《周易旁注图说》二卷、《尚书旁注》六卷、《诗旁注》八卷、《书传补正辑注》一卷、《风林类逸小诗》一卷、《枫林集》十二卷等。又曾辑方逢辰《名物蒙求》、程若庸《性理字训》、陈栎《历代蒙求》、黄继善《史学提要》为一编，谓之《小四书》，以教初学。《宋元学案·沧洲诸儒学案下》列朱氏为"定宇门人"。廖道南《殿阁词林记》卷四、《江南通志·儒林二》等亦述其生平。

又，《四书旁注》十九卷，今佚，何焯《义门读书记》卷六保存佚文一则，曰："人皆可以为尧舜章第三节'奚有于是'，朱风林《四书旁注》作'言安有食粟而已之理'，却不若后来林次崖云'是字指形体而言，所以为尧舜者。不在于形体，在于作为也'口气较合。"

**四书备遗二卷，陶宗仪撰，佚。**

《经义考》注曰"佚"，未著卷数。《千顷堂》、《明史·艺文一》、《浙江通志·经籍二》等注明"二卷"。《王续通考》、《东山考》、《钱补志》等著录，无卷数。

陶宗仪为元末明初人，《明史》入《文苑传》。《浙江通志·文苑四》曰："嘉靖《浙江通志》：字九成，黄岩人。少举进士，不第，即弃去。务古学，于书无所不窥。出游浙东西，师潞国张翥、永嘉李孝光、京兆杜本。尤刻志字学，工篆笔。至正间，浙帅泰不华、南台御史丑闾辟举行人校官，皆不就。张士诚议以军谘，屈亦不往。避地松江之亭林，力耕以给食。雅好著述，虽在畎亩，恒以笔研自随。尝置一瓮于树间，遇有所得，辄书以投其中，久之取次成帙，名曰《南村辍耕录》，凡三十卷，行于世。又著《说郛》一百卷、《书史会要》九卷、《四书备遗》二卷。"孙作《沧螺集》卷四有《陶先生小传》，《江南通志·流寓一》亦述其生平。

**四书集说启蒙，景星撰，存。**

《经义考》注曰："阙，《论语》、《孟子》未见。"《千顷堂》题名"四书启蒙"，无卷数。

景星自序曰："星幼承父命，嗣儒业而苦无常师。年十六始得出，就伯父黄先生学（先生本姓景，继黄氏，讳元吉，字子文）。先生曰：'汝欲为学，必先熟读《四书》以为之本，而后他经可读矣。'星于是昼诵夜思，不敢少惰。居四年，得粗通大义。后欲明经，习举子业，先生又引星进郡庠，俾受《春秋》经于勾乘杨先生（先生讳渊，字澄源），一时师友切偲问辨，资益为多。复得诸羽翼书，为之启发，然后益知《四书》奥义，不可不穷矣。故星不揆庸愚，僭于占毕之暇，汇集诸说，熟玩详味，分经别注，妄加去取。十年之内，掇拾成编，目之曰《四书集说启蒙》，将私塾以训子孙。既而一二同志惧其久而坠佚，请寿诸梓，以便初学。顾星僭妄之罪已不可逭，尚赖诸明理君子重加订正而可否之，则星之志也。至正壬寅冬十有一月

长至日,后学景星谨识。"(《四库全书》本书前)

《万姓统谱》卷八十七曰:"景星,字德辉,余姚人。洪武中,以儒士保升杭州儒学训导。其学特萃于经,尤长于《春秋》。弟子承指授者,多去取高第,逮今犹沾溉焉。所著有《四书启蒙》行于世。"《千顷堂》又著录其《中庸问政章说》一册。

《四书集说启蒙》,今有北京图书馆藏明正统三年刊本。

**四书解,朱本撰,佚。**

见《千顷堂》、《倪卢补志》,无卷数。《经义考》未著录。

《江西通志》卷六十五曰:"朱本,字致真,富州人。至正间授福州路儒学提举,途遇寇,妻袁氏义不受辱,死,遂终身不取。洪武初荐至京,辞官归。所著有《四书、皇极经世、太极图、通书解》。"

**四书通义,桂本撰,佚。**

见《钱补志》,无卷数。《经义考》未著录。

《宋元学案补遗·象山学案补遗》列桂氏为"象山私淑",曰:"桂本,字林伯,贵溪人。承家学之渊源,覃思经术,推其所得,托诸述作以卫道。所著有《四书通义》、《五经统会》、《三极一贯图》、《金精鳌极类纂》、《道统铭》等书。讲学尘湖,一时学者翕然从之,为作灵谷书院。尘湖之东,有象山陆文安公之所讲学也。先生继陆氏而兴起者,而所学则本之朱氏为多,盖庶几会朱陆之异而同之者。"王祎《王忠文集》卷八《灵谷书院记》详其生平。

**四书日讲,丘葵撰,佚。**

见《王续通考》、《东山考》、《金补志》、《福建通志·艺文一》,无卷数。《经义考》未著录。

《宋元学案·北溪学案》列丘氏为"吕氏门人",曰:"丘葵,字吉甫,同安人。有志朱子之学,初从辛介甫,继从信州吴平甫受《春秋》,而亲炙吕大圭、洪天锡之门。宋没,不应科举,杜门励学。居海屿中,因自号钓矶翁。所著有《易解义》、《书解义》、《诗口义》、《春秋通义》、《周礼补亡》、《四书日讲》。"《闽中理学渊源考》卷三十三、《福建通志》卷四十五等亦述其生平。

**四书经疑问对八卷，董彝撰，存。**

《经义考》注曰"未见"。《万卷堂》、《文瑞楼》、《千顷堂》、《倪卢补志》、《钱补志》著录。

吴骞跋曰："按宗文，乐平人，至正间领乡荐，授庆元学正。洪武初，为国子学录。《经义存亡考》以此书为成化进士、常熟董彝撰，盖以姓氏偶同而误耳。周松蔼云：'观此，犹可想见有元一代取士之规模也。'己亥岁除前一日，吴骞识。"又曰："《经义考》于元之董彝，别著《经疑问对》十卷，盖由未见此书而误。"（元至正十一年同文堂刻本书后）

建安同文堂刊书跋曰："右《四书疑》八卷，其中多所发明，相传以为进士董彝宗文所编。第恐石氏所录程子之说，未免有殊。已专书达本人，冀异有以补其未备，订其讹舛，而求真是之归，幸甚！至正辛卯仲夏建安同文堂谨咨。"（元至正十一年同文堂刻本书后）

清人钱曾《读书敏求记》曰："元以经义取士，此盖拟之而作者。中或有学究语，然其特见深解，绝非近儒制义所可几及。昔先君尝云：'挟制义以取科名，譬之敲门砖，应门则砖弃。'诚哉是言也。胥天下之聪明才智，合古今之学术文章，蒙锢沦丧于时艺中，滔滔不返，先圣者能无惧乎？"

《千顷堂》注曰："（董彝）字宗文，乐平人。元至正间领乡荐，入明为国子监学录。"《经义考》引缪泳曰："常熟人，成化壬辰进士。"《倪卢补志》注曰："字宗文，进士。吴槎客云：'此至正辛卯建安同文堂刊本，予家有之。'《经义考》以为明常熟之董彝，非也。"盖董彝有二：一为常熟人，《河南通志·名宦中》曰："董彝，江南常熟人。进士，以翰林院检讨命侍徽王讲读，升右长史，后进左长史，以忧去。成化中，王之国乃首以彝荐，诏复任。彝端谨温雅，王甚重之。"一为乐平人，《江西通志》卷八十九操琬小传曰："操琬，字公琰，乐平人。少博学，有才气。从程时登学，一时朋游如朱公迁、董彝，皆邃义理，泛博古今。琬摩砺其间，所造益深。"此董彝，即乐平董彝。《乐平县志》曰:"董彝,字宗文,承大父伯大家学,邃于义理。《四书》经义,俱有定论。至正间,三领乡荐,登八年戊子进士,授庆元学正,继拜瑞州路录事。吏事既非其志,国势且日非,归就邑永善石榴峰北,结庐避乱。虽间关抢攘中,讲学著述不废。洪武廓清,复即平桥居焉,自号平桥迂士。寻召拜国子学录,未几谢去。所著有《二戴辨》、《四书疑问》、《平桥诗文集》传世。"

《四书经疑问对》八卷,今有《中华再造善本》本,北京图书馆、中国科学院图书馆藏元至正十一年同文堂刻本,北京大学图书馆有拜经楼旧藏。

**四书纂类,蒋允汶撰,佚。**

《经义考》注曰"未见"。《王续通考》著录,无卷数。《东山考》"汶"作"济",误。《千顷堂》,"汶"作"文"。

《宋元学案·木钟学案》列蒋氏为"章氏门人",曰:"蒋允汶,字彬夫,永嘉人。元末避地闽中,就试,中流寓榜第一。洪武初,归里,官府学教授。著有《四书纂类》、《中庸详说》。"《千顷堂》著录其《苍崖集》,注曰:"元进士,洪武初,荐起为温州府学训导。"

**四书通义,王逢撰,存。**

《经义考》注曰"未见"。《千顷堂》著录,无卷数。《雒李辑本》注曰"佚"。

《四库全书总目》卷三十七《重订四书辑释》下曰:"此本改题曰《重订辑释章图通义大成》,首行列士毅之名,次列新安东山赵汸同订,次列鄱阳克升朱公迁《约旨》,次列新安林隐、程复心《章图》、莆田王元善《通考》,次列鄱阳王逢订定《通义》。书中亦糅杂蒙混,纷如乱丝,不可复究其端绪。是已为书贾所改窜,非士毅之旧矣。然陈栎、胡炳文本因吴真子之书,士毅又因陈、胡之书。究其由来,实转相稗贩,则王逢因人成事,亦有所效法,不足为讥。"

《宋元学案·双峰学案》列王氏为"野谷门人、朱刘七传",曰:"王逢,字原夫,乐平人。幼颖异不凡,天性孝友。比长,默契义理之学,师事野谷洪氏，道脉所自，先生以心会焉。乃厌科举业，研精道理性命之懿，淹贯经史。宣德初，荐授富阳训导，不就，退归乡塾，日与门人何英等相讨论，道益明，学益成。复以明经辟，及门强起。召见，极论'礼乐'二字，日晡不彻。明日，复赐，坚辞不就职。归即杜门环堵，足迹不入城市，毅然以斯道为己任。著有《言行志》。自书其庐曰'松坞'，学者称为松坞先生。"

王逢《四书通义》单行本今未见，可从《重订四书辑释》中观其面貌。

**朱真四书十二册，不著撰者，佚。**

见《千顷堂》、《倪卢补志》。《经义考》未著录。黄虞稷注曰："集晦庵、西山注。不知何人。"《焦志》、《东山考》有"《四书朱真注》□卷"，《文渊阁》有"《四书朱真注》一部十二册"，与"《朱真四书》十二册"当指同一书。

**朱张四书十四册，不著撰者，佚。**

见《千顷堂》、《倪卢补志》。《经义考》未著录。黄虞稷注曰："集晦庵、南轩讲义。"《焦志》有"《四书朱张注》□卷"，《东山考》作"《四书张朱注》□卷"《文渊阁》有"《四书朱张注》一部十四册"，与"《朱张四书》十四册"当指同一书。

**四书纂疏，不著撰者，佚。**

见《倪卢补志》，无卷数。《经义考》未著录。

以"四书纂疏"名书者，最著名者当数赵顺孙氏，其次有辅广。《延祐四明志》著录"《四书纂疏》二十一册"，《文渊阁》著录"《四书纂疏》一部二十册"两种，皆不著撰者名氏，未知《倪卢补志》所指是否别为一家。

**四书通义三十六卷，不著撰者，佚。**

见《焦志》、《东山考》、《千顷堂》、《倪卢补志》。《经义考》未著录。

清钱谦益《绛云楼书目》著录有"元倪士毅《四书通义》"，注曰：

"三十六卷。字仲宏,陈定宇之门人。《通义》,至正丙戌撰,有汪克宽序。"倪士毅有《四书辑释》三十六卷,汪克宽至正丙戌为倪氏作序之书为《重订四书辑释》,但《重订四书辑释》通行本为四十五卷,非三十六卷,或钱氏著录书名误以"辑释"为"通义"。

**四书通证,不著撰者,佚。**

见《焦志》、《千顷堂》、《倪卢补志》,无卷数。《经义考》未著录。

**四书通成三十六卷,不著撰者,佚。**

见《焦志》、《东山考》、《千顷堂》、《倪卢补志》。《雒李辑本》作"《四书通成》三十卷",卷数误。《经义考》未著录。

**四书详说十卷,不著撰者,佚。**

见《焦志》、《千顷堂》、《倪卢补志》。《经义考》未著录。

**四书释要十九卷,不著撰者,佚。**

见《焦志》、《东山考》、《千顷堂》、《倪卢补志》。《经义考》未著录。

**四书提要,不著撰者,佚。**

见《焦志》、《千顷堂》、《倪卢补志》,无卷数。《经义考》未著录。

**四书辨疑十五卷,不著撰者,佚。**

见《金补志》。《文瑞楼》著录"《四书辨疑》十五卷,元失名"。《经义考》未著录。

**四书集成三十六卷,不著撰者,存。**

见《焦志》、《雒李辑本》。《经义考》未著录。

《雒李辑本》曰:"北图藏元刊残本,有《论语》一至二十,《孟子》十四卷。十行十九字,注二十一字,双行,黑口,左右双边。"

**四书道统，王珪撰，佚。**

见《雒李辑本》，无卷数。《经义考》及各家目录未见著录。

**四书纂要一卷，王皞撰，佚。**

见《雒李辑本》。《经义考》及各家目录未见著录。

**四书语录，吴迁撰，佚。**

见《元儒考略》、《江西通志》，无卷数。《经义考》未著录。

《元儒考略》卷二曰："吴仲迁，字阙，浮梁人，号可堂。博学明经，隐居著书，有《四书语录》、《经传发明》、《春秋纪闻》数十卷。"《江西通志》卷八十八曰："吴廷，字仲迁，浮梁人。天资绝人，力探理窟，一举于乡，不合，不复屑意于词章训诂。饶鲁称其立志坚确，践履笃实，学者宗之，号曰可堂先生。后避兵，隐横塘山，犹讲道不废，使者表所居巷曰逸民。所著有《四书语录》、《五经发明》、《先儒法言粹言》、《重定纲目》诸书。"又《宋元学案·双峰学案》"双峰门人"下有"逸民吴可堂先生迁"，曰："吴迁，字仲迁，浮梁人。从双峰学。尝应科举不上，遂弃之。辟兵横塘，讲道不废。皇庆间，浮梁牧郭郁延之为师，以训学者，时称可堂先生。汪克宽，其门人也。所著有《四书语录》、《五经发明》、《孔子世家》、《先儒法言粹言》、《重定纲目》。使者表其所居曰'逸民'。年九十卒。"可知三处所述为一人，当名吴迁，字仲迁，《江西通志》"廷"字盖为"迁"字之误。《千顷堂》亦注曰"吴迁，字仲迁"，著录其作有《易学启蒙》、《书编大旨》、《诗传众纪》、《左传义例》、《左传分纪》、《春秋纪闻》、《孝经附录》、《孔子家世考异》二卷、《论孟类次》、《孟子年谱》、《读孟子法》、《论孟集注附录》、《论孟众纪》、《重定纲目》数种。

**四书日录，袁明善撰，佚。**

见赵汸《春秋师说·题跋》、《东山存稿》、《新安文献志》、《明儒言行录》等。无卷数。《经义考》未著录。《春秋师说·题跋》金居敬跋曰："袁公诚夫，吴文正公高第弟子也。集其师说为《四书日录》，义多与朱子异。

求先生校正其书,先生悉摘其新意,极论得失异同,与诚夫袁公多所更定。至论《春秋》,则确守师说不变。"

明人叶盛《水东日记》卷四:"宋黄震东发尝采董槐丞相之说,以《大学》经文'知止而后有定'至'则近道矣'两节,并'知本'、'听讼'一节为'致知格物'之传矣。后来王巽卿又以'近道'三节释'格物致知','听讼'一节添释'新民'。草庐吴先生《答田副使书》固已深非之,至谓不识文义,譬之打破玉盘,为言当矣。或者又谓草庐尝摘此三节为传之五章,见其门人袁明善所述《大学中庸日录》中,何耶?"

《宋元学案·草庐学案》列袁氏为"草庐门人",曰:"袁明善,字诚夫,临川人。师事吴文正公。晚年教授于邵庵之门,自号楼山。所著有《征赋定考》,援引经传,言井田水利之法甚备,经世之书也,邵庵为之序。又有《文集》藏于家。"《儒林宗派》列之为"吴氏门人"。《江西通志》、《万姓统谱》等亦述其生平。

**四书典要,林重器撰,佚。**

见《闽中理学渊源考》,《福建通志》作"四书要典",无卷数。《经义考》及各家目录未见著录。

《闽中理学渊源考》卷三十五曰:"林重器,莆田人。为教谕,开明圣贤蕴奥,循循善诱。著《四书典要》、《诗经意说》。"又《福建通志·选举三》曰:"林重器,闽县教谕,循循善诱,造就甚多。著《梅庵类稿》、《四书要典》、《诗经意说》。"

**四书讲义,李应龙撰,佚。**

见《东山考》、《闽中理学渊源考》、《福建通志·艺文一》著录。无卷数。《经义考》未著录。

《闽中理学渊源考》卷三十九曰:"李应龙,字玉林,光泽人。西山先生郁之后,博学有节操,为时师表。至元间,荐为白鹿洞书院山长及漳州路教授,俱不赴。所著有《春秋纂例》、《孝经集注》、《四书讲义》。"《福建通志·隐逸》亦述其生平。

**四书讲义，孔士璘撰，佚。**

见《浙江通志·经籍二》，无卷数。《经义考》及各家目录未见著录。

《两浙考》曰："士璘，字玉卿，延祐间授永嘉教谕。苏伯衡《平仲集》有《元温州路同知平阳州事孔公墓志》称：'公之曾大父曰景行，宋从政郎，主管礼兵部架阁文字。架阁之子曰士璘，永嘉学教谕。子戈以承务郎松江府判官致仕。'此书载雍正《浙江通志》，今佚。"

**四书集笺，胡一中撰，佚。**

见《浙江通志·经籍二》，无卷数。《经义考》及各家目录未见著录。

《浙江通志·文苑三》曰："《万历绍兴府志》：字允文，诸暨人。进士，补绍兴路录事。著有《童子问序》、《四书集笺》、《定正洪范》、《三益稿》等集。"

**四书家说，季守镛撰，佚。**

见《浙江通志·经籍二》，无卷数。《王续通考》著录，《东山考》"季"作"李"，误。《经义考》未著录。

季守镛，生平无考。据《浙江通志·经籍二》，所著又有《六书内外篇》。

**四书新说，李序撰，佚。**

见《王续通考》、《东山考》、《浙江通志·经籍二》，无卷数。《经义考》未著录。

清顾嗣立《元诗选》三集卷六《细缊集》小序曰："序字仲伦，东阳人，适庵先生惠之侄也。善诗文，年十七，追和李贺乐府。尝游京师，学士宋褧、左丞危素辈见其所著《四书新说》，引为莫逆交。左丞许有壬言于中书，牒江浙行省，俾为学校官。未用，而省遇火，牒亦随毁。序叹曰'命也夫'，遂绝意仕进，归隐东白山中，与友人陈樵日相吟咏以自乐。所著有《细缊集》。"《宋元学案·北山四先生学案》列李氏为"白云门人"。《两浙考》曰："考雍正《浙江通志》，明永乐时有李叙，字秉彝，未知即此人否？俟考。"

**四书辅注，宋绶撰，佚。**

见《王续通考》、《东山考》，无卷数。《经义考》未著录。

《东山考》题名"四书"，注曰："绶，敏求之父，历工部侍郎，摄太仆卿。宋初人。其时未有'四书'之名，疑此又是一人。"

**四书考义，赵次诚撰，佚。**

见《浙江通志·经籍二》。撰者之名，《王续通考》作"赵钦诚"，《东山考》作"赵钦成"，皆误。无卷数。

《宋元学案·木钟学案》列赵氏为"章氏门人"，曰："赵次诚，字学之，乐清人也。章清所弟子。所著有《四书考义》、《雪溪集》。"冯云濠案曰："先生隐居不仕，以'雪溪'自号。"

**四书详说，王廉撰，佚。**

《经义考》注曰"存"，卷数阙。《王续通考》著录，无卷数。《东山考》作"十卷"，注曰："焦竑《经籍志》'《四书详说》十卷'，不载姓名。"《千顷堂》既录明人曹端《四书详说》，又录"《四书详说》十卷"，不具撰者，列于元代著述中。

刘昌曰："《四书详说》，苏州知府况公钟刻于府庠，袁铉作序，以为王廉熙阳作。言熙阳丞渑池时，稿留曹端家。刻既成，其书四出。端为霍州学正，移文于苏，言《四书详说》乃其所著，《孟子》中有其订定'白马之白'一段。又言熙阳已坐刑，不当有著书之名。熙阳为山西左布政使，以公事死，无害其为著书也。端辨《四书详说》为其所著可也，言熙阳坐刑不当有著书之名非也。陆元辅曰：文王演《易》于羑里，史迁作史于腐刑，郝经传《春秋》于拘系所，洪武中叶，子奇亦于狱中撰《草木子》，著书与坐刑初不相妨也。《月川遗书》行世，颇有当还熙阳之名。"（《经义考》卷二五六引）

《两浙考》著录《四书注解》一书，曰："此书据《经义考》作《四书详说》。刘昌曰：'《四书详说》，苏州知府况钟刻于府庠，袁铉作序，以为王廉熙阳所作。熙阳丞渑池时，稿留曹端家。刻既成，端言《四书详说》乃其所著。'《处州府志》引《两浙名贤录》，以廉为丽水人。"

王廉，字熙阳，浙江青田人。洪武初为编修。访安南国，归述所撰歌诗曰《南征录》，宋濂序之，称："其措辞和而不流，激而弗怒，雅而不凡，可谓能专对者矣。"擢工部员外郎，不拜，改浈池丞。所著有《迂论》数十册、《四书详说》、《周易参疑》等。事具明廖道南《殿阁词林记》卷八。

**四书集注附说，白居敬撰，佚。**

见《河南通志·理学》，无卷数。《经义考》未著录。

《河南通志·理学》曰："元白居敬，字行简，登封人。甫六岁，丧母，事父孝，闻乡里。及冠，群经诸子无不精究。州邑知其名，咸备礼币，请居讲席，多所开益。以其居近嵩颍间，因自号嵩溪。远方受业者，户屦满百，如是者三十余年。所著有《春秋正义》、《尚书新注》、《诗集传附说》、《易经本义附说》、《四书集注附说》、《周子通书附说》、《周子太极图附说》、《张子东西铭解义附说》、《小学书详说》、《道学发明》、《理学诗说》诸书。"

**四书注，岳崧撰，毁。**

见《陕西通志·儒林》，无卷数。《经义考》未著录。

《陕西通志·儒林》曰："岳崧，号景山，郃阳人。延祐中三聘不起。解禽鸟语，尝读书于卧虎岗，与萧㪺友善。所著有《六经四书注》。"又《陕西通志·古迹第二》据《郃阳志》曰："元岳崧读书院，在桥头河卧虎冈。元延祐中，三聘不起，乡人颂之曰'隐姓埋名岳景山'。尝读书于桥头河之卧虎冈，与萧㪺友善。博学好古，尝著《六经四书解》，自觉不及程朱，遂毁之。"

**四书言仁录，严肃撰，佚。**

见吴澄《吴文正集》卷十六，无卷数。

吴澄序曰："仁，人心也，然体事而无不在。专求于心而不务周于事，则无所执著而或流于空虚。圣贤教人，使之随事用力，及其至也，无一事之非仁，而本心之全德在是矣。《四书》而后，惟张子《订顽》最为切实。同郡严肃，类聚《四书》中言仁者为一编，纲举目张，靡所不备。学者苟能玩绎于此，而实用其力，既得其随事之用，又不失其本心之体。其有补于求仁也，其功岂浅浅哉？"（《吴文正集》卷十六《四书言仁录序》）

严肃，字伯复，号凤山、朴山，江西太和人。宋末咸淳中为秘书省校勘，《宋诗纪事》曾收录其诗作。

**"四书讲义"六则，王义山撰，存。**

见《稼村类稿》卷十六、十七、十八。

王义山，字符高，丰城人。宋景定中进士，知新喻县，历永州户曹。入元，官提举江西学事，退老东湖之上。环所居种莲，名其堂曰"君子"，又扁其读书之室曰"稼村"。学者称稼村先生。有《稼村类稿》三十卷。事具《江西通志》卷六十七。

《稼村类稿》有"讲义"四卷，卷十六专讲《论》、《孟》，其中《论语》两则，分别为"子路、曾皙、冉有、公西华侍坐，子曰：'以吾一日长乎尔，毋吾以也。居则曰，不吾知也，如或知尔，则何以哉？'"出《先进》篇；"子在齐闻《韶》，三月不知肉味，曰：'不图为乐之至于斯也。'"出《述而》篇。《孟子》一则，为："孟子曰：'人之有道也，饱食暖衣，逸居而无教，则近于禽兽。圣人有忧之，使契为司徒，教以人伦：父子有亲，君臣有义，夫妇有别，长幼有序，朋友有信。'"出《滕文公上》篇。卷十七有《论语》一则，为："子夏之门人问交于子张，子张曰：'子夏云何？'对曰：'子夏曰，可者与之，其不可者拒之。'子张曰：'异乎吾所闻：君子尊贤而容众，嘉善而矜不能。我之大贤欤，于人何所不容？我之不贤欤，人将拒我，如之何其拒人也？'"出《子张》篇；又有《中庸》一则，为："仲尼祖述尧舜，宪章文武，上律天时，下袭水土。譬如天地之无不持载，无不覆帱，辟如四时之错行，如日月之代明。万物并育而不相害，道并行而不相悖，小德川流，大德敦化，此天地之所以为大也。"卷十八有《孟子》一则，为："伊尹曰：天之生此民也，使先知觉后知，使先觉觉后觉也。予，天民之先觉者也，予将以斯道觉斯民也。非予觉之，而谁也？"出《万章上》篇。

又，《四库全书总目》于《稼村类稿》下曰："然观义山在时，湘潭县豪因争田不遂，献之学，义山引《春秋》齐人来归汶阳之田断其非，颇合经义。故集中说经之作，亦往往自出新意。"

《稼村类稿》三十卷，今有《四库全书》本。

"四书十六问"，蒲道源撰，存。

见《闲居丛稿》卷十三。

蒲道源，字得之，号顺斋。世居眉州之青神，徙居兴元。初为郡学正，罢归，皇庆中征为国史院编修官，进国子博士，年六十矣。越岁，复引疾去。后十年，召为陕西儒学提举，不就。有《闲居丛稿》二十六卷。

道源列"十六问"于"经疑"之目下，疑问内容，皆出《四书》，计《大学》一则、《中庸》一则，余皆《论》、《孟》。《论》、《孟》之问中，既有单独就一经发问者，又有就一事而兼及两经者，如："《论语》载尧之咨舜，舜之命禹，皆曰'允执其中'，而不闻有'权'字之说。《孟子》则曰'执中无权，犹执一也'，与《语》所载之意，同耶，异耶？"

《闲居丛稿》二十六卷，今有《四库全书》本。

"四书语录"数则，胡祗遹撰，存。

见《紫山大全集》卷二十四。

胡祗遹，字绍闻（案：《元史》本传作"绍开"，字形相近之误），武安人。中统初，累官应奉翰林文字，调右司员外郎。忤权奸，出为太原路治中，后改浙西道提刑按察使，寻以疾归，卒谥文静。有《紫山大全集》二十六卷。事具《元史》本传、《山西通志·名宦五》。

又，《紫山大全集》后三卷为"语录"，卷二十四内容涉及《四书》、《易》、《书》，以论《四书》语最多。《紫山大全集》二十六卷，今有《四库全书》本。

四子论一篇，王祎撰，存。

见《王忠文集》卷四。

王祎，字子充，义乌人。幼奇敏，师事黄晋卿。元末政乱，上书数千言，时宰不报，遂隐居著书。明初授江西儒学提举司校理，召修《元史》，任总裁官。奉使云南，为梁王把都所害。正统间追赠翰林学士，谥忠文。所著有《华川集》、《玉堂杂著》等。《王忠文集》二十四卷，今有《四库全书》本。

"四子"者，"四书"之别名。本卷该篇之前有《六经论》，撰者感于"先儒之论，以谓治《六经》者必先通乎《四书》，《四书》通则《六经》可不治而通也。至于《六经》、《四书》所以相通之类，则未有明言之者"，遂撰此篇以明之。

**"论孟学庸讲义"数则，梅宽夫撰，佚。**

《千顷堂》著录"《裕堂梅先生诸经讲义》一卷"，注曰："括苍人，《易》、《诗》、《论》、《孟》、《学》、《庸》讲义。"《经义考》亦著录《裕堂先生诸经讲义》一卷，注曰："未见。黄虞稷曰：'括苍人，解《易》、《诗》、《论》、《孟》、《学》、《庸》诸义。'"

《宋元学案补遗·沧洲诸儒学案补遗》列梅氏为"滕氏门人"，曰："梅宽夫，字伯大，缙云人。调慈溪尉。德祐初摄知县事，率义勇应文丞相，至常州战死。尝师滕溪斋璘，得考亭之学。所著《裕堂讲义》，刻于乡校。"

**志学指南图、心学渊源图，林起宗撰，佚。**

见《王续通考》，《续通志·图谱略二》列入"性理"类。《经义考》未著录。

苏天爵碣曰："内丘林君讳起宗，字伯始，尝作《志学指南图》，以为学道之标准；《心学渊源图》，以为入圣之极功。又作《中庸》、《大学》、《论语》、《孟子》诸图，《孝经图解》、《小学题辞发明》、《鲁庵家说》，共数十卷，大抵以程朱之言为主。"（《经义考》卷二二七引）

《元儒考略》卷二曰："林起宗，字阙，内丘人。自幼力学，尝从刘因游，深得道学之指。既而教授于乡，后学多宗之。尝著《志学指南》、《心学渊源》二图及《大学》、《论语》、《孟子》、《中庸》诸图，《孝经图解》，《小学题辞发明》，《鲁庵家说》等书。"《宋元学案·静修学案》列林氏为

"静修门人、赵砚再传"。苏天爵《滋溪文稿》卷十四有《内丘林先生墓碣铭》,《畿辅通志·儒学》等亦述其生平。

**中庸大学论语孟子诸图,林起宗撰,佚。**

见《钱补志》。《王续通考》、《东山考》、《金补志》、《续通志·图谱略二》皆题名"四书图解"。无卷数。《经义考》未著录。

书名不一,《元儒考略》卷二、《明一统志》卷四皆作"大学论语孟子中庸诸图"。

**大学中庸集说启蒙二卷,景星撰,存。**

见《倪卢补志》、《续通考》、《续通志》。《经义考》未著录。

蒋骥跋曰:"讷庵先师用功于《四书》十年,去取诸说而为此书。豪分缕析,嘉惠后学,未为少矣。《大学》已刊行,而《语》、《孟》、《中庸》则未也,学者未免有欲见而不可得之叹,年来始获录其稿成编。念先师之劳,不忍自私,故欲传者,即与录之。同志之士,尚体区区之心,广其传而勿吝,则骥之望也。庚辰人日,门人钱唐蒋骥谨书。"(《四库全书》本《中庸集说启蒙》卷上)

夏时跋曰:"余姚景先生深于经学,所著《四书集说启蒙》折衷群言,发明经传,殆无余蕴,诚有功于朱子而嘉惠于后学也。《大学》既板行矣,时官南京,得礼部侍郎蒋公《中庸》写本于国子典籍金公家。誊校刊梓,与学者共。及增鲁斋《批点》、勿轩《标题》,以便幼习云。宣德九年春正月望日,钱唐后学夏时谨识。"(《四库全书》本《中庸集说启蒙》卷上)

《四库全书总目》曰:"《大学中庸集说启蒙》二卷,元景星撰。星号讷庵,余姚人。据卷末宣德九年钱时《跋》,称得礼部侍郎蒋骥写本。骥《跋》题'庚辰岁',当为建文元年。骥为景之门人,则星元末人也。前有星《自序》,标题为'学庸集说启蒙',而《序》中实曰'四书集说启蒙'。《凡例》中如'孟子章指'云云,亦兼言《四书》。骥《跋》称讷庵先师用功于《四书》十年,去取诸说而为此书。《大学》已有刊本,而《语》、《孟》、《中庸》则未刊。时《跋》称得骥《中庸》写本,誊校刊梓。然则星本全注《四书》,骥先刊其《大学》,时续刊其《中庸》,而《语》、《孟》则已佚。通志堂刻《经解》,病其不完,并序文、标题改之耳。其书发挥颇简切,《大学圣经章句》'欲其一于善而无自欺'句注'一于善,祝本改作必自慊',于字句亦复不苟。又《传》之二章注'盘,邵氏谓恐是盥颒之盘',《传》之四章注备引程子、饶鲁、吴澄之说,《中庸》三十二章注引鄱阳李氏之说,皆与《章句》异同,亦非胡炳文等坚持门户者比,盖犹能自抒心得者也。书上阑附载细字,如《大学传》之五章载矩堂董氏之说,《中庸》第一章载饶鲁之说,亦与《章句》有出入。据钱时《跋》,称增鲁斋《批点》,勿轩《标题》,以便幼习。则时益以许衡、熊禾二人之语,非星本书也。其孰为衡语,孰为禾语,刊板一同,今则不可辨别矣。"

耿文光《万卷精华》曰:"通志堂本。前有至正壬寅景星《自序》、《凡例》、《读大学法》、《大学章句序》(有批并注,《中庸序》同),后有门人蒋骥跋(《大学》已刊行,手录《语》、《孟》、《中庸》成编)、宣德九年夏时跋(《大学》既板行,得蒋公《中庸》写本,重校付梓。增鲁斋《批点》、勿轩《标题》于上方,以便幼习)。是书采诸家精要语,或全录,或约其文,或隐括其意,务使易晓,阅十年而成编。本名《四书集说》,而《论》、《孟》佚矣。坊刻《四书》无一佳本,训蒙者何不取是书授之?景星,字德辉,余姚人。洪武中官杭州儒学训导,其学长于《春秋》。按《姓谱》当为明人,《简明目录》题元人,宜改正。"

周中孚《郑堂记》曰:"《大学集说启蒙》一卷、《中庸集说启蒙》一卷(《通志堂经解》本)。明景星撰(星,字德辉,号讷庵。余姚人,洪武中官杭州儒学训导)。《四库全书》著录,总作《大学中庸集说启蒙》二卷。倪氏《补元志》(三礼类)同,朱氏《经义考》作《四书集解启蒙》,无卷数,注曰'阙,《论语》、《孟子》未见',列在明初。据至正壬寅自序,知其本全注《四书》,后有建文元年其门人钱塘蒋(骥)跋,称《大学》已刊,而《语》、《孟》、《中庸》则未也,年来始获录其稿成编。又有宣德九年钱塘夏(时)跋,称余姚景先生所著《集说启蒙》,《大学》既版行矣,时得蒋公《中庸》写本,腾校刊梓。两跋俱不言其阙《论》、《孟》,不知何时散佚。纳喇容若仅得《学》、《庸》本刊入《经解》,并将《自序》、《凡例》改为《学庸集说启蒙序》、《学庸集说启蒙凡例》也。《经义考》据其原书标题,《补元志》则仍此本之称而已。其书就朱子《章句》而阐发之,所集诸家之说,其意之重者去之,文之衍者节之。中间有取其意而变其文者,皆不复书其姓氏。诸家有发明经意与《集注》之意不同,而于经文之意有可通者,亦间附于后。盖大旨宗朱子,而亦颇有出入,不似胡氏仲虎(炳文)等于《章句集注》字字尊若《六经》也。书之上阑附载细字,即时跋所谓鲁斋《批点》、勿轩《标题》也。然不标以姓氏,今亦无从分别矣。每卷之前,俱载朱子《章句序》,亦如正文,为之注。又有读《大学》注而无读《中庸》注,或此本偶缺佚耳。"

《四库全书总目》所谓"钱时",误,当为"夏时"。库本《中庸集说启蒙》卷下之首,有蒋骥、夏时所作《跋》,夏时跋语落款为"宣德九年春正月望日,钱唐后学夏时谨跋",四库馆臣盖误以"钱唐"之"钱"为姓也。《大学中庸集说启蒙》二卷,今有《通志堂经解》本、《四库全书》本等。

**学源启蒙一卷,景星撰,佚。**

见《金补志》。《经义考》未著录。

各家目录多不著录此书,未知其内容及流传情况。或"学源启蒙"当为"学庸启蒙","源"为"庸"字之误。《文瑞楼》著录有"《学庸启蒙》一卷,元景星"。

**大学中庸录,袁明善撰,佚。**

《经义考》注曰"未见"。《千顷堂》、《钱补志》、《倪卢补志》作"大学中庸日录"。无卷数。明朱睦㮮《授经图义例》卷二十《诸儒著述附历代三礼传注》著录袁氏《大学中庸日录》一卷。

杨士奇跋曰:"右《大学中庸日录》,元吴文正公门人袁明善述其师授之旨而为之者也,有文正公补《大学》第五章传文。此册,吴司业德润以见遗者。"(《东里集续集》卷十七《大学中庸日录跋》)

各家皆作"日录",《经义考》盖脱"日"字。袁氏曾撰《四书日录》(已著录),此书盖取其中《大学》、《中庸》二部日录而成之。

**大学中庸双说，黄文杰撰，佚。**

《经义考》注曰"佚"。《钱补志》著录，《古今图书集成·经籍典·大学部》所引《王续通考》作"大学中庸对说"，注曰："仿许鲁斋《直讲》补完之者。"无卷数。同书《中庸部》所引《王续通考》著录"中庸双说"。

《江西通志》卷九十三曰："黄文杰，字显明，上犹人。大德间授安远教（授），寻辞归。所著有《大学中庸双说》、《文献稿》、《郡学志》，提举滕玉霄序其文。"

**大学中庸标说，秦玉撰，佚。**

《经义考》注曰："佚，一作'探说'。"《千顷堂》、《倪卢补志》、《钱补志》均名"标说"，《江南通志·艺文志》作"探说"。无卷数。

《江南通志·孝义三》曰："秦玉，字德卿，太仓人。少孤，母顾力织纴给朝夕。玉刻志苦学，博通诸经，与兄终身不异财。母病，累旬不解带，及卒，泣血茹淡者终其丧。俄邻失火，母殡在堂，玉凭棺号恸，火遽灭。"所著有《诗经纂例》、《大学中庸标说》、《宋三朝摘要》、《斋居杂录》，并诗文若干卷，藏于家。据元杨维桢《东维子集》卷二十四《孝友先生秦公墓志铭》及明殷奎《强斋集》卷四《孝友秦先生改葬记》，玉卒于至正四年（1344），年五十三。

**大学中庸旁注二卷，朱升撰，佚。**

《经义考》注曰"未见"。

朱升自序曰："前年，读书郡城紫阳祠，始为诸生作《书旁注》，观者善之。以其注文附经，语意通贯，一读即了，无繁复之劳也。既又命诸生用其义例旁注《诗经》，未克成。去年，寓里中程氏馆，《书旁注》脱稿，稍有传抄之者。然日知所亡，窜改不能已。今岁，授徒于家，又成《大学中庸旁注》。先儒经解至矣，而犹未免云云者。先儒用圣贤功夫，故能因经文以得圣贤之意。学者用先儒功夫，而能因经解以得先儒之意，几人哉！性质庸常，学力卤莽，父兄师友取经解而督之读。经与解离，不能以意相附，其弊也断裂经文，使之血脉不通，首尾不应，欲求其知味乐学，不可得也。此愚所以于《六经》、《四书》皆欲旁注之，以为教子授徒之计，而未暇悉成也。虽然，愚之所注，其意义取诸先儒经解而已，辞语则有不可纯用原文者，盖以逐字顺附经文，实而不泛，离之则字各有训，贯之则篇章浑全。制作之体既殊，辞语各有宜也。至于意义间，亦有不得已而不可以苟同者，则又有望于平心明眼实用功力之君子，相与印可之、商确之也。至正丙戌秋日。"（《经义考》卷一六二引）

又跋《大学旁注》曰："《大学》以修己治人为纲要，以致知力行为工程。然而知止能得之间，必有事焉。经所谓定、静、安，《论语》所谓仁能守之，《孟子》所谓居安资深者是也。《中庸》曰尊德性而道问学，盖致知、力行二者，皆道问学之事，动而道问学，静而尊德性，二者功夫如寒暑昼夜之更迭而无间。尊德性，即《大学》之正心也。《大学》，'诚意'是省察克治于将应物之际，'正心'是操心涵养于未应物之时与既应物之后。然而八目于致知之后即继以诚意，而正心但列于其后者，盖《大学》为入德者言，使之先于动处用功，禁其动之妄，然后可以全其静之真也。此圣贤之心法，为传学之本也。而《旁注》不能详具，故表而著之云。"（《经义考》卷一六二引）

又跋《中庸旁注》曰："《中庸》经朱子训释之后，说者亦多。其间最有超卓之见者，饶氏也；有融会之妙者，思正李先生也；精于文义切于体认者，楼山袁氏述吴氏之说也。今兹《旁注》，既各取其长矣。至于知、仁、勇之用，至诚、不贰、不息之分，尊德性、道问学之说，若此之类，一得之愚间见焉。不知其果是乎否？实用功力之君子，愿有以教之。"（《经义考》卷一六二引）

朱升有《四书旁注》十九卷，已著录。由其序跋可知，《大学中庸旁注》二卷当为《四书旁注》之一部分，后又单独成书者也。

**大学中庸孝经诸书集解音释，凌尧辅撰，佚。**

《经义考》注曰"佚"。无卷数。

戴表元序曰："儒者之说，其精者为道德，而粗者为礼乐刑政。当三代以前，虽世治有断续，而二说未尝一日废于天下，书之所存者略也。周之既衰，礼乐刑政尽坏，道德茫然无所附丽。夫子不得已，始与其徒共详之于书，书详而后世之托言者始杂。然自其徒相继皆殁之后，千有余年，往往常有穷经学古之彦，不以世故动心，枯然自守师说于山林草泽间，宜举一世不好之而不变，声薰气染之久，而亦或为人所采拾。道德之绪余，礼乐刑政之仿佛，因之而不坠者什五。至于近代，濂洛之派兴，于杂书之中定著其书通于夫子者，曰子曾氏、子思氏、子孟氏。而上三代之书存者，曰《孝经》、《中庸》、《大学》、《孟子》。若《论语》，又孔门之高弟共为之，尤精者也。为之披微文，抉浮辞，使寻源者不迷其津，趋涂者不昧其岐，有功哉。濂洛之徒皆没，说者又杂。考亭朱先生出，又取濂洛之已详者，与其徒加明之，故《孝经》有《刊误》，《论语》、《孟子》有《集注》，《大学》、《中庸》有《章句》。以迨《太极》、《西铭》、《通书》之类，凡残编断册之关于义理者，举有训解。其徒之书，余之资虽钝，犹得而窥之；其徒之人，为余之先，犹得而知之。顾岁月推移，风气变化，资品之尤钝于余者，则不及预此矣。余也白首东来，乃始获闻番阳有双峰饶君者，尝学于考亭之门人。而于考亭之书钻研探索，纂述汇叙其意，犹考亭之于濂洛也。久之，是州之儒者凌君尧辅与余游，余又见其《笺诂》、《疏释》、《问答》、《图辨》，而知其游饶君之门，而于饶君之书又如饶君之于考亭也。呜呼！兹非余所谓穷经学古之彦，不以世故动心，而枯然自守师说于山林草泽间者耶？尧辅归，而于是书也益弘。其入谨，其出幸，且及于伏生、申公之年，其有欲闻道德礼乐刑政之说者，不以属君之徒而谁耶？"（《剡源文集》卷八《大学中庸孝经诸书集解音释序》）

凌尧辅，江西鄱阳人，学于饶鲁，生平无考。

**大学中庸章句，郑仪孙撰，佚。**

见《福建通志·艺文一》，无卷数。《经义考》未著录。

《闽中理学渊源考》卷三十八曰："郑仪孙，号翠屏，建安人。从丘氏富国学《易》。咸淳癸酉，应贤良举。又明年，少帝北行，仪孙退而著书，《易图说解》、《大学中庸章句》、《史学蒙求笺注》、《性理字训》。郡守吴某率幕属迎于学，师事之。"《宋元学案·沧洲诸儒学案下》列郑氏为"行可门人"。《福建通志·文苑》亦述其生平。

**大学中庸发微，范祖幹撰，佚。**

《经义考》注曰"未见"。《千顷堂》著录，无卷数。

范祖幹，元末明初人，入《明史·儒林传》。《浙江通志·儒林中》曰："《金华先民传》：字景先，金华（人），受业许谦之门，悉得其旨趣。其学以诚意为主，而严之以慎独持守之功。引诱学者，惓惓真切，唯恐其不入于善。戊戌，辟为咨议，以亲老辞。四方大夫士，莫不向问安否，以为斯文重轻。孝行笃至，郡守王宗显立'纯孝坊'表之，学者称纯孝先生。著有《群经指要》、《读诗记》、《大学中庸发微》、《柏轩集》。"《宋元学案·北山四先生学案》列范氏为"白云门人"。《明儒言行录》卷一、《大清一统志》卷二三二等亦述其生平。

**大学章句一卷　大学或问一卷，中庸章句一卷　中庸或问一卷，王侗撰，存。**

见《中国善本书提要·经部·四书类》。

王重民曰："原题'后学金华鲁斋王侗笺注批点'……侗事迹无考。……卷内屡引许谦《四书丛说》；谦受业王柏之门，所引不似柏口吻。当为坊贾就陈、胡所见之批点标注本，益以许谦所说，刊为此本。或当时仅知鲁斋，而不知鲁斋名柏；或故意易柏为侗，以掩饰其造伪之迹也。"

是书今有北京图书馆藏元至正刻本，共三册。

**学庸旨要，陈普撰，佚。**

见《闽中理学渊源考》卷四十、顾嗣立《元诗选》三集卷二《陈普石堂遗集》小序。无卷数。《经义考》未著录。

**学庸约说，倪公晦撰，佚。**

《经义考》注曰"佚"。《钱补志》著录。无卷数。

《浙江通志·儒林中》曰："《万历金华府志》：字孟旸（一作'阳'），金华人。受业何北山之门，与王鲁斋为友。鲁斋称其服善，喜闻过，专志于下学之实。仕至转运司干办公事，清介廉直，有声于时。兄公度、公武，俱以学行称。"所著有《周易管窥》、《学庸约说》。《宋元学案·北山四先生学案》列倪氏为"北山门人"。

**中庸大学说二篇，何梦桂撰，未见。**

《经义考》注曰："存，载集中。"案：今存《四库全书》本《潜斋集》中无《中庸大学说二篇》。

《浙江通志·儒林下》曰："《嘉靖浙江通志》：字岩叟，淳安人。咸淳进士，为太常博士。历监察御史。所著有《易衍》、《中庸致用》等书。《严陵志》：元初，御史程文海荐之朝，授江西儒学提举，不赴。筑室'小有源'，著书自娱。学者称为潜斋先生。"《宋元学案补遗·范许诸儒学案补遗》列何氏为"蛟峰讲友"。《明一统志》卷四十一、《万姓统谱》卷三十四等亦述其生平。

**中庸大学章旨，郑奕夫撰，佚。**

《经义考》注曰"佚"。《千顷堂》、《倪卢补志》、《钱补志》著录，《王续通考》作"中庸章旨"，无卷数。

《万姓统谱》卷一〇七曰："郑奕夫，字景允，鄞人。丞相清之曾孙也。幼颖悟绝人，动止中矩度。潜心性理，讲学绩文，克守清白。尝为慈溪、丽水、常山三县教谕，调徽州紫阳书院山长，升浮梁州教授。所著有《论语本义》、《中庸大学章旨》、《衍桂堂集》若干卷。称为习斋先生。"《宋元学案补遗·丽泽诸儒学案补遗》列郑氏为"郑氏续传、东莱五传"。

**中庸大学章句二卷，王幼孙撰，佚。**

《经义考》注曰"佚"。

《江西通志》卷七十六曰："王幼孙，字李稚，庐陵人。性笃孝，母刘疾苦痰，医莫之治。一日梦南阳活人书，或投甘桔汤，良觉如梦，立愈。宝祐丙辰，赴阙上书，言国事余万言，不报，归，教授于乡。宋亡，其友文丞相兵败，执以归，过庐陵，谒于驿舍，为文祭之，期以必死。辞气慷慨，左右呜咽,莫能仰视。自是日,与宾客过从,守经执礼以终,年七十六。所著有《中庸大学章句》二卷、《太极图说》、《拟答朱陆辨》、《深衣图辨》、《经籍论》、《易通贯》、《三为一图》、《家传谱系》、《简便经验二方》各一卷,杂著若干卷。"程文海《雪楼集》卷二十有《自观先生王君墓碣》称:"欧阳先生守道谓其学从陆氏,文自苏氏。"

**中庸大学述解,潘迪撰,佚。**

《经义考》注曰"佚"。《钱补志》作"庸学述解"。无卷数。

《元儒考略》卷三曰:"潘迪,字阙,元城人。博学能文,历官国子司业、集贤学士。所著《易春秋庸学述解》及《格物类编》、《六经发明》诸书,传于世。"《明一统志》卷四、《畿辅通志·儒学》亦述其生平。

**中庸大学提要六卷,叶瑞撰,佚。**

《经义考》注曰"佚"。《钱补志》作"《庸学提要》六卷"。《雒李辑本》署名"叶端",字误。

叶瑞,字宗瑞,江西金溪人。幼尚气节,致力经学以及百家,皆得旨要,长而以学闻名。朝廷以右丞荐,授辽阳路儒学教授,再调大宁路,升将仕郎、江州路湖口县主簿等职。至顺二年(1331)十一月卒,年八十五。所著有《遗文》四十卷、《庸学提要》六卷、《周易释疑》十卷。事具许有壬《至正集》卷五十《故承务郎江西等处儒学副提举叶先生墓碑》)。

**庸学标注,曾贯撰,佚。**

《经义考》注曰"佚"。《钱补志》作"庸学标旨"。无卷数。

曾贯有《四书类辨》,已著录。是书书名不一,杨士奇《东里集续集》卷四《曾氏耕读轩记》作"庸学标注",《江西通志》卷七十六作"庸学标著",《四库全书总目》卷四《易学变通六卷》下作"学庸标旨",皆指一书也。

**中庸孟子解,王文焕撰,佚。**

见《浙江通志·儒林下》。无卷数。《经义考》未著录。

《浙江通志》曰:"《括苍汇纪》:松阳人,一名子敬,字叔恭。夙承家学,取孔孟诸儒绪言,研极精微,著《道学发明》、《大学发明》、《中庸孟子解》及《心镜图》、《治心铭》诸作。以心为明镜,毋自欺为药物,畏敬恐惧、克复省察为工夫。学者称西山先生。"《宋元学案补遗》卷三十七列王氏入《萧同诸儒学案补遗》。

**论孟集注考证十七卷,金履祥撰,存。**

《浙江通志·经籍二》、《金补志》等作"《论语孟子集注考证》十七卷"。《经义考》著录"《论语集注考证》十卷","孟子考证"不具卷数。《王续通考》著录"论语考证"、"孟子考证",皆无卷数。《千顷堂》、《倪卢补志》、《钱补志》、《续通考·经籍考》、《续通志·艺文略》等,皆分别著录"《论语集注考证》十卷"、"《孟子集注考证》七卷"。《南雍志》著录"《论语集注考证》二十卷"。

许谦序曰:"古之圣人得其位,皆因时以制治。孔子酌百世之道以淑天下,而其事主于教。孟轲氏推尊孔子,传于后世,以迄于今。故《论语》、《孟子》者,斯道之阃奥也。滕汉而还,解之者率有不获。至二程夫子,肇明厥旨,今散见于《遗书》。嗣时以后,诸儒所著,班班可考。然各以所见自守,有得有失,未有能搜抉融液,折诸理而一之者。子朱子深求圣心,贯综百氏,作为《集注》,竭生平之力,始集大成,诚万世之绝学也。然其立言浑然,辞约意广,往往读之者或得其粗,而不能悉究其义;或一得之致,自以为意出物表,曾不知初未离其范围。凡世之诋訾混乱,务新奇以求名者,其弊正坐此。此《考证》所以不可无也。先师之著是书,或隐括其说,或演绎其简妙,或摅其幽发其粹,或补其古今名物之略,或引群言以证之。大而道德性命之精微,细而训诂名义之弗可知者,本隐以之显,求易而得难,吁!尽在此矣。盖求孔孟之道者,不可不读《论》、《孟》;读《论》、《孟》者,不可不由《集注》。《集注》有《考证》,则精朱子之义,而孔孟之道章章乎人心矣。谦自壮年服膺师训,即知读朱子之书。其始三四读,胸中自以为洞然显白,已而不能无惑。学之颇久,若徐有得焉。及即其书而观之,乃觉其意初不与己异。学之愈久,自以为有得者不遂止于一,而与鄙陋之见合者，亦大异于初矣。由是知圣贤之言，理趣无穷，朱子之说，隽永当味。童而习之，白首不知其要领者何限。先师是书，亦悯夫世之不善学朱子之学者也。《传》曰：'仁者见之谓之仁，知者见之谓之知。百姓日用而不知，故君子之道鲜。'谦于是深有感焉，故翻阅群书，用加雠校，藏诸家，传诸其徒。若好事君子能广而传之，是固谦之所望，亦先师之志云尔。许谦序。至顺改元十月朔，门人许谦再拜谨书。"（《四库全书》本书前）

李桓序曰："《论语》、《孟子》之书，《六经》之外，圣贤之遗言皆在焉。自汉以来，儒者为之训解，专门名家者固已众矣。微辞奥旨，犹或未尽，盖至于《集注》之作而始明。自朱子之有《集注》，而门人高第以及私淑之徒又皆为之疏义，盖黄氏之《通释》、祝氏之《附录》、蔡氏赵氏之《集疏》、《纂疏》，相继而出，极其旨趣而敷绎之，然至于《考证》之修而后备。按朱子之后，四传而为仁山金先生。先生承师友之渊源，博记广闻，讲贯真切，积其平日之所得，萃为此书。其于《集注》也，推其意之未发，佐其力之不及，以简质之文，达精深之义，而名物度数、古今实事之详，一皆表其所出。后儒之说可以为之羽翼者，间亦采摭而附入之。观之时若不同，实则期乎至当，故先生尝自谓朱子之忠臣。夫忠臣者，固不为苟同，而其心岂欲背戾以求异哉？盖将助之而已矣！斯则《考证》之修所以有补于《集注》者也。先生既殁三十有五年，得其学者惟许谦益之。每以师说讲于诸生，而藏其书于家，躬自雠正，以俟知者。其传于时也，实自浙东宪司经历张公而始。初，公既获其书于许君，览而善之，以为不可以不传。惟锓诸梓，则其传也广而远。婺学者，先生之乡校也，既尝刻其《通鉴前编》之书矣，因以界郡侯管者思监使并刻之。侯乃率其佐属，割俸赀以共，费不足，则继之以学廪之赢，越三月而板成。夫见善而知以为善鲜矣，知其善恐其泯没而不传者为尤鲜。不私诸己，汲汲焉思广于人以为务，孰能若是乎？继自今以往，是书大行，学者读而有得焉，皆公之赐也。公名仲诚，字信卿，为人廉直刚正，敬尚儒术而笃意于风化。凡事之害于学校者，必深疾而力去之。苟有益焉，又乐为之如此。呜呼！岂独是书之幸，斯文之幸也。并志之以为序。至元三年岁次丁丑孟秋吉日，文学掾中山李桓谨序。"（《丛书集成初编》本书前）

赵元祚序曰:"余束发授书郎,知宋元大儒有何、王、金、许四先生者。然熟其姓氏而未悉其里居,其著述虽散见于经籍中,而未得窥其全。出宰金华,知四先生皆婺人也。拜四先生祠,又得读其合集。过东藕塘,谒仁山先生家祠,晤其十八世孙律道先生,世系甚详,藏其遗书甚全,适付梓告竣,问序于余。余受书而卒业焉,而知先生之传先以待后者,用意深矣。夫《大学疏义》、《论孟考证》二书,子朱子既为《章句》,又为《或问》以阐明其义。而先生又虑学者之弗能析焉,以入于微也,乃本其所得而复申其义,以补子朱子之所不及,使其意味皆溢于言端。是《或问》、《章句》为圣经贤传之注疏,而先生之书又为子朱子之注疏也。盖先生游鲁斋王文宪公、北山何文定公之门,得朱子之真传。而先生又的派,以授之白云许文懿公,故其讲道论学也详,而其考证疏义也析。凡修己治人之道,咸于是乎取之,是大有益于人心世道。而读者或以近世讲解,视之浅矣。是书锓板行世,则远近皆得见之,由此以析考亭之学而溯洙泗之源,则金子之刻是书也,其功岂独表彰其先人已哉?时雍正己酉季夏月良日,滇海后学赵元祚谨撰。"(清雍正己酉刻本书前)

王崇炳序曰:"我皇上证性命于潜邸,龙飞初历,首口儒学以广道化。尚论古来正学醇儒未经崇祀者而登之两庑,凡一十余人,而吾婺何、王、金、许四先生皆与焉。四先生之学,得考亭之传,当世皆闻其名而慕之。其所著书,虽杂见于诸儒之纂录,而学者未见其全,莫不翘足延领,冀得毕览,以资讲习,上副盛朝兴学之意。然而代远人遥,存亡相半。窃尝考之北山,以醇德为世范,不多著述。鲁斋博学弘文,著书满车,今所存亦少,而《大学定本》、《诗疑》、《礼疑》、《易疑》等编,曾于四明郑南溪家见之。白云书多种,除杂见于《大全》、《正学渊源》之中者,余亦不多见,仅存诗文四卷。惟仁山先生书,后人守之,而十八世孙太学生孔时藏其《大学疏义》、《论孟考证》,惟遗《中庸表注》。孔时居金华东藕塘,曾纠族人建仁山先生祠,肖像于中,岁时虔祭。取其赀之余者,贮而岁积之,延师以教族之子弟,而给其孤寡。予尝为作《祠堂记》,往过其家,出其书相示,予历观之。鲁斋论经多持特见,仁山《疏义》则悉本传注而发挥之,于举业为近。然根柢既深,较之世之讲章,固不可同日语也。《考证》通博精确,补朱子所不及，可为紫阳功臣。力劝刊布，孔时唯诺。去年募工镌木，寄其书本，属予为序。予窃思之，国朝尊孔子极矣，一品之崇，万钟之禄，以隆圣裔，例设科第，以优四氏。至于配食位次，除孔公子国外，曾不能更参半席。凡以圣人殁，而子孙传其形气，真儒传其性命。传其形气者，当以形气优之，而文庙陪享，性命相传，别有血脉，故四先生者不阶一命，生则隐而殁则谥。词臣屡推祔食，而议亦屡格。至德之光，久而弥耀。盖天下之公论，至今始定，岂非以圣人性命之传，凡有性命者卒不能意为推抑耶？兹书出，吾知天下之大，大山巉岩之间，必有诵服而深知其意者。雨窗雪案，一灯相续，默晤先贤于楮墨之外，而神与之契。血脉相贯，合为一体，承四先生之统，上溯考亭，恢弘尼山之学而大其用。圣庙一席，必将虚而待之。而开途以诱之人，则孔时有功焉。夫古人著书，将以信今而传后，著书而不传，与无书等；人而无书以传，与无人等。故刊书流布，与著书之功等。则孔时之为功于先贤，以开后学者，信大矣。时大清雍正己酉仲秋月良日，东阳后学王崇炳谨撰。"（清雍正己酉刻本书前）

胡凤丹序曰："尝读《朱子年谱》，载先生当淳熙间，始编次《论孟集义》，复作《训蒙口义》，嗣又约其精粹妙得本旨者为《集注》，而疏其所以去取之意为《或问》。故其《答孙敬甫书》云：'南康《论》、《孟》，是后来所定本。'又云：'某于《论》、《孟》，四十余年理会，中间逐字称等。'惟《集注》删改日益精密，而《或问》则不复厘正，间有不同，故读者多以为自相牴牾。迨仁山先生作《论语集注考证》十卷、《孟子集注考证》七卷，与《论孟集注》并行于世。先生自跋其书曰：'古书之有注者必有疏，《论孟考证》即《集注》之疏也。'举凡书中事迹之舛错，名物之异同，山川都会之区，典要音义之训，朱子所未详者，靡不引经据史，博采诸子百家，考核详明，折衷至当。呜呼！自朱子《集注》出，而孔孟之心源遥遥若接，其有功于圣门甚巨。而先生是书，补正朱子之所未备，其有功于朱子者又岂浅尟哉？余今春购获是书，系元致治（案：当为至治）间校刊本。首序者，先生弟子许文懿。卷末有刊书跋，则吾邑吕迟也。自元至今，历五六百年，而流传天壤间犹不磨灭者，岂独斯文之幸，抑亦余汇刻丛书之幸矣。梓既竟，遂撮其要旨而为之序。同治十二年癸酉夏五月，永康后学胡凤丹月樵甫序于鄂

垣之退补斋。"(《丛书集成初编》本书前)

金履祥跋曰:"古书之有注者必有疏,《论孟考证》即《集注》之疏也。以有《纂疏》,故不名'疏'。而文义之详明者,亦不敢赘。但用陆氏《经典释文》之例,表其疑难者疏之。文公《集注》多因门人之问更定,其问所不及者,亦或未修。而事迹名数,文公亦以无甚紧要略之,今皆为之修补。或疑此书不无微牾者,既是再考,岂能免此?但自我言之则为忠臣,自他人言之则为谗贼尔。此履祥将死真切之言,二三子其详之。濑河后学金履祥吉父敬书于仁山堂病舍。"(《丛书集成初编》本书后)

吕迟跋曰:"右仁山先生《论孟考证》,所以继文公之绪。惟益之许先生,得其传以授后学。然抄写不缮而谬误相承,尤非所以广布也。宪幕张公特为主盟,俾鸠工锓梓,以便学者,属愚董其役。于是许先生手自校证,点画无讹,非特学者之多幸,亦斯文之多幸也。古丽后学吕迟谨识。"(《四库全书》本书后)

柳贯曰:"文公于《论》、《孟》制《集注》,多因门人之问而更定之。其问所不及者,亦或未之备也。而事物名数,又以其非要而略之。先生皆为之修补附益,成一家言,题其编曰《论语孟子考证》。"(《经义考》卷二一九引)

许谦曰:"圣人之心尽在《四书》,而《四书》之义备于朱子。顾其立言辞约意广,读者或得其粗而不能悉究其义。或以一偏之致自异,而初不知未离其范围。世之诋訾贸乱,务为新奇者,其弊正在此耳。此金先生《考证》之所由作也。"(《经义考》卷二一九引)

《四库全书总目》曰:"《论语集注考证》十卷、《孟子集注考证》七卷,宋金履祥撰。后有《自跋》,谓:'古书之有注者必有疏,《论孟考证》即《集注》之疏。以有《纂疏》,故不名《疏》。而文义之详明者,亦不敢赘。但用《经典释文》之例,表其疑难者疏之。'其书于朱子未定之说,但折衷归一。于事迹典故,考订尤多。盖《集注》以发明理道为主,于此类率沿袭旧文,未遑详核。故履祥拾遗补阙,以弥缝其隙,于朱子深为有功。惟其自称'此书不无微牾,自我言之则为忠臣,自他人言之则为谗贼',则殊不可训。夫经者古今之大常,理者天下之公义。议论之得失惟其言,不惟其人。

使所补正者果是，虽他人亦不失为忠臣；使所补正者或非，虽弟子门人亦不免为谗贼。何以履祥则可，他人则必不可？此宋元间门户之见，非笃论也。其中如辨《论语注》'公孙枝'云：'案《左传》，当作公孙发，《集注》或传写之误。'辨《孟子注》'许行神农之言，史迁所谓农家者流'云：'《史记》六家无农家，《汉书·艺文志》九流之中乃有农家。'皆为典确。至于辨《公刘》'后稷之曾孙'一条，谓公刘避桀居邠，去后稷世远，非其曾孙。不知古人凡远祖多称高祖，《左传》郯子称'我高祖少皞'是也；凡远孙多称曾孙，《左传》蒯聩称'曾孙蒯聩敢昭告皇祖文王'是也。如此之类，则《注》不误而履祥反误，亦未尽确当不移。然其旁引曲证，不苟异亦不苟同，视胡炳文辈拘墟回护，知有注而不知有经者，则相去远矣。书凡一十七卷。首有许谦《序》，后有吕迟《刊书跋》，犹为旧本。朱彝尊《经义考》称《一斋书目》作二卷，注曰'未见'。盖沿袭之误，不足据也。"

周中孚《郑堂记》曰："《论语集注考证》十卷、《孟子集注考证》十七卷（藕塘祠塾重刊本）。宋金履祥撰。《四库全书》著录，倪氏、钱氏《补元志》及朱氏《经义考》俱分载之。竹垞俱注曰'未见'。此二种乃雍正己酉仁山十八世孙律道（律）合《大学疏义》重梓。前有元至顺庚午许谦序、重纪至元丁丑李桓残序，后有仁山自跋及吕迟刊书跋，知其据旧本重刊也。按朱子于《论》、《孟》制《集注》，多因门人之问而更定之，其问所不及者，亦或未之备也，而事物名数，又以其非要而略之。仁山因为之修补，成一家言，俱合经文及注文并序说，摘其字句为纲，而考证于下，如陆氏《释文》之例。或隐括其说，或演绎其简妙，或摅其幽，发其粹，或补其古今名物之略，或引群言以证之。大而道德性命之精微，细而训诂名义之弗可知者，本隐之显，求易而之难，诚可为朱子之忠臣矣。世之读《集注》者，其可舍此而他求哉？"

沈德寿《抱经楼》载"皇帝圣旨里"曰："……诵孔孟之微言，曷穷其义？稽程朱之集传，当究厥初。切见金华名儒许谦师席仁山先生金履祥，著述《论孟考证》各一部，传于高第。原其所学，始从鲁斋王文宪，而登北山何文定之门，实出勉斋黄文肃，以传晦庵朱文公之学。发明洙泗之统绪，讲求伊洛之渊源，兹欲勉励后人，可不发扬先哲？如将仁山先生《论孟考证》

行移有司，借工镂梓，诚为有裨世教。"

《宋元学案·北山四先生学案》黄百家案曰："仁山有《论孟考证》，发朱子之所未发，多所牴牾。其所以牴牾朱子者，非立异以为高，其明道之心，亦欲如朱子耳。朱子岂好同而恶异者哉！世为科举之学者，于朱子之言，未尝不锱铢以求合也。乃学术之传，在此而不在彼，可以憬然悟矣。"

金履祥，《元史》入《儒学传》，《儒林宗派》卷十三专列"金氏学派"，《宋元学案·北山四先生学案》列为"北山门人"、"鲁斋门人"，曰："金履祥，字吉父，兰溪人。凡天文、地形、礼乐、田乘、兵谋、阴阳、律历之书，靡不毕究。已向濂、洛之学，事同郡王鲁斋，从登何北山之门。自是讲贯益密，造诣益邃。德祐初，以迪功郎、史馆编校起之，辞勿受。宋季，国势阽危，任事者束手罔措，先生独进奇策，请以舟师由海道直趋燕、蓟，俾擣虚牵制，以解襄、樊之围。其叙洋岛险易，历历有据。时不能用。宋亡，屏舍金华山中，视世故泊如也。北山、鲁斋之丧，先生率其同门之士，以义制服，观者始知师弟子之礼。当时议者谓北山之清介纯实似和靖，鲁斋之高明刚正似上蔡，先生则兼得之二氏，而并充于一己者也。居仁山之下，学者称为仁山先生，谥曰文安。所著《通鉴前编》二十卷、《大学章句疏义》二卷、《论语孟子集注考证》十七卷、《书表注》四卷。"柳贯《待制集》卷二十《故宋迪功郎史馆编校仁山先生金公行状》详其生平，《元儒考略》卷三、《浙江通志·儒林中》、《史传三编》卷八、《续通志·儒林传》等亦述其事迹。

《论语集注考证》十卷、《孟子集注考证》七卷，今有《四库全书》本、《丛书集成初编》本、清雍正五年刻本等。

**语孟旁通八卷，杜瑛撰，佚。**

见《金补志》、《钱补志》、《王续通考》无卷数。《经义考》未著录。

胡炳文《四书通证原序》曰："北方杜缑山有《语孟旁通》、平水薛寿之有《四书引证》，皆失之太繁，且其中各有未完处，观者病焉。"（《四库全书》本《四书通证》书前）

《四库全书总目》卷十六于梁益《诗传旁通》下曰："是书仿孔、贾诸疏证明注文之例，凡《集传》所引故实，一一引据出处，辨析源委。因杜文瑛先有《语孟旁通》，体例相似，故亦以旁通为名。"

杜瑛，字文玉，其先霸州信安人。金将亡，独避地河南缑氏山中，搜访诸书，尽读之，究其指趣。受世祖赏识而终未仕进，以著书为业，自号"缑山杜处士"。年七十死。天历中赠资德大夫、翰林学士、上护军，追封魏郡公，谥文献。所著有《春秋地理原委》十卷、《语孟旁通》八卷、《皇极引用》八卷、《皇极疑事》四卷、《极学》十卷、《律吕律历礼乐杂志》三十卷、文集十卷。《元史》入《隐逸传》，胡祗遹《紫山大全集》卷十七《缑山先生杜君墓志铭》、马祖常《石田文集》卷十一《皇元敕赠翰林学士杜文献公神道碑》、苏天爵《滋溪文稿》卷二十二《元故徵士赠翰林学士谥文献杜公行状》详其生平，《元儒考略》卷一、《续通志·隐逸传》、《河南通志·流寓》等亦述其事迹。

又，《语孟旁通》，胡炳文《四书通》、张存中《四书通证》皆列为引用书目。

**论孟旁注，李恕撰，佚。**

杨士奇《东里集续集》卷十六曰："《易书诗论孟旁注》，庐陵李省中先生作。简明切当，便于初学。先生名恕，与龙麟洲刘水窗同辈行。余识其从曾孙思益，为沭阳县教谕。其家已不传此书，余所畜总六册，书坊板，颇有阙误。"由此知，《论孟旁注》乃属其《五经旁注》。

李恕，字省中，江西庐陵人，宋末元初人。著有《五经旁注》六卷、《毛诗音训》四卷等。

**论孟类次，吴迂撰，佚。**

见《千顷堂》，《倪卢补志》作"论孟类次"。无卷数。

吴迂有《四书语录》，已著录。

**论孟集注附录，吴迂撰，佚。**

见《千顷堂》。无卷数。又，《经义考》、《倪卢补志》、《钱补志》著录

"孟子集注附录",《经义考》注曰"未见"。

**论孟众记,吴迁撰,佚。**

见《千顷堂》,无卷数。又,《倪卢补志》作"众记",《钱补志》著录"《孟子冢记》一卷"。《雒李辑本》著录"《孟子家(众)记》一卷",未知所据,或"家"为"冢"字之误。

**"论孟经疑"二则,欧阳玄撰,存。**

见《圭斋文集》卷十二。

欧阳玄,字原(一作"元")功,号圭斋。原籍庐陵,后迁浏阳。幼从母读《孝经》、《论语》诸书,有文采。延祐二年(1315)赐进士出身,授平江同知,召为国子博士。拜翰林学士,奉诏纂修《经世大典》、《四朝实录》及辽、金、宋三《史》,召为总裁官,发凡举例,俾论撰者有所依据。后惠宗至元十七年(1357)卒,年八十五。追封楚国公,谥曰文。有《圭斋文集》若干卷。事具《元史》本传、《江西通志》卷七十二、《明一统志》卷六十三。《宋元学案·北山四先生学案》列为"白云门人"。

《圭斋文集》卷十二有"经疑"数则,其中据《论语》、《孟子》发问各一,分别为:"问:夫子以'小器'称管仲,而又以'如其仁'许之,何也?"出自《八佾》篇;"问:孟子以'隘'与'不恭'称夷、惠,而又以'圣人百世之师'推之,何也?"出自《公孙丑上》篇。《圭斋文集》十五卷,今有《四库全书》本。

**"论语中庸论说"四则,刘鹗撰,存。**

见《惟实集》卷一。

《四库全书总目·集部二十》于《惟实集》下曰:"鹗字楚奇,永丰人。皇庆间以荐授扬州学录,累官江州总管、江西行省参政。守韶州,以赣寇围城,力御不支被执,抗节死,其事甚烈。明初修《元史》,失于采录,不为立传,并佚其名。近邵远平作《元史类编》,始为补入《忠义传》。然亦仅及其死节一事,其生平行履则已不可考矣。"

《惟实集》卷一有论说数则，其中论《论语》者三则，分别为"疏水曲肱乐在其中论"，出《学而》篇；"回也不改其乐论"，出《雍也》篇；"浴沂风雩咏而归论"，出《先进》篇。论《中庸》一则，为"鸢鱼飞跃论"。《惟实集》四卷，今有《四库全书》本。

以上"《四书》合刻总义之属"共一七三种，卷数无计。

## 二、《大学》之属

**大学发微一卷，黎立武撰，存。**

《经义考》注曰"存"。《千顷堂》、《钱补志》、《续通考》、《续通志》、《授经图义例》等著录，《金补志》不具卷数。

赵秉政（案：《经义考》作"文"，误，据《千顷堂》等改）序曰："圣人一贯之道，在《易》、《中庸》、《大学》。《中庸》、《大学》杂于礼书，自汉以来，诸儒未有能识之者。宋河南二程夫子实始挈而出之，于是孟氏子没后数千百年不传之道统，粲然复明于天下，伟哉！子贡曰：'夫子之言性与天道，不可得而闻也。'二书言高旨远，辞密义微，读之者固未易窥其涯涘。自考亭《四书》出，学者奉持信受，如读成律。或莫知其何为而出，何为而入，诵言终身。呜呼！圣人立教之大本，果不可得而闻邪？前魁彦所寄黎先生，宿德峻望，如鲁灵光，振铎乡国，以觉后为己任，慨然谓二书道统所载，乃取兼山郭氏说，从而发明之，作《中庸指归》。首以正统君体，释所以名'中'之义。其说曰：'《乾》九二，人道之始，故称龙德正中，中之体也；《坤》六五，心君之位，故称黄中通理，中之位也。帝降衷，民受中，万化之所由出也。'作《大学发微》曰：'《大学》，曾子之书。一书之功在于止善，止善之说，盖取诸《艮》。'曾子固尝称《艮·象》曰'君子思不出其位'，厥旨甚深，所谓一以贯之者，此也夫。《易》冒天下之道，《中庸》、《大学》实出于《易》。先生提纲举要，统宗会同，由是天人相与之际，体用一源之实，昭彻无间。非先生之学深造自得，卓然有见于大本，其孰能与于斯？既又原作者之意，为《中庸分章》，以见绳联珠贯之妙;据旧文之古,为《大学本旨》,以订夫更定错简之疑。备论详说,归其有极,先生有功于圣门,有赐于后学,可谓远且大矣。先生既开山学,以来四方问学之士。又建凤洲精舍,彷佛河汾。兹二书者,先生沉涵有年,宜锓诸梓,以嘉惠同志。董子云:'道之大原出于天,天不变,道亦不变。'吾党同子,苟能端居默识,循初返本,则有以见先生是书无隐乎尔,又何待千载之后子云也哉?"(《经义考》卷一五三引)

吴澄《元中子碑》曰:"官秘省时,阅官书,爱二郭氏《中庸》。郭游程门,新喻谢尚书仕夷陵,尝传其学。将由谢溯郭,以嗣其传,故于《大学》、《中庸》等书,间与世所宗尚者异义。生平著述,积稿如山,演绎旧闻,敷畅新得,有图有赞,有讲义,诸篇悉锓诸木。"(《吴文正集》卷六十五)

《四库全书总目》曰:"《中庸指归》一卷、《中庸分章》一卷、《大学发微》一卷、《大学本旨》一卷,宋黎立武撰。立武字以常,新喻人。咸淳中举进士第三,仕至军器少监、国子司业。宋亡不仕,闲居三十年以终。立武官抚州时校文,举吴澄充贡士,故澄志其墓,自称曰门人。又称'立武官秘省时,阅官书,爱二郭氏《中庸》。郭游程门,新喻谢尚书仕夷陵,尝传其学。将由谢溯程以嗣其传,故言《大学》、《中庸》等书间与世所崇尚者异义'。盖《中庸》之学传自程子,后诸弟子各述师说,门径遂歧。游酢、杨时之说为朱子所取,而郭忠孝《中庸说》以中为性、以庸为道,亦云程子晚年之定论。立武《中庸指归》,皆阐此旨。至其《中庸分章》,则以'天命之谓性'以下为一章,'仲尼曰'以下为二章,'君子之道费而隐'以下为三章,'道不远人'以下为四章,'君子素其位而行'以下为五章,'君子之道,辟如行远'以下为六章,'鬼神之为德'以下为七章,'哀公问政'以下为八章,'诚者天之道也'以下为九章,'惟天下至诚'以下为十章,'诚者自成'以下为十一章,'大哉圣人之道'以下为十二章,'仲尼祖述尧舜'以下为十三章,'惟天下至圣'以下为十四章,'《诗》曰衣锦尚絅'以下为十五章,皆发明郭氏之旨,所言亦具有条理。其《大学》则《发微》一卷,谓曾子传道在一贯,悟道在忠恕,造道在《易》之《艮》。大旨以止至善为归,而以诚意为要。《本旨》一卷仍用古本,皆以为曾子之书不分《经》、《传》,

而以所称曾子为曾晳之言。要其归宿，与程、朱亦未相牴牾，异乎王守仁等借古本以伸己说者也。惟其谓《中庸》、《大学》皆通于《易》，列图立说，丝连绳贯而排之，则未免务为高论耳。此四书本合编，前有大德八年赵秉政《序》。其先《中庸》后《大学》，盖亦从《礼记》原次。此本从今本《四书》之序，移《大学》于《中庸》前，而以秉政之《序》介于四书之间，殊失本旨。今厘正之，还其旧第焉。"

清人沈德寿《抱经楼》曰："圣人一贯之道，在《易》、《大学》、《中庸》。《大学》、《中庸》杂于礼书，自汉以来，诸儒未有能识之者。宋河南二程夫子实始挈而出之，于是孟氏子没后数千百年不传之道统，粲然复明于天下，伟哉！子贡曰：'夫子之言性与天道，不可得而闻也。'二书言高旨远，辞密义微，读之者固未易窥其涯涘。自考亭《四书》出，奉持信受，如读成律。或莫知其何为而出，何为而入，诵言终身。呜呼！圣人立教之大本，果不可得而闻耶？前魁彦喻黎先生，宿德峻望，如鲁灵光，振铎乡国，以觉后学为己任。慨然谓二书道统所载，乃取兼山郭氏说，从而发明之，作《大学发微》，曰：'《大学》，曾子之书，一书之功在于止善。止善之说，盖取诸《艮》。曾子固尝称《艮·象》曰"君子思不出其位"，厥旨甚深。所谓一以贯之者（原缺）。'作《中庸指归》，首以正统君体，释所以名'中'之义，其说曰：《乾》九二，人道之始，故称龙德正中，中之体也；《坤》六五，心君之位，故称黄中通理，中之位也。帝降衷，民受中，万化之所由出也（原缺）。《大学本旨图》。《中庸指归图》。《分章纲领图》十五章。卷后附吴澄撰《元中子碑文》。"

黎立武，字以常，号元中子，新喻人。咸淳四年进士，历国子司业，累官文华阁待制。宋亡不仕，从新喻谢艮斋尚书学《中庸》之学，谢氏学于程门弟子二郭氏。所著有《周易说约》一卷、《大学发微》一卷、《大学本旨》一卷、《中庸指归》一卷、《中庸分章》一卷等。事具《吴文正集》卷六十五《元中子碑》、《江西通志》卷七十三、《明一统志》卷五十五。《宋元学案·兼山学案》列黎氏为"二郭续传"。

《大学发微》一卷，今有《四库全书》本、《学海类编》本、《丛书集成初编》本等。

**大学本旨一卷，黎立武撰，存。**

《经义考》注曰"存"。《千顷堂》、《钱补志》、《续通考》、《续通志》、《授经图义例》等著录。

黎立武自序曰："《大学》一书，学者皆以先儒更定错简为据。《本旨》之述，则因本文次序讲寻厥旨，将以备考订也。"（《四库全书》本书前）

朱彝尊案曰："黎氏《大学》，其诠'格物致知'云：'格物即物有本末之物，致知即知所先后之知。盖通彻物之本末，事之终始，而知用力之先后耳。夫物，孰有出于身心家国天下之外者哉？天下之本在国，国之本在家，家之本在身，身之主在心，心之发为意，此物之本末也。诚而正，正而修，修而齐，齐而治，治而平，此事之终始也。本始先也，末终后也，而曰'知所先后'者，其究在乎知止而已。'其后，心斋王氏亦云：'格物者，格其物有本末之物；致知者，致其知所先后之知。'心斋虽为姚江之学，而其论格物与师说殊，不知语本于黎氏也。"（《经义考》卷一五七引）

《大学本旨》一卷，今有《四库全书》本、《学海类编》本、《丛书集成初编》本等，各本前均有《古大学本旨图》。

**大学说一卷，何梦桂撰，佚。**

《经义考》注曰"佚"。《王续通考》、《浙江通志·经籍二》著录。

何梦桂有《中庸大学说》二篇，已著录。《经义考》既著录何氏"《中庸大学说》二篇"，注曰"存，载集中"；又著录其"《大学说》一卷"，注曰"佚"，盖以二者非一书也。

**大学讲义二卷，吴季子撰，佚。**

《经义考》注曰"未见"。《世善堂》、《王续通考》、《福建通志·艺文一》著录，后二书不具卷数。

《福建通志·文苑》曰："吴季子，字节卿，邵武人。宝祐间登文天祥榜，官国子监丞。笃学工文，著有《大学讲义》。"

**大学章句疏义一卷，金履祥撰，存。**

《经义考》注曰"未见"。《王续通考》（不具卷数）、《千顷堂》、《金补志》（作"二卷"）、《倪卢补志》、《钱补志》、《浙江通志·经籍二》著录。《授经图义例》、《续通考》皆作"《大学疏义》一卷"。

柳贯序曰："《大学》，文公既定次《章句》，而《或问》之作，所以反复章明其义趣者尤悉。然后之学者尚有疑焉，先生复随其章第，衍为《疏义》以畅其文，申为《指义》，以统其会。《大学》之教，于是乎无毫发之滞矣。"（《经义考》卷一五七引）

胡凤丹序曰："《大学》一书，宋以前犹列《戴记》中，不甚尊而信之也。自伊川先生教人读书先看《大学》，而朱子始作《章句》，且曰'平生精力尽在此书'，复作《或问》，以申明之，然后圣人之微言奥义，遂昭然若揭日月而行江河。然朱子《答许顺之书》云：'《大学》之说，近日多所更定。'一年之内，《章句》屡更，而《或问》未改，二书不甚相符。故学者疑之，此仁山先生《大学疏义》所由作也。先生姓金氏，字吉父，谥文安，兰溪人。初补郡博士弟子，以文名。德祐初，诏为迪功郎、史馆编校，辞不受。家贫饔飧不继，独抱遗经，力学不倦。其为学私淑朱子，尝读《大学章句》，穷日夜之力，循其章第，畅其意旨，遂成是书，为朱子补其未逮。并作《指义》一篇，以发其凡。而为之序者，其弟子柳文肃也。是编雍正间，先生十八世孙律重刻于家，首序者滇海赵元祚、东阳王崇炳，而先生《指义》之说与柳序，均散佚无存。余惧其久而益淹也，乃重锓以永其传。后之读《大学》者，得是书而参考之，苟不忽于讲说之浅近，而由是以求格致诚正修齐治平之理，一一有得于身心，则岂独先生之所深望哉？当亦子朱子所愿引为同志者矣。同治十二年癸酉五月，永康后学胡凤丹月樵甫序于鄂垣之退补斋。"（《丛书集成初编》本书前）

《四库全书总目》曰："《大学疏义》一卷。宋金履祥撰。……履祥籍隶兰溪，于王柏为同郡，故受业于王柏。然柏之学，其诋毁圣经，乖方殊甚。履祥则谨严笃实，犹有朱子之遗。初，朱子定《大学章句》，复作《或问》以申明之。其后《章句》屡改，而《或问》则不复改，故前后抵牾，学者犹有所疑。履祥因随其章第，作《疏义》以畅其旨，并作《指义》一篇以括其要,柳贯尝为之序。朱彝尊《经义考》于二书皆注'未见',但据《一斋书目》著于录。此本为金氏裔孙所刊,盖出于彝尊《经义考》之后。然仅存此《疏义》一卷,其《指义》及贯《序》则并佚之矣。书中依文铨解,多所阐发。盖仁宗延祐以前尚未复科举之制,儒者多为明经计,不为程试计,故其言切实,与后来时文讲义异也。"

周中孚《郑堂记》曰:"《大学疏义》一卷,藕塘祠塾重刊本。宋金履祥撰。《四库全书》著录,倪氏、钱氏《补元志》俱作《大学章句疏义》。朱氏《经义考》于《大学章句疏义》下文载《大学指义》一卷,俱注曰'未见',又注曰'《一斋书目》有此本'。为其十世孙律道(律)合《论孟考注》重梓,已无《指义》,则佚之久矣。仁山从学于王鲁斋柏,为朱子之四传弟子,而其学较鲁斋为笃实。初,朱子既定次《大学章句》,而《或问》之作,所以反复章明其义趣者尤悉。然后之学者尚有疑焉,仁山复随有章第,衍为《疏义》,悉本传注而发挥之。于举业为近,然根柢既深,较之世之讲章,固不可同日语也。书刊于雍正己酉,前有赵元祚、王崇炳二序(案:赵、王二序乃兼《大学疏义》与《论孟集注考证》二书而言,序文见《论孟集注考证》条下)。"

《大学疏义》一卷,今有《四库全书》本、《金华丛书》本、《率祖堂丛书》本、《丛书集成初编》本等。

## 大学指义一卷,金履祥撰,佚。

《经义考》注曰"未见"。《钱补志》、《浙江通志·经籍二》著录。

## 大学稽疑一卷,胡希是撰,佚。

《经义考》注曰"未见"。《世善堂》、《王续通考》皆署"何希是","何"当为"胡"字之误。

胡希是,字则翁,高安人,《江西通志》卷七十一曰:"仲霖(案:当为'仲云')子。幼通经史,十五游京师,一时名公折行辈与之交。常谒江古心,得其作文之法,下笔有西汉风。宋亡,随父隐遁。所著有《洪范考订》、《大学稽疑》、《太极图说》、《史论》及《于山集》。"

**大学发明一卷，王文焕撰，佚。**

《经义考》注曰"佚"。《钱补志》、《浙江通志·经籍二》著录。

**大学集传一卷，马端临撰，佚。**

《经义考》注曰"未见"。《世善堂》、《王续通考》、《千顷堂》、《钱补志》著录。

《江西通志》卷八十八曰："马端临，字贵与，乐平人。廷鸾子，咸淳中漕试第一。廷鸾与贾似道不合，去国，遂侍疾，不与计偕。入元，父友留梦炎为吏部尚书，欲引之，以亲疾力辞。廷鸾薨，起为柯山书院山长，教授台州路学，引年归。著有《文献通考》、《大学集传》、《多识录》。"《宋元学案·介轩学案》列马氏为"曹氏门人"。

**大学口义一卷，吴浩撰，佚。**

《经义考》注曰"佚"。《千顷堂》、《倪卢补志》不具卷数，《钱补志》著录吴浩"《大学讲义》一卷"，未知与"口义"是否为一书。

《千顷堂》注曰："字义夫，休宁人。隐居不仕。"《经义考》引《徽州府志》曰："吴浩，休宁人。隐居不仕，著《直轩大学口义》。"又，程敏政《篁墩文集》卷四十八《吴氏亲茔表》曰："休宁著姓凡六七，商山吴氏其一焉。……锡畴生三子，其仲曰浩，世其学，号直轩，所著曰《大学口义》。"

**大学解义一卷，徐失名撰，佚。**

《经义考》注曰"未见"。

谢枋得跋曰："《大学解义》一篇，临川老儒徐公著述也。朱文公平生精神志愿，悉在《四书》。后进剽窃绪余，高可以取卿相，下亦投合有司而掇巍科。天下家藏其书，人遵其道，与《六经》、《论语》、《孝经》、《孟子》并行。惜乎知之者尚未致，行之者尚未力，《四书》何负人？人负《四书》亦多矣。是编初意，岂欲发朱文公言意所未尽者邪？抑尊信文公之学诚求实践自不能已于言者邪？厥子以示某，某览尽卷，不能赞一辞，所重于徐公之子者，惟于'力行'二字加意焉。俾人知朱文公之学不徒议论，要见朴实，

则此编亦必为世所尚矣。"(《叠山集》卷三《大学解义跋》)

撰者徐姓,江西临川人,名字无考。谢枋得为宋元间人,文中称徐氏为"老儒",则年龄或略长于谢氏。

**大学要略直说一卷,许衡撰,存。**

《经义考》注曰"存"。《钱补志》著录。《王续通考》作"大学直说",《焦志》、《千顷堂》、《倪卢补志》作"大学要略",《金补志》作"大学直说,又大学要略"。洪宽序曰:"《大学要略》一书,元鲁斋许先生直说以教人也。"则"要略"、"直说",其实一也,非指二书。《授经图义例》著录许衡"《大学诗解》一卷",又著录"《大学要旨》一卷",未知"要旨"与"要略"是否为一书。

陈普序曰:"心者,际天极地而一者也。《易》六十四卦吃紧言心者二,《坎》之'行有尚',《中孚》之'吾与尔縻',吃紧言心者也。八卦《坎》中,实心之象也。心者,帝降之衷也。帝至公无私,至一无二,所降之衷,天地间无不得,故行必有尚。尚,合也,行必有合,无在不在故也,孔子所以浮于海也。《中孚》,诚心也,无间于天地人物者也。全体中虚,二体中实,皆无间无杂之诚心也。故为好爵,好爵之縻系而不能释也。吾与尔縻,彼此、人己、亲疏、远近,交系之不能释,而莫知其所以然也。是皆天命之不能已,孟子所谓'道性善'也。吾闽自有天地以来,为草木篁竹之地,至唐始有书声。书声三百年,而文公朱子生焉,道统在焉,心之无在无不在也。许平仲,覃怀人也。相后不百年,而相去数千里,一旦于吾朱子之书,忻喜踊跃,如获连城。上以广一人尧舜之心,下以起同类曾闵之行,而复能真体实践,蔼然于立身处家进退行藏之际。六合既一,北方人物之美、趣尚之正,不绝于南来者之口,而《四书》之担发于武夷之下,逾江、淮、黄河,越行、华,出居庸、雁门、玉门,以及于日月之所照,霜露之所坠。是固平仲之功,亦无非帝畀之使然也。当时朱子,灯火之前,夜半不寐,推床之际,岂知身后之契在于太行之东与其书之弥满天地哉?大要降衷秉彝,无间于混然中处之类,但须勤行敬守,则不患于无相知者。明道先生子程子曰:'但得道在,不系今与后、己与人。'吾于朱文公、许鲁斋亦云。"(《经

义考》卷一五七引）

　　陈钧序曰："古者大学教人之法，备见于《大学》之书。河南程子尊信而表章之，上接孔子不传之统，下开后世入学之门，其功至矣。地相近而得其传者，许公也。公之源派流衍益广，今中书宰相、御史中丞、行中书右丞，其正传也。凡仕于朝，仕于外，有道德之润以及于民者，亦皆许公之徒也。愚宦游南北，颇得托交于公之徒，相与讲公之学久矣，今也始得见《大学要略》于昌江镇守王氏之家。伏而读之，其要也能发其微，其略也不伤于简。《中庸》曰：君子之道，夫妇之愚，可以与知，可以与能；及其至也，圣人有所不能知，不能行。许公既举其要，惟世祖皇帝大圣人能知之，能行之用之以平天下，亦既效矣。今刻此书以布于天下，使人人能正其心，则无负于学矣。王氏虽不获登公之堂，而能广公之学，亦可嘉也。"（《经义考》卷一五七引）

　　冯庚跋曰："《大学》一书，乃学者入德之门，而修齐治平之律令格例也。三在八条，炳若日星；一经十传，粲然经纬。自子朱子《章句》、《集传》、《或问》、《语录》之说兴，而其义大明于天下。江南之人，家传日诵，然求其明效大验，似未能满人意，岂徒视为空言之书而无以见于日用之大欤？庚幸甚，三造大都，与北方学士大夫游。承颜接辞之间，知有鲁斋左丞许先生以道学倡于北，亦既取知于圣明，略施其所学矣。凡执经于许公之门者，大而丞相、御史，次而部刺史、郡二千石，皆以其学有名声于时。而愚也莫由顺下风而请，每重责沈之叹。及归江南，见先生《小学》之书，大义温润精纯，根极理致，是宜称为当世之儒宗也。揭来常武路，达噜噶齐托尔齐视篩，未几，一日谓予曰：'旧藏鲁斋《大学要略》善本，今绣之梓，以广其传。'庚敛衽而读之，辞简而明，直而文，如丝麻穀粟，坦明平易，人人可以与知与行，而至理之妙皆浑然乎其中，实穹壤间之一大奇书也。俾予跋之，予惟天下之理无乎不在，无远近大小精粗之间，孔门之高弟有曰：'君子之道，孰先传焉？孰后倦焉？譬诸草木，区以别矣。'故程子释之曰：'圣人之道更无精粗，从洒扫应对与精义入神，贯通只一理。'今观是书，其言近，其旨远，名虽'要略'，而义则精详也。俾其书参行于世，益明《大学》教人之法，公之意美矣。抑公之为此者，要不特以簿书期会为事，而有以训其人使知义理之归,蔼然为蜀文翁之盛,以无负于师帅之任,是又承流宣化之美政也。庚不揆,喜而识之。"(《经义考》卷一五七引)

郝绾序曰:"吾乡许文正公鲁斋先生,身任斯道,接濂洛关闽之传,其嘉言善行,《遗书》所收者甚少。绾谢事乡居,宫保幸庵彭公过临,命与其曾孙泰和博求遗集,萃为《全书》以传,未能也。是编乃先生直言以教人者,其言切近精实,人所易晓。天台克庵陈公督学吾中州,尝表章之,以训吾多士。绾幸私淑而与有闻者,故先刊诸梓,与吾同志者共之。或者疵先生不当仕元,於戏!楚之僭公山佛肸之叛,孔子尚欲往,况生其地而为之民,坐视生民之糜烂而不之救,则心亦何能忍,而身亦何所逃哉?自今观之,纲常不至于灭绝,人类不至于泯棼,谁之功也?夷考先生之行,其是其非必有能辨之者,因僭及之。正德戊寅春三月壬子,河内郝绾谨序。"(《鲁斋遗书》卷十四《郡人郝绾大学要略序》)

洪宽序曰:"《大学要略》一书,元鲁斋许先生直说以教人也。夫天生烝民,固莫不付之以性,而弗能使之皆有,以知其所固有而全之,固不能无待于教也。古之圣人,若伏羲、神农、黄帝、尧、舜、禹、汤、文、武,首出庶物,作之君师。于是人生八岁而教之以小学之方,十五而教之以大学之要,而大学、小学之教,盖已立矣。逮吾夫子之圣,继群圣之统,以教诏于天下,而人有所启迪,以复厥初,则大学、小学之教又弥著矣。曾子述之,作为传义,以发其趣。朱子因之,集为《章句》,以释其意。由是《大学》所以教人之法彰彰明甚,无以加焉。学者由《章句》而溯其传义,由传义以明夫圣经,若披云雾而睹青天,翦荆棘而循大路,坦然由之而造乎大道之要,盖有不知其然而然者矣。爰及有元,圣道沦湮,鲁斋先生居司成之重任,寻道学之坠绪,历览圣经,旁通传注,撮其大要,不工文词,直说大学教人之方,以开示后之学者。其言约而达,微而臧,虽庸人孺子皆有以知,这便是明明德、新民之说,这便是止于至善之谓,这便是格致诚正之方,这便是修齐治平之理。然后古者《大学》教人之道,圣经贤传之旨,莫不焕然融会,洞然昭灼,夫岂复有余蕴哉?是书也,传之虽久而未盛行。逮我皇明文教诞兴,河南宪臣临海陈先生奉勅提督学校,停骖之初,首搜儒书,得其故本,乃沉潜考订,更互演绎,补其阙略,发其微义。每历一所,辄召校官集诸生立馆下，出以示之，日令讲诵，亲加训迪。凡环黉宫而观听者，亦无不释然有悟于心，充然自得其理。宽叨领郡寄，学校所当先也，于是谋于同官桐江闻君孟刚、京口陶君茂，各捐俸锓梓，以广其传。呜呼！圣人之道著于经，犹化工之妙著于物，虽曰简易易知，然非鲁斋直说以教人，则微词奥义，孰有以得其理而复其性者哉？若是篇者，不惟有补于化民成俗之意，而实有功于圣门也大矣。宽于是忘其固陋，叙其岁月于刊梓之后，庶几学者授是篇，而知二先生教人之意，昭昭于无穷矣。"（《经义考》卷一五七引）

许衡，字仲平，河内人。与刘因、吴澄并称元代三大儒。幼有异质，七岁入塾，授章句，问其师曰："读书欲何为？"师曰："取科第耳。"曰："如斯而已乎？"师大奇之。流离世乱，勤学不辍。学于姚枢，得程朱《易传》、《四书集注》、《或问》及《小学》书，所获甚多，乡人从学者盛。元世祖王秦中，召为京兆提学，教化大行。及即位，命为国子祭酒，称病归。至元八年（1271），命为集贤大学士兼国子祭酒。十三年（1276），与郭守敬等定《授时新历》。十八年（1281）卒，年七十三。赠司徒，谥文正。延祐二年（1315），从祀孔子庙庭。所著有《孝经注》、《大学直说》及《文集》若干卷。事具《元史》本传、《元儒考略》卷一、《史传三编》卷八、《河南通志·理学》等。《宋元学案》卷九十立《鲁斋学案》，列许氏为"江汉所传"。

《大学要略直说》一卷，今存于《四库全书》本《鲁斋遗书》卷三、《丛书集成初编》本《许鲁斋集》卷三。据《中国古籍善本书目》，北京图书馆及山东省博物馆藏有明成化十六年吉府刻本，题名"鲁斋许先生《直说大学要略》一卷"。

**大学直解一卷，许衡撰，存。**

见《鲁斋遗书》卷四。

《大学直解》一卷，今有《四库全书》本、《许文正公遗书》本、《西京清麓丛书正编》本、《洪氏唐石经馆丛书》本等。

**鲁斋大学诗解一卷，许衡撰，未见。**

《经义考》注曰"未见"。《授经图义例》作"大学诗解"，《南雍志》、

《千顷堂》、《倪卢补志》皆作"大学鲁斋诗解"。梅氏注曰:"鲁斋许衡撰,拟《养蒙大训》而作。每《大学》一义,辄以七言绝句解之。"黄虞稷注曰:"每《大学》一义,赋七言绝句解之。"

据《辑本》,《大学鲁斋诗解》一卷,今有元刻本,版明初入南监。

**论明明德一篇,许衡撰,存。**

见《鲁斋遗书》卷三。

《丛书集成初编》本《许鲁斋集》卷三亦收录本篇,题曰"答丞相问论大学明明德",为书信一篇。

**大学广义二卷,熊禾撰,佚。**

《经义考》注曰"未见"。《世善堂》著录,《千顷堂》、《钱补志》、《福建通志·艺文一》不具卷数。

宋眉年序曰:"此篇作于建人熊君去非,摅其生平所学,欲施之事而未能者,悉载之书。谓致知诚意之学,自心身而家国天下,无一事可离此二节工夫。至论'新民'后一截,酌古通今,如身履其中,灼见可以措世隆平、致君尧舜而后笔之。于是《大学》十经一传,字字俱实理,句句非虚文。释天下有体无用之疑,著儒者明体适用之学,广圣贤全体大用之功。惜乎身与世违,以今观之,亦只付之空言而已。熊君多著述,有《大学广义》,篇帙浩大,未见全书。近略获观《广义要旨》,其用心极不苟。此编又要旨中之要旨,而谓之'口义'云者,不敢侈言也。呜呼!其果付之空言而已耶?言而至此,安得不为之抚编三叹!"(《经义考》卷一五七引)

《宋元学案·潜斋学案》于"熊禾"下曰:"今所传者,《易义》、《大学讲义》而已。"未知"讲义"与"广义"是否为一书。《雒李辑本》注曰:"雒竹筠先生稿有元刊本。"

**大学指掌图一卷,胡炳文撰,佚。**

《经义考》注曰"未见"。《王续通考》、《千顷堂》、《金补志》、《倪卢补志》、《钱补志》、《续通志》、《江南通志·艺文志》等著录。

**大学释旨一卷，程仲文撰，佚。**

《经义考》注曰"未见"。《钱补志》著录。

胡炳文序曰："予沉潜读《四书》六十年，近为《纂疏》、《集成》有讹舛处，不得已为《通》一编。友朋得之，则以锓之梓，予悔之早。程仲文旧从予游，予以其嗜学，极爱之。今所著《大学释旨》，辞简严密，图明该贯，视《章句》有所发挥，于予《通》有所传授。识者表章之，荐剡交飞，将以上闻。仲文年方壮，学方进未已，此书之出，视予得无又早乎？虽然，知人易，受知难，自知尤难，《大学》'诚意'章言自知之真也。仲文其益务自知，庶不负识者之知乎？仲文勉之。虽然，予年八十，亦不敢不自勉也。至顺庚午三月既望，云峰老人胡炳文序。"（《云峰集》卷三《大学释旨序》）

程仲文，曾从胡炳文游，生平无考。《宋元学案·介轩学案》列为"云峰门人、晦翁五传"。

**大学四传小注一卷，齐履谦撰，佚。**

《经义考》注曰"未见"。《千顷堂》、《金补志》、《倪卢补志》、《钱补志》、《续通志》著录。

齐履谦，字伯恒，大名人。至元十六年（1276），初立太史局，补星历生。至大三年（1310），升授时郎。仁宗即位，擢国子监丞，改授奉直大夫、国子司业。家贫笃学，淹贯经籍，著《大学四传小注》一卷、《中庸章句续解》一卷、《论语言仁通志》二卷、《书传详说》一卷、《易系辞旨略》二卷、《易本说》四卷、《春秋诸国统纪》六卷。事具《元史》本传，苏天爵《滋溪文稿》卷九有《元故太史院使赠翰林学士齐文懿公神道碑铭》，详其生平。

**大学丛说一卷，许谦撰，存。**

《经义考》注曰"未见"。《千顷堂》、《倪卢补志》著录。

许谦有《读四书丛说》，已著录。《大学丛说》一卷，即属《读四书丛说》。今有《经苑》本、《金华丛书》本、《四部丛刊续编》本、《四库全书》本、《续修四库全书》本、《丛书集成初编》本等。

**大学辨疑一卷，吕洙撰，佚。**

《经义考》注曰"佚"。《千顷堂》作"《大学辨》一卷"，《倪卢补志》（无卷数）、《钱补志》著录。

《宋元学案·北山四先生学案》列吕氏为"白云门人"，曰："吕洙，字宗鲁，溥之兄也。在白云门，服其精敏，未究而卒。有《周易图说》、《太极图说》、《大学辩疑》。"《浙江通志·儒林中》亦述其生平。

**大学疑问一卷，吕溥撰，佚。**

《经义考》注曰"佚"。《千顷堂》、《倪卢补志》（无卷数）、《钱补志》著录。

吕溥有《四书辨疑》，已著录。

**大学总会五卷，周公恕撰，佚。**

《经义考》注曰"未见"。《焦志》、《千顷堂》著录，《授经图义例》作"《大学统会》五卷"。

张萱曰："总载《或问》、宋儒语录及考亭师弟问答《大学》语。"（《经义考》卷一五七引）

周公恕，生平无考。《千顷堂》著录《近思录集解》十四卷，注曰："吉安人，就叶采《集解》参错杂折之，非叶氏本书也。"未知是否即指其人。

**大学治平龟鉴一卷，李朝佐撰，佚。**

《经义考》注曰"佚"。《钱补志》著录。

傅若金序曰："龟以卜，鉴以监，帝王之道以法，虽圣人不敢易焉。故卜而不求乎龟，则不能知夫事；监而不求鉴，则不能正夫类；为法而不求乎帝王之道，其能以平治天下乎？是故善为治者，以前言为龟，以往行为鉴。吉凶罔不有以知于前，善恶靡不有以监于后，择而行之，由一身而达之天下，其犹运诸掌矣。此无他，知所法焉。《大学》一书，古今帝王为治之要道也。宋子朱子既集儒先之说以为《章句》，而行诸世矣。今李氏不畔其说，而能增之，发明以申其义；又引事比类，凡唐、虞、三代下及汉、唐历代之君，善可以则，恶可以戒者，悉附著于其下，名曰《大学治平龟鉴》。其言数千，杂出五经诸史之文，察其用心勤矣。昔唐宋璟进《无逸图》而警戒之道成，张九龄上《事鉴》而讽谕之功著。《治平龟鉴》之作，殆亦欲见诸行事者耳。而二公处辅相之近，其言易以行；李氏居山林之远，其书难以见知。虽然，刍荛之言，圣人不废，况托于经以行者乎？居今无知其书则已，苟有知者，采而上之，使不见废，则于帝王平治天下之道，岂独无所裨哉？李氏，云阳人，字朝佐，穷经积学，盖有志当世之务云。"（《傅与砺文集》卷四《李氏大学治平龟鉴序》）

王沂跋曰："穷经将以致用者也，汉之儒者亦尝以《六经》之学窃见于用。如以《禹贡》行河，以《春秋》断狱，以三百五篇进谏。《六经》之用，固不止于此。然视夫授之以政不达，使于四方不能专对者如何也？余有取乎《大学治平龟鉴》者，以此云。"（《伊滨集》卷二十二《题大学治平龟鉴后》）

李朝佐，云阳人，生平无考。

**大学明解一卷，李师道撰，佚。**

《经义考》注曰"佚"。《焦志》、《南雍志》、《千顷堂》、《倪卢补志》、《钱补志》著录。

李师道，江苏高邮人，生平不详。《南雍志》注曰："高邮月湖李氏撰。仕通州教授，不知何名。"《千顷堂》注曰："称高邮月湖李氏，尝为通州教授。"

**大学本末图说一卷，程时登撰，佚。**

《经义考》注曰"佚"。《倪卢补志》、《钱补志》、《续通志》著录。

程时登自序曰："《大学》曰物有本末，其本乱而末治者否矣。以是考之，尧、舜之所以帝，禹、汤、文、武之所以王，汉、唐之所以仅治而旋乱，秦、隋之所以大乱而遂亡者，效盖可见也。宋受天命，以道治天下，于是河南二程子出，始取是书而推明之。崇正数札，叔子岂徒托之空言哉？自是厥后，朱子有《章句》，西山有《衍义》，虽至治之泽未溥，而大道之要已明矣。历代指掌，旧尝有图。顾纲目有图，义例多舛，因复为此，以备观览，名曰《大学本末图》。起春秋，迄五季，凡若干年。君德之修否，治体之醇疵，国祚之短长，世道之否泰，并然易见。岁月举而天时明，正闰分而君道立，灾异纪而人事验，君子小人内外之位定，而盗贼僭乱消长之势分。唐、虞、三代之君，其本正而末随之，故修身而下四者之目详，天下国家事既简而治亦隆。汉、唐以来之君，不反其本而求其末，故修身以下四者之目略，天下国家事徒烦而治愈寡。人知《大学》之道有时而不彰，而不知《大学》之道无时而可易也。呜呼！我之为是图也，可以感矣。事及帝王，而图始春秋。《大学》，帝王心法治法，《春秋》之法外意也。欧阳子修《五代史》曰：'此乱世之书也，吾用《春秋》之法，师其意不袭其文，故述本纪以治法而正乱君。'呜呼！本之《大学》之道，绳之以《春秋》之法，后之观是《图》者，其必有所感矣。"（《经义考》卷一六一引）

朱彝尊案曰："许瑶作《行状》称，《大学本末图说》自尧即位甲辰，迄周显德己未。今由《自序》绎之，则图始于春秋，非自尧甲辰始也。咸淳甲戌，合试江东九路士子，时登居首，入太学。宋鼎既移，入元不仕。"（《经义考》卷一六一）

程时登，字登庸，饶州乐平人。从德兴程正则先生游，与马端临友善。所著有《易学启蒙》、《历象赘语》、《诗传遂意》、《礼记补疏》、《深衣翼》、《孔子世系图》、《春秋集传》、《太极图说》、《通书西铭补疏》、《参同契语》、《近思录》、《律吕新书赘述》、《过庭训》、《易轩开卷》、《甲子续纂》、《大学本末图说》、《中庸中和说》、《伊洛渊源续录》、《臣鉴录》、《处士传》、《读书会意录》、《万卷赘稿》、《感兴诗讲义》、《古诗订义》、《八阵图解》、《文章源委》、《洎阳录》等数种。学者称述翁先生。咸淳中入太学，宋亡不仕。事具《新安文献志》卷七十许瑶所撰《时登行状》及同书《先贤事略上》。《宋元学案·介轩学案》列程氏为"古山门人、晦翁三传"。

**大学章图纂释一卷，程复心撰，存。**

见《千顷堂》、《倪卢补志》。《经义考》未著录。

程复心撰有《四书章图纂释》，已著录，《大学章图纂释》一卷即属其中。《四书章图纂释》二十卷，据《辑本》，今有北京图书馆及山东省博物馆藏元刻残本。

**大学经传直解，钱天佑撰，佚。**

见《钱补志》，无卷数。《经义考》未著录。

《四库全书总目》卷八十九于《叙古颂》二卷下曰："天佑，履籍未详。是书前有延祐五年三月进表，称'臣于延祐元年作《大学经传直解》，进献皇太子'。"

钱天佑，"佑"一作"祐"。生平无考。又有《孝经经传直解》，杨士奇为之作跋。

**大学通旨一卷，蒋文质撰，佚。**

《经义考》注曰"未见"，案曰："《聚乐堂艺文目》有之。"《授经图义例》、《焦志》、《千顷堂》著录。

沈梦麟《花溪集》卷三有《和同考官蒋文质韵》一诗，梦麟为元末人，则文质亦为同时人也。

**大学说约一卷，蔡季成撰，佚。**

《经义考》注曰"未见"。《千顷堂》作"《大学说约》一册"。

蔡季成，生平无考。

**大学章句纂要一卷，蒋玄撰，佚。**

《经义考》注曰"佚"。《王续通考》(无卷数)、《浙江通志·经籍二》著录。

蒋玄有《四书笺惑》、《四书述义通》，已著录。

**大学演正一卷，曾元生撰，佚。**

《经义考》注曰"佚"。

据王逢《梧溪集》卷四《读俞建德诗稿》之小序，曾（一作曹）元生，江西人。宋末，屏居教授。著有《春秋凡例》、《大学演正》。

**大学补遗一卷，钟律撰，佚。**

《经义考》注曰"佚"。

王逢《梧溪集》卷五曰："钟伯纪，名律，汴人。由乡贡进士，权儒学官。前后征辟，并以疾辞。有《大学补遗》行于世。"

**大学章旨，蒋允汶撰，佚。**

《经义考》注曰"佚"。《浙江通志·经籍二》著录。无卷数。

蒋允汶撰有《四书纂类》，已著录。

**大学直解，徐渊撰，佚。**

见《浙江通志·经籍二》，无卷数。《经义考》未著录。

徐渊，兰溪人，生平无考。

**大学辩问一卷，余学古撰，佚。**

见《浙江通志·经籍二》。《经义考》未著录。

《宋元学案·木钟学案》列余氏为"慎斋门人"，曰："余学古，青田人。胡汲仲初师先生，先生师邑人王梦松，梦松受学龙泉叶味道，味道则朱文公弟子也。"王梓材案曰："先生著有《大学辩问》，尝为国子正。"

**大学章句笺注，郑仪孙撰，佚。**

见《王续通考》，无卷数。《经义考》未著录。

郑仪孙有《大学中庸章句》，已著录。

以上"《大学》之属"共三十七种，卷数无计。

## 三、《论语》之属

**缑山论语旁通四卷，杜瑛撰，佚。**

《经义考》注曰"未见"。《王续通考》作"论语旁通"，无卷数；《焦志》作"《论语旁通》四卷";《南雍志》著录"《论语旁通》二卷";《千顷堂》作"缑山杜氏《论语旁通》二卷,一作四卷";《倪卢补志》作"《论语旁通》二卷,一作八卷"。《雒李辑本》作"维山杜氏《论语旁通》四卷","维"当为"缑"字之误。

杜瑛有《语孟旁通》八卷,已著录。《千顷堂》注曰:"有中山李桓序。桓,字晋仲,溧水人。"李桓序今未见。《缑山论语旁通》与《孟子集注旁通》皆当属《语孟旁通》。

**论语章指,刘庄孙撰,佚。**

《经义考》注曰"佚"。《钱补志》著录。无卷数。

刘庄孙,字正仲,天台人。有文名,与舒阆风、戴表元友善。所著有《易志》十卷、《诗传音旨补》二十卷、《春秋本义》二十卷、《论语章指》、《老子发微》及《樗园先生文集》等。《宋元学案·水心学案下》列刘氏为"吴氏门人、季节五传"。

**论语集义一卷,王鹗撰,佚。**

《经义考》注曰"佚"。《千顷堂》、《金补志》、《倪卢补志》、《钱补志》著录,《山东通志·经籍志》作"二十卷"。

王鹗,字百一,曹州东明人。金正大元年(1224),中进士,授应奉翰林文字。元世祖访求遗逸之士,召对进讲《孝经》、《书》、《易》及齐家治国之道,受赏识。世祖即位,授翰林学士承旨,加资善大夫。典章制度,皆所裁定。至元十年(1273)卒,年八十四,谥文康。所著有《论语集义》一卷、《汝南遗事》二卷,诗文四十卷,曰《应物集》。事具《元史》本传。

**论语言仁通旨二卷,齐履谦撰,佚。**

《经义考》注曰"佚"。《千顷堂》、《倪卢补志》、《钱补志》著录,《金补志》作"《言仁通旨》二卷"。

齐履谦有《大学四传小注》一卷,已著录。

**增集论语说约,单庚金撰,佚。**

《经义考》注曰"佚"。《钱补志》著录。《浙江通志·经籍二》作"论语增集说"。无卷数。

戴表元《单君范墓志铭》曰:"又读《论语》,去取诸儒,本题为《增集论语说约》者若干卷。"(《剡源文集》卷十六)

单庚金,字君范,剡源人。与戴表元友善。省试遭黜,归隐晦溪山中三十年,日夜苦读经书。大德九年(1305)卒,年六十七。所著有《春秋传说分记》五十卷、《春秋传说集略》十二卷、《增集论语说约》、《晦溪处士余力稿》等。事具戴表元《剡源文集》卷十六《单君范墓志铭》。

**"论语讲义"十五则,戴表元撰,存。**

见《剡源文集》卷二十五、二十六。《雒李辑本》著录"《论语讲义》一卷",注曰"有《剡源集》本",盖指此十五则。

戴表元,字帅初,庆元奉化人。咸淳中登进士第。大德八年(1304)拜信州教授,调婺州,以疾辞。初,表元悯宋季文章萎靡,慨然以振起斯文为己任,受业于王应麟、舒岳祥诸先生。至元、大德间,东南以文章大家名重一时者,唯表元而已。有《剡源文集》三十卷。《元史》入《儒学传》。《宋元学案·水心学案下》列戴氏为"舒氏门人、季节六传",《深宁学案》列为"深宁门人"。《浙江通志·文苑三》、《续通志·文苑传》亦述其生平。

《剡源文集》有"讲义"二卷,其中《论语》讲义十五则,分别为:"子曰先进于礼乐野人也一章"、"子与人歌而善必使反之而后和之"、"孟之反不伐一章"、"子曰富与贵是人之所欲也一章"、"子以四教文行忠信"、"子曰德不孤必有邻"、"仲弓为季氏宰问政一章"、"子曰觚不觚觚哉觚哉"、"子曰回也其庶乎屡空一章"、"子罕言利与命与仁"、"祭如在一节"、"子路使子羔为费宰一章"、"子曰善人为邦百年一章"、"子曰伯夷叔齐不念旧恶怨是用希"、"子曰后生可畏焉知来者之不如今也四十五十而无闻焉斯亦不足畏也已"。

《剡源文集》三十卷,今有《四库全书》本、《丛书集成初编》本等。

**论语训蒙口义，陈栎撰，佚。**

《经义考》注曰"未见"。《千顷堂》、《倪卢补志》、《钱补志》著录。无卷数。

陈栎自序曰："读《四书》之序，必以《大学》为先。然纲三目八，布在十有一章，初学未有许大心胸包罗贯穿也。《论语》或一二句、三数句为一章，照应犹易，启发侗蒙，宜莫先焉。朱子《集注》浑然犹经，初学寔未易悟。坊本句解率多肤舛，又祇为初学语，岂为可哉？栎沉酣《四书》三十年余，授徒以来，可读《集注》者固授之，唯谨遇童生钝者，困于口说，乃顺本文，推本意，句释笔之。其于《集注》，涵者发，演者约，略者廓，章旨必揭，务简而明，旬积月累，累以成编，袭名《论语训蒙口义》。自《集注》外，朱子之《语录》、黄氏之《通释》、赵氏之《纂疏》，洎余诸儒之讲学可及者咸采之，广汉张氏说亦间取焉。栎一得之愚，往往附见，或有发前人未发者，实未尝出朱子窠臼外。丙申春，质之弘斋曹先生，一见可之，畀之序，勉之刊。赖同志助之，历四年始成。自揆晚生，惧贾僭逾罪，抑不过施之初学，俾为读《集注》阶梯，非敢为长成言也。昔程子传《易》犹曰只说得七分，而况晚生？又况为侗蒙计哉？栎数年来又有《读易编书解》、《折衷诗句解》、《春秋三传节注》、《增广通略》、《批点古文》之类，嗣是有进，尚敢渐出与朋友商之，观者其毋以小儿学问只《论语》哉。大德己亥立秋日。"（《定宇集》卷一《论语训蒙口义自序》）

曹泾序曰："自朱文公《四书》行世，学者童而习之，或病其不能骤通也，为《语孟句解》，取《集注》语裂而附之，刊本如麻，数十年比比然。其体弗类，且于一章大旨阙焉。休宁陈君寿翁为《论语训蒙口义》以示曹泾曰：'吾以是诏其子，若童子生句释之，章旨亦具，不敢繁，欲训蒙也。不敢求异，一本文公之说。'泾得寿翁于文字间，敛衽久之，恨未识其面，一见心降。亟读之，其于文公之说，如李光弼代子仪军，营垒、士卒、麾帜无所更，而气象加精明焉，寿翁于是为文公忠臣矣。《集注》外，元有《或问》，其后又有勉斋黄公《通释》，寿翁疏而贯之，且不费辞，是其可尚也已。卷首'学习'、'孝弟'二章，联以警语，殊有理。于'上智下愚不移'，谓是只言气质，非言变化，气质大是清峭，他皆此类。至'山梁雌雉'上下文一段，能坦然明白，通言之又可喜也。予所见仅九篇，窥豹一斑如此。寿翁宝之，岂惟可以训蒙，将白首纷如者，亦为之醒然，泾其一也。安得并二十篇借抄一通，用自怡玩，以授城南之读。元贞柔兆涒滩之岁春上丁，里晚学曹泾拜手谨书。"（《定宇集》卷十七《曹弘斋四书发明序》）

《定宇集·年表》曰："成宗元贞元年乙未，先生四十四岁。二月上丁日，曹弘斋为先生作《论语口义序》。"又："（大德）三年己亥，先生四十八岁。七月立秋日，《论语口义》成，有序。"

陈栎有《四书发明》、《四书考异》，已著录。

**读论语丛说三卷，许谦撰，存。**

见《孙氏外编》及《平津馆鉴藏记》。《经义考》未著录。《平津馆鉴藏记》云："《读论语丛说》三卷，题东阳许谦。前有至正七年张枢《序》，称右白云先生文懿许公所著《读书丛说》六篇。先生之子元，与门人俞实叟等之所校雠。此本止《论语》三卷，《四库全书》本又止《大学》一卷、《中庸》一卷、《孟子》二卷，或即此书之缺。据张《序》称，先生所著，《诗名物钞》八篇、《四书丛说》二十篇、《读书丛说》六篇。《元史》本传作廿卷者，非此书也。黑口板，每页小字卅二行，行廿六字。"

黄丕烈《荛圃藏书题识》曰："此《论语丛说》上中下三卷，钱唐何君梦华为余钞得者也。余初得《大学》、《中庸》、《孟子丛说》，独缺《论语》。梦华借余本钞之，并补余所缺，且为余云'《论语丛说》即余本所逸'。印本大小、阔狭、纸墨都同，真奇事也。书藏德清徐氏，缓日拟为余购之。己巳六月望后一日，复翁。"

阮元《四库未收书提要》曰："元许谦撰。伏读《四库全书总目》云：'《元史》许谦本传载，谦读《四书章句集注》，有《丛说》二十卷。此本凡《大学》一卷、《中庸》一卷、《孟子》二卷，《中庸》阙其半，《论语》则已全阙。'是编从元人刻本依样影抄，其中有正文而误似注者，如中卷'昼寝'章、'衣敝'章；下卷'侍坐'章、'骥'章、'为邦'章、'性相近'章、'荷蒉'章，乃元代刻本陋习，悉仍其旧。案谦受业于金履祥，故书中引履祥之说，独称'先生'。吴师道云：'欲读朱子之书，必由许君之说。'今考是书，发明朱子之学，旁引曲证，不苟异，亦不苟同。'泰伯'章云：'王文宪谓《集注》朱子因旧传修入，未及改。''美玉'章云：'沽，去声，训卖。若平声则训买，于此义不相合。''川上'章云：'舍，去声，止息也，见《楚辞辨证》，《集注》未及改。''割不正不食'节则云：'古者燕飨有大脔，曰胾。'又云：'其余牲体骨脊及肠胃肺心，割截各有一定，所谓不正则不合乎度者。'颇有根据，皆足以资考证也。"

许谦有《读四书丛说》八卷，已著录。《读论语丛说》三卷，今有《宛委别藏》本、《续修四库全书》本、北图藏清抄本等。

**论语图，林起宗撰，佚。**

《经义考》注曰"佚"。《钱补志》著录。无卷数。

林起宗有《中庸大学论语孟子诸图》，已著录。《续通志·图谱略二》既著录林氏《四书图解》，又著录《论语图》，似以后者别为一帙，不属《中庸大学论语孟子诸图》。

**论语义，郭好德撰，佚。**

《经义考》注曰"佚"。《钱补志》著录。无卷数。

袁桷序曰："唐儒作《五经正义》疏，必先之以衍义，而始明其传注。其先之者何？惧汩于经也。释之以义疏焉者，有训诂焉，有制度焉。至于名物、象器、疆理、飞走、潜动之辨，不博不足以尽。约之以衍义，非背于传经之说也，理唯约，足以见。汉'稽古'三万言，后世嗤之。至朱文公承濂洛之正传，始为《语孟精义》，久之，慊然曰：'宜尊所闻。'今所传《集注》具训中外，下逮荒陬绝岛，家有而人诵，文奥义古。至于不揣者断章讥驳，识者哂之。京兆郭君好德秉彝父，授徒于其乡塾，惧世之不达于辞者习讥驳之病，撮其精微，合于简易，将使夫初学者若循涂以进，遇险以休，使少窒焉，必由是而达。在《易》之《蹇》曰：'险而能止，知矣哉！'蹇斯通矣。抑尝闻文公之教于家也，谓集义之作，义理详而训诂略，别为一书曰《训蒙口义》，今此书不存。东彝是书，殆深得文公之意。近世东南诸儒，旁行侧注，邻于释教之学，滥觞而不可禁。予得读是书，深有合夫'训

'蒙'之说。孔、贾遗旨,能以远绍,其不在兹书也欤?"(《清容居士集》卷二十一《郭好德论语义序》)

郭好德,京兆人,生平无考,《钱补志》注曰"字秉彝"。

**鲁论口义四卷,欧阳溥撰,佚。**

《经义考》注曰"未见"。《钱补志》著录。《千顷堂》、《倪卢补志》皆作"论语口义"。黄氏注曰:"一作欧阳博,或作欧阳淖《鲁论口义正字新书》二十卷。"《文渊阁》卷一著录"《论语口义》新书一部四册",未知是否指此书。

欧阳溥,生平无考。

**论语指要,任士林撰,佚。**

《经义考》注曰"佚"。《千顷堂》、《倪卢补志》、《钱补志》、《浙江通志·经籍二》著录。无卷数。

任士林,字叔实,号松乡。其先绵竹人,徙居奉化。讲道会稽,授徒钱塘,以文章知名。至大初,授安定书院山长。至大二年(1309)卒,年五十七。所著有《中易》、《论语指要》、《松乡文集》。事具《浙江通志·寓贤上》、赵孟𫖯《松雪斋集》卷八《任叔寔墓志铭》。《宋元学案·潜庵学案》列为"庄节学侣"。

**论语提要,吴简撰,佚。**

《经义考》注曰"佚"。《千顷堂》、《倪卢补志》、《钱补志》著录。无卷数。

《姑苏志》卷五十五曰:"吴简,字仲廉,吴江人。元季,数举于乡,不利,遂杜门绩学。寻以荐授郡学训导,升绍兴路学录。洪武四年,应诏至京,以疾辞归。优游林泉,号月潭居士。年八十二卒。所著有《论语提要》、《史学提纲》,并诗集若干卷。"

**论语句解十二卷,刘岂蟠撰,佚。**

《经义考》注曰"佚"。《焦志》、《王续通考》、《千顷堂》、《倪卢补志》、《钱补志》著录。"蟠",《王续通考》、《经义考》、《钱补志》同,《千顷堂》、《倪卢补志》作"墦"。

张萱曰:"庐陵人。即用朱注,分析之,附以图说。"(《经义考》卷二二〇引)

刘岂蟠,曾任临江教授,生平不详。《千顷堂》注曰:"庐陵人。分析朱注,附以图说。"

**论语旁训,沈易撰,佚。**

《经义考》注曰"未见"。《钱补志》著录。无卷数。

沈易,生平无考。

**论语训蒙,俞杰撰,佚。**

《经义考》注曰"未见"。《钱补志》著录。无卷数。

《经义考》引《括苍汇纪》曰:"俞杰,字仁仲,丽水人。将仕郎,处州路儒学教授。"

**石洞纪闻十七卷,无名氏撰,佚。**

见《千顷堂》、《钱补志》。

《千顷堂》注曰:"《内阁书目》云:元泰定间人,不知姓氏。释《论语义》。按宋饶鲁斋建石洞书院,著有《语孟纪闻》,与其门人史泳自相问答,或即此书。以为元,或误。"《钱补志》注曰:"泰定间人,或曰宋饶鲁著。"

《雒李辑本》注曰:"《钱志》注:饶鲁,泰定间人。"大误。饶鲁为南宋人,学于黄榦,泰定为元朝后期泰定帝年号,相距几十年。

**论语本义,郑奕夫撰,佚。**

《经义考》注曰"佚"。《千顷堂》著录,《王续通考》、《钱补志》"义"作"意"。无卷数。

郑奕夫有《中庸大学章旨》,已著录。

**论语正义二十卷，陈立大撰，佚。**

见《千顷堂》、《倪卢补志》、《钱补志》，《经义考》未著录。《千顷堂》署名"陈大立"，误。

陈立大，贵溪人，生平不详。《江西通志·书院二》曰："元时，陈立大家有藏书若干卷。又所著《论语正义》二十卷。"

**论语衍义十卷，不著撰者，佚。**

见《千顷堂》。《经义考》未著录。

**论语本旨一册，不著撰者，佚。**

见《千顷堂》。《经义考》未著录。

**附音傍训句解论语二卷，李公凯撰，未见。**

见《中国古籍善本书目》。《经义考》未著录。

李公凯，生平无考。是书今有重庆市图书馆藏元刻本。

**附音傍训晦庵论语解二卷，李公凯撰，未见。**

见《雒李辑本》，注曰："日本宫内省藏元刊本。"《经义考》未著录。

**论语衍义，柴希尧撰，佚。**

见许有壬《至正集》卷三十二。

许有壬序曰："古经子传注之未盛也，人所以传名家，其从授讽诵者，沦浃肌骨，终身不忘，沉潜反复，必有得而后已。及剖析烂漫，文益繁而道愈离，学者恃有成书，不求之心而悉委之目，是故传注盛而后学者始怠，呻佔毕而习者且不可得，而况有得于心者乎？而况丛苗秀，混泾渭，知所择从而至于道者乎？河南二程夫子出，而后圣经复明。子朱子溯程源而上之，挈百家纷纭之说，撷其长而萃于正。《四书集注》精密严简，信乎为万世不刊之书也。其有机张而不示于度者，盖欲学者自得，引而不发，跃如也。昔之传注，可同年语哉？学者诚能虚心切己，不以寻常易之，则终身有不容自已者焉。余观柴君希尧著《论语衍义》十三万言,本之程朱,申以证据,断质明尽,可谓勤矣。由传注而有得,且有以自见于世,虽若架屋迭床,其视目传注而怠者,大有径庭矣。然而传之远者漓其淳,言之繁者支其体。希尧之先,其学出于饶双峰,双峰出黄勉斋,而勉斋则亲授于朱子。所贵乎后之学者,因其流而溯其源,则不漓不支矣。"(《至正集》卷三十二《论语衍义序》)

吴澄《赠番易柴希尧序》曰:"番阳柴献肃公之诸孙,得仁以希尧为字,能诗,有句辄动人,又喜读《论语》,可谓克念厥绍者矣。"(《吴文正集》卷三十)

柴希尧,柴中行之孙。江西鄱阳人,生平不详。

**论语通义一卷,黄方子撰,佚。**

见《福建通志·艺文一》。《经义考》未著录。

《福建通志·文苑》曰:"黄方子,字潜刚,莆田人。博学强记,著述甚富。尝摄武城学职,仅三载归。有《论语通义》行世。"

**学而时习说一篇,徐明善撰,存。**

见《芳谷集》卷下。

是篇之作,乃感于时人于朱说之辨,文中曰:"陈君立道语以所闻曰:'或曰,时习者,当其时则习其所当学。谓八岁、十五,春秋冬夏也。求之不得吾心,是何与圣人异旨哉?何以不曰时而学习之也?'近年辨朱者不一,皆此类,因立道之言及此,书以谂之。"

徐明善,号芳谷,饶州鄱阳人。至元中任江西儒学提举,尝奉使安南。有《芳谷集》。事具《江西通志》卷八十八。《芳谷集》二卷,今有《四库全书》本。

**"论语讲义"一则,王义山撰,存。**

见《稼村类稿》卷十九。

王义山有《论语孟子讲义》一卷,已著录。《稼村类稿》卷十九有"讲义"数则，其中之一讲《论语·公冶长》之文："子张问曰：'令尹子文三仕为令尹，无喜色；三已之，无愠色。旧令尹之政，必以告新令尹。何如？'曰：'忠矣。'曰：'仁矣乎？'曰：'未知，焉得仁？'"《稼村类稿》三十卷，今有《四库全书》本。

**论语予所否者一篇，许衡撰，存。**

见《许鲁斋集》卷之四。又见《许文正公遗书》卷九、《中州名贤文表》卷三。

许衡有《大学要略直说》、《大学直解》等，已著录。《许鲁斋集》卷四录其"杂著"数篇，有《答仲叔二首》，其一题为"《论语》予所否者"。二首前有小序曰："衡再拜言，来谕以反身而诚为颜子乐处，意极精切。衡虽未能悟厥旨，已谨受教矣。《家语》、《论语》，犹未尽晓，敢言所疑。"《许鲁斋集》六卷，今有《丛书集成初编》本。

**"答高舜元论语问"一则，袁桷撰，存。**

见《清容居士集》卷四十二。

袁桷，字伯长，鄞县人。举茂才异等，起为丽泽书院山长。大德初，荐为国史院检阅官。累官翰林直学士、知制诰、同修国史。至治元年（1321），迁侍讲学士，泰定初辞归。泰定四年卒（1327），年六十二。追封陈留郡公，谥文清。所著有《易说》、《春秋说》、《清容居士集》等。事具《元史》本传、《浙江通志·文苑三》。《宋元学案·深宁学案》列为"深宁门人"、"剡源门人"。

《清容居士集》卷四十二有《答高舜元十问》，首问为"问吾自卫反鲁，然后乐正，《雅》、《颂》各得其所"，出《论语·子罕》。《清容居士集》五十卷，今有《四库全书》本。

**学易可无大过论一则，刘将孙撰，存。**

见《养吾斋集》卷二十三。

刘将孙，字尚友，庐陵人。刘辰翁之子。授延平教官，临汀书院山长。

有《养吾斋集》。《养吾斋集》卷二十三有"论"五则,论《论语》者一则:曰"学《易》可无大过论",出《述而》篇。《养吾斋集》三十二卷,今有《四库全书》本。

以上"《论语》之属"共三十种,卷数无计。

## 四、《孟子》之属

**孟子纂要,陈普撰,佚。**

《经义考》注曰"佚"。

陈普自序曰:"《孟子》七篇之书,其大原大本皆从性善流出。临机应物,纵横出没,虽千变万化而脉络贯通,条理分明,曾不离乎一本之妙。战国之时,人欲横流,异端交乱,坏人心术。孟子揭'性善'二字,所以开人心之蔽,塞邪说之原,其有功于圣门者不细矣。其言仁义礼智,则曰心之固有,非由外铄。恻隐、羞恶、辞让、是非之情,则以为五性之端;孩提亲爱,则指其良知之发;乍见孺子入井,则明其本然之善。穷理则曰尽心知性,修身则曰存心养性,养心则曰寡欲,学问则曰求放心,不动心则曰持志养气,天道人道则曰诚者思诚。牛山之木,山径之蹊,夜气之存,斧斤之伐,皆极言存心养性工夫。陈王道则以仁义,事君则曰格非心,行王政则推其不忍之心,保赤子则曰举斯加彼,论王霸则以用心之诚伪,言桀纣则以其失民心,尧舜则曰不失其性,汤武则曰善反诸身,丧亲则曰自尽,兼爱则言一本。不为枉尺直寻,不肯背驰诡遇,安于义命,不慕乎人爵之荣。富贵利禄则曰所性不存,困穷拂郁则曰动心忍性,知几能权,见道不惑,长短轻重,权度不差,用心措虑,随事制宜,其本原统会皆自'性善'中来。七篇上下,若万语千言,出乎一心之妙用。盖其学本子思,子思出于曾子,曾子亲承一贯之旨而学专于内,故传之无弊。性善之旨又自明德修道中来,故其为言多与《中庸》、《大学》相表里,所以继往圣,开来学,正人心,破邪说,其功德被于无穷,教化行乎万世,学者有见于此,而后知其性善之本。仁义礼智不从外得,一心之中万理咸备,虽尧舜人皆可为,庶有以发愤自强不徒自暴自弃云耳。然微程朱发明奥旨,则亦孰知斯人之为功而识乎性之本善也? 予于习读之暇,姑撮一二要旨以为蒙训,庶几思索而有得其意云。"(《经义考》卷一三五引)

陈普有《四书句解钤键》、《四书讲义》等,已著录。《闽中理学渊源考》、《福建通志·艺文一》皆言其有《孟子纂图》而不及《孟子纂要》,或"纂图"为"纂要"之误。

**孟子集注旁通四卷,杜瑛撰,佚。**

《经义考》注曰"未见"。《倪卢补志》、《钱补志》著录,《王续通考》作"孟子旁通"。

杜瑛有《语孟旁通》八卷,已著录。

**孟子旁注,李恕撰,佚。**

《经义考》注曰"佚"。《雠李辑本》著录"《孟子旁解》七卷",注曰:"'解'一作'注'。"

李恕有《论孟旁注》,已著录。《经义考》著录李恕"《五经旁注》六卷",又著录"《孟子旁注》七卷",则《孟子旁注》或独立一书,非属《五经旁注》。

**读孟子法一卷,吴迂撰,佚。**

《经义考》注曰"未见"。《千顷堂》、《倪卢补志》、《钱补志》著录。

吴迂有《四书语录》、《论孟集注附录》等,已著录。

**孟子权衡遗说五卷,李昶撰,佚。**

《经义考》注曰"佚"。《王续通考》、《千顷堂》、《金补志》、《倪卢补志》、《钱补志》、《山东通志·经籍志》著录。

《元史·李昶传》曰:"早年读《语》、《孟》,见先儒之失,考订成编,及得朱氏、张氏解,往往吻合,其书遂不复出。独取《孟子》旧说新说矛盾者,参考归一,附以己见,为《孟子权衡遗说》五卷。"

李昶，字士都，东平须城人。李世弼之子。元世祖伐宋，闻其名召见，问以治国用兵之道。至元五年（1268），起为吏、礼二部尚书。八年（1271），授山东东西道提刑按察使，未几致仕。二十六年（1289）卒，年八十七。所著有《春秋左氏遗意》二十卷、《孟子权衡遗说》五卷等。事具《元史》本传。《宋元学案·泰山学案》列为"李氏家学"。

**原孟，夏侯尚玄撰，佚。**

《经义考》注曰"未见"。《千顷堂》、《倪卢补志》、《钱补志》（署名"夏侯文卿"）著录。无卷数。

《江南通志·儒林一》曰："夏侯尚玄，字文卿，华亭人。为文下笔立就，尝作《中庸管见》、《聚疑》、《原孟》等书，皆出先儒议论之表。赵孟𫖯荐为东宫伴读，既而主礼典乐，皆称职。郯王闻其贤，招致之，待以国士。王被诬诛，尚玄力陈王忠孝数事，得白，遂归，不复仕。"

**孟子标题，许衡撰，佚。**

见《钱补志》，无卷数。《经义考》未著录。

《鲁斋遗书》卷十三《考岁略》曰："先生著述，……曰《孟子标题》，尝以教其子师可。"

明人顾清《东江家藏集》卷三十七《校刻鲁斋先生遗书序》曰："此编卷目稍加而仍曰《遗书》者，以先生手泽若《孟子标题》、《四箴》、《中庸说》、《语录》诸篇，犹未尽见。全功之收，尚有望于来哲也。"

许衡有《大学要略直说》一卷、《鲁斋大学诗解》一卷等，已著录。

**孟子内外篇二卷，徐达左撰，佚。**

见《倪卢补志》。《经义考》未著录。

徐达左，元末明初人。《姑苏志》卷五十四《儒林》曰："徐达左，字良夫，吴县人。少受《易》于鄱阳邵弘道，再受《书》于天台董仁仲。值时多故，隐居光福山中。家故温裕，喜接纳四方名士。置家塾，合族属子弟教之，乡党遵化。洪武初，郡人施仁守建宁荐为其学训导，师道克立。居六年，卒于学官。所著有《四字书》十卷、《诗文集》六卷。"

**解孟子二章，蒲道源撰，存。**

见《闲居丛稿》卷十三。

蒲道源有"四书十六问"，已著录。道源将"《解孟子》二章"列于"经旨"一目之下，意在述其旨要。兹录其全文：一章，"孟子见梁惠王，杀人以梃与刃有以异乎"至"恶在其为民父母也"，顺斋曰："政者，正也。今至于杀人，犹德有凶德也。惠王以政杀人，由其心不仁故也。若能如先王以不忍人之心，行不忍人之政，尚安至此哉？"二章，"鲁平公将出"至"焉能使予不遇哉"，顺斋曰："乐正子之进善，鲁君不能用；臧仓之蔽善，鲁君遂从之，由其心不明故也。在圣贤则乐天之诚，夫何忧哉？"

《闲居丛稿》二十六卷，今有《四库全书》本等。

**"孟子讲义"三则，戴表元撰，存。**

见《剡源文集》卷二十六。

《剡源文集》有"讲义"二卷，其中《孟子》讲义三则，分别为"孟子曰：子路，人告之以有过则喜"一章；"有孺子歌曰：'沧浪之水清兮，可以濯我缨；沧浪之水浊兮，可以濯我足。'孔子曰：'小子听之，清斯濯缨，浊斯濯足矣，自取之也。'""恻隐之心，仁也；羞恶之心，义也；恭敬之心，礼也；是非之心，智也。"

《剡源文集》三十卷，今有《四库全书》本、《丛书集成初编》本等。

**孟子通解十四卷，不著撰者，佚。**

《经义考》注曰"佚"。《钱补志》著录。

**孟子衍义十四卷，不著撰者，佚。**

《经义考》注曰"佚"。《千顷堂》、《钱补志》、《倪卢补志》、《钱补志》著录。

**孟子思问录一卷，不著撰者，佚。**

《经义考》注曰"佚"。《千顷堂》、《倪卢补志》、《钱补志》著录。

**孟子旁解七卷，不著撰者，佚。**

《经义考》注曰"佚"。《千顷堂》、《倪卢补志》、《钱补志》著录。《千顷堂》注曰："亦元人所为也。首载赵岐《题辞》，其本文下，细书以释之。"

**附音傍训句解孟子七卷，李公凯撰，存。**

见《中国古籍善本书目》。《经义考》未著录。

李公凯有《附音傍训句解论语》二卷，已著录。

**读孟子或问一则，王恽撰，存。**

见《秋涧集》卷四十四。

王恽，字仲谋，卫州汲县人。好学善属文，与东鲁王博文、渤海王旭齐名。至元五年（1268），拜监察御史，二十九年（1292），授翰林学士、嘉议大夫。元贞元年（1295），加通议大夫、知制诰、同修国史，奉旨纂修《世祖实录》。大德元年（1297），进中奉大夫。大德八年（1304）六月卒。赠翰林学士承旨、资善大夫，追封太原郡公，谥文定。所著有《相鉴》五十卷、《汲郡志》十五卷、《承华事略》、《中堂事记》、《乌台笔补》、《玉堂嘉话》，并杂著诗文，合为一百卷。事具《元史》本传、《元儒考略》卷一、《河南通志·文苑》。

《秋涧集》卷四十四载"辨说"数则，第十二则曰"读孟子或问"，乃针朱子《孟子或问》而发，全文如下："《四书或问》，独邹书多设疑诘难，何也？孟轲氏终是去圣人一间。辨论之际，其言英气发露，不无激切轻重之异，故文公于此颇详。讲明折衷，要使不诡于理，先后一揆而后已。何则？温公，大贤也，犹有《疑孟》等篇，况《解》之云乎？此晦翁惓惓于是，亦临川翼之之意也。入伏后三日，课读此书，偶问偶书。晚学小子题。"《秋涧集》一百卷，今有《四库全书》本。

**天人爵一则，王恽撰，存。**

见《秋涧集》卷四十四。

王恽有《读孟子或问》一则，已著录。"天人爵"为其所作"辨说"之一，全文曰："天爵志清明而寿，人爵气浊乱而夭。或天，或人，能寿而不乱者，惟有素所养者能之。曰养者何？至公无私而已。"《秋涧集》一百卷，今有《四库全书》本。

**"孟子论"二论，刘将孙撰，存。**

见《养吾斋集》卷二十三。

刘将孙有《学易可无大过论》，已著录。《养吾斋集》卷二十三论《孟子》者有二则：一曰"责难陈善闭邪如何论"，出《离娄上》；一曰"武成二三策论"，出《尽心下》。《养吾斋集》三十二卷，今有《四库全书》本。

**"孟子答问"二则，陈栎撰，存。**

见《定宇集》卷七。

陈栎有《四书发明》、《四书考异》等，已著录。《定宇集》卷七有"答问"数则，及《孟子》者有二，一曰"问虚谷云西山夜气箴，亦是偏见，本是戒衽席之欲"，出《告子上》；一曰"问孟子人少则慕父母，知好色则慕少艾"，出《万章上》。《定宇集》十六卷，今有《四库全书》本。

**天爵赋一篇，陆文圭撰，存。**

见《墙东类稿》卷十一。

陆文圭，字子方，江阴人。博通经史百家及天文、地理、律历、医药、算数之学，为文融会经传，东南学者皆宗师之。朝廷屡聘，以老疾不行。所居在城东，学者称之曰墙东先生，有《墙东类稿》二十卷。事具《元史·儒学传》、《元儒考略》、《江南通志·儒林一》卷二等。《宋元学案补遗·晦翁学案补遗》列为"晦翁私淑"。"天爵"语出《孟子·告子上》，陆氏作文论之。《墙东类稿》二十卷，今有《四库全书》本。

**天爵赋一篇，陶安撰，存。**

见《陶学士集》卷十，又见《历代赋汇》卷六十八。

陶安，字主敬（一作"静"），当涂人。元至正八年（1348）中浙江乡试，入明，官至江西行省参知政事。有《陶学士集》二十卷。事具《明史》本传、《殿阁词林记》卷四、《江南通志》卷一四九。《陶学士集》二十卷，今有《四库全书》本。

**天爵赋一篇，林似祖撰，存。**

见《青云梯》卷中。

林似祖，生平无考。《青云梯》三卷，今有《宛委别藏》本。

**天爵赋一篇，林温撰，存。**

见《青云梯》卷中。

林温，浙江人，生平无考。《青云梯》三卷，今有《宛委别藏》本。

以上"《孟子》之属"共二十三种，卷数无计。

## 五、《中庸》之属

**中庸指归一卷，黎立武撰，存。**

《经义考》注曰"存"。《千顷堂》、《钱补志》、《续通考》、《续通志》、《授经图义例》等著录。

黎立武有《大学发微》一卷，《大学本旨》一卷，已著录。《中庸指归》一卷，今有《四库全书》本、《学海类编》本、《丛书集成初编》本等。《学海类编》及《丛书集成初编》本《中庸指归》后有《中庸指归图》，《四库全书》本无。

**中庸分章一卷，黎立武撰，存。**

《经义考》注曰"存"。《续通考》、《续通志》等著录。

黎立武自序曰:"《中庸》之书,浩博深远,若不可涯,其寔绳联而珠贯也。诸家虽字论句析,然于大旨未明,读之使人茫然,《分章》所以原作者之意也。"(《四库全书》本书前)

朱彝尊案曰:"黎氏《中庸》分为十五章:自'天命之谓性'至'万物育焉'为第一章,'仲尼曰'至'惟圣者能之'为第二章,'君子之道费而隐'至'察乎天地'为第三章,'子曰道不远人'至'君子胡不慥慥尔'为第四章,'君子素其位而行'至'反求诸其身'为第五章,'君子之道'至'父母其顺矣乎'为第六章,'子曰鬼神之为德'至'治国其如示诸掌乎'为第七章,'哀公问政'至'不诚乎身矣'为第八章,'诚者天之道也'至'诚则明矣'为第九章,'唯天下至诚'至'故至诚如神'为第十章,'诚者自成也'至'纯亦不已'为第十一章,'大哉圣人之道'至'君子未有不如此而早有誉于天下者也'为第十二章,'仲尼祖述尧舜'至'此天地之所以为大也'为第十三章,'唯天下至圣'至'其孰能知之'为第十四章,'《诗》曰衣锦尚䌹'至'无声无臭至矣'为第十五章。各绘一图,大指谓《中庸》之道出于《易》,盖主郭氏父子兼山、白云之说者。"(《经义考》卷一五三)

《中庸分章》一卷,今有《四库全书》本、《学海类编》本、《丛书集成初编》本等。

**中庸提纲一卷,黎立武撰,未见。**

《经义考》未著录。《焦志》、《授经图义例》、《千顷堂》、《钱补志》等皆著录"《提纲》一卷",而未著录《中庸分章》,未知《提纲》与《分章》是否为一书。

黎立武有《中庸指归》一卷、《中庸分章》一卷、《大学发微》一卷、《大学本旨》一卷,已著录。

**中庸中和说,程时登撰,佚。**

见《千顷堂》、《倪卢补志》、《钱补志》,无卷数。《经义考》未著录。

许瑶《宋故辟雍造士程公先生时登行状》曰:"著《中庸中和说》,集朱子论述答问之语,审未发已发之机,而探索性情体用之全。"(《新安文献

志》卷七十）

程时登有《大学本末图说》一卷，已著录。

**中庸致用一卷，何梦桂撰，佚。**

《经义考》注曰"佚"。《浙江通志·经籍二》著录，《王续通考》题名"中庸致用说"，不具卷数。

何梦桂有《中庸大学说》二篇，已著录。

**中庸说，许衡撰，佚。**

见《钱补志》，无卷数。《经义考》未著录。

许衡有《大学要略直说》、《大学直解》等，已著录。又，《元儒考略》、《元名臣事略》诸书均言许衡有《中庸说》。

**中庸直解一卷，许衡撰，存。**

见《鲁斋遗书》卷五，今有《四库全书》本。

**中庸讲义一卷，赵若焕撰，佚。**

《经义考》注曰"佚"。《千顷堂》、《倪卢补志》著录，不具卷数。

赵若焕，字尧章。南宋宗室，居进贤。年二十三，值宋亡，赋《草之茂》三章。所著有《中庸讲义》、《适情小稿》、《逸民自得》等。年八十而卒。事具《江西通志》卷六十七。

**中庸图说一卷，李思正撰，佚。**

《经义考》注曰"佚"。《千顷堂》、《倪卢补志》（无卷数）、《钱补志》、《续通志》著录。《千顷堂》注曰："江西德兴人。生于宋季，入元有劝之仕者，笑而不答。"

**中庸辑释一卷，李思正撰，佚。**

《经义考》注曰"佚"。《千顷堂》、《倪卢补志》（无卷数）、《钱补志》著录。

**中庸简明传一卷，刘惟思撰，佚。**

《经义考》注曰"佚"。《钱补志》著录。

吴澄序曰："《中庸》，传道之书也。汉儒杂之于记礼之篇，得存于今者，幸尔。程子表章其书，以与《论语》、《孟子》并，然蕴奥难见，读者其可易观哉？程子数数为学者言，所言微妙深切，盖真得其传于千载之下者，非推寻测度于文字间也。至其门人吕、游、杨、侯，始各有注。朱子因之，著《章句》、《或问》，择之精，语之详矣。唯精也，精之又精邻于巧；唯详也，详之又详流于多。其浑然者巧则裂，其粲然者多则惑。虽然，此其疵之小也，不害其为大醇。庐陵刘君惟思良贵，甫以朱子《章句》讲授，考索玩绎五六十年。年八十，乃纂其平日教人者笔之于纸，辞简义明，仿夫子说《蒸民》诗之法，始学最易于通习，惠不浅也。夫汉儒说'稽古'累数万言，而郑康成于《中庸》二十九字止以十二字注之，朱子深有取焉。然则良贵父之简明，是亦朱子意也，而见之不同者不曲徇。澄少读《中庸》，不无一二与朱子异。后观饶氏伯舆父所见亦然，恨生晚，不获就质正。今良贵父，吾父行也。皇庆元年夏，其子秘书监典簿复初官满南归，相遇于东淮，出其父书以示澄。读之竟，既知先辈用功之不苟。而良贵父亦已下世，畴昔所愿质正于伯与父者，今又不获从良贵父而订定。三人之不同，各有不同三。卒未能以合于一也，则又乌乎不怅焉以悲。故为识其左，而还其书于典簿氏。"（《吴文正集》卷二十《中庸简明传序》）

刘惟思，字良贵，庐陵人，生平不详。

**中庸管见，夏侯尚玄撰，佚。**

《经义考》注曰"佚"。《江南通志·艺文志》著录，《钱补志》署名"夏侯文卿"。无卷数。

夏侯尚玄有《原孟》，已著录。

**中庸聚疑，夏侯尚玄撰，佚。**

《经义考》注曰"佚"。无卷数。

**中庸口义一卷，陈栎撰，佚。**

《经义考》注曰"未见"，《钱补志》著录。《雒李辑本》题名"《中庸口义》一卷"，以中间阙字，未知所据。

陈栎自序曰："程子曰：'《中庸》一书，始言一理（指天命谓性言），中散为万事（指其中说许多事，如达道、达德、九经、祭祀、鬼神之类皆是），末复合为一理（指无声无臭言）。放之则弥六合，卷之则退藏于密。其味无穷，皆实学也。'其言约而尽矣。朱子分为三十三章，而复截为三大段，其言曰：'首章子思推本所传之意以立言，盖一篇之体要，其下十章则引先圣之言，以明之也（以性情言之曰中和，以德行言之曰中庸，其实一也。此是一大段）。至十二章又子思之言，其下八章复以先圣之言明之（十二章明道之体用，下章庸言庸行，夫妇所知所能也。君子之道，鬼神之德，舜、文、武、周公之事，孔子之言，则有圣人所不知不能者矣。道之为用，其费如此。然其体之微妙，则非知道者孰能窥之？此所以明费而隐之义也。此又是一大段）。二十一章以下至于卒章，则又皆子思之言，反复推明，以尽所传之意者也（二十一章承上章言诚，总言天道人道。二十二章至三十二章分言天道人道，卒章反言下学之始，以示入德之方，而遂言其所至，其性、命、道、教、费隐、诚明之妙，以终一篇之意，自人而入于天也，此又是一大段）。'朱子之区别亦已精矣。至其揭一'诚'字，以为一书之枢纽，则《或问》详焉，尤学者所当熟复而贯通者也。朱子又尝曰：'《中庸》之书难读，初学者未能理会。中间多说无形，如鬼神、如天地等类。说得高，说下学处少，说上达处多。'今按，说下学固少，而其中说下学处则甚切，如二十章'择善固执'一条及二十七章'尊德性道问学'一条是也。且朱子亦尝于序文提出'择善固执'以配大舜'精一'之言，以见道统之相传不外乎此矣。学者诚能据此以为用力之方，而以'诚'之一言贯通之，复如朱子所分之三大段以区别之，则所谓'始言一理，末复合为一理'者，理皆见其为实理；'中散为万事'者，事皆见其为实事。而所谓'其味无穷，皆实学也'者，的为实学而非虚言矣。言下学处虽少，而皆提纲挈领切要之言；言上达处虽多，而亦岂涣散无统玄渺不可究诘之论哉？愚每患从学者未尝精通夫《大学》、《语》、《孟》之三书，而遽欲及夫《中庸》之书。授以朱子之《章句》、《或问》，往往难入。不得已，紬绎朱子之意而句解之，复述读此书之大略于此云。大德八年甲辰七月二十有七日。"(《定宇集》卷一《中庸口义自序》)

《定宇集·年表》曰："(大德)八年甲辰，先生五十三岁，仍馆江潭。秋七月二十七日，《中庸口义》成，有序。"

陈栎有《四书发明》、《四书考异》等，已著录。

**中庸章句续解一卷，齐履谦撰，佚。**

《经义考》注曰"未见"。《千顷堂》、《金补志》、《倪卢补志》、《钱补志》著录。

齐履谦有《大学四传小注》一卷，已著录。

**中庸发明一卷，王奎文撰，佚。**

《经义考》注曰"未见"。《授经图义例》、《内阁目录》、《钱补志》著录。

《元史·宋本传》曰："(宋本)尝从父禛官江陵，江陵王奎文明性命义理之学，本往质所得，造诣日深。"未知是否其人。

**中庸注，蒋玄撰，佚。**

《经义考》署名"薛玄"，注曰"佚"。《钱补志》署名"薛子晦"。

蒋玄有《四书笺惑》等，已著录。蒋玄本薛姓，后改作蒋。参《宋元学案》卷八十二王梓材案语。

**中庸讲义三卷，程逢午撰，佚。**

《经义考》注曰"佚"。《千顷堂》、《金补志》、《倪卢补志》、《钱补志》著录。

邓文原《故海盐州教授程君逢午墓志铭》曰："紫阳，朱先生之乡。君生犹及接识诸老，习闻绪论，朝订暮考，得其指归。既至，则为诸生紬绎《中庸》，辑为《讲义》三卷，凡十八阅月而成书。郡以其文可传，命书院锓梓。其说本之朱先生，而言外不传之妙则心得之也。"(《新安文献志》卷七十一)

程逢午,字信叔,休宁人。元贞中荐授紫阳书院山长,升海盐州教授。大德元年(1297)卒,年六十七。事具邓文原《故海盐州教授程君逢午墓志铭》。

### 中庸解一卷,鲁真撰,佚。

《经义考》注曰"未见"。《钱补志》著录。

《万姓统谱》曰:"鲁真,字起元,开化人。元统二年举人,隐居不仕。邃于理学,躬行实践。所著有《春秋按断》、《中庸解》、《易注》。余阙荐之,不起。"《浙江通志·儒林下》作"鲁贞",乃指一人。

### 读中庸丛说二卷,许谦撰,存。

《经义考》题名"《中庸丛说》一卷",注曰"未见"。《千顷堂》、《倪卢补志》著录,书名亦无"读"字。《南雍志》著录"《中庸丛说》一卷",注曰:"许谦撰,谦有《四书丛说》二十卷,今《语孟》不存。"

阮元《四库未收书提要》曰:"元许谦撰。案《元史》本传,谦读《四书章句集注》,有《丛说》二十卷。朱彝尊《经义考》据《一斋书目》收入'总经类',注云'未见',《通志堂经解》亦未及编刻,盖世已久不见其书矣。今《四库全书》所收只《大学》一卷、《中庸》一卷、《孟子》二卷而已。《中庸》本二卷,已佚其半,《论语》则已全佚。今除《论语丛说》三卷已从元板影录进呈外,复从吴中藏书家得元板《中庸丛说》足本二卷,又影录副本,以补前收之所未备,而许氏之书遂成完璧。案黄溍为谦作《墓志》,载此书卷数二十,与本传相符。今所录者俱遵元板,《论语》三卷、《中庸》二卷,合之《大学》一卷、《孟子》二卷,得八卷,皆首尾完整。明《秘阁书目》所载《四书丛说》亦止四册,殆与今本相同,盖未可据《墓志》、本传而疑其尚阙佚也。"

《读中庸丛说》二卷,今有《宛委别藏》本、《续修四库全书》本等。

### 中庸章旨二卷,黄镇成撰,佚。

《经义考》注曰"未见"。《千顷堂》、《金补志》、《倪卢补志》、《钱补志》、《福建通志·艺文一》著录。

《福建通志·文苑》曰:"黄镇成,字元镇,邵武人。素厌荣利,慨然以圣贤践履之学自励。延祐中,试有司不合,筑室城南,名曰'南山耕舍'。以荐授江西儒学提举,命下而卒。自号存存子,学者称为存斋先生。所著有《尚书通考》、《周易通义》、《中庸章旨》、《性理发蒙》、《秋声集》。"《宋元学案·九峰学案》列为"九峰续传"。《元儒考略》卷四、《闽中理学渊源考》卷三十九等亦述其生平。

**中庸发明要览二卷,陆琪撰,佚。**

《经义考》注曰"未见"。《授经图义例》、《千顷堂》著录。

陆琪,生平无考。

**中庸说一卷,练鲁撰,佚。**

《经义考》注曰"佚"。《千顷堂》、《钱补志》著录。

《浙江通志·文苑五》曰:"《括苍汇纪》:字希曾,松阳人。至正间中第。南还,明太祖诏求人材,有司辟鲁应聘。不得已,至武林,作《辞病诗》九首,声调悲壮,思志沈郁,若不知其意之所在,归而闭门谢客。复撰《朝会乐歌》六章,喜圣人之世出,庆遭逢之不偶,卓然可以垂后。所著有《倥侗集》传世。"《两浙考》署名"元松阳陈鲁撰",称:"鲁,字希曾,至正五年进士。明太祖有诏征辟,力辞之。《松阳志·隐逸》有传。此书载《处州府志·艺文》。未见。"未知孰是。

**中庸问政章说一册,景星撰,佚。**

见《千顷堂》、《浙江通志·经籍二》,《授经图义例》"一册"作"一卷"。《经义考》未著录。

景星有《四书集说启蒙》,已著录。

**中庸纲领一篇,吴澄撰,存。**

见《吴文正集》卷一。

吴澄，字幼清，抚州崇仁人。幼而好学，尝举进士不中。程钜夫奉诏求贤江南，起澄至京师。未几，以母老辞归。至大元年（1308），召为国子监丞。皇庆元年（1312），升司业。英宗即位，迁翰林学士，进阶太中大夫。泰定元年（1324），为经筵讲官。至治末，请老而归。元统元年（1333）卒，年八十五。赠江西行省左丞、上护军，追封临川郡公，谥文正。初，澄所居草屋数间，程钜夫题曰"草庐"，故学者称之为草庐先生。所著有《易春秋礼记尚书纂言》、《私录支言》等书，又著《学基》、《学统》二篇，使人知学之本与为学之序。事具《元史》本传。《元儒考略》、《史传三编》等亦述其生平。《宋元学案》卷九十二立《草庐学案》，列吴氏为"程戴门人、双峰再传"，《儒林宗派》卷十三亦专列"吴氏学派"。

又，《吴文正集》卷一为《杂著》，有《中庸纲领》一篇。《吴文正集》一百卷，今有《四库全书》本等。

**"中庸讲义"二则，戴表元撰，存。**

见《剡源文集》卷二十五、二十六。

《剡源文集》有"讲义"二卷，其中《中庸》讲义二则，分别为"'故至诚无息不息则久'至'博厚则高明'"和"子曰：中庸其至矣乎，民鲜能久矣"。

《剡源文集》三十卷，今有《四库全书》本、《丛书集成初编》本等。

**中庸详说，蒋允汶撰，佚。**

《经义考》注曰"佚"，《浙江通志·经籍二》著录。无卷数。

蒋允汶有《四书纂类》、《大学章旨》，已著录。

**读中庸一篇，朱右撰，存。**

见《白云稿》卷三。

朱右，字伯贤，临海人，自号邹阳子。元至正二十一年（1361），尝诣阙献《河清颂》，不遇而归。洪武三年（1370）召修《元史》，六年（1373），修日历，除翰林院编修。七年（1374），修《洪武正韵》，寻迁晋府右长史,卒于官。《明史·文苑传》附载《赵埙传》中。所著有《白云稿》十卷,今存五卷。又有《春秋类编》、《三史钩玄》、《元史补遗》等。事具《明史》本传、《殿阁词林记》卷八、《浙江通志·儒林中》等。《宋元学案·北山四先生学案》列"两峰门人",同书《刘李诸儒学案》列为"朱氏续传"。《白云稿》五卷,今有《四库全书》本。

        以上"《中庸》之属"共二十八种,卷数无计。

# 初版后记

本书是在我的博士论文基础上修改而成的,是我在四书学领域问学的第一个阶段性成果。

2001年硕士毕业留校后,我与导师张林川先生及林久贵先生合作,完成了关于学术史研究的三部著作:《中国学术史著作提要》、《中国学术史著作序跋辑录》、《中国学术史研究》,对中国传统学术史的发展与研究有了一个大致的了解。2004年考取华中师范大学历史文献学专业博士研究生,导师周国林先生根据我的学术兴趣,为我制定了"四书学"的研究方向。四书学于我而言其实是一个崭新的领域,尤其是研究过程中会涉及诸多理学范畴及命题,这对于我这个此前较少接触哲学研究的人来说是一个不小的挑战。但在周老师的不断鼓励和悉心指导下,在周围诸多师长朋友的支持帮助下,我终于在规定时间内完成了这一课题,论文做得差强人意,得到了答辩委员会的充分肯定。

论文撰写过程中,有两点深刻感受:其一,理论研究一定要以翔实可靠的文献资料为基础,否则结论便不信实。本着这一指导思想,我首先完成了一个几乎与正文规模相埒的《元代四书类著述考》,并以此为基础展开全文论述。该篇虽称"附录",其实是正文不可分割的组成部分。其二,作为研究者,不论原来从事的是哪个领域,都不要人为地设置学术壁垒,而应打破"门户之见",于各种学科的营养兼收并蓄。我硕士读的是中国古典文献学专业,因为长期从事微观的古籍整理研究工作，哲学史、思想文化史方面的学养相对欠缺。然而在论文写作过程中越来越强烈地感受到，任何一个学术问题的最终解决，往往需要微观与宏观的结合，缺一不可。于是，我阅读了大量的哲学史、思想文化史方面的书籍，并逐渐培养起来一种宏观思维的能力。这两点，也可算作我读博期间的两大收获吧！

在这里，我依然要"未能免俗"地向在本书撰写及出版过程中提供过帮助的诸位师友表示诚挚谢意，因为每一份哪怕是非常细微的帮助，对于一个在学术道路上刚刚起步的年轻人来讲，都是雪中送炭，价值千金。

感谢我的博士导师周国林先生，他是一位典型的"温柔敦厚"的学者，治学严谨，处世通达，对年轻人充满宽容与关爱。这本小书得以问世，也凝聚了他无数的心血。记得论文开题时，由于我准备不足和思路上的问题，受到了老师们的严厉批评，情绪一度十分低落。周老师并没有责怪我，而是一方面帮我调整论文提纲，一方面鼓励我放下包袱，"以我为主"，大胆把自己的想法形成文字。初稿完成后，周老师又耐心细致地修正一通，从节目到字句，都提出了宝贵的意见。如今，周老师又在百忙之中慷慨赐序，对我勖勉有加，令人感动。我也一定会以先生所提出的"认定方向，孜孜不已"的期望与要求为目标，在四书学研究领域不懈探求！

感谢华中师范大学历史文化学院的熊铁基先生、朱英先生、马良怀先生、刘韶军先生、姚伟钧先生、吴琦先生、董恩林先生、刘固盛先生，他们在论文开题及答辩过程中提出了许多建设性的意见，不仅使论文得以完善，而且使我在治学方法和思维方式上有了较大转变和提高。

感谢湖北大学历史文化学院何晓明先生，在论文提纲拟定及写作过程中，曾得到先生无私的指点和帮助。先生看待问题思维的敏锐、视角的独特，给我以无穷的启发。

感谢台湾中原大学人文教育学院院长黄孝光先生，黄先生著有《元代的四书学》一书，是元代四书学研究的重要成果。当我写信向其求取该书时，黄先生不久即托人从北京寄来大著。同时感谢西安交通大学人文学院哲学系的陆建猷先生，当我向其索要大著《四书集注与南宋四书学》时，先生亦很爽快地寄来，对我的论文写作帮助很大。他们的热情与慷慨，令人感怀。

感谢中山大学哲学系张丰乾先生和刘小枫先生、陈少明先生。说来很有缘分，2007年暑假参加在山东师范大学召开的"儒家思孟学派国际学术研讨会"，我与丰乾兄住同一房间，这是我们的初次相识。当我拿博士论文请他指正时，他当即表示可以推荐给中山大学哲学系"经典与解释丛书"出版，返穗后又热心地做了许多工作。承蒙"经典与解释丛书"主编刘小枫先生和陈少明先生错爱，拙作最终忝列其中。中山大学哲学系是全国哲学研究的重镇，"经典与解释丛书"在学术界也有着广泛的影响。拙作得以附骥，实在是莫大的荣幸！在此，谨向刘小枫先生、陈少明先生和张丰乾先生致以深深的谢意！

感谢上海六点文化传播公司的编辑欧雪勤女士，她态度严谨，业务过硬，在审读加工拙稿过程中，指出了许多格式、引文乃至断句方面的错误，读得很细，看得很准。

感谢湖北大学古籍所特聘教授（"楚天学者"）、清华大学历史系教授廖名春先生，他为本书的出版付出了辛勤的努力，同时在我的成长道路上给予了无私的提携与关爱。

感谢我所供职的湖北大学古籍所的两位所长郭康松先生、杨薇女士及其他同仁，感谢湖北大学文学院的诸位领导。在我读博期间，领导及同事在工作和生活上给予我细致的关怀，使我学业得以顺利完成。

还要深深地感谢我的妻子谭巧云女士，几年来，除精心照顾小女儿茜茜外，她几乎承担了所有的家务，使我无后顾之忧，安心问学。更重要的是，她是我心灵的知音，事业的最大支持者，论文得以撰成并顺利出版,她功不可没。

最后,谨将此书献给远在山东、"生我劬劳"的父母,献给惠我无数、已故的硕士导师张林川先生,祈愿他们永远开心,永远幸福!

周春健<br>2008 年 6 月 14 日于武汉

# 修订版后记

《元代四书学研究》是我的博士论文选题，自2008年由华东师大出版社初版，倏忽已过去十多年。十多年光景不过一瞬，于我而言却颇值得怀念。究其因，不惟自己在年岁上从"而立"将至"知天命"，于人、于事、于学，也更多了一些深刻体悟。

依然清晰记得博士导师周国林先生在初版序言中所勉励的："惟愿今后认定方向，孜孜不已，沉潜数载，必将卓有成效，达到新的境界。"我本愚钝，在治学上并无灵气，不可能达到老师所说的境界，却一直努力朝着"认定方向，孜孜不已"的指引去做。在我看来，这一教导既有"方法"，又有"工夫"，是需要切实践行的。继《元代四书学研究》一书后，十几年来我又发表辽金元四书学相关论文30余篇，大都收录在我的两部论文集《经史散论：从现代到古典》（2012）和《经史之间：中国古典学论集》（2018）中，又出版了一部编年体的四书学通史《宋元明清四书学编年》（2012），并与他人合著《辽金元经学学术编年》（2015）。承蒙学界前辈提携，我受邀担任三个国家社科基金重大项目（"中国孟学史"、"中国四书学史"、"四书学与中国思想传统研究"）的子课题负责人，主持的正是辽金元部分。我本人也分别于2009年和2013年，申请到教育部青年基金项目"宋元明清四书学编年"和国家社科基金一般项目"辽金元孟学史"，辽金元四书学研究因此成为我最主要的治学方向。

自1998年从山东负笈湖北读研以至留校任教，我的第一个学术十年在武汉度过，这是我学术起步的地方，终生不曾忘怀。如今又在岭南度过了第二个学术十年，却与《元代四书学研究》一书的出版有直接关联。当年正是承蒙丰乾兄的大力引荐和小枫老师、少明老师的关爱，拙著方得列入"经典与解释"丛书出版。也正是因了这一机缘，才有了后来的承乏中大讲席。当年我在《后记》中称赞"中山大学哲学系是全国哲学研究的重镇"，不仅是出于"客人"的客套，也确乎包含着对中大哲学系及"经典与解释"工作的景仰。在那以后不久，我自己也很荣幸成为哲学系的一员，在向身边师友学习的过程中，深切体会到哲学学问之广大和对于人生之切用，这实在是一种奇妙的缘分！

2018年，中大哲学系趁"双一流"学科建设之东风，隆重推出"中大哲学文库"，计划由商务印书馆出版，着实可喜可贺！承蒙学术委员会不弃，允准将十年前的旧著修订再版，于我而言，曷胜荣幸！本次修订，主要是通读通校全稿，订正了涉及古籍原文的一些句读失误，调整了章节目录的个别表述，并对作为附录的《元代四书类著述考》有所增删，其余则悉遵原貌。如此处置，倒不是出于不悔少作，而是原书从正篇到附录，从导言到结语，章节内部是一个有机整体，并且涉及诸多图表和数据统计，若大力改动则会牵一发而动全身。幸好，对于原课题的某些补充或修正，我已写成专篇文章陆续发表，有的已经收入相关著述中，除去《经史散论》和《经史之间》，还有将要出版的《四书时代的经学与社会》一书。

本书的出版，始终得到中大哲学系领导的关怀，商务印书馆编辑李强老师，以其扎实的文献功底和可贵的敬业精神，对拙稿又有诸多润色提升，在此谨致以诚挚谢忱！

周春健

壬寅槐月于习之堂